本书由中国法学教育研究会诊所法律教育专业委员会
组织编写并支持出版

THE PRACTICE AND INNOVATION OF
CLINICAL LEGAL EDUCATION IN CHINA

中国诊所法律教育
探索与创新

主　　编　龙翼飞
执行主编　潘文军　李修棋

法律出版社
LAW PRESS · CHINA

中国诊所法律教育的发展、问题与对策(代序)

龙翼飞[*]　潘文军[**]

诊所法律教育在中国已经走过了15年的发展历程。诊所法律教育革新了中国法学传统教育模式,在日益发展中积累了相当多的宝贵经验。2002年7月,中国法学教育研究会诊所法律教育专业委员会正式成立。它是中国法学教育研究会成立最早的专业委员会。从成立至今,诊所法律教育专业委员会一直致力于诊所法律教育的推广和普及,教育成果颇丰,培养了大批应用型、实践型法律人才,已成为中国高等法学教育繁荣与发展的重要标志之一。诊所法律教育现已正式纳入中国政府实施的"卓越法律人才培养计划"之中。为响应该计划,诊所法律教育专业委员会本届常委会提出了推动诊所法律教育持续发展的"入主流、高标准、国际化、有特色"的崭新目标,并采取了卓有成效的行动。但我们仍应清醒地看到,诊所法律教育在发展过程中,还面临着诸多新问题,需要对其进行全面的分析与研究,并找出解决这些问题的有效对策。

一、中国诊所法律教育的回顾

诊所法律教育是现代法学教育的重要实践教学方式。它借鉴了医学院临床教学的模式,通过在法学院开设诊所法律教育课程,使学生在真实的法律实践环境中,在有实践经验的教师指导下,为当事人特别是社会弱势群体提供法律援助,倡导在实践中学习法律知识和法律职业技能,培养学生的法律思维和法律职业道德。这种实践教学方式的采用和普及,完全符合法律职业教育发展的客观需要,符合法律人才培养的客观规律,符合深化中国高等法学教育改革的正确方向。中国法学会法学教育研究会高度重视诊所法律教育的开展,于2002年7月28日正式批准成立了"中国法学会法学教育研究会诊所法律教育专业委员会",旨在团结和组织全国从事诊所法律教育的工作者,开展诊所法律教育的理论与实践研究,开展国内外诊所法律教育的交流与合作,推进诊所法律教育事业在中国的普及、推广、繁荣和发展。经过10余年的探索与实践,在各方面的努力和支

* 中国人民大学法学院教授、博士研究生导师,中国诊所法律教育专业委员会主任。

** 中国人民大学法学院副教授,中国诊所法律教育专业委员会秘书长。

感谢中国人民大学法学院硕士研究生林淡萍同学对本文成文工作中所提供资料整理的支持!

持下，诊所法律教育在中国得到迅速推广并取得了丰硕成果。至今，已有180所法律院校成为会员单位，其中有90所会员院校正式开设了诊所课程，不同方向的法律诊所有130个，涉及民事、刑事、行政、立法、调解、社区服务、社区矫正、婚姻家庭、环境与资源保护、知识产权保护、妇女权益保护、未成年人权益保护、残疾人权益保护、劳动者维权、农民权益保护、少数民族权益保护等领域。

2011年12月23日，我国政府决定正式启动"卓越法律人才培养计划"。这一宏大法律人才培养计划的总体目标是，经过10年左右的努力，形成科学先进、具有中国特色的法学教育理念，形成开放多样、符合中国国情的法律人才培养体制，培养造就一批信念执着、品德优良、知识丰富、本领过硬的高素质法律人才。为了实现上述目标，中国政府以行政法律规范文件的方式明确要求把培养应用型、复合型法律职业人才作为实施卓越法律人才教育培养计划的重点。在实施该计划的过程中，要适应多样化法律职业需求，坚持厚基础、宽口径，强化学生法律职业伦理教育和法律实务技能培养，提高学生运用法学与其他学科知识方法解决实际法律问题的能力，促进法学教育与法律职业的深度衔接。文件中明确要求强化法学实践环节，其中包括要加大实践教学比重，办好法律诊所。可以说，诊所法律教育已经正式纳入我国政府实施的"卓越法律人才培养计划"中，这是中国诊所法律教育发展新的里程碑！

二、诊所法律教育专业委员会的工作情况

中国诊所法律教育发展的成果背后，凝结着"中国法学会法学教育研究会诊所法律教育专业委员会"为诊所法律教育发展做出的不懈努力。为了推进诊所法律教育"入主流"，诊所法律教育专业委员会抓住诊所法律教育发展的契机，以组织者的角色开展了各种活动，对会员单位的诊所教学进行业务指导和资金支持，对全国诊所教师进行多次集中培训及小型专题培训，积极加强国际交流与合作，并加强网站建设，从而推动了诊所法律教育的发展，提升了诊所法律教育在国内外的影响力。

第一，诊所法律教育专业委员会为诊所会员单位提供课程资助，并定期对受资助单位进行考察与指导。2012年10月至2013年9月，通过对69家申请资助的院校进行书面审查、电话审查及现场考察，选择对50所会员院校提供课程资助。2013年10月至2014年9月，通过对43所申请资助的院校进行电话审查、邮件审查及现场考察，选择对32所会员院校提供课程资助。2014年10月至2015年9月，通过对21家申请资助的院校进行书面审查、电话审查及现场考察，选择对20所会员院校提供课程资助。

第二，诊所法律教育专业委员会积极建设法律诊所资源基地。以点带面，发挥法律诊所资源基地的示范作用，带动全国诊所法律教育的发展。从2013年开始，诊所法律教育专业委员会积极推动法律诊所资源基地的建设，从全国诊所会员单位中选拔出15所作为诊所资源基地。诊所资源基地成立至今，通过开展学术研讨会、教师培训会等方式指导和培训了来自约100所会员单位学校的近300位诊所教师。这样的模式不仅推动了诊所之间的沟通交流，更重要的是，改变了之前集中培训的单一模式，更关注诊所的类型化和不同方向诊所教师的个别化需求。诊所教师可以结合本诊所的需要,到不同的法律诊所资源基地去学习交流,借鉴不同的诊所教学实践模式,从而摸索出最适合本诊所的模式,因而指导效果立竿见影,特别是对一些新成立的诊所来说,是切实可行的。新的年度,诊所法律教育专业委员会还将启动"点对点"的培训模式,即针对不同的诊所教师进行个性化的培训和指导。先由诊所会员单位向诊所法律教育专业委员会上报培训的需求和兴趣点,并在此基础上,请有相关经验的法律诊所资源基地提供指导。这项工作以两种方式同时开展。第一种方式是会员学校到法律诊所资源基地学习培训,并且互相分享教学资源和管理方式。第二种方式是让法律诊所资源基地教师走向全国的诊所会员单位,指导和培训新诊所教师或特色诊所教师。尤其是诊所资源基地的教师到受资助的法律诊所进行考察,并提供指导和培训。

第三,诊所法律教育专业委员会积极搭建全国乃至亚太地区诊所法律教育经验交流与互动的平台。2012 年以来,诊所法律教育专业委员会共组织举办多次会议或交流活动。2012 年 10 月,诊所法律教育专业委员会组织专家赴日本早稻田大学、青山学院大学、立命馆大学、日本律师协会等高校与机构交流学习诊所法律教育的开展;2012 年 11 月 24 日至 25 日,委员会与联合国开发计划署、中国人民大学法学院共同主办了"2012 亚太诊所法律教育论坛暨中国诊所法律教育年会",来自中国、美国、韩国、日本、泰国、印度、印度尼西亚、蒙古、越南、澳大利亚、我国台湾地区等 10 多个国家或地区的 150 余名代表参会。与会者在论坛上分享了诊所法律教育的经验,同时,也对诊所法律教育更长远发展的有效途径和方法进行了交流。2013 年 12 月,专业委员会派出 5 位来自不同会员学校的诊所教师到印度参加全球公平与教育联盟(Global Alliance for Justice Education,GAJE)第七次全球大会,并代表中国诊所法律教育专业委员会作主题发言,引起与会代表的强烈反响。2015 年 4 月,诊所法律教育专业委员会在中国政法大学召开诊所法律教育论坛,邀请了国内外百余名诊所教师和专家学者进行研讨。诊所法律教育专业委员会于 2015 年 6 月,派出诊所法律教育专家赴蒙古国进行诊所法律教育国际交流。

第四,2012 年 6 月,诊所法律教育专业委员会在青海民族大学召开刑事诊所研讨与培训会;2012 年 8 月,分别在武汉大学和西北政法大学举办诉讼和非诉业务诊所技能培训。2013 年 6 月初与 6 月底,在武汉大学分别召开 2013 年全国新诊所教师培训和老教师培训交流。2014 年 7 月,在北方民族大学举办 2014 年全国新诊所教师培训。2014 年 8 月在北戴河召开全国法律诊所教师能力建设与经验分享交流会,并于 9 月底在中国社会科学院法学研究所召开全国刑事诊所培训。2015 年 3 月至 7 月,诊所法律教育专业委员会分别在中国人民大学、北京大学、清华大学、中国政法大学、武汉大学、中南财经政法大学、西北政法大学进行了诊所法律教育资源基地教学培训活动,还在哈尔滨、兰州、银川等地进行了诊所法律教育区域性师资培训,这些培训与交流活动的直接受益教师达 200 余人,为全国诊所教师提供了学习与交流的平台,有助于提高诊所教师的教学技能,改善教学方法,从而提高诊所教学的质量并促进诊所教学的规范化建设。

第五,诊所法律教育专业委员会还十分注重中国诊所法律教育网的建设,从2012年年底,截至今天,网站已经有1,612,220次访问量。中国诊所法律教育网作为社会公众了解诊所法律教育的窗口,通过及时更新诊所教育的发展动态,扩大了诊所法律教育的社会影响,并且有效加强了诊所法律教育专业委员会与各法律诊所会员单位的沟通交流。

第六,诊所法律教育专业委员会积极推动诊所法律教育的科研工作。2012年以来,诊所法律教育专业委员会共组织专家进行了10多项诊所法律教育专题研究活动,并形成了多项专题研究报告,其中大多数专题研究报告已发表,推动了诊所法律教育工作的发展。

第七,诊所法律教育专业委员会主持实施的"公益法律服务志愿者项目"取得成功。2013年至2015年,诊所法律教育专业委员会在全国范围内选拔了10名优秀的参加过诊所法律教育学习活动的本科生,作为参加"公益法律服务志愿者项目"的志愿者。这些学生来自中国人民大学法学院、北京大学法学院、中国政法大学、中国社会科学院研究生院法学系、中央民族大学法学院、中山大学法学院、华北电力大学法学院、华中科技大学法学院、江西师范大学法学院等9所本科与研究生法学院校。他们在从事公益法律服务工作的第二年,均进入了硕士研究生学习阶段。诊所法律教育专业委员会选择了地处欠发达地区的5家合作机构,即宁夏银川法律援助中心、黑龙江哈尔滨市法律援助中心、江西丰城市法律援助中心、四川成都农民工法律援助工作站和内蒙古呼和浩特市内蒙古司法厅法律援助中心内蒙古大学工作站,安排10名公益法律服务志愿者分别从事法律援助志愿服务。上述每家合作机构的主要负责人均直接参与项目,为志愿者设定岗位,指派人员担任指导、培育与评估,在生活上为志愿者提供关怀与帮助。诊所法律教育专业委员会还选派了5名来自清华大学、北方民族大学、四川大学、江西师范大学和黑龙江政法管理干部学院等5所法学院校的资深诊所指导教师作为志愿者的指导教师。这些指导教师发挥着对公益法律服务志愿者学生在科研能力培养、法律服务指导和协调合作机构事宜等方面的重要作用。诊所法律教育专业委员会专门为"公益法律服务志愿者项目"筹措了专项经费,为志愿者提供法律援助服务期间的生活津贴与补助、法律援助服务期间的医疗保险和参加项目培训与交流的交通费、食宿费、会议费用。在该公益法律服务志愿者项目运行中,北京大学法治研究中心、北大英华科技有限公司还授权给10名志愿者在项目运行期间无偿使用"北大法宝"账号。公益法律服务志愿者从事了大量的法律援助咨询、案件代理、出具文书、文档整理、撰写提交简讯。他们多次参加法治宣传,送法进社区、进学校、进工地、进军队。有的志愿者参与了法律援助"口袋书"的编写;有的志愿者参与了争创"全民服务示范窗"活动。志愿者们坚持学习与研究活动并举,通过法律援助服务活动,法律技能与工作经验得到了很大的锻炼和提升,其中有4名志愿者学生在从事公益法律服务工作期间还通过了国家司法考试。志愿者们以法律援助经验为基础,撰写了有关婚姻家庭、交通事故和劳动权利维权的"法律援助工具包"。他们还撰写了多篇论文,有的论文成为其本科毕业论文的选题与写作素材。公益法律服务志愿者们在本期活动结束时的总结中均表示,两年的公益法律服务经历,既带给了他们法律职业伦理的培育,又使他们训练成为初步具备法律执业能力的法律工作者。本期公益法律服务志愿者项目的成功,使诊所法律教育专业委员会充满信心地组织了 2015 年至 2016 年的公益法律服务志愿者项目。

三、诊所法律教育的发展目标与工作计划

诊所法律教育专业委员会作为中国法学会法学教育研究会下第一个专门研究诊所法律教育的专业委员会,成立 15 年以来,推动中国的诊所法律教育从无到有,从自发到自觉蓬勃发展,发挥各个学校的特色,与国际接轨,使诊所法律教育逐渐进入中国法学教育的主流领域。本届诊所法律教育专业委员会的共识与目标是推动诊所法律教育真正实现“入主流、高标准、国际化、有特色”。所谓“入主流”,是指推动诊所课程进入法律院校的核心课程体系,成为本科或硕士研究生的必修课程,让全国法律院校重视与支持诊所教育。所谓“国际化”,是指在引进国际先进经验的基础上,让中国诊所法律教育走出国门,有组织、有系统地进行学习,在自信的基础上进行自主的交流。所谓“高标准”,即诊所法律教育应当采取科学化、专业化的考察和评估标准,要求诊所教师具备符合标准的教育素质,按照现代诊所法律教学理念去实施诊所教育。所谓“有特色”,是指发挥高校的自主性,由各高校集合本校资源,因地制宜开设不同主题的法律诊所课程,采用适合本校的法律诊所教学模式。标准统一,但是模式多样。

为进一步实现诊所法律教育“入主流、高标准、国际化、有特色”的总目标,诊所法律教育专业委员会制定了新年度(2015 年 10 月 1 日至 2016 年 9 月 30 日)的工作规划与实施方案,包括以下项目:

第一,组织实施“诊所法律教育骨干教师培训计划”,对全国 100 名诊所法律教育骨干教师进行全方位、多层次的系统培训;

第二,对诊所法律教育发展中的核心问题和中长期计划实施进行专项调查研究;

第三,组织编写诊所法律教育标准化文件,推动诊所法律教育向高水平、优质化方向发展;

第四,对 5 所经考察选拔的有特色和高水平诊所会员单位进行课程资助;

第五,继续办好《诊所法律教育评论》,发挥该刊物的研究功能,指导功能和国内与国际交流功能;

第六,举办 3 次区域性诊所法律教育教师培训活动,这 3 个地区性会议将集中讨论各地区诊所法律教育发展中独特的问题,结合各地区的需求,因地制宜进行研究与培训,解决国内诊所法律教育发展中的特别问题,促进各地区诊所法律教育平衡发展;

第七,继续组织好 2015 年至 2016 年的公益法律服务志愿者项目。

四、诊所法律教育发展面临的问题与对策建议

诊所法律教育在诊所法律教育专业委员会的推动下得到了高效发展,但是发展中也的确遇到了一些问题。诊所法律教育专业委员会对这些问题都进行了归纳与反思,并积极地寻求合适的解决办法,包括多次向相关的部门机构提供了专门报告,说明目前诊所法律教育面临的困难和解决办法,希望获取一个更适合诊所法律教育发展的政策和社会环境。但是这些计划的真正落实还需要中国法学会法学教育研究会的支持。针对目前中国诊所法律教育面临的主要问题,诊所法律教育专业委员会提出如下对策与建议:

第一,在诊所法律教育问题上,缺乏与立法、司法机关之间的互动和沟通。这样的局面使得立法与政策的变动可能给诊所法律教育的实施造成阻碍。例如,《民事诉讼法》在2012年11月的修订给诊所学生代理案件带来了障碍。根据最新修订的《民事诉讼法》第58条的规定,公民代理的范围受到限制,取消了"法院许可的其他公民"这一规定,导致诊所学生在代理民事案件的时候面临代理身份上的问题和麻烦。诊所法律教育专业委员会对这一情况给予了极大重视,在2013年4月21日邀请了相关部门机构进行了针对此问题的商讨,拟写了专门报告向相关部门反映这一问题。另外,诊所教师也在多个学术期刊发表相关论文提出相关建议。

为了应对未来可能对诊所教育的发展带来阻碍的法律与政策变动,诊所法律教育专业委员会计划在未来的1年中落实2个研究项目。一是对中国诊所法律教育发展的困境和应对措施进行研究,拟写出中英双语的特别报告。二是探讨诊所法律教育的教学模式及其与目前的法学教育改革之间的关系。

第二,目前中国诊所法律教育持续发展中所面临的另一个重大的问题是资金投入。诊所法律教育专业委员会注意到,国内有的院校忽视了法律诊所的优越之处,认为法律诊所还是普通的法律教育课程,仍然没有给本院校的法律诊所课程提供足够的资金支持。在这种条件下,诊所法律教育专业委员会将调整原来的资金支持模式,以期发挥诊所经费最大的价值和效用。诊所法律教育专业委员会的资金支持对象将集中在资金明显不足且发展潜力较大的法律诊所。从2013年开始,诊所法律教育专业委员会已逐渐缩小了资助的范围,逐步让各法律诊所从各自的院校中获得诊所教育的运行资金。今后,诊所法律教育专业委员会将通过自主申请加上考察筛选的方式选拔少数高水平的法律诊所进行诊所教师能力训练,并提供诊所建设的资金资助。另外,诊所法律教育专业委员会希望能够拓宽诊所教育经费的资金渠道,而这离不开中国法学教育研究会的支持。诊所法律教育专业委员会建议中国法学教育研究会大力推动法学教育方式的改革创新,以使诊所法律教育具有更广的覆盖面,推广诊所特色的教学方法,让诊所教育获取更多的社会支持。一方面,诊所法律教育专业委员会希望中国法学教育研究会号召各会员高校加大对诊所法律教育工作的资金支持,让各院校为本校的诊所课程资助费用。同时,由中国法学会法学教育研究会为接受资助的诊所院校制定一个资金使用的标准,并且要求培训的工作达到一定水准。另一方面,诊所法律教育专业委员会将通过多种渠道为诊所法律教育工作争取一定数量的法律服务机构和社会的支持。通过法律服务机构和社会支持,可以拓宽诊所教育的资金来源,使诊所法律教育能够可持续发展。与此同时,中国法学教育研究会诊所法律教育研究会可以同全国性的律师协会合作,设立一个专项基金,放在诊所法律教育专业委员会专项下,使诊所法律教育和律师培养挂钩,从而拉动众多的律师事务所参与到诊所法律教育的合作中来,实现诊所法律教育的资金来源本土化。

第三,法律诊所课程没能引起部分法律院校的重视,诊所教师的评估方式还是采取传统标准,例如,通过学术论文发表的数量和质量来评估,未能将其诊所工作表现纳入评估中,诊所教师付出课程外的时间对诊所学生进行的案件指导工作无法在教师评估中予以体现和肯定,这在一定程度上阻碍了诊所教师教学积极性的发挥,甚至导致部分院校出现了诊所师资不足,没有足够的优秀年轻老师加入诊所法律教育的团队。为此,诊所法律教育专业委员会建议中国法学教育研究会采取如下措施:(1)法律院校为诊所法律教育的教师提供教学和制度性的支持,确认诊所教师的身份,为诊所教师提供培训教材、发放培训证书,并对诊所教师的职业终端成果予以认定。同时,各法律院校对诊所法律教育的教师采取针对性的、具有相对独立性的评估方法,肯定诊所法律教育教师的工作。(2)各法律院校应将诊所法律教育课程纳入法学院或法律系的必修课程体系并建立起对诊所建设的综合评估机制。该综合评估机制包括诊所法律教育课程的师资队伍建设、诊所法律课程建设、诊所法律教育机构与律师事务所的合作机制以及对诊所法律教育的社会评价等方面。通过综合的评估和考核,建立评估诊所法律教育的指标体系,并且将各法律院校诊所法律教育的考评成绩作为评价该校法学教育水平的重要指标。这样的设计恰恰能够与中国法学教育研究会"培养卓越法律人才培养计划"相对接,有利于进一步推进诊所法律教育"入主流"。

第四,诊所法律教育尚未建立起科学统一的学员评价体系和教学追踪与反馈机制。诊所法律教育作为一种有别于传统的教育模式,应当有一套独特的学员评价方法。结合诊所的教学目标,从法律知识、法律思维、法律职业技能、职业道德等角度全方位地对诊所学生的成长情况进行评估。同时,还应当建立诊所教学的长期追踪与反馈机制,对已经毕业的诊所学生的职业发展与表现进行考察,追踪诊所法律教育对学生的专业素养和能力造成的影响。这一个学员评价体系应当纳入哪些考察要素,教学追踪与反馈机制如何在各院校之间建立并实施,需要中国法学会法律教育研究会的指导。

第五,诊所法律教育的社会宣传效果和公众认知度尚待加强。目前,诊所法律教育专业委员会的宣传工作主要通过"中国诊所法律教育网"专业网站以及各诊所院校的诊所网站进行。然而,这样的宣传渠道过于单一,宣传效果有限,无法适应进一步普及和推广诊所法律教育的需要。对此,一方面,诊所法律教育委员会将进一步加强网络建设,及时向公众展示诊所教育的发展动态和教育成果;另一方面,还需要拓宽宣传渠道,丰富宣传的方式,综合利用报纸、期刊等传媒对诊所法律教育加以宣传。同时,更希望借助中国法学会法学教育研究会的平台加以宣传,让更多的社会公众了解并支持诊所法律教育。

第六,部分法律院校对诊所法律教育的理念把握不到位,不少从事诊所法律教育的教师把法律诊所和法律援助相混淆,甚至认为法律诊所和法律援助是一样的,而有的还认为法律诊所的内容只是给学生进行律师技巧的训练。在这样的情况下,各个法律院校之间的诊所法律教育教学实践活动开展情况参差不齐。为此,诊所法律教育专业委员会将通过诊所法律教育骨干教师培训计划的实施以及区域诊所法律教师培训等方式,指导与培训诊所法律教育教师,逐渐统一全国法律院校的诊所法律教育理念,从而指引诊所法律教育的实践活动。

目　录

第一篇　诊所法律教育与实践教学及卓越法律人才培养

第二篇　中国诊所法律教育的实践探索与创新

第三篇　诊所法律教育的域外借鉴

第一篇　诊所法律教育与实践教学及卓越法律人才培养

中国法学实践教学发展状况研究

袁　钢[*]

“成也萧何,败也萧何。”中国法学教育当下沦为沉疴积弊的高等教育的诟病对象。模糊不清的人才培养目标定位、缺失薄弱的法学实践教学,导致高等法学院校的产品——法科毕业生的知识储备和职业技能远远不能满足社会需要。我国高等法学教育还不能完全适应社会主义法治国家建设的需要,社会主义法治理念教育还不够深入,培养模式相对单一,学生实践能力不强,应用型、复合型法律职业人才培养不足。提高法律人才培养质量成为我国高等法学教育改革发展最核心、最紧迫的任务。① 高等法学教育严重供大于求,导致2012届法学本科生毕业半年后就业率最低,2011年至2013年法学本科连续3年成为红牌警告专业。② 中国法学教育整体办学水平不高是个不争的事实。③

近10余年来,我国法学教育界对实践教学独特的教育价值和重要地位基本上达成共识。应对目前高等法学教育存在的只重视“法律工匠”式的人才培养模式、法学教育与社会实践脱节、法律人才呈现结构性过剩等问题,就有必要系统调研我国法学教育中实践教学开展的情况。④ 国内外的学者非常关注关涉中国高等法学教育的实践教学,并就此开展了研究。应当说,国内研究对在概念上的“什么是中国法学实践教学”尚存在争议,对内容上的“中国法学实践教学是什么”尚有空白,亟待研究。

---

* 中国政法大学副教授、硕士研究生导师,中国政法大学实践教学教研室主任、法律职业伦理教研室副主任,中国政法大学行政法律诊所负责人,法学博士。

本文是北京高等学校青年英才计划项目(Beijing Higher Education Young Elite Teacher Project)“实践性法学教育体系研究”(课题号:YETP1004)的研究成果。本文调研写作过程中得到众多高校从事教学一线工作的教师的帮助,提供大量资料,可以说没有他们的协助,本文是无法完稿的,在此一并致谢。

① 参见《教育部、中央政法委员会关于实施卓越法律人才教育培养计划的若干意见》(教高〔2011〕10号)。

② 参见麦可思研究院编著:《2013年中国大学生就业报告》,社会科学文献出版社2013年版,第5页。

③ 参见叶永禄:《构想与建议:对完善我国法学实践教学的思考——有感于教育部“卓越法律人才教育培养计划”》,载《黑龙江政法管理干部学院学报》2013年第2期。

④ 限于篇幅,本文仅就法学本科实践教学情况开展调研,不涉及研究生教育阶段的实践教学。

一、中国法学实践教学的基础理论

(一)全面反思的传统法学教育

面向新世纪的中国法学教育,面对社会发展的要求,中国法学教育日益凸显出以下问题:现行的法学教育模式偏重于向学生传授必要的法学原理和基于现行规范的法律知识,忽视了对学生实践能力和操作能力的培养,课堂教学亦多囿于知识的系统性而割裂文本与实际的联系,忽略了对学生实际运用法律的能力训练。因此,无论是司法实务界还是法学教育界,都愈发重视和加强实践教学,并将培养学生的实践能力和创新能力作为中国高校法学教育教学改革的主题和重心。

中国法学院逐步认识到传统法学教育模式中存在的割裂理论与实务鸿沟等弊病。法学本科教育被首先定位为素质教育。[①] 而面对统一司法考试对法学教育带来的冲击时,有学者建议将法学教育分为学历教育和职业教育两个阶段完成,其中法学学历教育由普通高校承担,法律职业教育则由国家法官学院和国家检察官学院来完成。[②] 中国法学本科教育定位一直就存在"通识教育"与"职业教育"的分歧,并且成为法学教育的一个最为突出的问题。[③]

就普通法学教育规模迅速扩张同时遇到的学生就业率低下,轻视职业技能训练等情况,徐显明教授和郑永流教授提出了"4+2"的六年制模式,即通过4年基础学习和2年应用学习两个阶段,获得法学本科和法律硕士两个学位。[④] 季卫东教授提出"三三制",即在法学本科教育第三年结束之后,从第四年开始分流,选拔少数适才适性者连续接受3年的高层次法律职业教育,最终获得硕士学位。[⑤]

王晨光教授认为,法学教育从问世之处就陷入两难境地,即职业培训性和学术研究性的二重对立。并进而回顾了历史上各种法学教育,即中国历史上的"以吏为师"模式、西方从私相授受的学徒式到大学教育以我国法学教育的学科化和学院化,特别指出美国法学教育中的变革:从案例教学到以诊所式等实践型课程,明确阐明法学教育的演变。[⑥] 王晨光等旗帜鲜明地建议引入实践性法律教学,[⑦]而王立民教授则更明确地说明了诊所

---

① 参见曾宪义、张文显:《法学本科教育属于素质教育——关于我国现阶段法学本科教育之属性和功能的认识》,载《法学家》2003年第3期。

② 参见曾令良:《统一司法考试与我国法学教育发展的定位——我国多层次兴办法学教育的反思》,载《法学评论》2002年第1期。

③ 参见关于法学本科教育定位的争论,主要观点参见霍宪丹:《中国法学教育反思》,中国人民大学出版社2007年版;贺卫方:《中国法律教育之路》,中国政法大学出版社1998年版。

④ 参见徐显明、郑永流:《回归本位经国济世——六年制法学教育模式改革论纲》,载《六年制法学教育模式改革》,中国法制出版社2009年版,第5页。

⑤ 参见季卫东:《上海交大"三三制"改革设想》,载《法制日报》2009年5月20日,第3版。

⑥ 参见王晨光:《法学教育的宗旨——兼论案例教学模式和实践性法律教学模式在法学教育中的地位、作用和关系》,载《法制与社会发展》2002年第6期。

⑦ 参见王晨光、陈建民:《实践性法律教学与法学教育改革》,载《法学》2001年第7期。

法学教育与传统法学教育等的区别。①

我国法学教育界也开始探索法学教育模式的新途径,把诊所法学教育引入法学实践教学中,意在重塑法学教育模式。诊所法律教育,又称法律诊所教育,借鉴了医学院临床实习模式,让学生在一个真实的法律诊所中,在教师的指导下为处于困境中的真实当事人提供咨询,诊断他们的法律问题,开出"处方",提供解决问题的方法。诊所法学教育在20世纪60年代兴起于美国各法学院。目前,美国律师协会认可的各法学院均开设了诊所法学教育。自2009年9月起,在美国福特基金会的大力支持下,中国人民大学、北京大学、清华大学等7所大学法学院开设了不同类型的法律诊所。截至2013年11月18日,共有167所法学院校成为中国法学教育研究会诊所法律教育专业委员会(The Committee of Chinese Clinical Legal Educators under China Association for Legal Education, CCCLE,以下简称诊所委员会)单位会员。②

我国多数法学院陆续采用了法律诊所教育。无论是从法律诊所与法律援助的区别,③从诊所法学教育的目标和特点,④从诊所法学教育的特点、意义、运作模式,⑤从培养学生职业素质,⑥还是从法律诊所设立过程,⑦抑或从法律诊所运作的背景的角度,⑧法律诊所教育都是完全不同于传统法学教育的。这种实践法学教育模式的引入不是单纯教学方法的引入,更重要的是一种全新的教育观念的更新,也是对传统法学教育模式的挑战。

(二)面向未来的法学实践教学

根据1998年教育部高教司颁发的《普通高等学校本科专业目录和专业介绍》及其他相关文件的规定,法学专业4年期间的主要课程包括公共课、专业必修课、专业选修课以及实践性课程,其中公共课和专业课(主要是理论知识)的学习几乎占了4年学分的95%以上,而实践课程所占学分比例不足5%。实践性课程主要包括社会调查及实践、见习、毕业论文等内容和形式,一般不少于20周。

实践教学是提高学生综合素质的关键环节,对于如何加强实践性教学,教育部《关于普通高等学校修订本科专业教学计划的原则意见》(教高〔1998〕2号)曾明确规定:要处

① 参见王立民:《诊所法律教育与相关法律教育关系论纲》,载《华东政法学院学报》2002年第5期。

② 《热烈祝贺肇庆学院等四所院校成为CCCLE新会员》,载中国诊所法律教育网:http://www.cliniclaw.cn/article/? 611.html,最后访问日期:2017年1月15日。

③ 参见李傲、许炎:《法律援助与法律诊所之甄别与整合》,载《法学杂志》2003年第6期。

④ 参见潘文军:《诊所法律教育的目标和特点》,载《中国职业技术教育》2004年第8期。

⑤ 参见曲相霏:《法学教育改革的有益尝试——借鉴诊所式法律教育模式》,载《山东大学学报》(哲学社会科学版)2001年第6期。

⑥ 参见王立民:《诊所法律教育与培养学生的律师职业素质》,载《中国律师》2002年第7期。

⑦ 参见徐芳宁:《法律人的社会责任——从公益法律诊所的设立谈起》,载《环球法律评论》2005年第3期。

⑧ 参见左卫民、兰荣杰:《诊所法律教育若干基本问题研究》,载《环球法律评论》2005年第3期。

理好理论教学与实践教学的关系,要加强理论联系实际,明确实践教学目标,加强教学、科研和社会实践的有机结合,丰富实践教学内容、方式和途径。

2005年1月7日教育部下发的《关于进一步加强高等学校本科教学工作的若干意见》(教高〔2005〕1号)规定,高等学校本科教学工作的主要任务和要求是"着眼于国家现代化建设和人的全面发展需要,加大教学投入,强化教学管理,深化教学改革,坚持传授知识、培养能力、提高素质协调发展,更加注重能力培养,着力提高大学生的学习能力、实践能力和创新能力,全面推进素质教育"。因此,构建素质教育模式,提升学生实践能力和创新能力,是高等学校本科教学工作的主要任务。该意见更加强调大力加强实践教学,切实提高大学生的实践能力。高等学校要强化实践育人的意识,区别不同学科对实践教学的要求,合理制定实践教学方案,完善实践教学体系。此外,教育部等4部门还联合下发了《关于进一步加强和改进大学生社会实践的意见》(中青联发〔2005〕3号),对开展多种形式的实践教学提出了要求。

为了应对社会生活的深刻变化,高等教育进行了一系列的变革,素质教育语境下的创新精神和实践技能已经成为高等教育人才培养的新目标。2007年年初,以国家为主导的"本科教学质量与教学改革工程"启动,实践教学的改革创新被列为其中一项重要的建设内容。法学教育作为高等教育的重要组成部分,同样在不断发展和完善。

2011年12月23日,教育部、中央政法委员会联合发布了《关于实施卓越法律人才教育培养计划的若干意见》(以下简称《意见》),决定在我国实施卓越法律人才教育培养计划。教育部为贯彻落实全国教育工作会议的精神和《国家中长期教育改革和发展规划纲要》的精神,颁布的第一个关于法学高等教育的专门的指导性文件,也是教育部在社会科学领域最先实施的卓越人才培养计划。其中创新"应用型、复合型法律人才教育培养模式"就是3种法律人才分类培养模式之一。《意见》明确规定:培养应用型、复合型法律职业人才,是实施卓越法律人才教育培养计划的重点,为此,《意见》还对法学高等教育提出了明确的要求,这就是:要适应多样化法律职业要求,坚持厚基础、宽口径,强化学生法律职业伦理教育强化学生法律实务技能培养,提高学生运用法学与其他学科知识方法解决实际法律问题的能力,促进法学教育与法律职业的深度衔接。

如何把握《意见》这一法学高等教育发展的重大历史机遇,紧密围绕提升人才培养质量这一核心任务,培养造就一批适应社会主义法治国家建设需要的卓越法律人才,是摆在法学高等教育界面前重要而紧迫的任务。① 法学实践教学是培养应用型、复合型法律职业人才的核心环节。法学实践教学环节可以培养学生的法律职业素养,训练学生的法律职业技能,是将法学教育与法律职业进行衔接的必要环节。

因此,为培养出适应中国特色社会主义法治国家建设与经济社会发展需要的高素质

---

① 参见黄进:《以提升人才培养质量为核心悉力培育造就卓越法律人才》,载《中国高等教育》2012年第5期。

法律人才,法学高等教育必须转变办学观念,切实完善法学实践教学。法学教育实践教学是关系到能否实现法学教育设置初衷以及培养目标的重大问题,也是涉及相关法学院校长远发展和社会影响的重要问题。因此,中国法学实践教学进行系统、全面、专门的研究就有着深刻的现实意义。

(三)面向职业的法学实践教学

我国台湾地区法学家王泽鉴先生认为:法学教育的基本目的在于使法律人能够认识法律具有法律思维和解决争议的能力。[①] 法律职业已经日渐成为一种高度专业化的职业,在长期的发展过程中形成了一整套包括法律思想、学术流派、价值标准和各种制度规定在内的法律知识体系,以及从事法律职业所必须具备的高度专门化的法律思维、法律意识、法律语言、法律方法、法律解释、法律推理、法律信仰和法律伦理等。[②] 正是因为法律职业的高度专业化,客观上要求法学教育也应与时俱进,以社会需求为导向,构建法学教育的科学模式。从法学教育问世之初,就存在着"职业培训性"和"学术研究性"两种不同教学目标设定的争论,即法学教育是应成为培养未来的律师法官等法律职业者的职业教育学院,还是应成为一种培养国民素质的通识性教育或培养学者和法学专家的教育。[③] 这两种截然对立的理念反映出法学教育内在的二重对立,并因此而形成了不同的法学教育理论目标模式下不同的教学内容和教学方法。

无论法学教育理论如何设置,法学教育都应当承担起培养法律专门人才的重任,因此,能否培养出适应社会需要的专业法律人才是衡量法学教育模式选择的重要标准。由于法律关系的多样化和社会生活的复杂化,法律人才本身的结构和功能也发生了变化,单纯的职业教育与素质教育难以适应社会对法律人才的要求。[④]

21 世纪具有竞争力的法律人才必须具有广泛而成熟的知识,具有强烈的人文关怀精神,具有多样化的知识和解决问题的能力,具有创造性的法律思考能力,具备的特殊品德和法律伦理。因此,面向职业的法学教育应当具有鲜明的指导理念:第一,职业教育理念。中国法学教育必须融合专业教育和素质教育,并且将根本属性定位为职业教育。传统法学教育对此的态度不明,暴露出了人才培养目标定位不准确、与实务部门要求脱节、学生就业率低下等一系列问题。第二,法律伦理理念。这主要针对的是传统法学教育由于缺乏有效的职业道德培养,使法律职业人才职业道德水平不能符合社会公众预期,存在不能承担起司法公信力重担的缺陷。第三,法律精英理念。法学教育培养的应当是精英型法律人才。法律职业自古就具有精英职业属性,中国传统法学教育对此方面的偏差

---

① 参见王泽鉴:《法律思维与民法实例——请求权基础理论体系》,中国政法大学出版社 2001 年版,第 2 页。

② 参见霍宪丹:《法律职业的特征与法学教育的二元结构》,载《法律适用》2002 年第 4 期。

③ 参见李长江、李德恩:《送法下乡:一种法学实践教学模式之有意探索》,载《通化师范学院学报》2008 年第 11 期。

④ 参见韩大元:《当代法学教育改革趋势》,载《中国大学教育》2003 年第 10 期。

较大。在以上理念指导下,中国法学教育应当形成特色的务实型法律人才培养模式,能向国际、国内各个法律职业输送的是德才兼备、专业技术过硬、道德品质优良的法律职业精英人才。

正如何美欢教授在《论当代中国的普通法教育》中论证了专业法学教育是而且应该是“学术性的”“博雅的”(liberal),而中国法学院应该从事这样的专业法学教育。专业法学教育是以培育精英律师为目的的法学专业教育,应该提供智能技能(intellectual skills)的培育,即理论方面(对理论的了解)的传授和技能方面(理解、适用、分析、归纳、评价法律理论)的训练,包括:(1)对实体法的足够知识;(2)认定法律问题和就法律问题构建有效和中肯切题的论证的能力;(3)明智地运用一切资料进行研究的能力;(4)明白任何法律的基础政策以及社会环境的能力;(5)分析和阐明抽象概念的能力;(6)识别简单的逻辑上和统计上的错误的能力;(7)书写和讲述清楚简明的汉语的能力;(8)积极学习的能力;(9)认定和核实任何与法律问题相关的事实的能力;(10)分析事实和就被争议的事实构建或批评某论证的能力;(11)对法律实务和程序的足够知识;(12)具效率地适用法律的能力,即解决问题的能力。①

何美欢教授认为律师需具备的技能可分为智能技能和实务技能。智能技能是指使用符号的能力,是一种程序上的认知(procedural knowledge)。如果说知识(knowledge)是“知道什么”(knowing what),那么智能技能(intellectual skills)就是“知道怎样”(knowing how)。英国律师公会于1988年发表的改革报告中列出了24项律师需要掌握的技能。列在首端的12项已在上文列出,其后的12项可称为实务技能,具体如下:(1)草拟法律文件的能力;(2)在不同场合发表有力的口头或书面论证的能力;(3)对专业及道德标准有足够的知识;(4)在不同场合与客户进行有效沟通的能力,例如,协助客户明白法律以及法律问题,与备受困扰的客户交往,了解客户的不同经济、教育、社会背景,了解少数文化的特殊需要等;(5)在引导客户提供资料的同时与他建立良好关系的能力;(6)协助客户明白可供的选择以便他作出明智的选择的能力;(7)与客户对手或其代表进行有效的谈判的能力;(8)衡量何时应该将客户转介给法律专业以外的专业人士,向客户提出建议而无损于客户对其信心的能力;(9)协助客户控制常常伴随着民事或刑事法律程序的强烈情绪的能力;(10)向客户以非法律术语的语言提出建议,而尽可能避免煽动当事人之间的反感的能力;(11)与牵涉同一案件或领域的其他专业人士合作的能力;(12)对有效组织及管理技能的足够知识,包括现代技术的使用。②

何美欢教授认为,中国法学教育更为重要的是讨论“要技能”,因为技能的培育是专业法学教育的核心,而中国法学教育的严重缺陷就是技能培育的全方位缺席。目前,中

① 参见何美欢:《理想的专业法学教育》,载许章润主编:《清华法学——法律现代性法学教育研究》(第9辑),清华大学出版社2006年版,第5页。

② 同上书,第7页。

国法学院引进了案例教学、诊所教学等课程，将专业法学教育简单地等同于“律师技巧课程”“案例课程”、诊所教育等，但这些课程并不能培育专业法学教育的核心技能，而法学界似乎还没有意识到这个问题。①

（四）法学实践教学的内涵

法学实践教学是指以培养法律实用型、复合型法律职业人才为目标，以培养学生拥有良好的法律伦理素养，熟练的法律事务技能，能够综合运用各学科知识解决实际法律问题为内容的教学体系。对这一概念，现实中往往在多个层面上来使用的，内涵具有不确定性，概括起来主要包括如下几种类型：

1. 相对于教师讲授的实践教学“方法”

“实践教学”意指一种学生自主学习的教学法。例如，教育部高等教育司在1998年颁布的《普通高等学校本科专业目录和专业介绍》中规定：“主要实践性教学环节包括见习、法律咨询、社会调查、专题辩论、模拟审判、疑案讨论、实习等，一般不少于20周。”专题辩论、疑案讨论就其内容看，可划归理论教学。教育部文件将其作为实践教学形式，是以其与教师讲授法之不同为视角的。② 此种观点将“讲授”的教学方法排除在实践教学之外是有失偏颇的。因为常见的实践教学教学方法包括观摩教学法、角色扮演教学法、合作教学法、督导式教学法、案件研讨教学法、课堂讲授教学法、头脑风暴教学法、讨论式教学法、录像回放式教学法等。③ 讲授方法是实践教学的组成部分，讲授与实践教学并不相悖。

2. 相对于理论教学的实践教学“环节”

“实践教学”是指直接以培养学生的实践能力为目的的教学环节。教育部《普通高等学校本科教学工作水平评估方案指标内涵说明》关于实践教学的说明中指出：“实践教学与理论教学既有密切联系，又有相对独立性，它对提高创新精神与实践能力有着理论教学不可替代的特殊作用。实践教学的科目设置应符合培养目标的要求，在教学计划中应和相关课程保持协调一致的关系。实践教学包括实验、实习、社会实践、课程设计、学年论文、毕业论文（设计）等。不同类型的实践教学环节在教学计划中的地位、顺序、时间分配等方面要符合培养目标的要求，要和相关课程相匹配。”多数文件、研究都是从这个角度来进行理解的。④ 此种观点是将“实践教学”等同于“实践教学环节”，认为实践教学环节由理论课程内实践教学内容（如教授理论时穿插相关案例进行分析）、实践性课程

---

① 参见何美欢：《理想的专业法学教育》，载许章润主编：《清华法学——法律现代性法学教育研究》（第9辑），清华大学出版社2006年版，第10页。

② 参见杨征军、鲁玉兰：《法学实践教学法探析》，载《北京市政法管理干部学院学报》2004年第2期。

③ 参见汪世荣主编：《有效的法学实践教育》，法律出版社2012年版，第56～86页。

④ 参见邓建民、李芽：《论法学实践教学形式的完善和更新》，载《西南民族大学学报》（人文社科版）2006年第10期。

(如法律诊所、毕业实习)和其他实践活动(如学生社团)3部分组成。① 此种观点过分扩大了实践教学的外延,将实验、毕业论文等也纳入实践教学的范畴。

3. 相对于课堂教学的实践教学"形式"

"实践教学"是指通过一定的实践教学方法、形式(包括真实的和模拟的)培养学生的实践能力的教学方式。教育部《普通高等学校本科教学工作水平评估指标体系》将教学形式规定为课堂教学和实践教学两种。此种观点将把实践教学仅仅局限于课堂外,过分缩小了实践教学的范畴。

笔者认为,实践教学作为以培养学生实践工作能力为主的一种教学模式,既是"教学环节",又是"教学方法",并且最终形成一种具有理论性和实践性的"教学模式"。实践教学首先是以学生自我学习为主的教学方法;其次是与理论教学紧密相关、并行不悖的教学环节;最后是同时应用于课堂内外的教学形式。

实践教学具有自己独有的特征。第一,实践教学具有目的性,主要通过有计划、有组织的一系列实践活动来培养法学学科学生具体应用法律基本知识解决实际问题的能力。第二,实践教学具有教学性,实践教学应当纳入教学计划中,并在教师的精心安排和指导下进行,是法学教育不可缺失的一部分。第三,实践教学具有主动性,实践教学必须以学生亲身参与实践为主,以教师指导为辅,在实际工作或模拟实践活动中让学生学会主动应用所学知识并结合自身能力解决问题。

二、中国法学实践教学的教学理论

近10年来,法学实践教学受到了人们的高度重视,通过加强实践教学以改革和完善法学教育,已经成为法律实务部门、教育主管部门及法学界的共识。法学实践教育课程的开设业已成为人们的共识,人们需要抉择的恰恰是开设什么样的法学实践教育课程,而不再仅限于是否开设法学实践教育课程。② 因此,非常有必要从基本教学方法、基本教学理念、基本教学目标等来构建中国法学实践教学的基础理论。

(一)基本教学方法(体验性学习)

法学实践教学有着明确教育理论支持,即体验性学习(learning by doing);实践教学就是采用体验式教学方法的教学活动,③又称"在做中学""寓学于行"。④ "体验式学习法就是对于人们日常生活经历中简单现象的智力认识。在社会心理学、哲学和认识心理学的原则基础上,体验性学习法是进行毕业的、课堂内外学习的学习。"⑤学习者亲身参与了现实经历,参加了对于现实经历的反思和评价,并被引导在评价经历的基础上形成

① 参见邓和军:《地方综合性高校法学实践教学论纲》,载《当代教育理论与实践》2012年第2期。

② 参见汪世荣主编:《有效的法学实践教育》,法律出版社2012年版,序言,第1页。

③ 同上书,第36页。

④ 甄贞主编:《诊所法律教育在中国》,法律出版社2002年版,第3页。

⑤ 李傲、[美]Pamela N. Phan 等编:《实践型法律人才的培养——诊所式法律教育的经验》,法律出版社2005年版,第427~428页。

抽象的原理、概念和概括；同时，学习者在新环境中也可以积极地运用这些原理、概念和概括。体验性学习由美国大卫·科尔博完整提出，他构建了一个体验式学习模型即“体验式学习圈”，并提出有效的学习应从体验开始，进而发表看法，然后进行反思，再总结形成理论，最后将理论应用于实践当中。① 体验性教学方法与传统教学方法的区别可以见表1：

表1　体验性教学方法与传统教学方法的区别

传统学习方法	体验性学习方法
过去的知识	即时的感受
记忆思考	领悟认识
个人学习	团队学习
注重知识技能	注重观念态度
单一刺激	多元体验
以教师为中心	以学员为中心
标准化学习	个性化学习
理论化	实践化
强调学中做	强调做中学
间接学习	直接学习
学习的资源是教师和教材	学习的资源是参加者解决问题的过程
以接受程式化的知识为导向	以分享总结经验、解决问题为导向

在实践教学中常采用的教学方法有提问式教学法、对话式教学法、互动式教学法、模拟教学法和个案分析教学法等。这些教学法的使用，使实践教学没有唯一答案可寻。学生必须进行独立的思考，进行集体讨论。实践教学采用开放式的教学模式，采用灵活多变的教学内容，是以学生为主体的，并由教师作为观察员、引导者，引导学生从多角度、多层次地去思考，培养学生多维的思维方式，并且采用独特的评估方法。实践法学教育模式和与传统法学教育模式的主要区别，包括以下几个方面：

第一，传统法学教育模式主要是对学生灌输某种既定的知识，而实践法学教育模式则是要教会学生如何去学习和运用法律。

第二，传统法学教育模式的基础是被动式学习，而实践法学教育模式则是以主动性学习为基础。

第三，传统法学教育模式将法律分门别类进行教授，有机的法律体系和融会为一体

① 参见李双梅：《基于建构主义及人本主义理论的体验式写作研究》，载《中国校外教育》2012年第36期。

的法律实践被人为地分割为相互脱离的板块;而实践法学教育模式打破了这种人为的樊篱,使法学教育更具实战性和真实性。

第四,传统法学教育模式不可能使学生进入真实的角色境界,从而无法使学生真正体验律师应负有的社会责任和应当遵守的职业道德。而实践法学教育模式则使学生成为真实案件中的角色。

第五,传统法学教育的模式是一种由上向下的灌输式的模式,学生和老师的关系是不平等的关系。而在实践法学教育模式的课程中,老师和学生的关系是平等的关系。

第六,传统法学教育力图引导学生得到一个唯一正确的答案。而实践法学教育模式则并不追求一个唯一正确的答案。引导学生对案件和问题中的各种可变因素进行深入、具体的分析,启发学生的思路,从中找出最佳的可行方案是课程要达到的重要目的。

第七,传统法学教育要灌输的是一种既定的、凝固的知识体系,而实践法学教育模式则力图使学生学到各种法律条文以外的实际知识、能力和技巧。

第八,实践法学教育模式的课程对教师提出了更高的要求。实践法学教育非常重视反馈与评价,评价的方式有包括指导老师对学生的评价、学生对学生的评价、学生的自我评价、对评价的评价等。评价和反馈可以帮助学生养成审视和反思自己的理论和行为的良好习惯,集中反馈更可以扩大学生的学习机会,是一个再学习和相互学习的过程。评价和反馈使得“体验式学习”的理念能够得到更好的实现。

(二)基本课程类型(法律诊所、模拟课程和校外实习)

实践教学课程是指将实践教学作为重要和首要的教学方法的课程。在法学院的实践课程中,学生会在担当法律人角色或者在对法律实务进行观察的过程中用他们的亲身体验来指导自己的学习。实践教学通过将学术探讨和实际体验相结合,使理论与实践融为一体。① 例如,教育部《普通高等学校本科专业目录和专业介绍》中规定:“主要实践性教学环节包括见习、法律咨询、社会调查、专题辩论、模拟审判、疑案讨论、实习等。”关于实践教学课程,有学者则认为,实践教学包括诊所式、司法实习式、法律咨询与调查、模拟法庭式等教学模式;②有学者认为,实践教学包括案例教学、刑事侦查与物证技术试验、庭审观摩、模拟法庭、专业实习(毕业实习)。③ 有学者提出了“五位一体”实践性教学法,其是指在法学教学过程中实施案例教学、案例分析、审判观摩、模拟审判、法律实习 5 种各自相对独立又有机结合的一体化的教学方法。④

结合前述实践教学的内涵,本文认为,法学实践教学(又称“实践性法学教学”)课程

---

① 参见汪世荣主编:《有效的法学实践教育》,法律出版社 2012 年版,第 37 页。

② 参见韩爱琴:《美国诊所法学教育的类型与我国法学实践教学模式》,载《科技文汇》2009 年第 6 期。

③ 参见赵建敏:《我国法学实践教学述评》,载《合作经济与科技》2011 年第 3 期。

④ 参见章程:《“五位一体”实践性教学法初探——对法学教学改革的思考》,载《清华大学教育研究》2000 年第 4 期。

包括法律诊所课程、模拟课程以及校外实习3种类型。[①] 其中,法律诊所课程和模拟课程是法学实践教育最主要的两种课程模式。实际上,法学实践教学中的法律诊所课程和模拟课程之间并非是泾渭分明的关系。在法律诊所中经常使用模拟手段,而模拟中使用的也可能是真实的案例。必须要特别说明的是,这里所谓的"实践教学"与教育部文件中规定的实践教学环节是有所差异的。并且本文所指的实践教学并不包含案例教学。[②] 在教学实践中,无论是教师还是教学管理者,都经常会将案例教学视作一种形式的实践教学,甚至认为其是实践教学的全部,这是一个必须予以纠正的误区。本文所提到的两类主要实践教学课程的定义如下:

法律诊所课程,即以律师在各类诉讼业务中的流程为根据,设计教学单元,进行教学活动的同时,学生在法律援助中心接待真实案件的当事人,在教师的指导和监督下,进行接待、咨询和代理,为社会弱势群体提供法律援助。

模拟课程,即教师提出一种与真实情况相一致的假设,或使用案例中的情节,要求学生将自己置身于某一特定角色,完成一项立法任务,拥有一段完成任务的经历,并从经历中反思和总结,学习法律的实际应用、法律技巧以及法律职业道德。[③] 比较典型的模拟课程包括法庭论辩、模拟调解等。

(三)基本教学理论(问题式教学)

法学实践教育的理论基础是问题式教学理论。问题式教学理论(Problem-Based Learning,PBL),又称"问题本位学习",即以问题为导向的教学方法,是基于现实世界的以学生为中心的教学方法。问题式教学法是以问题为基础,以学生为主体,以小组讨论为形式,在辅导教师的参与下,围绕某一专题或者具体案例的处理等问题进行研究的学习过程。[④]

问题式教学理论就是将问题解决作为学校一种新的教学模式,相对于知识的获取和记忆而言,现代学习理论将"问题解决"视为知识的应用。问题式教学理论就是在一种以问题驱动学习的学习环境中,即在学生学习知识之前,先给他们一个问题。提出问题是为了让学生发现,在解决某个问题之前必须学习一些新知识。[⑤] 问题本位学习作为一种教学策略,是指在学生学习知识和发展问题解决能力的过程中,为他们创设有意义的、情境化的、真实世界的情境,并为他们提供资源,给予引导和指导。问题式教学理论强调学习与问题情境的设立,要求学习围绕复杂的真实的任务或问题展开,从而激发学生的高

---

① 参见汪世荣主编:《有效的法学实践教育》,法律出版社2012年版,第38~43页。

② 参见王晨光:《法学教育的宗旨——兼论案例教学模式和实践性法律教学模式在法学教育中的地位、作用和关系》,载《法制与社会发展》2002年第6期。

③ 参见汪世荣主编:《有效的法学实践教育》,法律出版社2012年版,导言,第4页。

④ 同上书,第43页。

⑤ 参见伍劲松:《PBL教学模式在法学诊所课程改革中的实践探究》,载《中国诊所法律教育10周年庆典暨诊所法律教育论坛论文集》2010年,第116页。

水平思维,鼓励学生的自主探究以及对学习内容和过程的反思。

法学实践教育的教学方法是具有以学生为主体的教学理念,将法律伦理教育与知识传授、技能训练统一,凸显学生主体地位,营造重视经验、体验与认知开放的教学环境,使社会成为法学实践教育的大课堂,使原先的单一课程讲授向学生自主体验与课堂讲授的结合进行转变,也使原先的过度依赖教材向尊重学习体验,重视教师经验进行转变。

(四)基本教学目标(职业技能和职业技能)

著名法学教育家孙晓楼先生曾说过:"法律教育的目的,是在培训为社会服务为国家谋利益的法律人才,这种人才一定要有法律学问,才可以认识并且改善法律,一定要有法律常识,才可以合于时宜地运用法律,一定要有法律道德,才有资格来执行法律。"①实践教学的目的是培养学生的职业道德、职业责任和职业技能,鼓励和支持学生在法律实践中学习法律,在法律实践中获得法律的创造性思维,最终造就既具备法律理论素养、社会责任感,又具备法律实践能力的复合型法律人才。其中培养法科学生法律职业技能(社会认知能力、人际沟通能力和社会适应能力、应用能力和基本操作技能力、创新能力)。②

1. 实践教学的理论价值

实践教学往往被误解为仅仅是技能的培训,相对于理论法学教学没有学术性、理论性,纯粹是小打小闹的技艺传授。需要强调的实践教学本身就具有丰富和完善的理论价值:

(1)实践教学的法学教育应用理论

从单纯模式引进到教学观念引进的转变。实践教学模式,尤其法律诊所教育模式的引进和发展是过去10年法学教育改革的一个重要舞台,它作为一项改革举措,其对中国法学教育的反思和冲击远远超出了引进一个单纯模式的意义。国外法律诊所类型多样,覆盖面广,在引进模式过程中,法科学生需要面对中国的现状和国情。而面对乡土和乡情,我们需要重新审视的是,实践教学不仅是教学方法的引进,更是教学理念和教学内容的全面更新。

(2)实践教学的法学教育主体理论

从传统思维定式到互动主动学习的转变。实践教学是把学生放在教学的主要地位,充分发挥学生的主动性,把理论学习与亲历性的法律实践密切结合在一起,并将学生的学习,变被动性的接受为主动性的实践,变学习他人经验为亲力亲为的参与式学习,变分门别类的知识传授为综合素质培养。实践教学能发挥对于单纯理论教学的弥补作用,彻底抛弃应试教育,培养学生自主学习能力和主体意识、发展学生的个性需要。实践教学重视实践法学人才培养,从根本上改变了实践性教学依附于理论教学的传统观念,形成

---

① 孙晓楼:《法律教育》,中国政法大学出版社1997年版,第13页。

② 参见刘慧频:《论法学本科实践教学目标体系的构建》,载《湖北民族学院学报》(哲学社会科学版)2010年第2期。

理论教学与实践教学统筹协调的理念和氛围。

(3)实践教学的法学教育目标理论

从培养法学毕业生到塑造高素质法律职业者。中国法学教育一直在培养“法学家”和“法律工匠”中徘徊不前,目标不明确导致其陷入了“两难困境”,实践教学直接将法学教育培养与社会需求相对接,把法学院的培养目标直接定位于“培养具有高素质的法律职业者”。而根据社会及公众对法学教育的期待,法学教育应当适合国家的政治、经济发展需要,应围绕着市场经济发展的需求,健全和完善民主和法制的要求,培养应用型法律人才的要求进行。法学院要在专业教育的同时,特别注重对学生的素质教育、职业道德和职业责任教育,培养学生的创新精神和实践能力,即培养德才兼备的“准法律人”。

(4)实践教学的法学教育规范理论

实践教学在中国的发展正面临着规范化、常态化、规模化、优质化和本土化的“可持续发展”的问题。实践教学规范发展是法学教育的必然归宿,其包括教学内容、方法和形式的规范;教育机构和教育机制的规范化;教学资源的规范化。实践教学只有积极借鉴国外法律诊所教育的经验,结合中国现实规范发展,使其符合中国法学教育和法治发展的规律,才能培养高素质的法律人才。

2. 实践教学的应用价值

实践教学往往也被认为仅是一种教学方法,与法科学生的伦理、价值的培养无关。但事实上,实践教学具有多样化的实际应用价值:

第一,实践教学中的法律职业伦理教育。

从纯粹知识技能传授到潜移默化地法律职业道德素养。实践教学尤其是法律诊所通常是与法律援助相结合,为需要法律援助的弱势群体提供法律服务,或是无偿向当事人提供帮助和服务。在此过程中,法科学生会对当事人的遭遇进行深入了解使其感同身受,同时也会被当事人寄予厚望。法科学生承担着通过努力而改变案件的发展方向,甚至改变当事人命运的责任和压力。实际上,良好的职业道德素养甚至要比出色的法律知识技能更为重要。因此,实践教学在加强法学在校生对自己未来将要扮演的社会角色的认知,培养学生的法律职业道德、职业责任心和社会正义感、使命感等方面所能起到的积极作用是不容忽视的。

第二,实践教学中的公益价值。

从单纯人才培养到服务社会公益。除政府法律援助机构和律师之外,来自高校的法律援助力量,尤其是高等法科院校的学生提供法律服务,也发挥着巨大的社会作用。正规化的法律诊所的学生在指导教师指引下,不仅在教学中成长,而且在教学中服务社会,以其所学知识回馈社会,并且逐步热心社会公益事业。

第三,实践教学中的综合培养,有计划、有秩序培养学生的综合素质。

从游击队到正规军。目前的中国法学教育是以部门法为单位进行的教学,并且围绕某一部门法去进行理论、实践的教学,在预设框架之内传授略显枯燥、抽象的知识。而学生综合素质的培养不可能仅仅由一门课程完全担负起来。实践教学课程必须与其他法律课程一起承担这一培养综合素质的任务。特别是在学生能力、技术和道德方面的培养上,实践教学起着突出的作用,学生学会了如何把抽象的法律条文运用到具体的实际案件中,学会了如何像法律人那样思考和处理问题,从而提高了综合素质。

第四,实践教学中的社会意义,让学生能切实调研、了解、反映社会热点问题。

从旁观者到践行者。法科学生可以了解中国广袤土地上正在发生的状况。实践教学的设置与运作,提供给学生们以舞台和机会,也使法学能够从学生视角去观察社会问题,从法科学生角色去帮助弱势群体解决法律问题。

三、中国法学实践教学的教学实践

本文选取中国部分法科院校实践教学模式进行考察和分析,研究如何贯彻和实现将高等学校法学学生培养成为法律职业部门需要的具有社会主义法治理念、德才兼备、高层次的复合型、实务型法律人才的目标。

(一)实证研究的基本过程

1. 基础资料来源

本次调研基础资料来源于3个部分:第一,通过诊所委员会秘书处的协助,以电话、邮件方式对加入诊所委员会的院校负责人进行书面调研,获取26所院校的书面反馈。[①]第二,根据教育部学位与研究生教育发展中心组织的2012年学科评估结果,重点对法学专业排名前30名的院校的最新的四年制法学本科生培养方案进行调研,获取25所院校的法学本科培养方案。[②] 第三,对于中国知网(http://www.cnki.net)以"实践教学"为关键字进行检索,经过整理获得40篇重点介绍各校法学实践教学情况的教育改革论文。[③]

2. 基本调研问题

笔者承担教育部高等学校法学类专业教学指导委员会委托研究项目,在本次调研中主要就如下5个问题分别对国内主要法科院校进行了实证研究:

(1)如何实施法学实践教学(本科),包括哪些课程、环节。

(2)开展法学实践教学(本科)的基本数据,具体包括选修学生人数、开设课程门数、教师人数等。

(3)制订法学实践教学(本科)教学计划,包括教学大纲、教学方法、教学团队、教学

① 包括中国人民大学、中国政法大学、清华大学、北京交通大学、北京工商大学、北京林业大学、华南师范大学、吉林大学、四川大学、武汉大学、北京航空航天大学、北京理工大学、大连海事大学、外交学院、华东政法大学、西北政法大学、天津师范大学、北京物资学院、北京邮电大学、东南大学、北京师范大学、哈尔滨理工大学、厦门大学、中央民族大学、中山大学、黑龙江政法管理干部学院等。

② 包括中国人民大学、北京大学、中国政法大学、武汉大学、清华大学、华东政法大学、西南政法大学、吉林大学、中南财经政法大学、上海交通大学、复旦大学、南京大学、中山大学、苏州大学、四川大学、北京师范大学、南开大学、湘潭大学、西北政法大学、华中科技大学、重庆大学等。

③ 这些关于实践教学的教改论文多数都是各级省、市、校级教学改革项目的研究成果。

评估等。

(4)开展法学实践教学(本科)主导机构。

(5)制定法学实践教学(本科)有关规章制度。

(二)实践教学的组织状况

1. 主导实践教学的机构模式

根据本次调研结果,各校法学实践教学的主导机构往往是与法学学科在各校的地位,以及学校教学机构的现状相关,呈现出法学院主导、教务部门主导、院系教务共同主导3种机构模式。

(1)法学院主导实践教学的机构模式

在绝大多数综合类大学,或者法学学科处于相对重要地位的传统专门类大学(如理工、师范、财经等)中,往往都设置有单一的法学院,实践教学工作的开展是由法学院主导的,教务部门往往处于配合、协助的辅助地位,主要提供学校政策、资金支持。而在法学院系内部又是通过教学本科指导委员会的集体决策方式进行。例如,武汉大学实践教学工作的开展决策是由法学院教学本科指导委员会作出的,具体执行机构则是法学院本科生工作办公室。在学校层面,教务部门的主管机构为本科生实践办公室;法学院负责法学教学方案的制订、执行,向学校部门备案;法学实践教学重大项目的建设,由学校统筹、学院具体建设。

(2)教务部门主导实践教学机构模式

在传统政法类大学中,[①]由于法学专业属于优势学科,往往设立多个法学院,因此,本科教学工作是由多个学院共同承担的,例如,中国政法大学、华东政法大学分别由4所法学院,西南政法大学、西北政法大学分别由5个法学院合作承担法学本科教学工作。在政法类大学中,法学实践教学采用学校教务部门主导为主,各法学院为辅的模式。

(3)院系教务共同主导实践教学机构模式

在多数专业类学校中,由于法学专业相对处于弱势地位,而且学校并未升级为“大学”,承担法学本科教学的是各“系”,因此,此类学校中的法学实践教学往往是由法学院系以及学校教务部门共同主导的,如北京物资学院、外交学院等。

2. 项目中心引导的实践教学

改革法律人才培养模式,结合高校法学院校基础和特色,在教育部以及省市各级教育部门的领导下,法学实践教学呈现出各级项目(计划)、各类中心引导下推进模式。

(1)卓越法律人才教育计划

改革开放以来,我国高校法学教育改革和发展取得了显著成绩,我国目前共有623所高校开设法学类本科专业,本科在校生人数达29万多人。“十一五”期间,我国高校法

---

① 包括中国政法大学、西北政法大学、西南政法大学、华东政法大学。由于中南财经政法大学本科教学由法学院负责,因此,其属于第一种类型。

学教育累计培养法学类专业本科毕业生36万多人，为国家经济社会发展提供了强有力的智力支持与人才保障。[1] 但是，我国高校法学教育的人才培养工作还存在一些亟待解决的问题，与法律实际工作的联系亟待加强，人才培养模式亟待改革，人才培养质量亟待提高。因此，2011年12月23日，教育部、中共中央政法委员会颁布了《关于实施卓越法律人才教育培养计划的若干意见》（教高〔2011〕10号）。

该意见中规定的5项任务之一就是“强化法学实践教学环节”，具体包括“加大实践教学比重，确保法学实践环节累计学分（学时）不少于总数的15%。加强校内实践环节，开发法律方法课程，搞好案例教学，办好模拟法庭、法律诊所等。充分利用法律实务部门的资源条例，建设一批校外法学实践教学基地，积极开展覆盖面广、参与性高、实效性强的专业实习，切实提高学生的法律诠释能力、法律推理能力、法律论证能力以及探知法律事实的能力”。该计划卓越法律人才教育培养计划实施周期为10年，分期实施，首批为5年（2011～2015年）。首批基地包括58个应用型、复合型法律职业人才教育培养基地、23个涉外法律人才教育培养基地、12个西部基层法律人才教育培养基地。目前，卓越法律人才教育计划已经成为中国主要法学院校实践教学（本科）最主要的政策和资金资助。

在该计划资助下，各高校也自筹资金对于计划实施予以配套支持，例如，吉林大学依据教育部拨款额度，每年给予“卓越法律人才教育计划”各专业按照一比一配套拨款；在“985工程”中设立“卓越法律人才教育计划”专项基金；加大对项目计划实践教学经费的支持力度，保证学生实习或聘请校外专家实践的资金需要。

（2）国家级实验教学示范中心

为了进一步推动高等学校实验教学改革，促进优质教学资源整合与共享，加强学生动手能力、实践能力和创新能力的培养，提高高等教育质量，教育部于2005年启动了国家级实验教学示范中心建设和评审工作。经过各高校申请、专家评审，截至2013年12月31日，中国人民公安大学、中国政法大学、辽宁大学、华东政法大学、中南财经政法大学、湘潭大学、中山大学、西南政法大学、西北政法大学、四川警察学院10家成功被评为国家级实验教学中心。例如，中国政法大学以证据科学（教育部）重点实验室、侦查学实验中心、六大法律诊所和四大模拟法庭为主体，建设了法学实验教学中心，学校先后投入2000多万元购置先进硬件设备，并保证投入每年200万元的教学运行经费，形成集教学、实验、创新、竞赛于一体的集成训练综合平台。

以中山大学法学实验教学中心为例，该中心于2005年1月成立，2009年11月获批为国家级实验教学示范中心（建设单位），目前是华南地区第一个获批为法学国家级实验教学示范中心的建设单位。该中心依托法学院和法医系进行建设，实现了强强联合，构

① 参见教育部党组成员、部长助理在卓越法律人才教育培养计划启动工作会议上的发言，载教育部网站：http://www.moe.gov.cn/publicfiles/business/htmlfiles/moe/s6549/list.html，最后访问日期：2013年12月22日。

建了集基础理论教学、综合实验教学、创新实践教学“三位一体”的、融合了法学法医学知识与技能的卓越法律人才培养平台。该中心现有专兼职教师共 79 人，专职教师 20 人，面向全校法学、法医学等 15 个专业开设了 29 门实验课程，每年承担该校 3000 余名学生的法学实验教学任务。该中心组织结构见图 1：

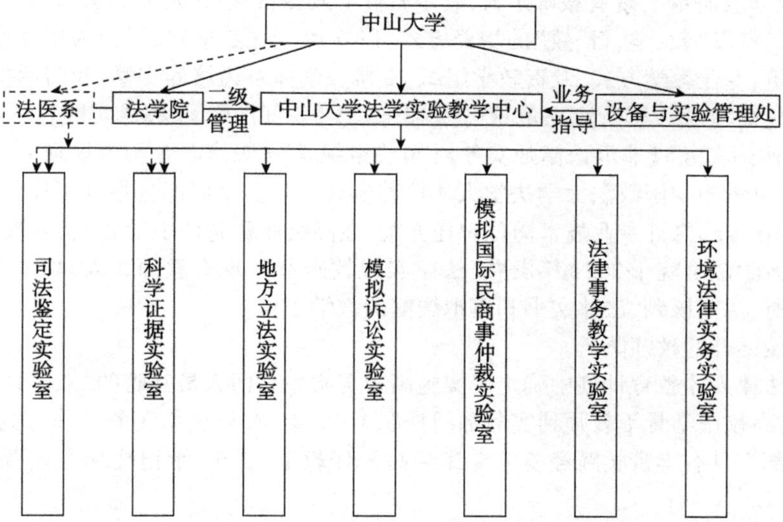

图 1　中山大学法学实验教学中心组织机构

此外，各高校还积极申请省（市）级各类教学改革项目或者计划，组织校级教学改革项目，引进各类基金项目资助（特别是法律诊所项目①），引导法学实践教学。例如，北京航空航天大学依托中国法律援助基金会实施的“中央专项彩票公益金法律援助项目”与诊所委员会的法律诊所教学项目的支持，面向高年级本科生和研究生实施了融公益法律服务与实践教学于一体的实践教学机制，建立了一整套完备的规章制度和教学指导方式，每年有 100 余名高年级本科生和研究生参与公益实践，覆盖了全院 75% 以上的学生，年均承办法律援助案件 150 余件，胜诉率达 90%，实现了社会服务与法学教育的“双赢”。

（三）实践教学的师资状况

1. 专门实践教学的师资

目前，各法学院校从事法学实践教学的教师从二级学科或者教研室归属上来看，基本上都有自己的二级学科归属，例如，民商法、刑法、诉讼法，隶属于某教研室。对于绝大

① 例如，从 2000 年起，在美国福特基金会的资助下，中国 7 所法学院开设了法律诊所教育课。除了美国福特基金会之外，各高校还曾经或正在向各类基金申请项目资助，如中国法律援助基金会、亚洲基金会、美国公益法研究所、中律原咨询、美国律师协会、律师事务所设立基金等。

多数法学教师来说,从事实践教学属于“兼职”,是本专业之外的其他教学工作量。

根据本次调研,中国政法大学和中国人民大学设立专门的实践教学机构,聘任专门实践教学的教师,专门负责实践教学工作。2007 年为加强实践教学的专门性,发挥实践教学应有的作用,培养具有理论素养和实践能力的复合型人才,中国政法大学法学院设立“实践教学教研室”,现有教师 7 人,其中教授 1 人、副教授 6 人,6 人具有博士学位。实践教学教研室以“教、学、行、效”的培养方式,以立德、强能、求知、践行为培养宗旨,以专职教学队伍、专业教学方式、专责教学组织、专修教学体系为培养支撑,专门承担着《法律职业行为规则》《法律诊所》《法庭论辩》《律师学》《公证法学》《法律实践基本技能》《法律写作》《律师实务》《非诉讼律师实务》《司法组织学》《法律职业行为规则》等课程的教学工作,并且承担中国政法大学法学人才培养模式改革实验班部分指导工作。中国政法大学自 2010 年起修订专业技术岗位聘任方案,在高级职称聘任中设立“实践教学”岗位。中国人民大学法学院于 2011 年设立“法律实践教研室”,现有教师 2 人,均为副教授,负责法律诊所、法律谈判、法律文书和模拟法庭的教学工作。

2. 专兼结合的教师队伍

卓越法律人才教育计划中确定了实施高校与实务部门人员互聘的“双千计划”,即选派 1000 名高校法学骨干教师到实务部门挂职 1 ~ 2 年,参与法律实务工作;选派 1000 名法律实务部门具有丰富实践经验的专家到高校任教 1 ~ 2 年,承担法学专业课程教学任务。

师资队伍建设是实践教学有效实施的根本保障。各法学院系开始逐步建立专兼结合的教师队伍,完善高校与实务部门联合培养机制,特别是在实践教学方面,引入实务部门有较高理论水平和丰富实践经验的专家到高校任教。例如,聘请兼职教授、聘请实践基地的业务骨干作为实习指导老师等。同时,鼓励和支持高校教师到法律实务部门挂职,积累实务教学经验。例如,吉林大学对在“卓越法律人才教育培养计划”中发挥重要作用的教师,尤其是青年教师,实施特殊的激励政策,例如,设立教学改革专项资金,鼓励教师进行教学内容和方法的改革,实行研究性学习,推进教学深层次改革;对科研能力和教育教学能力强但司法实践经验不足的教师,有计划地派往法院、检察院等法律实践单位参加实务训练,积累实务经验,提高实务技能。目前已经选派了 5 名教师参加“双千计划”到实务部门挂职锻炼;学校面向司法实务部门聘请高水平或具有丰富实践经验的专家,特别是具有博士学位或具有副高及以上专业技术职称的专家,参加本科学生的专业课程教学,指导学生毕业设计、业务实习等。

(四)实践教学的培养计划

在传统的法学专业本科人才培养方案中,存在重理论轻实践的现象:

首先,在课程设计上,法学专业本科培养方案中一般将课程分为通识课、专业必修课与专业选修课。所有实践教学环节中,只有专业实习列入了专业必修课,而模拟法庭、法律诊所等都为专业选修课。此种课程设计的最终结果是将法学教育变成了通识教育。

其次，在学分设计上，在法学专业本科培养计划学分结构中，实践教学环节学分一般在8～16分，占总学分的5%～10%，①这与卓越法律人才教育培养计划要求实践教学环节不少于15%的要求相去甚远。

再次，在课程内容上，专业实习是所有法学专业人才培养方案中都包含的内容，多数法学院校设置了模拟法庭课程，部分设置了法律诊所课程，但是缺乏模拟类课程，如法庭论辩等。甚至有些院校除了专业实习外再无其他实践教学环节。

最后，从教学实践上，几乎所有的高校都把专业实习的时间安排在最后一个学年。学生既要面临参加统一司法考试的压力，又要面临毕业论文写作压力和就业压力，很难全身心投入实习，必然使专业实习流于形式，盖章了事，没有真正起到将法学理论和法律职业进行衔接的作用。

例如，有学者调研指出，四川省共有本科院校30所，各本科院校法学专业中，拥有法学本科专业的有17所院校。在这17所院校中，开展了刑事侦查和物证技术试验并有相应的试验室和设备的只有5所学校，仅占总体的29.14%。开展了模拟法庭实践活动的有16所学校，占总体的94%，但设立专门的模拟法庭并具有相应设备的院校有13所，占总体的76.14%。由于投入少、组织方便，所有的法学本科的院校都有组织法庭观摩活动。而在毕业实习方面，由于学生人数众多，94%的院校都采取学生自己联系和学校安排实习单位相结合的方式进行。②

由于卓越法律人才教育计划开始于2011年，因此，本次调研获取了部分院校2012级、2013级法学本科培养方案，其总学分、实践教学环节学分以及二者的比例见表2。

表2　中国高校实践教学环节学分比重

学校	总学分(分)	实践教学环节学分(分)	比例(%)
中国人民大学	163	12	7.4
北京大学	140	5	3.6
中国政法大学	160	24	15
武汉大学	140	8	5.7
清华大学	162	9	5.6
华东政法大学	160	16	10
西南政法大学	162	22	13.6

① 参见刘蕾：《法学实践教学改革与卓越法律人才培养》，载《教育评论》2013年第2期。

② 参见邓建民、李芽：《论法学实践教学形式的完善和更新》，载《西南民族大学学报》(人文社科版)2006年第10期。

续表

学校	总学分(分)	实践教学环节学分(分)	比例(%)
吉林大学	200	18	9
中南财经政法大学	175	13	7.4
对外经济贸易大学	145	28	19.3
复旦大学	150	11	7.3
湖南大学	173	19	11.1
华中科技大学	192	36	18.8
南京大学	150	8	5.3
湘潭大学	172.5	15	8.7
浙江大学	169	14	8.3
中央民族大学	150	17	11.3
北京航空航天大学	139	19	13.7
重庆大学	168	31	18.5
河南大学	163	18	11

从表2中可以看出,单就实践教学环节占总学分的比重而言,只有个别院校法学本科培养方案达到了卓越法律人才教育培养计划中的15%,多数院校还有不小的差距。有部分在调整培养计划中整体减少总学分要求,例如,北京航空航天大学本科生培养计划向完全学分制实现了平稳过渡,学分由原来的165学分降到139学分,课程由原来纯粹中文授课,增加了全英文课程,要求专业实践课程毕业要求最低为19学分,计4门课,12个学分,如表3所示:

表3　北京航空航天大学实践教学课程

课程编号	课程名称	学分(分)	性质	学期	备注
	法律研究与法律写作	2		2	
	专业见习	3	必修	二年级暑假(小学期)	
G20D4120	专业实习	3	必修	7	
	毕业论文(设计)	4	必修	8	
G20D3130	模拟法庭	2	选修	6	
G20D3140	法律诊所	3	选修	5.6	

续表

课程编号	课程名称	学分(分)	性质	学期	备注
G20D1210	法学名著导读	2	选修	5	
G20D3230	公法案例研习	2	选修	6	
	刑法案例研习	2		5~6	
	民法案例研习	2		5~6	
	学术交流	2		5~6	
	法律实训	1	选修	3~6	

有的学校大幅提高了实践课程的学分，例如，河北工业大学针对学生不同阶段，设置了不同实践课程（见表4），共计36学分。①

表4　河北工业大学实践教学课程

课程类型	课程性质	课程名称	学分	周数	各学期周数分配							
					第一学年		第二学年		第三学年		第四学年	
					1	2	1	2	1	2	1	2
实践教学环节	必	专业感受教育	1	1	1							
	必	专业初级辩论赛	1	1		1						
	必	初级社会法治调查	1	1			1					
	必	专业高级辩论赛	2	2				2				
	必	模拟法庭	2	2					2			
	必	法律诊所	2	2						2		
	必	高级社会法治调查	2	2							2	
	必	毕业实习	10	10							10	
	必	毕业设计	15	15								15

① 参见马兵：《"全程全员"实践教学模式研究——以河北工业大学法学专业实践教学改革为视角》，载《邢台学院学报》2013年第3期。

各高校结合自身特色,提出了各种法学实践教学体系。大连大学提出了建设“三阶段(法律体验、法律技能、毕业实习)、三平台(社会实践平台、校外法律诊所、校外实践基地平台)、四年不断线”的实践教学体系。① 北京师范大学创建了以司法实习为中心,以“模拟法庭实验”“法律诊所”为主干,以其他实践课程和实践教学活动为辅助的多层次的实践课程体系。② 沈阳师范大学则将实践教学类别分为基本技能型、实践综合设计型、实践研究创新型实践3类。这3类实践项目所占的比例,对于本科实践教学以前两者为主,主要加强学生对理论知识的理解和训练理论应用于实际法律实务的基本能力,另辅以创新型实践教学,分析和探讨现行法学理论和实践教学体系中存在的问题,培养学生的法律创新思维能力。③ 江西农业大学提出建设以“农”为特色的农科院校法学教学实践教学。④ 福建师范大学法学院开展了“三进互动”(“法官、检察官进课堂”“法庭进校园”“学生进社区”)教学模式的创新和实践。⑤

(五)实践教学的课程设置

如前文所述,本次调研着重于法律诊所和模拟课程的实证研究,而不是对于全部实践教学环节展开调研。

1. 法律诊所

根据诊所委员会秘书处的统计,截至2013年11月17日,经过申请,考核、批准,共有167所法学院校(系)加入该委员会,其中43所还没有正式开设法律诊所课程。目前,我国一共有632所院校开设法学专业,因此,开设法律诊所的院校只占到我国开设法学专业高校的19.6%。本文根据诊所委员会提供的信息、本次调研收到的26份书面回复、检索收录的25所高校法学本科培养方案,以及收录于中国知网的教学改革论文,现将我国法律诊所状况统计如下:

① 参见何燕侠、姜纪元等:《地方性大学法学实践教学模式的改革与创新》,载《实验技术与管理》2011年第8期。

② 参见夏利民:《法学实践课程体系建设探索——以北京师范大学法学院的改革为例》,载《中国大学教学》2010年第11期。

③ 参见韩涛:《法学综合实践教学模式的探索——基于沈阳师范大学法学实践教育改革案例研究》,载《理论前沿》2013年第3期。

④ 参见聂志平、徐媛:《构建以“农”为特色的农科院校法学实践教学的若干思考》,载《江西农业大学学报》(社会科学版)2007年9月。

⑤ 参见林旭霞、杜力夫:《论法学本科应用型法律人才的培养机制——以省属高校法学院卓越法律人才教育培养为视角》,载《中国法学教育研究》2012年第4期。

表 5　中国高校法律诊所课程开设状况

序号	所在院校	每学期开设诊所数量（个）	专任教师数量（位）	诊所类型	每学期选修诊所学生数量（位）
1	北京大学法学院	4	5	民事行政、谈判、非政府组织、公益	
2	北京交通大学	3	5	劳动、消费者权益保护、婚姻家庭	30
3	北京林业大学	1	2	民事	20
4	北京农学院	1	4	农村	
5	北京师范大学法学院	1	5	刑事	30
6	北京物资学院	1	2		
7	北京邮电大学人文学院	1	2	综合	30
8	河北沧州师范专科学院法政系	1	4		
9	长春理工大学	2	5	劳动法、立法	
10	大连海事大学法学院	1	3	综合	
11	东北农业大学	2	5	民事、刑事	
12	福州大学阳光学院	1	1		
13	复旦大学	2	5	民事、刑事	
14	广东嘉应学院	1	6	综合	
15	广东商学院	1	4		
16	广西大学法学院	2	4	刑事、综合	
17	桂林电子科技大学	1	1	综合	
18	哈尔滨工程大学人文学院法律系	1	3	综合	
19	哈尔滨工业大学法学院	1	2	综合	
20	哈尔滨商业大学	1	4	社区	
21	海南大学法学院	1	6		
22	河北北方学院法政学院	1	2		

续表

序号	所在院校	每学期开设诊所数量（个）	专任教师数量（位）	诊所类型	每学期选修诊所学生数量（位）
23	河北工程大学	1	3		
24	河北工业大学城市学院	1	6		
25	河北工业大学廊坊分校	1	2	妇女权益保护	
26	河北联合大学	1	5		
27	河北政法职业学院	3	2	民事、行政、刑事	
28	黑龙江省政法管理干部学院	1	3		
29	湖南大学法学院	1	5		
30	华北科技学院	1	1		
31	华东政法劳动法诊所	2	3	民事、刑事	
32	华南理工大学	1	6		
33	华南师范大学法学院	1	10	综合	40
34	吉林大学法学院	2	3	刑事、民商	
35	集美大学政法学院	1	4		
36	兰州商学院	1	10		
37	南京大学法学院	1	4	综合	
38	南阳理工学院	1	5		
39	宁夏司法警官职业学院	1	2	综合	
40	青海民族大学法学院	1	5	刑事	
41	清华大学	1	2	综合	
42	中国人民大学法学院	1	6	刑事	
43	山东财经大学法学院	1	4	综合	
44	山东师范大学	1	6		
45	汕头大学法学院	1	1	综合	
46	首都经济贸易大学	1	5		

续表

序号	所在院校	每学期开设诊所数量（个）	专任教师数量（位）	诊所类型	每学期选修诊所学生数量（位）
47	四川大学法学院	1	4	刑事	30
48	天津师范大学法学院	1	5	综合	
49	外交学院	1	2	综合	20
50	武汉大学法学院	5	7	儿童、性别、行政、刑事、社区	50
51	五邑大学	1	10		
52	北方民族大学	1	8		
53	西北政法大学	4	14	民事、公益、农村社区、刑事	
54	西南科技大学法学院	1	3	民事	
55	西南政法大学	1	3	社区	
56	厦门大学法学院	1	10	综合	
57	新疆喀什师范学院	1	5	综合	
58	新疆大学法学院	1	5	公益	
59	烟台大学法学院	1	4		
60	扬州大学法学院	1	14	婚姻家庭	
61	云南大学法学院	2	2	综合、未成年人犯罪问题	
62	浙江大学	1	5	综合	
63	浙江工商大学法学院	1	5	综合	
64	浙江师范大学行知学院	1	9		
65	东南大学法学院	1	4	社区	25
66	中国传媒大学法律系	1	3		
67	中国计量学院法学院	3	3	民事、刑事、知识产权	
68	中国农业大学	1	4	农民权益保护	
69	中国青年政治学院法律系	3	7	刑事、未成年人，消费者权益	

续表

序号	所在院校	每学期开设诊所数量(个)	专任教师数量(位)	诊所类型	每学期选修诊所学生数量(位)
70	中国社会科学院法学研究所	1	3	综合	
71	中国政法大学	6	38	行政、知识产权、环境法、刑事、劳动法、青少年越轨	200
72	中华女子学院	1	3		
73	中南财经政法大学	3	6	人权法、劳动法、环境法	
74	中南民族大学法学院	1	6	少数民族和少数人权益保护	
75	中山大学法学院	2	9	综合、环境法	
76	中央财经大学法学院	2	4	民事、刑事	
77	中央民族大学法学院	2	7	民事、刑事	
78	郑州大学法学院	1	2	行政	
79	江苏警官学院	1	7		
80	河北科技大学文法学院	1	5		
81	华北电力大学人文学院	1	1		
82	甘肃政法学院	1	7		
83	北京师范大学珠海分校	1	1	综合	
84	上海政法学院	1	5		
85	重庆三峡学院	1	2	农民工维权	
86	兰州大学	1	7		
87	西南民族大学法学院	1	7		
88	西南财经大学	1	6	综合	

续表

序号	所在院校	每学期开设诊所数量(个)	专任教师数量(位)	诊所类型	每学期选修诊所学生数量(位)
89	中国矿业大学	1	2		
90	华中科技大学法学院	1	2	综合	
91	伊犁师范学院	1	5		
92	浙江林学院天目学院	1	6	环境法	
93	黑龙江大学法学院	2	1	民事、行政	
94	广东外语外贸大学法学院	1	2	民事	
95	北京工商大学	1	7		
96	北京理工大学法学院	1	3	综合	30
97	哈尔滨理工大学	1	5		
98	江西师范大学	1	4		
99	温州大学法政学院	1	5		
100	浙江师范大学行知学院法学分院	2	10	民事、刑事	
101	内蒙古财经学院	2	2	综合、刑事	
102	华南农业大学人文与法学学院	1	2		
103	上海交通大学	3	3	劳动、刑事、民事	
104	新疆警官高等专科学校	1	1		
105	陕西警官职业学院	1	2		
106	山东政法学院	1	2		
107	浙江农林大学	1	4		

从表5可以看出,多数高校只开设1个法律诊所课程,开设2个以上法律诊所课程的占到开设法律诊所课程高校的21%,只占到开设法学专业高校的3.6%。调研数据显示,绝大多数法律诊所的学分为2学分或者3学分,其中,中国政法大学本科生法律诊所为90课时、5学分,并且可以代替专业实习;多数法律诊所设置在本科第三学年,也有个别学校允许学生第二学期开始就可以选修法律诊所课程。调研中,笔者还发现少数院校

虽然将法律诊所列入教学计划，但是不能保证每学期开设，往往是1年开课1次。此外，在法学专业培养方案中，即使是传统政法类高校也没有将法律诊所列为专业必修课，只有少数院校将法律诊所列为专业必修课，例如，新近开设法律诊所课程的东南大学法学院、浙江工业大学。开设法律诊所课程类型多集中于综合、民事、劳动、刑事4大类，法律诊所师生比也多数符合不超过1∶10的标准。[①] 各高校也会结合自身优势开设涉及少数民族、未成年人、公益等法律诊所。

2. 模拟课程

根据调研结果，法学模拟课程的开设情况可以分为以下3类：

(1)民间性质的模拟法庭竞赛

绝大多数法学院校都组织学生参加各类模拟法庭竞赛，一般由教务部门或者团委组织，专业教师负责指导。常见民间性质模拟法庭竞赛有校内模拟法庭，例如，吉林大学校内分春季赛和秋季赛，举行两次模拟法庭比赛；地区性质院校模拟法庭竞赛，例如，北京地区自2009年开设每年一届的由北京市教育委员会主办北京市大学生模拟法庭竞赛；全国性质的模拟法庭竞赛，如理律杯全国高校模拟法庭竞赛、贸仲杯国际商事仲裁辩论赛、全国大学生模拟法庭竞赛、空间法模拟法庭法庭、红十字国际人道法模拟法庭比赛；国际性质的模拟法庭竞赛，如杰赛普(JESSUP)模拟法庭竞赛、国际刑事法院(International Criminal Court，ICC)模拟法庭竞赛等。一般来说，这类民间性质的模拟法庭竞赛不被列入法学专业培养计划，也有学校作出灵活处理，例如，外交学院每年均组队参加JESSUP、ICC国际刑事法院、贸仲杯、红十字会人道法、北京市大学生等模拟法庭活动，每个竞赛设一个实践课程，计18个课时、1个学分。

(2)列为专业选修课的模拟法庭课程

部分法学院校将模拟法庭课程列入法学本科培养方案中，并列为专业选修课，如北京师范大学、北京航空航天大学。部分院校更是从整体上来安排模拟法庭课程，见图2。

(3)列为专业必修课的模拟法庭课程

少数法学院校把模拟法庭课程列为专业必修课，如华中科技大学、华中师范大学、湘潭大学、重庆大学。

(4)模拟课程

根据事先设定的事实情境，由学生依其所扮演的角色，运用相关法律规则、法律技能，解决模拟情境所涉的问题，从而达到预定教学目标的模拟教学，是法学实践教育中常见的教学方法。与以课堂讲授为主的传统课程不同，模拟课程关注学生通过亲身体验来指导自己的学习而非单纯通过教师的讲授来获得相应的知识，关注学生从所扮演角色的

---

① 笔者建议应当打破传统的部门法的划分，根据领域、地域、问题来设立法律诊所。参见袁钢：《以问题为中心的法律诊所教学模式研究》，载冯玉军主编：《朝阳法律评论》(第8辑)，浙江人民出版社2013年版，第93～103页。

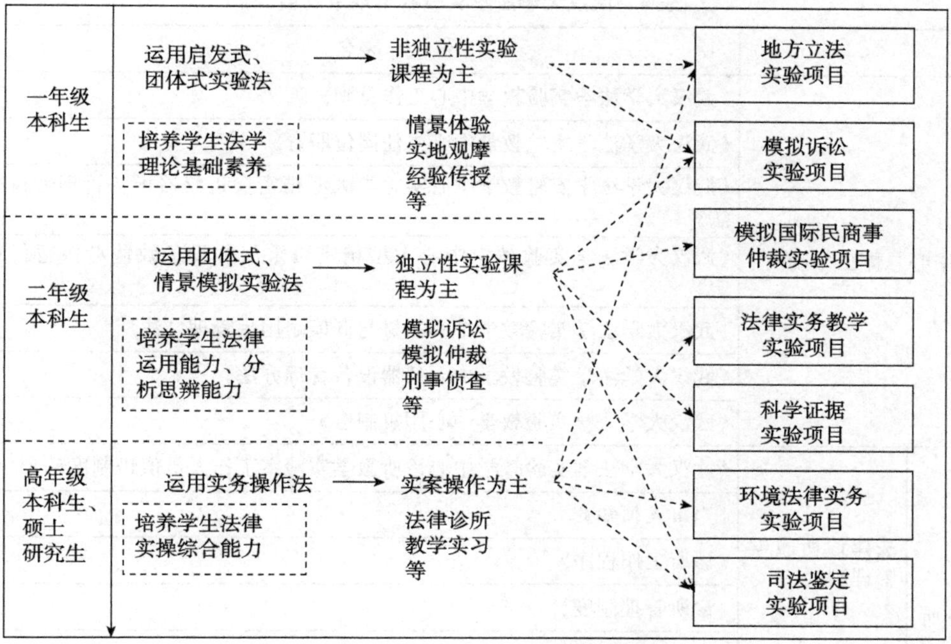

图 2　中山大学实践教学课程

身份、职责出发来分析、解决问题而非仅从旁观中或中立角度来看待问题。① 常见模拟课程有法律论辩课程(也称说服性律师技能,Persuasive Lawyering)、法律谈判课程、法律调解课程。②

(六)实践教学的规章制度

完善、有效的规章制度是开展实践教学的基础。各高校都依据自身特点,学习借鉴教学指导机构、其他院校经验,制定了比较全面的实践教学规章制度,如武汉大学,见表 6:

---

① 参见汪世荣主编:《有效的法学实践教育》,法律出版社 2012 年版,第 223 页。

② 模拟课程,参见美国国际发展署资助的“法学实践教学教材编写培训项目”丛书,包括汪世荣主编:《有效的法学实践教育》,法律出版社 2012 年版;许身健主编:《法律实践教学手册》,法律出版社 2012 年版;刘瑛编著:《法学传统课程中实践技能训练指南》,法律出版社 2012 年版。

表6 武汉大学法学实践教学规章制度

<table>
<tr><th colspan="2"></th><th>表名</th></tr>
<tr><td colspan="2" rowspan="7">中心总体工作制度</td><td>《武汉大学法学实验教学中心工作总则》</td></tr>
<tr><td>《武汉大学法学实验教学中心主任岗位职责》</td></tr>
<tr><td>《武汉大学法学实验教学中心实验类大型精密贵重仪器设备管理暂行办法》</td></tr>
<tr><td>《武汉大学法学实验教学中心大型精密贵重仪器设备效益考核暂行规定》</td></tr>
<tr><td>《武汉大学法学实验教学中心器材与低值耐用品管理办法》</td></tr>
<tr><td>《武汉大学法学实验教学中心仪器设备管理办法》</td></tr>
<tr><td>《武汉大学法学实验教学中心用机制度》</td></tr>
<tr><td rowspan="10">诊所法律教育实验室</td><td rowspan="5">法律诊所教学管理制度</td><td>《武汉大学法学实验教学中心诊所教学实验室工作人员值班制度》</td></tr>
<tr><td>《当事人须知》</td></tr>
<tr><td>《诊所工作程序》</td></tr>
<tr><td>《诊所管理制度》</td></tr>
<tr><td>《诊所学生守则》</td></tr>
<tr><td rowspan="5">法律诊所教学运行制度</td><td>《案例分析框架》</td></tr>
<tr><td>《工作备忘录》</td></tr>
<tr><td>《经社文案例分析框架》</td></tr>
<tr><td>《评估表》</td></tr>
<tr><td>《行动计划表》</td></tr>
<tr><td rowspan="4">法庭科学实验室</td><td rowspan="2">实践模拟教学实施方案</td><td>《法学专业模拟法庭教学实施办法》</td></tr>
<tr><td>《法学专业仲裁庭教学实施方案》</td></tr>
<tr><td rowspan="2">《实践模拟教学管理办法》</td><td>《武汉大学法学院法学实践模拟课程教学参考方法(模式)(参照武汉大学法学院法学专业课程教学参考方法(模式)修改)》</td></tr>
<tr><td>《武汉大学法学实验(实训)教学中心模拟法庭(仲裁庭)使用及管理规定》</td></tr>
</table>

续表

		表名
社会实践及教学实习	暑(寒)假社会实践制度	《武汉大学法学院大学生暑(寒)假社会实践管理办法(总则)》
		《武汉大学法学院大学生寒(暑)假社会实践团队管理办法》
		《武汉大学法学院大学生寒(暑)假社会实践评审规则》
		《武汉大学法学院大学生社会实践暑(寒)假实践组织办法》
		《武汉大学法学院大学生暑(寒)假社会实践纪律条例》
		《武汉大学法学院大学生暑(寒)假社会实践团队队员守则》
		《武汉大学法学院法庭旁听活动管理办法》
		《武汉大学法学院个人暑(寒)假实践活动个人实践管理办法》
		《武汉大学法学院关于竞标暑期社会实践学院课题的办法》
		《武汉大学法学院暑(寒)假社会实践策划书(项目申报表)申报办法》
		《武汉大学法学院暑(寒)假社会实践活动成果总结申报规则》
		《武汉大学法学院社会实践课程基本规则》
		《武汉大学法学院社会实践组织实施细则》
		《武汉大学法学院暑期社会调查活动管理办法》
		《武汉大学法学院学生参与导师科研项目调研实施方案》
		《武汉大学法学院学生社会实践指导办法》
		《武汉大学法学院有关暑(寒)假实践信息发布规则》
	法制宣传实践活动办法	《武汉大学"4・22"世界环境保护日志愿活动管理办法》
		《武汉大学法学院"3・15"消费者权益保护法律咨询活动管理办法》
		《武汉大学法学院"12・4"全国法制宣传日高校联合宣传活动观察协调员规则》

续表

		表名
社会实践及教学实习	法制宣传实践活动办法	《武汉大学法学院“12·4”全国法制宣传日高校联合宣传活动活动细则》
		《武汉大学法学院“12·4”全国法制宣传日系列活动项目管理办法》
		《武汉大学法学院“爱心奉献”活动管理办法》
	实践成果奖励制度	《武汉大学法学院本科生学术科研表彰奖励办法》
	教学实习管理制度	《本科生教学实习及实习基地管理实施方案》
刑事侦查与法医学实验室	实验人员管理制度	《武汉大学法学实验教学中心“十一五”规划》
		《武汉大学法学实验教学中心工作总则》
		《武汉大学法学实验教学中心主任岗位职责》
		《武汉大学法学实验教学中心实验室主任职责》
		《武汉大学法学实验教学中心聘请教师管理办法》
		《武汉大学法学实验教学中心人员培训管理办法》
		《刑事侦查与法医学实验指导教师职责》
		《刑事侦查与法医学实验室开放实验项目一览表》
		《刑事侦查与法医学实验室实验技术人员职责》
		《刑事侦查与法医学实验室管理人员岗位职责》
		《刑事侦查与法医学实验室学生实验守则》
	实验室运行管理制度	《关于加强法学实验教学中心实验室建设与管理的意见》
		《武汉大学法学实验中心实验室工作档案管理暂行办法》
		《武汉大学法学实验教学中心仪器设备管理办法》
		《武汉大学法学实验教学中心器材与低值耐用品管理办法》
		《武汉大学法学实验教学中心用机制度》
		《武汉大学法学实验教学中心实验类大型精密贵重仪器设备管理暂行办法》
		《武汉大学法学实验教学中心大型精密贵重仪器设备效益考核暂行规定》

续表

		表名
刑事侦查与法医学实验室	实验室运行管理制度	《刑事侦查与法医学实验室洗相室(暗室)开放管理办法》
		《刑事侦查与法医学实验室实验课开课程序》
		《刑事侦查学实验教学办法》
		《刑事侦查与法医学实验室管理办法》
		《刑事侦查与法医学实验室开放管理实施细则》
		《刑事侦查与法医学实验室器材损坏选择赔偿制度》
		《刑事侦查与法医学实验室痕检、文检实验室开放管理办法》
		《刑事侦查与法医学实验室学生参加开放实验须知》
		《刑事侦查与法医学实验室暗室管理制度》
		《刑事侦查与法医学实验室库房管理制度》
		《刑事侦查与法医学物证验耗材领用制度》
		《刑事侦查与法医学实验室数字图像处理室开放管理办法》
	实验室设备、环境与安全制度	《武汉大学法学实验教学中心“三废”处理办法》
		《刑事侦查与法医学实验室安全管理实施细则》
		《刑事侦查与法医学实验室安全与环境保护暂行条例》
		《刑事侦查与法医学实验室安全制度》
		《刑事侦查与法医学实验室防火制度》
		《刑事侦查与法医学实验室仪器设备借用制度》
		《刑事侦查与法医学实验室照相器材领用制度》
		《刑事侦查与法医学物证实验中心实验器材采购制度》
	实验设备操作规程	《刑事侦查与法医学实验室三维立体显微镜操作规程》
		《刑事侦查与法医学实验室 XSP 型生物显微镜操作规程》
		《刑事侦查与法医学实验室 XZB－3 型比较显微镜操作规程》
		《刑事侦查与法医学实验室 XZB－4 型比较显微镜操作规程》
		《刑事侦查与法医学实验室体视显微镜操作规程》
		《刑事侦查与法医学实验室放大机操作规程》

续表

		表名
刑事侦查与法医学实验室	实验设备操作规程	《刑事侦查与法医学实验室静电压痕仪操作规程》
		《刑事侦查与法医学实验室多波段光源操作规程》
		《刑事侦查与法医学实验室 XQA－V 型对接重影比较仪操作规程》
		《刑事侦查与法医学实验室静电压痕仪使用、保养规则》
		《刑事侦查与法医学实验室紫外翻拍仪操作规程》
		《刑事侦查与法医学实验室显微镜维护、保养制度》
		《刑事侦查与法医学实验室静电压痕仪操作规程》

为了方便有关院系开设法律诊所课程，为了使现有的法律诊所课程更好地规范发展，诊所委员会特别制定了《实践法律诊所课程基本规范（指南）》，供各法学院校和诊所课程项目参考，该规范也用于对各校开设的法律诊所课程的资助和评议。该规范（指南）由法律诊所课程开设的基本规范（指南）、法律诊所课程中的课堂教学和管理规范（指南）、法律诊所课程中的诊所运行和管理规范（指南）3 个部分组成。例如，最早开设法律诊所课程之一的西北政法大学就制定了较为完善的法律诊所规章制度，包括《法律诊所监督组评分细则》《法律诊所班长工作细则》《法律诊所监督指导制度》《法律诊所奖惩制度》《法律诊所日常内务管理制度》《法律诊所财务管理制度》《法律诊所日常值班制度》《法律诊所接案与代理制度》《法律诊所监督组评分细则》《法律诊所办案表格》《法律诊所课堂教学指引（建议稿）》《法律诊所指导规范》等。

四、中国法学实践教学的教学范式

根据美国哲学家托马斯·库恩于 1962 年在其经典著作《科学革命的结构》提出的范式概念（Paradigm），中国法学实践教学本质上也是一种理论体系。中国法学实践教学需要在吸收、借鉴英美法系法学实践教学的成功经验基础上，结合大陆法系、中国实际，[①]构建出符合新时期要求，有着特殊的内在结构的教学范式。

（一）掌握实践教学本质

根据本次调研对于不少法律诊所教学管理者、教师的访谈，目前中国法学院系真正重视、了解法律诊所课程，掌握实践教学基本理念和方法的教学管理者、教师并不多。诚如前文所述，多数教师是在“兼职”从事实践教学工作，因为往往会出现两种错误倾向：一种是法律诊所（包括其他实践教学课程）附属化，将法律诊所作为部门法授课的延续，作

① 关于英美法系、大陆法系法学实践教学的做法，参见董万程：《加强我国法学专业实践教学的思考》，载《海南大学学报》（人文社会科学版）2010 年第 3 期。

为部门法教学申报各种教学成果的"噱头",即将实践教学作为理论教学的附属,没有认识到实践教学与理论教学之间的良性互动关系;另一种是法律诊所案例化,即将讲授案例、学生办案、观摩庭审、模拟法庭混同为法律诊所教学。

本文从概念、外延、方法、理论等多角度、多方位来论述法学实践教学的本质,即以问题式教学为基本内容,以体验性学习为基本方法,强调理论教学与实践教学并重的理念,"以法律职业活动为对象,以相关的知识、技能和职业责任为内容,设计并实施的课程教学"。① 法学实践教学的根本理念不再是将学生作为被动知识传授对象,从学生被动接受教师变成学生主动学习,这种根本性的转变,一方面要求学生转变原有被动接受者的角色,成为教学活动中的主体,学会掌握批判性思维方式;另一方面要求教师不能再是"灌输式""填鸭式"的课堂讲授,成为教学活动中的引导者,学会鼓励学生参与教学。

传统法学教育中缺乏实践性,而新时期法学人才培养的目标已经转向了职业教育,法学教育急需通过实践教学课程的开设,适应教育目标的转变。这种转变的前提必须准确掌握实践教学的实质,特别纠正 3 种错误做法:第一,缺乏对于法学实践教学应有重视,只在口头上和文件上重视法学实践教学,并不落实于实处。第二,法学实践教学课程化程度低,将各高校传统教学中示例教学(而不是案例教学)、缺乏督导的校外实习、课堂外的模拟法庭、外聘专家的实务传授作为实践教学,而教材、教学大纲、教师、学生、课时、学分都是法学实践课程化的必要条件。② 第三,实践教学课程中仍使用传统的开闭卷考试、论文写作等评估方式,缺乏对法学实践教学课程实效的有效评估。有效的实践教学评估应当具有多样化的评估主体,包括多类型的评估方式,如教师的自我评估、学生的自我评估、教师与学生之间的双向评估。③

无论采用何种模式、方法,法学实践教学都应当是以法律职业化为教学目标,以职业伦理培养为精髓。以法律职业化为教学目标,即法学教育的内容不是纯粹的理论体系或学术体系,而是探讨解决社会问题的理论体系,其法学教育不仅要教理论知识,更要教授运用法律知识的能力和技巧。法学院培养出来的法律人才不是仅仅会理论的人才,也是能够熟练分析现实案件提出解决方案的人才。以职业伦理培养为精髓,不应忽视或者淡化对学生的职业伦理的培养,培养学生面对执业可能遇到的各种问题时,能够有效作出判断和慎重选择;培训学生通过办理真实案件,可以参与案件的全部过程和细节,训练解决问题的方法和技巧;培养学生的判断力、职业道德,并可深切理解法律和律师的社会角色。

(二)制订实践教学方案

从各法学院校的专业人才培养情况来看,虽然其都采用了各种实践教学方法,丰富

---

① 汪世荣主编:《有效的法学实践教育》,法律出版社 2012 年版,第 1 页。

② 同上书,第 19 页。

③ 同上书,第 96 ~ 98 页。

了传统法学教育方法,有力地推动着法学实践教学改革的发展,但是传统的法学实践教学方法尚存在着诸多弊端:第一,案例教学中重展示轻运用,一方面,案例教学的内容体系没有脱离理论教学的内容体系,难以形成理论与实践的有效结合,教学方式仍然是以教师讲授为主;另一方面,案例缺乏真实性,案例的选择都是以理论上某一个知识点作为基点,①这就最终使案例教学变成了示例教学。第二,模拟法庭教学中重表演轻实战。部分高校模拟法庭教学事先排练太过充分,将对抗性很强的模拟审判变成背诵台词表演。第三,专业实习实施重过程轻效果,学生毕业前的集中实习,目的是培养和提高学生的动手能力、口头表述能力、文字表达能力、社会适应能力等综合素质,但是受到准备司法考试与考研、毕业论文写作、找工作的冲击,以及实习单位仅把实习学生作为办公室勤杂人员对待,专业实习实际的效果却很不理想。② 特别是在法学专业扩招之后,原先的大规模集中实习转变为分散实习,这就进一步加剧了专业实习的“形式化”“走过场”现象。③

在卓越法律人才教育计划的引领下,需要重新制订法学本科培养方案,实行理论教学方案与实践教学方案双轨制:增加教学实践课程的种类,提高实践教学课程的学分,延长实践教学课程的学时,以此来加强实践教学环节的比重,使教学实践课程不再仅仅局限于专业实习,而是囊括法律诊所、模拟课程等在内的多种类的实践教学模式。实践教学方式的实施,可以从法律方法、辩论技巧、法律推理、实际应用等不同方面训练学生的法律职业素养与技能,改变以往忽视实践教学的状况,将实践教学理念落到实处,满足法律人才培养的国家标准,培养出真正的卓越法律人才。④ 实践教学方案应当遵循基本的教学规律,对于教师而言,应当具有明确的教学目标、确定的内容和具体的活动安排、时间分配。对于学生而言,就应当明白自己的角色,理解角色所要求的任务,并试图创造性地加以完成,这就需要制订有明确的完成角色任务的计划和步骤,以及确定的评价标准。⑤

(三)改革实践教学教材

根据教学需要,法学实践教学需要合格的教材,具体包括综合性法学实践教材和专项性法学实践教材,综合性法学实践教材包含案例教学、模拟法庭、法律咨询、法律谈判、法律辩论等内容;而专项性法学实践教材则应针对不同的法学实践课程来进行编写。目前,已经出版的实践教学有关教材如下:

---

① 参见唐力、刘有东:《反思与改革:法学本科实践教学创新模式研究——以法律职业教育为视角的一种思考》,载《西南政法大学学报》2010 年第 2 期。

② 参见马涛:论高校法学专业实践教学模式改革,载《西部学刊》2013 年第 5 期。

③ 参见唐力、刘有东:《反思与改革:法学本科实践教学创新模式研究——以法律职业教育为视角的一种思考》,载《西南政法大学学报》2010 年第 2 期。

④ 参见刘蕾:《法学实践教学改革与卓越法律人才培养》,载《教育评论》2013 年第 2 期。

⑤ 参见汪世荣主编:《有效的法学实践教育》,法律出版社 2012 年版,导言,第 7 页。

表7　中国法学实践法学教材状况

书名	著者	出版社	出版年份
法律诊所	许身健	中国人民大学出版社	2014
模拟法律诊所实验教程	章武生	法律出版社	2013
法律诊所实用教程	胡雪梅	厦门大学出版社	2013
刑事诊所工作手册	诊所法律教育专业委员会	中国长安出版社	2013
美国法庭论辩制度:影像与现实	刘晓兵	中国政法大学出版社	2013
有效的法学实践教育	汪世荣	法律出版社	2012
法律实践教学手册	许身健	法律出版社	2012
法学传统课程中实践技能训练指南	刘瑛	法律出版社	2012
法学本科实践教学教程	齐喜三	郑州大学出版社	2012
模拟法庭演练	王伟	浙江大学出版社	2012
法学实践性教学与应用型法律人才培养	王崇敏、王琦	吉林大学出版社	2011
模拟法庭审判讲义及案例脚本(行政卷)	樊学勇	中国人民公安大学出版社	2011
诊所式法律教程	孙淑云、冀茂奇	中国政法大学出版社	2010
法律诊所实训教程	李傲	武汉大学出版社	2010
法律诊所教程	叶英萍	吉林大学出版社	2010
法律诊所实用教程	黄荣昌	厦门大学出版社	2010
农村法律诊所教学手册	薛少峰	法律出版社	2010
诊所法律教育教学案例	张荣丽	中国政法大学出版社	2010
诊所式法律教程	孙淑云	中国政法大学出版社	2010
法学综合案例教学	谭和平、陈文曲、皮修平	中国人民大学出版社	2010
实践性法学教育讲义	陈建民	清华大学出版社	2009

续表

书名	著者	出版社	出版年份
诊所法律教育的理论与实务	王立民、牟逍媛	法律出版社	2009
法学课程实训教学讲义及演练脚本	樊学勇	中国人民公安大学出版社	2009
模拟法庭庭审讲义及案例脚本(民事卷)	樊学勇	中国人民公安大学出版社	2009
诊所法律教育的理论与实务	王立民	法律出版社	2009
法律诊所实习	王英明	中国人民公安大学出版社	2008
诊所法律教育在中国	左卫民	四川大学出版社	2008
法律诊所实习	杨松、佟连发	中国人民公安大学出版社	2008
刑事法务实训	杨松、佟连发	中国人民公安大学出版社	2008
民事法务实训	杨松、佟连发	中国人民公安大学出版社	2008
行政法务实训	杨松、佟连发	中国人民公安大学出版社	2008
为当事人抗辩:法律执业技能模拟训练案例集萃	[美]布赖恩·兰兹伯格、罗文燕	浙江工商大学出版社	2008
模拟法庭审判讲义及案例脚本(刑事卷法学课程实践教学系列教材)	樊学勇	中国人民公安大学出版社	2007
诊所式法律教育与实践性教学指导	许从年	江西高校出版社	2006
方兴未艾的中国诊所法律教育	甄贞	法律出版社	2005
实践型法律人才的培养	李傲	法律出版社	2005
诊所法律教育研究	牟逍媛、王立民	上海交通大学出版社	2004
互动教学法	李傲	法律出版社	2004
诊所法律教育研究	王立民	上海交通大学出版社	2004
法学教育与诊所式教学方法	杨欣欣	法律出版社	2002
诊所式法律教育	[印]马海发·梅隆	法律出版社	2002
诊所法律教育在中国	甄贞	法律出版社	2002

目前,专项性实践法学教材较多,特别是法律诊所教材,而法律诊所以外的教材数量还是比较少。在本次调研中,各高校也反映由于很多高校采用学生自愿购买教材的方式,在不重视法学实践教学的背景下,法学实践教学的教材选用率比较低。① 此外,专门的模拟课程教材很少,还有待完善。实践法学教材的编写应当具有通俗性、应用性,能够适应培养卓越法律人才的需要,将实务经验、法律思维方法、解决实际问题的思路和方法等具有实践意义的内容编进教材,以增加教材的实践性和应用性。法学实践教材必须提出教学方法的改革,突出对学生职业能力和实践技能的培养,坚持理论教学为法律职业实践能力训练服务的原则,重点培养和提高学生日后从事法律职业所需的基本专业技能和综合职业素质的实践性教学方法。

(四)强化实践教学师资

良好的师资队伍是提高法学实践教学质量的前提条件。法学实践教学必须依赖具有丰富法律实践经验、掌握实践教学本质的指导教师的奉献。从我国法学实践教学现状来看,法学实践教学整体师资队伍状况令人担忧:第一,受到评价和考核机制的制约,从事法学实践教学的教师整体数量过少,并且将法学实践教学作为本职专业(部门法)教学之外其他教学工作;第二,受到各校既有专业结构的限制,从事法学实践教学的教师年龄整体偏轻,不少高校将法律文书、模拟法庭、法律谈判、法律诊所等实践性较强的课程,安排给毫无法律执业经验的年轻教师,甚至是尚未掌握基本教学能力的新任教师;第三,受到教学科研重任的压力,从事法学实践教学的教师整体经验缺乏,教师难有足够的时间和精力去从事法律实践,即使从事法律兼职活动,也常常被诟病为不安心本职工作;第四,受到本职工作的限制,高校聘请的校外兼职指导教师整体作用有限,实际上校外兼职指导教师因时间和精力的限制难以坚持参与法学实践教学,或者因部门之间协作机制因素以致其聘任仅具有形式意义。

要想培养出高素质的优秀人才,就需要建设高素质的教师队伍,培养出一批理论知识深厚、实践能力强、创新意识浓厚、了解行业发展动向的高素质教师。② 国家卓越法律人才教育培养计划高度重视法学教育师资队伍建设,提出要努力建设一支专兼结合的法学师资队伍。由此,应该正确认识法学学科的应用性、职业性特征,确保法学实践教学师资的数量和质量,其中应当解决的问题包括:第一,建立专职的法学实践教学队伍,将法学学科教师实践能力纳入相应的教师职业评价体系之中,而不再以科研数量和数量作为主要评价标准;第二,支持和鼓励高校教师从事适量法律实务活动,促进教师法律综合素养的全面提高;第三,推行师资双向互聘制度,高校与法律实务部门建立联合培养机制,聘请具有丰富法律职业经验和相应教学能力的法律实务人事任兼职导师,积极参与并指导高校的法学实践教学活动;鼓励和支持高校法学教师到法律实务部门进行挂职锻炼,

---

① 参见刘蕾:《法学实践教学改革与卓越法律人才培养》,载《教育评论》2013 年第 2 期。

② 同上。

全面了解和掌握相关法律实务流程和操作技巧，丰富和提高教师的法律实务水平。

通过本次调研旨在发掘中国法学实践教学的普遍性和特殊性，客观上能反映中国法学实践教学的现状。更为重要的是，围绕着这些普遍性和特殊性，能够进行深入研究和论证，在本土化与全球化的双重冲击下，实践教学如何在教育理念、管理机制、教学体系、考核制度、教材建设、招生就业等方面进行调适与创新，从而真正走出一条既能符合中国国情，又能体现社会主义法治理念的法律职业教育之路。中国法学实践教学正在成长，具有顽强的生命力，需要有更多的具有执着的奉献精神和参与精神的教师投身于中国法学实践教学。

法学教育改革与诊所法律教育

冀祥德[*]

一、问题的提出

党的十八届四中全会是中国改革开放以来第一次以依法治国为主题的中央全会。全会通过的《中共中央关于全面推进依法治国若干重大问题的决定》(以下简称《决定》)系统回答了我国法治建设的一系列重大理论和实践问题,并为今后一个时期的法治建设指明了方向,确定了目标,划出了路线,开启了当代中国通过国家治理法治化实现国家治理现代化的新纪元。

《决定》将法学教育作为依法治国的一项重要内容,明确指出:"坚持用马克思主义法学思想和中国特色社会主义法治理论全方位占领高校、科研机构法学教育和法学研究阵地,加强法学基础理论研究,形成完善的中国特色社会主义法学理论体系、学科体系、课程体系,组织编写和全面采用国家统一的法律类专业核心教材,纳入司法考试必考范围。坚持立德树人、德育为先导向,推动中国特色社会主义法治理论进课堂进头脑,培养造就熟悉和坚持中国特色社会主义法治体系的法治人才及后备力量。建设通晓国际法律规则、善于处理涉外法律事务的涉外法治人才队伍。"法学教育如何培养和塑造熟悉和坚持中国特色社会主义法治体系的法治人才及后备力量,推动法治中国的发展,作为一个崭新的顶层设计命题,摆在每一个法学人和法律人的面前,特别是值得每一个法学教育研究者和实践者认真思考与深入研究。

我国前两轮的司法改革,可谓"雷声大,雨点小",虽几经努力,但收效甚微。作为司法改革重要组成部分的法学教育改革,情形几近相同。除去司法考试制度的推行是一项体制性的改革之外,关于法学教育的定位、目标、方法、方式、内容等方面的改革,几乎都是停留在"修修补补"的法学教育机制变化层面。究其原因,无疑是多方面的,但是,在笔者看来,一个很重要的原因就是顶层设计不足。进一步说,顶层设计不是没有,而是过多、过乱,庞杂而不系统,繁多而无中心。

我国法学教育经过60多年的发展,中国特色的法学教育模式已经初步形成并将逐

* 中国社会科学院法学研究所研究员,中国地方志指导小组办公室研究员,法学博士。

步完善，以美国法学教育为代表的普通法系的法律职业教育模式和以德国法学教育为代表的大陆法系法律素质教育模式呈现出鼎立之势。[①] 法学教育中国模式的核心特征是法学教育的多元化。[②] 我们要看到，一方面，中国多元化法学教育模式有着自身独特的优势、强大的生命力和广阔的发展前景；另一方面，我国法学教育还存在若干问题，如教育主体多、管理体制乱、培养机制杂等。在这诸多问题中，一个最迫切需要解决的问题就是法学教育供出与法律实践需求的矛盾，即法科毕业生实践能力不足。近年来，为解决法学教育的供求矛盾，增强法科毕业生的实践性，让法科毕业生适应用人单位需要，我们不懈努力，几经探索，方法如案例教学、模拟法庭教学、实践教学、诊所法律教育等，但是这些探索大都是零星而片面的，甚至有的是“换汤不换药”的形式主义，缺乏系统性、指导性以及前瞻性，只有诊所法律教育日渐显示出其勃勃生机和活力，正在逐步进入高等法学院校及科研机构的法学教育体系，并朝着入主流、规范化、国际化的方向发展，逐渐形成中国特色的诊所法律教育模式。笔者认为，在《决定》提出培养造就熟悉和坚持中国特色社会主义法治体系法治人才及后备力量新要求下，总结近年来法律实践性教育的经验与不足，在法学教育中全面推行诊所法律教育的时机和条件已经成熟，法学教育改革顶层设计中，应当将诊所法律教育纳入改革核心体系。

二、法学教育改革与法律实践教学

法学理论教育和法学实践教育是法学教育的两块基石。就我国法学教育的实际状况看，在应试教育的大环境下，确实存在重理论教育、轻实践教育的现象。近年来，我国法学教育面临的主要问题是，一方面，立法、司法、行政、法律服务等领域急需大批思想政治素质高、有良好职业道德和法律信仰、扎实法律知识储备和实践操作能力的法治人才；另一方面，大量法科毕业生却面临就业难的窘况。因此，重视法律实践教学一直是近些年法学教育改革的“牛鼻子”。

纵观世界法学教育，法律实践教学在各个国家的法学院中都占有越来越重要的地位，在以职业教育为特点的普通法系国家的法学教育中，法律实践教学已经成为其关键环节。美国耶鲁大学法学院前院长高洪柱（Harold Koh）就认为：“理论无实践，就无生命；实践无理论，则无灵魂。”[③]法律实践教学对于培养学生的法律职业思维、法律职业道德素养、法律职业技能有着不可替代的作用。“几乎无人否认，法学教育是一门培养和塑造人的艺术，法律知识与道德素养和职业技能应当有机地结合在一起。单独设立实践性课程在我国法学教育改革中就占有特别重要的意义和必要性。这也是一个普遍性的

---

① 参见冀祥德主编：《法学教育的中国模式》，中国社会科学出版社 2010 年版，第 1 页。

② 参见冀祥德：《中国特色社会主义法学教育模式的基本特征》，载《河北法学》2011 年第 12 期。

③ 王晨光：《探索法律实践教学新路径——评“模拟法律诊所实验教学”和“个案全过程教学法”》，载《法学》2013 年第 4 期。

趋势。”①

（一）国家推进法律实践教学的若干政策

为了更加直接地满足法律实务部门对法律专业人才的需求，1995年教育部和司法部联合推动设置和实施了“法律专业硕士学位”教育项目，2001年建立了国家统一司法考试制度，2008年中央政法委主导和推动政法干警招录培养体制改革试点工作。2011年12月23日，教育部、中央政法委员会联合发布了《关于实施卓越法律人才教育培养计划的若干意见》（以下简称《意见》），决定在我国实施“卓越法律人才教育培养计划”。这是新中国成立以来教育行政主管部门颁布的第一个关于法学高等教育的专门指导性文件，也是教育部在社会科学领域最先实施的卓越人才培养计划。② 该计划旨在培养适应新时期中国特色社会主义法治国家建设需要的高素质法律人才，切实回应经济社会发展给法学教育带来的新要求和毕业生就业给法学教育带来的新挑战。③ 从2013年开始，教育部和中央政法委又联合启动了“双千计划”，即高等学校与法律实务部门人员互聘制度。实施“双千计划”是卓越法律人才教育培养计划的重要内容，是创新教学团队组建模式，加强高校法学师资队伍建设的重要举措。国家一系列的宏观政策表明，构建响应社会的、以实际为导向的法律人才培养模式是我国今后法学教育改革的发展的趋势。④

（二）院校科研机构关于法律实践教学的探索

在我国法学教育改革中，认识到当今社会需要的不是只掌握了诸多法学理论的知识青年，而是法学理论与法律实践能够融会贯通的能力才人；不加强实践教学，就无法使学生做到理论与实际的真正贯通，只能造成学生毕业后面对复杂的社会情势束手无策；通过法学实践教学培养学生实践能力，是当今社会对法学教育的客观要求。⑤ 为此，近年来我国不少法学院校及科研机构，对法律实践教育进行了若干尝试和探索。

1. 案例教学法

案例教学是英美法学教育常见的教学方法。我国教育界自20世纪90年代开始广泛引入案例教学法，很多法学院或是将案例与法学原理、法律制度相融合，或是专门开设

---

① 王晨光：《探索法律实践教学新路径——评“模拟法律诊所实验教学”和“个案全过程教学法”》，载《法学》2013年第4期。

② 参见叶永禄：《构想与建议：对完善我国法学实践教学的思考——有感于教育部“卓越法律人才教育培养计划”》，载《黑龙江省政法管理干部学院学报》2013年第2期。

③ 参见朱志峰：《由“卓越法律人才教育培养计划”看中国法学教育模式变革》，载《社会科学研究》2013年第6期。

④ 参见王健：《法学理论与实务接轨的几点思考》，法治中国建设与法学教育改革论坛论文，烟台，2014年10月，第78页。

⑤ 参见周光明、彭红军：《尊重差异因材施教构建“和谐”教学新模式——高校分层教学探索》，载《中国大学教学》2007年第6期。

相关部门法的案例讨论课、案例研习课。① 案例教学法的基本形式是,教师先提供精选案例,学生在教师指导、启发下运用多种不同的形式对案例所提供的材料与问题进行独立思考,然后进一步分析研究、提出自己的见解、作出判断和决策。案例教学法的目标是为了通过相关的案例教学,培养与训练学生发现问题、解释问题、论证问题以及解决问题的能力。案例教学法的关键在于是否有充足的典型案例资源,学生是否愿意花费时间和精力在课前研读案例,是否有统一的案例教材等。有学者认为,在案例教学中,只是随机获取案例或只是在某些规则领域可以找到案例,或者找到的案例已经不具有教学价值与研究意义,导致我们的案例教学呈现零散化和个别化的问题。②

2. 模拟法庭教学法

模拟法庭教学是指学生在老师的安排下,扮演案件中的不同角色,如原告、被告、法官、律师、证人等,模拟法院开庭审理的一种教学方法。一般而言,在模拟法庭的教学过程中,学生应当处于绝对的主体地位,每一个角色都应由学生扮演,教师则起辅助和指导的作用。这种教学方法的目的是使学生将课堂中所学的法学理论知识运用于实践。尽管这些年来模拟法庭的形式多样,甚至组织了一些校内或区域性、全国性、国际性模拟法庭比赛,然而,从总体上来看,很多学校还是将模拟法庭作为学生的"课外活动",模拟法庭的训练在实际教学中存在很多误区。有学者指出,虽然当前很多法律院系采用了模拟法庭的模式,但是它们并非真正的模拟法庭训练,而是彩排好的演练,重形式多于重内容,参与学生数量有限,缺乏系统指导,侧重于程序模拟等。③

3. 讨论式教学法

讨论式教学法强调在教师的精心准备和指导下,为实现一定的教学目标,通过预先的设计与组织,启发学生就特定问题发表自己的见解,以培养学生的独立思考能力和创新精神。讨论式教学包括设计问题、提供资料、启发思路、得出结论等环节。在实际教学中,该方法往往和其他实践教学方法相结合,案例教学、模拟法庭教学等往往不同程度地运用讨论教学法。讨论教学法以"师生学习共同体"为理念,旨在充分挖掘学生的学习兴趣和潜力,让教师和学生的知识、智慧相互交织,产生比教师的单纯授课更好的效果。但是,这种课堂效果也不是很容易可以取得的,课堂讨论的深度和广度,需要有充分的课前准备,也需要有经验的教师来把握和引导,更需要学生的积极参与。④

---

① 参见李友根:《论基于案例研究的案例教学——以〈经济法学〉课程为例》,法治中国建设与法学教育改革论坛论文,烟台,2014 年 10 月,第 132 页。

② 参见周光明、彭红军:《尊重差异因材施教构建"和谐"教学新模式——高校分层教学探索》,载《中国大学教学》2007 年第 6 期。

③ 参见王晨光:《法学教育中的模拟法庭教学》,法治中国建设与法学教育改革论坛论文,烟台,2014 年 10 月,第 11 页。

④ 参见杨国华:《讨论式教学法的理论与实践——从北师大的一堂课说起》,法治中国建设与法学教育改革论坛论文,烟台,2014 年 10 月,第 187 页。

4. 实习教学法

法律实习教学是指让学生离开校园,通过在法律实务部门的实际锻炼,培养学生的实务操作能力和对法律实际运作的理解。根据教育部的有关规定,毕业实习是法学本科生必须经历的实践教学环节。实习教学法的问题在于:一是时间受限,来去匆匆;二是“水过地皮湿”,学生难以触及实际法律业务;三是缺乏管理,是一种“放养”式实习;四是实习单位和实习学生都重视不足等。

5. 诊所教学法

诊所法律教育产生于20世纪60年代的美国,起源于美国耶鲁大学、哈佛大学等著名法学院,目的在于借鉴医学院培养学生的方式,培养掌握法律实践能力的法科学生。目前,在开展诊所法律教育的国家,主要探索出以下几种模式:一是模拟性的诊所教学方式,包括庭审模拟和案例讨论等;二是参与式的诊所教学方式,主要表现为给律师做“助手”,真正参与案件的办理;三是参观性的诊所教学方式,主要表现形式为旁听庭审、参观监狱等,获得体验;四是处理非讼业务的诊所教学方式,学生为真实的当事人撰写法律文书、提供法律建议、代理诉前和解等非诉业务;五是代理当事人处理诉讼业务。[①] 我国一些高校从2000年开始探索进行诊所法律教育,随着参与学校的增加,规模越来越大。但是,各校开展诊所法律教育的形式多种多样,有成功的经验,也有存在的问题,需要在认真总结的基础上,科学规范指导。

除上述实践性教学方式外,有的法学院校还实施了审判观摩、法律援助、实务讲座、实验教学等法律实践教学方法。

(三)关于法律实践教学的反思

按照法学教育对实践教学的价值预设,反思我国法律实践教学政策及活动状况,不难发现如下几个比较突出的问题。

1. 对法律实践教学定位不清、认识不足

不少人认为,法律实践教学附属于法律理论教学,实践教学的目的在于辅助理论教学,甚至认为实践教学可有可无。这种看法导致部分高校对实践教学的轻视,影响了实践教学的有效开展。在法学4年本科、研究生2年或者3年的培养中,理论知识的传授占了绝大比重,有效的实践教学措施不足。

2. 法律实践教学流于形式、效果较差

由于种种原因,我国法律实践教学在实施过程中被形式化的状况很严重,学校不重视,老师准备不足,学生参与度不高,实践教学没有达到应有的目的和效果。例如,在模拟法庭中,学生就像演话剧一般,是角色的表演,而不是体验。实习环节缺少专门人员的指导,实习时间短,实习内容随意,实习效果差。另外,案例教学往往过于简单,常常缺乏

---

① 参见王新:《我国的法律诊所教育怎样才能走向“非常完美”?》,载法制网:http://www.legaldaily.com.cn/zmbm/content/2009-08/20/content_1141146.htm?node=7581,最后访问日期:2014年12月15日。

培养实践能力的教学设计，变成“故事会”。

3. 法律实践教学形式杂乱、缺乏统一规划

在既有法律实践教学环节中，不仅对案例教学、模拟法庭、讨论教学、法律诊所等形式，学校采取哪种形式不统一，而且就每种实践教学的形式而言也不统一。以诊所法律教育为例，目前全国有181个会员学校，其中91个学校开设了诊所法律教育课程，在其开设的131个法律诊所中，可谓五花八门。

4. 缺乏专门法律实践教师队伍

目前，我国高校及科研机构的法学教师基本上都属于理论型，他们一般都具备较高的理论素养和学术素养，但大都缺乏法律实践能力，教师的实践知识和能力远远达不到实践教学的要求。① 而聘请实务部门参与法学教育的形式多是讲座与座谈，没有形成对学生体系化的实践技能传授。

5. 与法律实践部门沟通不畅

法学院校及科研机构在实践教学活动开展中，没有重视法律实践部门沟通或者沟通不畅，至少表现在两个方面：第一，在法科学生培养方案和课程设计中，缺乏法律实务部门，特别是用人单位的参与；第二，学校与实务部门的联系也不够紧密，不能建立长期固定的联系。

三、诊所法律教育统领法律实践教学的可行性

习近平同志指出，改革由问题倒逼而产生，又在不断解决问题中而深化。上述实践教学方法实施中，法学院校及科研机构“各自为政”，呈现出零散化的现象，缺少一个统一的“指挥棒”和规范标准，因而随意性较大，也就不容易落到实处。因此，在全面深化司法体制改革的背景下，法学教育改革中实践教学改革的一个紧迫要求，就是总结既往经验，反思不足，找寻对策，用一种具有兼容性、展开性的实践教学法统一和涵盖其他实践教学法，并由有关部门制定统一规范标准，在各法学院校及科研机构中推广落实。

笔者认为，诊所法律教育可以担当此任。因为其既与我国法治建设的时代需求相一致，又与卓越人才培养计划的目标相契合；既有对其他法律实践教学法的兼容性和自身的逻辑展开性，又有作为中国特色法学教育模式国际交流上的开放性。

（一）诊所法律教育与我国法治建设的时代容涵性

法治中国加速建设期正是中国社会关键转型期，公民与社会对法律的需求越来越多，也越来越多元化，这对法律人提出了更高的要求，即对法学教育、特别是法律实践教育提出了越来越多的要求。法律诊所教育就是一种以解决问题为主导的教育模式，要求必须与时俱进，应对新挑战，解决新问题。

在笔者看来，伴随着国家法治进程的不断推进，特别是随着国家司法考试制度的建

① 参见蔡彦敏：《诊所法律教育在中国制度化建设中亟待解决的问题》，载《环球法律评论》2005年第3期。

立，中国法学教育素质教育传统定位的历史使命已经完成，在法治中国建设当下，法律职业必须走上专业化和职业化的轨道，法学教育必须肩负起为法律职业部门和全社会培养高素质法律人才的历史使命。[①]“这种高素质的法律人才，绝不仅仅是掌握了法学知识体系的人，‘他’应当是和必须是法律专业知识、法律职业素养和法律职业技能的统一体。”[②]培养和造就这种熟悉和坚持中国特色社会主义法治体系的法治人才，正是中国特色法律诊所教育的时代担当。

（二）诊所法律教育与卓越法律人才培养计划的目标契合性

卓越法律人才教育培养计划，旨在培养适应中国特色社会主义法治国家建设需要的高素质法律人才。“培养应用型、复合型法律职业人才，是实施卓越法律人才教育培养计划的重点。适应多样化法律职业要求，坚持厚基础、宽口径，强化学生法律职业伦理教育，强化学生法律实务技能培养，提高学生运用法学与其他学科知识方法解决实际法律问题的能力，促进法学教育与法律职业的深度衔接。”[③]卓越法律人才教育培养计划要求强化法学实践教学环节，加大实践教学比重，加强校内实践环节，开发法律方法课程，充分利用法律实务部门资源，建设一批校外法学实践教学基地，开展覆盖面广、参与性高、实效性强的专业实习，切实提高学生的法律诠释能力、法律推理能力、法律论证能力以及探知法律事实的能力。[④]这就需要改革法学教育课程体系的设置和教学内容，构建以法律技能培养为核心的课程体系，改革教学方法，加强法律教学的实践性、应用性。

诊所法律教育具有真实案件、真实诉讼、真实参与的“三真”特点，有效地实现了法律知识学习、法律执业技能掌握和法律职业道德培育三者的统一。诊所法律教育突出学生的主导地位，强调理论与实践的结合，让学生在参与真实案件的解决过程中，运用法律、认识法律和理解法律，使学生不断提高对理论知识的理解和掌握，增强对法律问题的判断力，掌握解决问题的方法与技巧。同时，诊所法律教育注重职业技能和职业理念的培养，既教给学生解决法律问题的本领，也教给学生树立诚实、善良、正直的法律人品质，培养学生公平、公正、公开的法律信仰。[⑤]诊所法律教育与卓越法律人才教育培养计划的目标十分契合，通过诊所法律教育方法实现卓越法律人才教育培养计划目标，是一个最佳的路径选择。

（三）诊所法律教育内容上的兼容性

应当认识到，法律诊所教育不是课程本身，而是一种教学方法，是一种能够多层次、

---

① 参见冀祥德等：《法律教育学的新发展》，中国社会科学出版社2013年版，第30页。

② 霍宪丹：《中国法学教育反思》，中国人民大学出版社2007年版，第69页。

③ 参见《关于实施卓越法律人才教育培养计划的若干意见》，教育部与中央政法委员会2011年12月23日颁布。

④ 同上。

⑤ 参见饶艾、易明：《“Seminar”抑或“法律诊所”——我国法律硕士教学模式选择》，载《西南交通大学学报》（社会科学版）2010年第11卷第4期。

多角度培养人才，融合传统研究性教学和实践性教学的新型教学方法。[①] 诊所法律教育对于各校开展的案例教学法、讨论教学法、模拟法庭法、实习教学法等具有兼容性，而且可以统上述多种教学法于一体，实现我国法律实践教学的一体化运行。

诊所法律教育可以兼容案例教学。我国的案例教学法更多的是举例教学法，其存在很多缺陷，例如，案例教学中的案件事实是现成的、清晰的、固定的，不能很好地锻炼学生发现线索、搜集证据的能力，以及思考与行动的互动能力，更无法锻炼学生接受挫折、克服心理障碍、适应社会以及与人交流的能力。诊所法律教育也是建立在真实的案件背景材料和真实的当事人基础之上的。在诊所法律教育中，结合证据规则（文本中的法律）具体实践事实调查及其步骤、技巧以及所引起的职业道德问题，更能实实在在地培养学生事实调查实践能力。在法律实践中，不但要调查事实、研究法律，还要会见当事人、证人并给予咨询意见，参与调解、谈判、出席法庭等。在这些具体的律师技能培养上，诊所法律教育所能起到的作用是案例教学无法达到的。[②]

诊所法律教育可以兼容讨论式教学。在诊所法律教学中，可以通过法律援助工作中带有普遍性、规律性的问题，启发学生进行课堂讨论；也可以为诊所学生所代理的真实案件寻求解决的最佳途径进行课堂讨论；还可以就案件背后的法律理念、法律关系进行课堂讨论。在课堂教学过程中，诊所教师针对实务问题不断提出问题，不断追问，引出多种可能性，引导学生发现有关的法律规范、事实材料、有关因素及其各种因素之间的关系；引导学生自己开动脑筋思索。通过提问与讨论，教师与学生平等对话、相互促进，教师与学生之间形成一种良好互动式的教学氛围与模式。学生不再被动听课，而是成为教学环节的主体和积极参与者。[③]

诊所法律教育可以兼容模拟法庭教学。诊所法律教学过程中，不仅要组织学生模拟法庭，而且还要对学生承办的真实案件在“实战”前进行模拟，包括接待客户、谈判调解、非讼和解、出庭辩护或者代理、参与仲裁等。可见，模拟法庭仅仅是诊所法律教育活动的一个组成部分而已。

诊所法律教育可以兼容实习教学。诊所法律教育中，学生不仅可以为当事人代写法律文书、代理诉讼与非诉讼案件，还可以参加社会普法活动、社区法律服务活动等。诊所法律教育不仅能达到实习所能达到的所有目标，还可以消除毕业实习期限短、学生接触实践机会少等弊端。

（四）诊所法律教育逻辑上的展开性

以诊所法律教育统领所有的实践教学方法，不仅需要考察诊所法律教育在内容上能

① 参见冀祥德等：《法律教育学的新发展》，中国社会科学出版社 2013 年版，第 186 页。

② 参见冀祥德：《论中国法科研究生培养模式之转型——从以培养法学硕士为主转向以法律硕士为主》，载《环球法律评论》2012 年第 5 期。

③ 参见安海：《诊所式法律教育教学方法分析》，载《山东省青年管理干部学院学报》2007 年第 5 期。

否兼容涵盖现有实践教学方法的外在形式，而且还要论证诊所法律教育在培养形成法律人实践能力上是否具有逻辑展开的内在张力。

首先，诊所法律教育能够培养学生的法律人思维模式与实践能力。诊所法律教育的本质特征在于"三真"，即学生参与的案件是真实的，不是虚构的；学生参与的诉讼是真实的，不是模拟的；学生的角色参与是真实的，不是扮演的。在法律诊所中，通过案件与角色的亲身参与，在会见当事人、给予当事人咨询意见、调查证人、参与调解、代理谈判、出席法庭等实践活动中，培养思维方式与分析判断能力，训练解决问题的方法和技巧，同时形成法律研究与推理能力。

其次，诊所法律教育能够培养学生的法律人职业道德。学生在大量"三真"活动中，能接触到书本和课堂接触不到的法律实施境况，甚至接触到案外因素影响的非正义等，真实地看到与体觉实践中法律规则或顺畅或艰难地运行，了解法律实践运行的"千面"性，促进学生对正义实现的理解与追求，真实把握法律人的社会角色，培养具有正义心、责任心、同情心的德才兼备的法律人。

最后，诊所法律教育能够培养学生的创新品质与创新能力。法律诊所教育的优势在于立足于社会现实，着眼于解决问题，将学生置于变动不停的社会现实与法律现实中，在有实践经验的教师指导下，教会学生如何捕捉、提取、使用有价值的信息，在不容假设的现实生活中寻求用以解决问题的路径与对策。同时，学生在诊所法律教育活动中，还可以亲身了解体验到司法制度问题所在，并为其改进作出思考与努力。这对于培养学生的创新品质和创新能力意义重大。

（五）诊所法律教育品格上的中国特色

诊所法律教育尽管是"舶来品"，是从借鉴国外一些国家的经验开始尝试的，但是，它从一开始就注入了大量的中国元素。诊所法律教育在中国法学会法学教育研究会的指导下，注重从中国法学教育实际需要出发，立足于解决中国问题，认真探索，谨慎实践，稳步推行。特别是中国法学教育研究会诊所法律教育专业委员会成立后，专门致力于诊所法律教育在中国的设计、试点、总结、指导、管理和规范，制定了中国诊所法律教育培养方案及课程体系，并定期检查指导、总结评估。

可以说，伴随着法学教育中国模式的初步形成，中国特色的诊所法律教育模式也已经初步形成。诊所法律教育品格上的中国特色，表现在教育目的上，英美诊所法律教育的目的是培养学生像律师一样思考，中国诊所法律教育的目的是培养学生的法律人思维，而不仅仅是律师；表现在教育对象上，中国诊所法律教育的对象既有法学院的本科生，又有法律硕士研究生，还有法学硕士研究生，这与英美诊所法律教育对象是不同的；表现在教育考核上，中国诊所法律教育的考核主要由中国法学教育研究会诊所法律教育专业委员会和诊所法律教育开展院校负责，这与美国诊所法律教育由美国律师协会等机构考核评估不同。

（六）诊所法律教育交流上的国际开放性

伴随着诊所法律教育中国模式的初步形成，中国诊所法律教育在世界范围内的影响力在不断增强。尤其是近5年来，中国特色诊所法律教育模式开始在世界诊所法律教育舞台上占据重要领地和话语权，尤其是不断地为印度、日本、韩国、澳大利亚、越南等亚洲国家提供经验借鉴，中国诊所法律教育已经成为中国法学教育的一张“名片”。因此，在深化法学教育改革，梳理整合乱象丛生的实践教学方式中，确立诊所法律教育的统领地位，有利于中国经验、中国模式的国际交流与合作。

四、诊所法律教育课程体系设计

法学教育改革中，以诊所法律教育替代并统领所有法律实践教学法，在课程体系的设计上应该把握以下几个转向。

（一）课程地位：由非主流课程到主流课程

在当下深化司法体制改革背景下的法学教育改革中，要重新认识并厘清诊所法律教育在法学教育中的地位。诊所法律教育进入中国法学教育课堂以来，虽然加入院校渐多，影响渐大，作用渐明显，但是，其还是停留在“说起来重要，做起来不重要”的层面。尽管不乏一些法学院校及科研机构把诊所法律教育开展得有声有色，如西北政法大学、中国社会科学院法学研究所等，然而，多数法学院校的诊所法律教育并未成为主流课程。教育行政主管部门和法学院校的决策者与当权者，对诊所法律教育存有种种偏见和误区，没有弄清诊所法律教育与案例教学、模拟法庭、讨论教学等实践教学法之间的关系；有人认为，相较于理论教学，诊所法律教育是“土鳖”，难登法学教育之雅堂，所以一些学校参与诊所法律教育的老师多是该校师资队伍中的“边缘”部队；也有人认为诊所法律教育的投入太大，受益面小，因而得不偿失等。本届中国法学教育研究会诊所法律教育专业委员会明确提出“入主流”的目标，付诸实施3年以来，通过中国法学会、中国法学教育研究会等平台，有效地推进了诊所法律教育入主流的进程，例如，促使将诊所法律教育列入卓越法律人才培养计划等，以中国社会科学院法学研究所为代表的一些院校和科研机构，已经将诊所法律教育规定为必修课，容涵全部实践教学内容，并构建了诊所法律教育初级班、中级班、高级班梯度教学模式体系，为法学教育改革方案中诊所法律教育的顶层设计提供了实验。

（二）施教对象：由法学本科生到法科研究生

诊所法律教育进入中国法学教育课堂是以法学本科生为培养对象开始的。十几年的实践证明，以法学本科生为施教对象存在若干不足：其一，在本科一二年级学生中进行诊所法律教育实践教学活动是不可能的。尽管多数学校选择在本科三年级开设该课程，但是，学生法学基础知识与基本原理掌握仍不系统，开展诊所法律教育的基础不牢固。其二，本科三四年级学生面临报考硕士研究生、司法考试、就业等一元或者多元选择，无法集中精力投入诊所法律教育。根据笔者的观察，诊所法律教育在我国法学院校课程体系中之所以“入主流”较慢，与施教对象选择不当有重要关系。

将诊所法律教育视角对象转向到法科研究生，尤其是法律硕士研究生，主要基于以下3个理由：其一，法律硕士培养目标与诊所教育活动目的相一致，都是为了培养实践性法律人才；其二，以法科研究生为视角对象可以有效解决本科生教学中知识积累不够、时间精力不足等问题；其三，诊所法律教育在国外的起源就是法学精英教育，而我国的法科研究生教育接近精英教育。

除在职法硕之外，现阶段我国法科研究生的培养主要有法学硕士、法本法硕和非法本法硕3种。其中，法律硕士教育主要是培养复合型、实践性高级法律人才，诊所法教育与法律硕士教育理念、目标、方法相契合，现行法律硕士培养方案也能够与诊所法律教育有机结合起来。所以，将诊所法律教育对象主要转向法律硕士不仅具有必要性，也具有现实可行性。对于法学硕士研究生，虽然在培养目标上与法律硕士应该有所不同，但是，法学硕士也需要了解法律实务。另外，当前我国有相当一部分法学硕士将进入法律实务部门工作作为就业的第一选择，所以，也有必要在部分有志于从事实务工作的法学硕士中开展诊所法律教育。①

（三）课程设计：由选修课到必修课

我国现行法学教育课程体系中，由法学教育指导委员会指定的16门核心课程基本上是按照法律职业人需要的基本法律知识体系构建的。这种设置本身并没有错（尽管哪些课程应当被纳入核心课程仍然有争议），但却在无形中传达了一个信息，即一个合格的法科毕业生必须要掌握这些核心的知识体系，其他教学内容则属非核心。在16门核心课程之外，各个院校均根据各自特点增加了一些必修课。再加上按规定必须要完成的公共课和选修课，实践性课程独立存在的空间就变得很小。为此，多数开设诊所法律教育课程的学校就将该课程设置在选修课中，其课程的设计和管理都处于有之不多、无之不少的边缘化状态，课程效果也就可想而知了。

2006年8月3日国务院学位办将全日制法律硕士实践教育环节从没有硬性学分要求增加到12学分，增设了法律文书课（3个学分）、模拟法庭训练（4个学分）、法律谈判课（2个学分）、法律实践课（3个学分）等必修课。2009年5月19日，国务院学位办的文件再次强调了12个学分的实践课程，并在法本法硕培养中，专门规定了一个学期为实践教育环节，以中国社会科学院法学研究所为代表的学校，抓住这一时机，以诊所法律教育方法落实上述实践教学方案，并将诊所法律教育课程由选修课上升为必修课，有效地解决了诊所法律教育的课程设计问题。为此，建议教育主管部门进一步修改法科研究生培养方案，直接将诊所法律教育纳入法律硕士以及部分法学硕士培养方案，将诊所法律教育规定为法律硕士和部分法学硕士教育的必修环节，以切实保障培养复合型、实践型高级法律人才目标的实现。

---

① 参见冀祥德、李庆明：《诊所法律教育——中国法律硕士培养制度改革的基本方向》，载《法学杂志》2011年第2期。

(四)考核方法:由软性考核到强制考核

当下,我们对诊所法律教育课程的考核还没有构建出一个科学完整的体系,既有的考核主体、考核方式及考核方法均属于软性考核。一方面,统管我国诊所法律教育活动的中国法学教育研究会诊所法律教育专业委员会对法学院校无强制考核权,而教育行政主管部门又没有将该课程纳入考核体系。另一方面,有关院校对诊所法律教育课程的考核多是"放养"式,在考核方式及考核方法上的随意性较大。在笔者看来,诊所法律教育入主流,成为法科研究生的必修课程后,必须采取强制性考核方式。可以考虑由国务院学位办、国家教育行政主管部门委托中国法学教育研究会诊所法律教育专业委员会,提出考核方案,统一实施。

需要注意的是,对于诊所法律教育的考核是双向的,既包括对学生的考核,也包括对教师的考核。对于学生的考核,主要从课程态度、咨询效果、文书制作质量、日志撰写质量、案件参与程度、当事人评价、团队合作表现、实践技能掌握等方面予以设计。对于教师的考核,主要从教学态度、教学内容、教学方法,实务经验、个案指导情况等方面予以设计。

(五)师资队伍:由单一型师资转向"双师型"师资

我国开展诊所法律教育活动以来,师资主要由法学院校的教师组成,既没有专门的诊所法律教育师资,原有法学院校教师的实践经验也不足,这种由理论教师兼职实践教学的师资状况显然不能满足诊所法律教育的需求,亟须从该种单一型师资转向法学院校专职实践教师和实务部门兼职教师的双师型师资。《决定》规定:"健全政法部门和法学院校、法学研究机构人员双向交流机制,实施高校和法治工作部门人员互聘计划,重点打造一支政治立场坚定、理论功底深厚、熟悉中国国情的高水平法学家和专家团队,建设高素质学术带头人、骨干教师、专兼职教师队伍。"有专家指出,要将建设高素质专家和教师队伍作为创新法治人才培养机制的核心,深入实施教育部会同中央政法委等6部门联合启动的高校与法律实务部门人员互聘,"双千计划",即选聘1000名左右具有较高理论水平和丰富实践经验的法律实务部门专家到高校法学院系兼职或挂职任教,承担法学专业课程教学任务,选聘1000名左右高校法学专业骨干教师到法律实务部门兼职或挂职,参与法律实务工作。在"双千计划"的牵引下,全国法学院校及法学研究机构还要从实际出发,切实加强与法律实务部门的多方位合作,精心打造专兼结合的法学专业教学团队,共同制定培养目标,共同设计课程体系,共同建设实践基地,注重特邀法律界先进模范人物授课讲座或指导学生,重点加强案例教学领域理论研究和教材编写,广泛开展探究式学习讨论,增强学习者全面适应法治国家、法治政府、法治社会建设需求的素质能力。① 这为诊所法律教育"双师型"师资队伍建设打造了宽阔的平台,奠定了坚实的基础。

① 参见袁贵仁:《创新法治人才培养机制》,载《中国教育报》2014年11月14日,第1版。

小结

《决定》开启了依法治国新的起点,为法治中国建设设定了时间表与路线图,法学教育在法治中国建设中的重要担当自不待言。法学教育改革作为一个老生常谈问题,之所以再谈,是因为其重要;之所以再谈,是因为其根本性的问题没有得到解决。2015 年是第三轮司法体制改革的元年,法学教育改革必须找准突破口和着力点。总结法学教育 60 多年的基本情况,我国法学教育的弱项和短板主要是法律实践教育不足。其问题所在,不是没有采取措施,而是措施太多、太乱、太杂,缺乏有高度的宏观指引和有内涵的统领设计。我国诊所法律教育已有 15 年,从无到有,从小到大,是在面对和解决中国法学教育实践问题中一步步壮大起来的,为我国法学教育改革注入了新的生机和活力,成为法学教育中国模式的一个亮点。以上论证以及有关院校的实践都告诉我们,以法律诊所教育为统领,推进法学实践教育改革,不仅能够有效解决中国法律实践教育长期以来杂乱无序的沉疴,而且将有力推进中国特色法学教育模式的完善,对我国整个法学教育改革和世界法学教育创新提供有益的借鉴。

定位、规范与挑战

——我国诊所法律教育当下需应答的基本三题

蔡彦敏*

法学教育从问世之初就陷入一种两难境地：其应当成为未来法律职业者的职业教育学院，还是应成为一种培养国民素质的通识性教育或者培养学者和法学专家而教授法学理论和系统法律知识的研究学院。[①] 可以说，职业培训性和学术研究性的二重对立关系，是中外法学教育者孜孜以求的重大命题。诊所法律教育的诞生与发展，亦是对这一命题作出的积极应答。经过15年的建设，诊所法律教育在我国已呈方兴未艾之势。但是，其与法学教育之间的关系在我国法学教育界仍未达成普遍共识，一些高等院校的法律诊所课程也因认识上的差异或某些主客观因素的掣肘而失之规范，而新修正后的《民事诉讼法》和《行政诉讼法》对公民代理诉讼的限制性规定，又使法律诊所学生的诉讼代理身份面临立法上的新挑战。这些问题虽来自不同层面，但均与诊所法律教育在我国的可持续发展具有密切的关系，由此构成我国诊所法律教育在当下需要应答的基本三题。

一、定位：诊所法律教育与法学教育的关系

（一）诊所法律教育之真谛

自20世纪60年代肇始于美国的诊所法律教育，作为法学院的一门新型课程，其借鉴医学院诊所和临床实践的教育模式，在有法律实务经验的教师指导下，学生在真实的案件中代理社会弱势群体当事人并为其提供所需要的法律服务。与传统的法学院课程不同，诊所法律教育之真谛在于其以学生为主体，以法律援助为手段，采用案例研究、小组讨论、角色模拟、单独指导、真实案件代理等多样和互动的教学方法，通过让学生亲力亲为办理案件，为学生提供综合性的实战环境，培养学生的法律思维和研究能力、实务能

---

* 中山大学法学院教授、博士研究生导师，中国诊所法律教育专业委员会副主任，中国民事诉讼法学研究会副会长，法学博士。

① 参见王晨光：《法学教育的宗旨》，载甄贞主编：《方兴未艾的中国诊所法律教育》，法律出版社2005年版，第35页。

力和职业道德观，并贯彻服务社会、从实践中学习和促进社会正义等理念。诊所法律教育的产生与发展，体现了学生对丰富法学实践教学的要求和为社会服务的渴望，是法学院对传统课程设置和教学方式进行反思、检讨和修正的结果。[①] 到20世纪90年代，诊所法律教育模式已在美国得到全面发展。每一个得到美国律师协会认可的法学院都被要求为学生开设法律诊所课程，该课程也成为法学院中最受学生欢迎的课程之一，并成为各法学院吸引优秀生源和提高同业竞争力不可忽略的重要衡量指标。与此同时，伴随着法学教育国际交流的日益增多，诊所法律教育模式逐渐为世界各国所关注，并在世界各大洲许多国家和地区的法学院中迅速发展，成为法学院课程体系中的重要组成部分。[②] 21世纪之交，诊所法律教育在美国福特基金会的资助和一些优秀的法律诊所教授们的真诚帮助下走进中国，[③]在中国法学教育研究会及诊所法律教育专业委员会的领导下，经过一批诊所教师们15年的不懈努力和辛勤耕耘，已呈现出一片方兴未艾的喜人景象。[④]

然而，对于在我国最早一批进行探索并仍在坚持耕耘的诊所法律教育者们而言，这种令人欣慰的景象并未使我们满意。近年来，围绕着诊所法律教育与法学教育的关系问题，法学教育同行的一些不同的见解与观点，时常激励和促使我们不断地进行审慎思考和评估，以期作出积极的互动和回应，力求推进诊所法律教育在更高的程度上被我国法学教育界及更广泛的领域所认知，从而更好地促进其在我国法学教育中的制度化建设。

（二）我国法学教育的基本模式及其缺陷之再检视

伴随着改革开放与市场经济的转轨变型，我国的法学教育在定位不甚明晰的懵懂中踟蹰前行。10年前，笔者曾归纳认为，我国法学教育是一种以教为本的应试教育。教师

---

① 参见笔者在《环球法律评论》2005年第3期上主持的关于诊所法律教育的主题研讨专栏。

② 关于世界各国诊所法律教育的情况，参见《全球化诊所运动》(*The Global Clinical Movement—Educating Lawyers for Social Justice*)一书，该书由Frank S. Bloch教授主编，由Oxford University Press 2011年出版，其中第六章关于中国的诊所法律教育——The "Chinese Characteristics" of Clinical Legal Education，由笔者与耶鲁大学法学院J. L. Pottenger教授合作完成。

③ 这些来自国外的法律诊所教授主要有Prof. Jay L. Pottenger, Michael Wishnie from Yale University, Prof. Carol B. Liebman, Barbara A. Schatz from Columbia University, Prof. Frank Bloch from Vanderbilt University, Prof. Philip G. Schrag from Georgetowm University, Prof Jennifer Lyman from George Washington University, Prof. Margaret Woo from Northeastern University, Prof. Sharon Hom from City University of New York, Prof. Martin Guggenheim, Holly Maguigan from New York University, Prof. Douglas Frenkel from University of Pennsylvania, Prof. David McQuoid-Mason from University of Natal, South Africa。

④ 中国诊所法律教育专业委员会于2002年在中山大学珠海校区成立。该委员会隶属于中国法学教育研究会，是领导和组织管理全国诊所法律教育的专业委员会，时任主任为中国人民大学法学院龙翼飞教授。委员会团结和组织全国从事诊所法律教育的工作者开展诊所法律教育理论和实践的研究，组织诊所法律教育研讨会，组织新诊所教师的培训、组织出版和发表诊所法律教育的研究成果，推进诊所法律教育事业在中国的普及、推广、繁荣和发展，并加强与国际诊所法律教育界的交流与合作，目前已取得较好的成果，全国共有179所高校是委员会的单位会员，不同主题的法律诊所数量总计187个，诊所教师达近千人次，诊所法律援助案件涵盖民事、刑事、行政、劳动权益保障、妇女儿童权益保障、农民工权益保障等各个方面。

教学难以克服单向性和封闭性,学生学习难以克服被动性、消极性和应付性。[①] 时至今日,在我国法学教育规模已空前扩张的情势下,这种基本模式仍无大变。我国法学教师的主要教学状态,仍是面对一班学生讲授法学课程的相关知识;法科学生的主要学习状态,也仍是在课堂上恭听老师的讲授。这种"讲授+听讲"的基本模式重在"法学知识"的传授与学习,法学知识从老师到学生单向流动,学生对知识容易学也容易忘。[②] 到毕业走出校门之时,除了主要储备了一些法学课程的知识外,学生们既未真正掌握法学研究的基本技能,亦缺乏必要的职业能力养成。即使是绝大多数的硕士研究生们,到毕业论文开题和写作时往往也都还是一片茫然;面对真实的当事人及真实的案件时更是无从下手,不知所措。大学法学教育虽然给予了他们走向社会并从事法律工作的通行证,但却缺乏对他们从事法律职业所必须具备的综合能力的全面培训。[③] 随着各种各样的法学院系越来越多,法学毕业生的数量迅速增加,就业也越来越难。据调查统计,2007 年法学学科毕业生的就业率列文科毕业生倒数第一。人们对法学学科毕业生的质量产生了越来越多的怀疑和批评。[④] 多年来,对我国法学教育状况的评论来自于诸多方面,看法大体上以消极为主,有学者一针见血地指出,中国法学教育之弊,是理论性和实践性教育均不足。[⑤] 也正因如此,各类关于改革的呼声和尝试不断出现,倒逼我国的法学教育应当从重数量的发展转向以质量为核心的发展,走内涵发展道路,以培养社会需要的多层次和高素质的法律人才。[⑥] 诊所法律教育课程在我国的兴起,也是这种背景下法学教育改革探索的成果之一。

近年来,我国法学教育界对强化职业教育和法律技能教育的共识度日渐增强。[⑦] 而且随着这种共识度的日渐廓清,国家相关部门已对此作出积极的回应和高度的肯定。2011 年 12 月 23 日《教育部和中央政法委关于实施卓越法律人才教育培养计划的若干意

---

① 参见蔡彦敏:《诊所法律教育在中国制度化建设中亟待解决的问题》,载《环球法律评论》2005 年第 3 期。

② 北京大学葛云松教授的如下描述也生动地印证了这种情形:在大多数的课程中,学生只要大体留心听讲,考前突击一下笔记即可取得不错的成绩。但课程考试一过,很快就抛到脑后去了。大学毕业时民法的基本概念遗忘大半,能够说出大意的法条不超过 5 条。记得住的一点知识,也基本上流于空泛,或者耽于望文生义。参见葛云松:《法学教育的理想》,载《中外法学》2014 年第 2 期。

③ 蔡彦敏:《找寻诊所法律教育与中国法学教育契合之路》,载中山大学法学院编:《法学之道——中山大学法学院复办 30 年纪念文集》,法律出版社 2009 年版,第 565 页。

④ 参见冀祥德:《法学教育的中国模式》,载国际经济法网:http://ielaw.uibe.edu.cn/html/faxuejiaoyu/20130307/19536.html,最后访问日期:2014 年 7 月 1 日。

⑤ 参见葛云松:《法学教育的理想》,载《中外法学》2014 年第 2 期。

⑥ 参见冀祥德:《法学教育的中国模式》,载国际经济法网:http://ielaw.uibe.edu.cn/html/faxuejiaoyu/20130307/19536.html,最后访问日期:2014 年 7 月 1 日。

⑦ 例如,北京大学的苏力教授在早几年就撰文《中国法律技能教育的制度分析》,在该文一开头即指出了这一点,并列举了王晨光、徐中起、李龙等教授的文章加以佐证。参见苏力:《中国法律技能教育的制度分析》,载《法学家》2008 年第 2 期。

见》强调指出，我国高等法学教育的培养模式相对单一，学生实践能力不强，应用型、复合型的法律职业人才培养不足，提高法律人才培养质量成为我国高等法学教育改革发展最核心、最紧迫的任务。[①] 这意味着我国的法学教育将向技能培育的大力度加强转型。法学教育的方法也将由“讲授 + 听讲”的单一模式转向讲授课、研讨课、案例练习课、法律诊所课、模拟课等多元模式，以更有效地加强对学生的技能培育。

近期，笔者拜读了清华大学何美欢教授的著作《理想的专业法学教育》，[②]以及与其紧相呼应的北京大学葛云松教授的论文《法学教育的理想》，[③]受益匪浅亦颇有感触。两位教授均强调“我国的法学教育应主要面向法律实务，培养学生具备相应的能力”。[④] 令笔者印象深刻的是，何教授在其著述中特别强调，专业法学教育的核心，是技能的培育。她直言指出，技能培育的全方位缺席，是中国法学教育的严重缺陷，认为技能分为智能技能与实务技能。智能技能是指处理法律概念、条文和其他法律资料的能力，具体包括对实体法的足够知识、明智地运用一切资料进行研究的能力、明白任何法律的基础政策以及社会环境的能力等 12 项。实务技能包括草拟法律文件的能力，在不同的场合发表有力的口头或书面论证的能力，协助客户明白法律以及法律问题，与牵涉同一案件或领域的其他人士合作的能力，其核心是处理业务中的人际关系能力。在二者的关系上，智能技能是处理这种业务的必要的但不充分的条件；智能技能加上实务技能，才能成事。而技能培育的唯一方法就是练习。法学院必须提供给学生练习适用、归纳、评价法律及练习“超越”认知能力的机会。何教授同时特别强调，在设计中国法学教育方案时，需要重视练习技能的需要，更需要注意教授技能的教师的智力能力，避免重蹈美国的覆辙。[⑤]

（三）诊所法律教育：一种有效的技能培育机制

从何教授以及我国一些关注法学教育的同人的著述来看，其中不少人也已经注意到了诊所法律教育在我国的勃兴。笔者原以为，这些强调职业教育和技能教育的同人们应更能认同诊所法律教育的作用与价值，成为推动其在我国得以制度化建设的另一种主要的法学教育力量，但却发现事实并不尽然。在拜读何教授的著述时，令笔者惊讶的是，即使是特别强调技能培育在法学教育中的核心地位和作用的她，也对诊所法律教育在技能

---

① 参见《教育部和中央政法委关于实施卓越法律人才教育培养计划的若干意见》，载中国教育新闻网：http://www.jyb.cn/info/jyzck/201204/t20120424_490098_1.html，最后访问日期：2014 年 7 月 14 日。

② 何美欢等：《理想的专业法学教育》，中国政法大学出版社 2011 年版。

③ 参见蔡彦敏：《找寻诊所法律教育与中国法学教育契合之路》，载中山大学法学院编：《法学之道——中山大学法学院复办 30 年纪念文集》，法律出版社 2009 年版，第 565 页。

④ 虽然葛教授提出的“我国法学教育的目标应当定位于培养法官能力”与何教授提出的“以培养有能力的律师”为目标有明显的不同，但这并未影响他们在“法学教育应主要面向法律实务，培养学生具备相应的能力”上的高度共识。

⑤ 参见何美欢等：《理想的专业法学教育》，中国政法大学出版社 2011 年版，第 4 页、第 6 ~ 7 页、第 17 页、第 18 页。

训练的应有作用上持否定态度。何教授认为，诊所教育如果教授技能，则它教授得更多的是实务技能。又或许是基于自己所主张的“实务技能主要应由执业界培育”的观点，何教授进而认为，诊所课程如果学习期长，不如干脆缩短课程，让学生们早日投入真正的执业生涯。如果学习期短，学生又学不到什么。如果在一个学期里，学生仅接待了一两个客户，则他从中能学到的实务技能实在太少。由此而否定了诊所教育技能培养上的价值。①

笔者赞赏何教授对我国法学教育的基本评价以及她对技能的二分法和二者关系的厘清，但却难以苟同她对诊所法律教育模式的一些判断和评价。② 从何教授的文章及其参考文献来看，她对诊所法律教育的判断，主要是基于美国法学界的一些著述，而她本人主要是从事普通法的传统教学，并无诊所法律教育的教学体验。笔者冒昧揣测，这或许是她对诊所法律教育得出上述评价的主要原因。笔者从事法学教育近30年，其中后一半时间同时从事诊所法律教育。倘若没有后15年的诊所法律教育经历，笔者也很有可能会认同何教授对诊所法律教育的评价。但恰恰是后15年来双重的教学经历改变了笔者观察和思考的视角，也使笔者有充分的时间不断换位和体悟二者之异同，进而认为，诊所法律教育并非“教授更多的是实务技能”，而是汇集智能技能与实务技能培养于一体的一种颇具实效的技能培育机制，应成为“主要面向实务的法学教育”之不可或缺的重要组成部分。

其实，笔者认为，何教授关于“练习的机会是一种技能培育的有效方式”的观点是颇有见地的，笔者自己也深以为然。何教授主张，要“让学生在教师介入的情况下不断地练习”。她常举的例子就是，如果希望学会游泳，那么除了入水练习外，没有其他途径。不愿意入水的人（如其本人），无论他多么努力地聆听关于游泳的讲课，多么努力做笔记，多么成功地考笔试，他也不会懂得如何游泳。③ 这的确是一个非常生动形象的比喻！不过，在笔者看来，何教授这一“入水练习”的比喻恰可生动形象地说明诊所法律教育的特点与价值功能。令笔者印象颇深的是，何教授在清华大学的同事、第二任的中国诊所法律教育专业委员会主任王晨光教授，就是常用“入水练习”的例子来说明诊所法律教育的特点与功能，并强调，诊所法律教育是为学生提供综合性的实战环境，培养学生的实际动手能力，打破部门法课程的隔绝，综合运用法律规范和法学理论，引导学生考虑法律、事实、社会和职业道德等一系列问题。④ 由此也揭示了诊所法律教育的实质是汇集智能技能与实

① 参见何美欢等：《理想的专业法学教育》，中国政法大学出版社2011年版，第23页。

② 因为何教授已经遗憾地永远离去，故不可能当面请教或探讨。笔者在此对何教授观点作出回应，既聊表敬意，也期望能推动在法学教育界对此问题的进一步探讨。

③ 参见何美欢等：《理想的专业法学教育》，中国政法大学出版社2011年版，第16~17页。

④ 王晨光教授作为第二任的中国诊所法律教育专业委员会主任，在多个有关诊所法律教育的会议场合都用到过“入水练习”的比喻，同时也将其写入自己的论文中。参见王晨光：《法学教育的宗旨》，载甄贞主编：《方兴未艾的中国诊所法律教育》，法律出版社2005年版，第35页。

务技能培养于一体，而非仅是实务技能。

法律诊所课程的确是在老师指导下给予了学生"入水练习"的机会。课程中学生在老师指导下办理真实案件的过程，例如，对一个工伤后要求损害赔偿的当事人及其案件的代理，从接待真实的工伤当事人和收集证据，到对该案件的案情进行法律和法理分析，再到形成相关法律文件以及进行相关的谈判、调解或诉讼活动等，学生需要学习运用的显然既包括智能技能也包括实务技能。这既不是在课堂上听游泳的讲解，也不是在岸上的模仿和比划，而是一种真正的"入水练习"。当然，基于课程的设置，学生在法律诊所课程中的这种通过办理真实案件而"入水练习"的练习量是有限的。但这种有限也是理性考量下的安排：一是相对于传统课程中完全没有这种练习或者说完全缺失这种练习而言，这种练习会促使学生思维方式从被动到主动的转变，让学生从"坐而听"到"起而行"，学会从真实的当事人及其真实的个案着手，将所学习的法律、法理同实际案情相结合，从维护当事人的合法权益出发，寻找解决问题的最佳途径，并探索法律的精义和对社会的意义，[①]从而有效地弥补传统法学教育体系之不足。二是它与法律诊所课程作为法学院一整套课程体系下的一门课程所应承担的任务和责任是匹配的，即该课程承担的仅仅是一种初步和基本的法律职业技能的培育。三是这种练习量也与法学教育和法律执业界的合理分工相匹配，与法学教育"不应过分强调实务技能的培养"的定位是相吻合的。[②] 但所谓法学教育"不应过分强调实务技能的培养"，显然不是指法学教育完全不要实务技能的培养，而是应该有效地配置教学资源，以提供少量和必要的实务技能的培养。诊所教育恰是可以担当这一部分功能的一种有效的机制和进路。这其实与葛云松教授的观点也刚好对接。他认为，让学生在大学阶段对法律实践有一定接触，对实务技能有一定了解是有意义的。法学院可以开设各类实务课程和法律诊所课程。这些课程可以帮助学生在进入实际工作之前就有一些初步了解和体验，具备一定的工作能力，并且借此发现法律实务工作的特点，以更好地选择就业方向。[③]

因此，笔者认为，法学教育界确有必要更深入、准确地了解和评估诊所法律教育的特点及其功能。《关于实施卓越法律人才教育培养计划的若干意见》中要求，培养应用型、复合型法律职业人才，是实施卓越法律人才教育培养计划的重点。为此，该培养计划要求适应多样化法律职业的需要，强化法学实践教学环节，强化学生法律实务技能培养，强化学生法律职业伦理教育，提高学生运用法学与其他学科知识方法解决实际法律问题的能力，促进法学教育与法律职业的深度衔接。同时，强调要办好诊所法律教育。笔者相信，诊所法律教育是实现卓越法律人才技能培育的一种有效机制和进路。在笔者看来，

---

① 参见许身健主编：《法律诊所》，中国人民大学出版社 2014 年版，第 3 页。

② 这其实正是何教授所持的观点，笔者也赞成其所主张的"实务技能主要应由执业界培育，法学教育不应过分强调实务技能的培养"的观点。

③ 参见葛云松：《法学教育的理想》，载《中外法学》2014 年第 2 期。

过于强调诊所法律教育的功能和作用是不适宜的，其并非包治百病的仙丹灵药，不能让其以一己之力而担负改革中国法学教育之全部使命。但是，否定其是一种有效的技能培育上的练习，看不到其在技能培育上的优势和作用，也是有失偏颇的。真正走入诊所法律教育就不难发现，其作为法学院中通常为期一个学期的一门选修课程，带给学生的体验很不同于传统的法科课程，提供了一种使学生获得必要的法律职业培训的机会，是修正我国法学教育中对技能培育“全面缺席”状态的一种有效路径。同时，诊所法律教育并不排斥其他实务类课程的设置，并认为这些课程也都可以在技能培育上发挥应有的作用，从而有助于在我国法学教育中构建一套更为有效的法律技能培育机制，真正促进法学教育与法律职业的深度衔接。

二、规范：诊所法律教育与模拟课程的关系

近年来，随着对我国法学教育基本模式及其缺陷更高共识的达成，以及国家法学教育政策对实践性教学改革项目的有力度的支持，许多法学教育者身体力行地展开了对法学教育改革的积极尝试与探索。其中复旦大学章武生教授主持的“模拟法律诊所课程”的探索及其成果，与诊所法律教育有一定交集，并直接关乎诊所法律教育的规范化建设问题，值得特别关注。

（一）模拟法律诊所课程与个案全过程教学法之特质

章武生教授主持编写和出版的《模拟法律诊所实验教程》一书，大力倡导我国法学教学中应增设“模拟法律诊所课程”，且形成了相关的课程体系和内容。① 同时，章教授及其教学团队还发表了数篇相关的教学研究文章，进一步提出了“个案全过程教学法”的概念。② 2013 年年底，章教授又在复旦大学组织主办了来自 30 多所高校近 50 人参加的“首届个案全过程教学法暨案例教学研讨会”，积极推广其教学成果。笔者通过应邀参加该会以及和章教授的数次直接交流，对其所提出的“模拟法律诊所课程”和“个案全过程教学法”有了更直观、深刻的学习和了解。③ 该“模拟法律诊所课程”，是指采用法律诊所的某些教育方法，但不从事法律援助的具体活动，主要是在课堂上训练学生从事律师实务和其他法律实务的技能的课程。④ 据章教授教学团队的教师介绍，复旦大学的这一课

① 章武生：《我国法学教学中应增设“模拟法律诊所”课程研究》，载《法学杂志》2011 年第 6 期。

② 主要包括章武生：《我国法学教学中应增设“模拟法律诊所”课程研究》，载《法学杂志》2011 年第 6 期；章武生等：《“个案全过程教学法”初探》，载《中国律师》2013 年第 1 期；杨严炎：《“个案全过程教学法”的价值与功能》，载《法学评论》2013 年第 5 期等。

③ 笔者在会上也现场搭台，邀请复旦大学的学生互动，模拟法律诊所教学中的当事人接待环节。据会议报道，通过模拟的当事人角色，给接待当事人的学生提出了一个又一个问题或者说难题，以锻炼学生的应对能力。该模拟生动形象，让大家在像看小品表演一般的轻松气氛中感受到法律诊所课程的价值所在，给与会代表留下了深刻的印象。关于该会议及其报道，载复旦新闻文化网：http://news.fudan.edu.cn/2013/1217/35238.html，最后访问日期：2014 年 7 月 14 日。

④ 章武生主编：《模拟法律诊所实验教程》，法律出版社 2013 年版。

程，主要采取的是对个案全过程的训练和讲授的方法，即采用教师精选的案例，分阶段将个案的相关材料发给学生。学生根据这些案件材料，去了解研究案件事实，并在此基础上查找和研究相关法律规定甚至类似案件的处理，确定案件的诉讼策略，撰写相关法律文书，参与小组和课堂讨论甚至模拟法庭的辩论、教师的点评等活动。① 故又被称为"个案全过程教学法"。

（二）模拟课程与法律诊所课程的实质差异

章武生教授近年来在教学改革方面的倾情投入，令笔者深为钦佩。我国台湾地区著名民法学家王泽鉴教授对章教授及其教学团队的努力和探索予以高度评价，认为其是加强实践性教学方面的一次有益尝试，是法学案例教学模式的探索与创新。② 笔者亦认为，章教授及其教学团队的探索，难能可贵，契合我国卓越法律人才培养计划的要求，对于改革、发展和完善我国的法学教育无疑具有积极和重要的意义，同时也非常赞同他们所提出的在我国法学教育中加强实践性教学课程的设置，特别是加强更具互动性的、超越部门法界限的、以提高学生的律师实务能力为目标的综合性案例教学课程等建议。

不过，对于章教授增设"模拟法律诊所课程"的建议，笔者认为确有商榷之必要，因为其容易模糊该课程与法律诊所课程之间的界限，甚至等同于或归类于法律诊所课程。而仅仅停留于模拟层面的课程，虽冠有法律诊所课程之名，但却非真正符合规范的诊所法律教育，其课程实质是模拟而非法律诊所，故更名为"模拟课程"更为妥当。从复旦大学课程的设计及实际情况来看，该课程的学生们仅是基于教师所提供的案件资料进行相应的模拟训练，并不办理真正的案件。而办理真实当事人的真实的案件，是诊所法律教育不可或缺的实质性要求。中国诊所法律教育专业委员会在对全国各地高校已开设的法律诊所课程的考察和评估中也发现，确实有一些学校的诊所法律教育基于主客观的原因而仅仅停留于模拟的层面，学生并没有在老师的指导下办理真正的案件。这种情况直接影响着诊所法律教育的规范化建设，已引起中国诊所法律教育专业委员会的高度关注。如果止步于模拟层面的训练而不指导学生办理真实的案件，则会丧失诊所法律教育的实质性内核，不是名副其实的诊所法律教育。

因此，确有必要对"模拟、模拟课程、法律诊所课程"等几个基本概念进行明确区分。

模拟，在法学院里既是一种教学方法，又是一门课程。作为一种教学方法，模拟在法律诊所课程和模拟课程中被经常使用，即是让学生按不同的角色置于某种真实的或虚拟的场景之中，通过感受角色的处境、背景，在设定的、可供控制的场景、情节中给学生以实际锻炼的机会。③ 例如，就接待当事人进行的模拟训练中，老师或学生可以扮演当事人，

---

① 杨严炎：《"个案全过程教学法"的价值与功能》，载《法学评论》2013 年第 5 期。

② 参见王泽鉴"法学案例教学模式的探索与创新（代序）"，载章武生主编：《模拟法律诊所实验教程》，法律出版社 2013 年版。

③ 参见李傲：《互动式教学法——诊所式法律教育》，法律出版社 2004 年版，第 80 页。

一个或一组学生可以扮演接待当事人的律师，其他学生可以担任观察员，每个人都有不同的角色分工，通过模拟而使学生获得如何接待当事人的经验，包括如何沟通、如何表达、如何倾听、如何回应、如何提问等，以提升学生与当事人有效沟通，建立信任和提供法律服务的能力。

模拟课程（simulation or simulation courses），实则是美国法学院课程设置中的一门独立的课程。这种课程分为谈判、调解、仲裁、诉讼、会见与咨询等多种类型。在这种课程中，教师给学生足够的案件材料，通过角色分工、分组讨论、情景模拟等教学方法来训练学生某些方面的律师技巧。模拟课程的案件资料，可以是直接来源于真实的案件，也可以是在真实案件基础上加工或改写而成的资料，还可以是为了达到教学目的而精心设计编写的资料。但总体而言，在这种课程中，学生没有直接面对和接触真实的当事人，甚至根本就没有真实的当事人，学生所接触的案件和案件资料，或者是课程提供的以前由其他律师办理的案件和相关资料，或者根本就是虚拟的案件、虚拟的资料。这种课程力图为学生提供和真实的诊所法律教育相近或相似的学习机会，例如，如何接待当事人，如何对案件进行证据收集和准备，如何对案件进行法律研究，如何撰写诉讼文件，如何准备开庭，如何面对职业道德冲突等。这种课程的课程资料、进度、规模等都可以事先设定，可控性较强，教学成本较低，教师和学生的负担也相对较轻。在模拟教学中，能够重复性地使用既往的课程案件资料，针对需要学生掌握的律师实务能力安排学生进行角色分工和模拟，对学生进行训练，使学生在模拟训练中得以提高。①

模拟课程与法律诊所课程之间确有一些相似之处，例如，两者都采用"模拟"的教学方法（当然程度不同），教学所采用的也可能都是真实的案件资料，其教学目的均包括培养学生的律师实务技能和良好的职业道德观。但是，两者之间更有着一些最基本的区别，反映出两者所具有的实质性差异。

首先，也是最为实质性的是，在法律诊所课程中，有真正的需要依赖学生提供法律服务的当事人及其案件；而模拟课程中则相反，没有真正的需要依赖学生提供法律服务的当事人及其案件，学生主要是在教师指导下学习和模仿律师的工作。由于并不直接服务具体的、真正的当事人，相较而言，模拟课程中的学生也难以真正进入角色，难以切实感受当事人的期待，难以切实体会真实社会的复杂，难以真正担当起对当事人和对案件的责任。而诊所法律教育的核心，正是培训学生像律师一样工作，为真正的当事人提供法律服务，而这些当事人主要是处于社会底层的普通民众。在学生与这些真实的当事人直接接触并为其提供法律服务的时候，更能够真切感受到当事人的期待，从而激发其为当

① 在和美国耶鲁大学与纽约大学共同创建中山大学诊所法律教育项目之初，笔者曾专门带领中山大学法律诊所老师到这两所大学以及哥伦比亚大学等法学院进行考察，后来笔者也在这两所大学做过高级访问学者，多次观摩其模拟课程，阅读该课程的教学大纲和有关教学资料，与该课程的老师和同学们直接交流，从而较全面地了解了该课程的特点及其与法律诊所课程的区别。

事人提供优质法律服务的责任感；在解决方案、解决过程以及结果令当事人和老师满意时，学生所获得的成就感是模拟过程中所无法产生的。而在解决过程或结果遭遇困难时，学生所获得的挫败感以及积极应对和克服困难的坚持和努力等感受，又都是在“模拟课程”中所难以获得的。

其次，虽然模拟课程采用的案件及其资料也可能是真实的，但这种“真实”与法律诊所学生办理的案件的真实还是有重大不同。前者所谓的“真实”，是相对于之前办理该案的人而言的。对于模拟课程中的学生而言，则是已经发生过的、事先设定的真实，并非由学生亲身经历的，难以像办理真实案件那样给学生以真切的感受。这也是为什么在复旦大学的研讨会上，葛云松教授在倾听了复旦大学的教学经验介绍后发表评论认为，复旦大学课程所使用的所谓真实的案件资料，与北京大学案例分析课程中使用的教师所精心设计的案件资料，并无实质性的差别，因为它们对于学生而言都是一个故事而已，都是不真实的。[①] 而法律诊所课程中学生所面对的当事人及其案件，却是正在进行中的、不能预先设定的真正的案件，正因如此，学生才能在办理案件过程中通过实实在在的法律服务而进行学习。诊所学生可能会遇到各种各样的当事人，遇到许多无法预见的问题，有时候学生在办案过程中遇到的问题，甚至可能连诊所指导老师以前也没有遇到过，这更有利于培养学生的创新意识，激发学生的潜力和能动性，也更有助于形成学生与老师之间共同探讨的良好氛围，真正打破传统课堂以老师为主体的模式。

虽然模拟课程本身也有其独特的重要的价值，而且在美国，也有人将模拟课程纳入诊所式的法律教育的范畴之下，称之为“诊所式的法律教育”中的一种，但如果细读有关著述的原文可以看出，即使如此，这种课程正式的名称就是“模拟”（simulation）或“模拟课程”（simulation courses），而并不被称为“模拟法律诊所”（simulation clinic）。[②] 而更多的美国法律诊所教师则更旗帜鲜明地认为，模拟课程就是模拟课程，其缺少诊所法律教育核心的内容与形式，因此不是真正的诊所法律教育。[③] 笔者在与美国耶鲁大学、纽约大学等法学院的法律诊所课程和模拟课程的师生们多次进行交流的过程中，也感到他们对两门课程的差异、界限及其关系是有着清晰的认识和把握的。

从章教授的教学成果可以看出，其增设“模拟法律诊所课程”的建议，主要是以美国法学院中有关模拟课程和法律诊所课程的经验为借鉴提出的；而从其课程设计的内容上看，其与美国的模拟课程具有更大的相似性，只不过课程所使用的资料皆来源于真实的

---

① 笔者应邀参加复旦会议，这是葛云松教授在复旦会议上发言时所讲。

② 参见 Elliott S. Milstein，“Clinical Legal Education in the United States：In-House Clinics，Externships，and Simulations”，*Journal of Legal Education*，Volume 51，Number 3（September 2001）. 文中明确指出：“Simulation is a teaching method in which students are put into simulated lawyer roles to perform some aspect of the lawyering process in a controlled setting. ”此外，在其他一些老师的有关论文中，也有提到诊所式的法律教育中包括“模拟法律诊所”或“虚拟法律诊所”，但他们实际所谈的也均是这种“模拟课程”。

③ 参见李傲：《互动式教学法——诊所式法律教育》，法律出版社 2004 年版，第 7 页。

案件(主要是任课教师自已所办理的案件),而美国的模拟课程所使用的案件及其资料并不全是真实的,也包括一些为教学目的而专门编写设计的虚拟案件和资料。

据笔者观察以及与参加章教授复旦会议与会代表的交流,感到许多教师对于章教授所倡导的教学模式的兴趣要高于真正的诊所法律教育。他们坦率地说,诊所法律教育的价值和理念虽然非常之好,对学生的锻炼也更全面,但高校是以科研为导向的,诊所法律教育对教师实务经验和诊所教育方法的要求很高,需要太多的教学时间和精力投入指导学生办理真实案件,做起来太费劲,会直接影响教师自已科研的精力投入;而在章教授的教学模式下,教师不需要指导学生办理真实的案件,使用的课程资料也是来自教师自己所办理的案件,老师对案件是心中有数的,学生和老师的时间和精力的投入亦相对较小,其学生的容纳量可以更大,相应的教育成本也会更低,容易复制,而且在当前的形势下,也同样容易获得学校直接的政策和项目资金等方面的支持,对教师而言性价比更优。这些评论和反馈也印证了葛云松教授"多数老师们倾向于选择最节约精力的教学方式"的判断。[①] 毕竟,大学里更关注的是"科研 GDP",教师职称的晋升、奖励等重要指标,都是发表和出版的科研成果,老师们更愿意省下更多的精力去做科研。笔者对此甚为理解,但同时认为,这是在现实高校教育制度下教师们趋利避害的人性选择,而不是理想的法学教育之应然选择。当然,这也意味着改革中的法学教育必须在制度设计上认真考量和回应上述因素。

以笔者所见,相较于我国以讲授式为主的传统法学教育模式而言,法律诊所课程和模拟课程都具有自身的一些特点和优点,并且二者也确实具有一些共同的特点。二者各有所长,也各有所限,可以并行不悖地予以建设,以相得益彰。但二者的区别也是非常显著的,因此不能混同。诊所法律教育中最实质、最精华也最不可或缺的内容,是学生通过办理真正的法律援助案件,通过法律服务而学习,课程为学生提供的是综合性的实战环境。[②] 为此,中国诊所法律教育专业委员会一方面专门制定了《法律诊所课程指南》,确立了法律诊所课程设置的基本规范,其中也特别要求该课程的基本内容,应当包括学生亲力亲为办理真实当事人的真实案件,提供真正的法律援助服务。[③] 另一方面自 2014 年开始还在全国选择 15 所高校作为诊所法律教育示范基地,有计划、分步骤地承担对全国各地高校诊所师资的培训,以期有效地加强诊所法律教育的规范化建设。而在模拟课程中,学生并不真正亲力亲为办理案件,即使课程提供的是真实的案件资料,对于学生而

① 参见葛云松:《法学教育的理想》,载《中外法学》2014 年第 2 期。

② 笔者曾翻译出版《法庭风暴——耶鲁师生诉战美国总统》(法律出版社 2008 年版)一书。该书以纪实文学形式的展示了法律诊所师生为维护海地难民的人权而向美国政府提起诉讼的整个综合性的实战环境与过程,它生动传达了诊所法律教育"在实践中学习"和"通过公益服务而学习"的价值理念以及培养兼具法律实践能力与社会责任感的法律人的法学教育目标。读来可以令人深刻感悟诊所法律教育的真谛。该书是中国诊所法律教育专业委员会向我国法律院校师生重点推荐的著作。

③ 该指南由中国诊所法律教育专业委员会前任主任、清华大学法学院王晨光教授主笔起草制定。

言,也是间接的资料,学生与案件之间的关系是间接的。模拟课程为学生提供的是模拟的综合性环境,而非真正的实战环境。这是模拟课程与诊所法律教育最实质性的差别。这或许也是如章教授教学团队成员在文章中所指出的,复旦大学法学院的同学们在参加了章教授团队的模拟法律诊所课程后提出"很好的改革建议,希望'身临其境'的去感受真正的案件,适当参与法律援助案件"的原因所在。①

综上所述,正是由于"模拟法律诊所课程"中缺失了学生在老师指导下亲力亲为办理真实案件这一实质性的内容,故其不宜被纳入诊所法律教育的范畴。为避免混淆和歧义,也不应称其为"模拟法律诊所课程",而应更名和归属为模拟课程(或模拟仿真课程等)更为确切和妥当。

三、挑战:我国法律诊所学生的诉讼代理身份

自2013年起实施的修正后的我国《民事诉讼法》关于诉讼代理的规定,对我国的诊所法律教育提出了新的挑战。这一挑战,当然也是模拟课程所不会面对的。在修正后的《民事诉讼法》第58条关于委托代理人的规定中,删除了先前"经人民法院许可的其他公民"的规定,代之以"当事人所在社区、单位以及有关社会团体推荐的公民"的规定。负责立法修改的全国人大常委会法工委民法室表示,这一修改主要是针对先前"经法院许可的其他公民代理"在代理案件中存在的一些问题而作出的。② 为使诉讼代理制度"既要满足当事人的法律服务需求,又要有利于维护诉讼秩序",我国修正后的《民事诉讼法》第58条对"经法院许可的其他公民代理"作出了上述限制性的规定。修正后的《民事诉讼法》实施近两周年之际颁布的修正后的《行政诉讼法》第31条中,在诉讼代理人方面作出了与《民事诉讼法》第58条完全相同的规定。③

而在过去10多年中,我国法律诊所学生在老师指导下对所承办的法律援助案件进行的民事和行政诉讼代理,同样是基于两部诉讼法先前有关公民代理的规定而进行的。因此,在修正后的《民事诉讼法》实施之后,该法第58条中对公民代理所作出的限制性规定,也直接影响到了法律诊所学生现在以及今后进行民事诉讼代理的身份,即诊所学生必须经当事人所在社区、单位或者有关社会团体的推荐,才能进行民事诉讼代理。缺失这一法定要件,诊所学生就不能作为诉讼代理人代理和参加诉讼。而获得这一要件,显

① 参见章武生主编:《模拟法律诊所实验教程》,法律出版社2013年版,第160页。

② 根据全国人大常委会法工委民法室的归纳,这些问题主要表现为:一是有些公民未经法律培训和司法考试,以营利为目的从事诉讼代理活动,有的甚至假冒律师违法代理,扰乱法律服务市场秩序。二是多数公民代理人法律专业知识匮乏,诉讼代理经验、技能不足,调查、收集证据能力有限,难以有效保护当事人的合法权益,甚至影响、制约诉讼活动的正常进行。三是有部分法院退休但又不具备律师资格(不能作执业律师)的法官或现任法官的亲朋好友从事公民代理活动,利用关系影响、干扰案件的依法办理,甚至拉拢腐蚀法官队伍,影响司法公正。四是实践中有些个人以诉讼代理人的名义长期包揽诉讼,甚至滥用诉讼。参见全国人大常委会法制工作委员会民法室编著:《中华人民共和国民事诉讼法解读》,中国法制出版社2012年版,第146~147页。

③ 参见修正后的《行政诉讼法》第31条。

然需要当事人所在社区、单位或者有关社会团体的积极配合。在修正后的《民事诉讼法》实施以来，全国各地的法律诊所在获得推荐这一要件上面对新困难。例如，一些当事人所在社区的居民委员会或村民委员会表示，以前从未行使过“推荐代理人”的职责，也未得到有关部门的相关指示，不知道如何推荐，还担心因推荐后产生纠纷而承担责任，因此不愿、不敢甚至拒绝推荐，致使当事人和法律诊所学生为获得推荐而消耗于与有关主体的反复交涉之中，甚至许多高校的法律诊所学生的民事诉讼代理由此处于基本停滞的状态。可以预见，《行政诉讼法》的上述修正在2015年5月1日实施之后，行政诉讼中诊所学生的代理将会面对相同的境况。因此，如何有效解决这一问题，已经成为我国诊所法律教育领域目前最为迫切的一个关注。

笔者认为，有效的对应性解决方案：一是在法律规定的框架内寻找解决办法，使法律诊所学生获得法律要求的有关主体的推荐，以符合法律的要件要求；二是推动修改现行立法规定，直接赋予法律诊所学生经其所在院校推荐可以担任诉讼代理人的权利。

（一）关于获得当事人所在社区、单位的推荐信函

在法律的框架内寻找解决办法，是面对现实的最直接的对应性的解决方案。为保障该方案的有效实施，最好由中国诊所法律教育专业委员会形成推荐信函的参考格式文本供全国会员单位的法律诊所在需要时选用。对需要进行民事诉讼代理的案件，可以由法律诊所提供格式文本给有关当事人，指导当事人填写推荐信函上的必要资料和信息后，由其提交所在社区或单位加盖印章。必要时还可以附上有关法律诊所的介绍函件，以说明有关代理的情形、法律要求及法律诊所简介和联络方式等，以便于当事人与其所在社区或单位进行有效沟通，也便于后者了解法律诊所并给予积极协助，以尽可能帮助当事人顺利获得后者在推荐信函上的盖章，形成正式有效的推荐信函。

关于“当事人所在社区”，目前最高立法机关的学理解释将其界定为当事人住所地的居委会或村委会。① 但由于现在当事人在异地生活工作的情况也较为普遍，例如，住所为四川农村的当事人在北京或广州等地生活和工作并发生纠纷，在这种情况下，要其获得住所地所在社区的推荐信函，时间和费用等成本较高也非常不便。因此，立法和司法解释上有必要进一步明确当事人经常居住地的居委会或村委会也应该可以作为其所在社区，有资格为其推荐诉讼代理人。

不过，在当事人是与所在单位发生纠纷的情况下（如劳动争议案件），要其获得所在单位的推荐信函，则是难以实现甚至根本不可能的事情。因此，对于法律诊所学生获得“当事人所在社区、单位的推荐”而进行诉讼代理，虽是一条可以尝试的路径，但显然不是最有效的路径，有时甚至也是成本过高或者不能走通的路径，所以需要另寻他途。

① 参见全国人大常委会法制工作委员会民法室编著：《中华人民共和国民事诉讼法解读》，中国法制出版社2012年版，第146~147页。

（二）关于获得有关社会团体的推荐信函

根据全国人大常委会法工委民法室对有关“社会团体”的定义和释义，所谓社会团体，是指依法或经有关部门批准成立的，有章程、有名称、有一定数量成员、有经费来源、有办事机构、有办公地点的非营利性组织。主要包括人民群众团体、社会公益团体、文艺工作团体、学术研究团体、行业自律性组织、宗教团体等。[①] 鉴于此，各地或各校的法律诊所可以与上述有关社会团体磋商达成一致协议，由有关社会团体对其法律诊所学生的诉讼代理出具推荐信函。不过，这种方案虽然在理论上和实践上均可以行得通，但却是分散的或者区域性的解决方案，只能解决协议项下的法律诊所学生的诉讼代理身份问题。

有望从全局有效解决该问题的较优方案是，由作为社会团体的中国法学教育研究会为法律诊所学生出具推荐信函。该研究会是专门从事法学教育研究的具有权威性和影响力的全国性学术团体，符合法律所要求的担任推荐人的社会团体的资质，中国诊所法律教育法律专业委员会是其属下的专业委员会，与其具有隶属关系。因此，由该研究会推荐诊所学生代理进行民事诉讼是名正言顺的。为此，中国诊所法律教育专业委员会高度重视这一问题，形成了专项报告，委员会主任龙翼飞教授就此向中国法学教育研究会领导作出专门汇报，获得了中国法学教育研究会会长张文显教授和常务副会长韩大元教授的鼎力支持，使这一问题获得了有效解决。可以说，面对学生代理身份上的立法新挑战，我国的诊所法律教育专业委员会审时度势作出了积极负责的应答。

（三）关于推动修改现行立法规定直接赋予法律诊所学生经其所在院校推荐可以担任诉讼代理人

通过修改立法而明确赋予法律诊所学生诉讼代理资格，这当然是一个是更为直接和彻底的方案。在美国每一个州都颁布了相应的“学生实践规则”，允许诊所学生在老师的指导下从事法律实务活动。我们的法律诊所学生都经过了一定时间的法律专业学习，并且有老师在课程上以及办案中进行全程指导，能够保证诉讼代理的品质以及专业性和规范性。在两大诉讼法修改之前的 10 多年中，全国各地的法律诊所学生的民事诉讼代理也获得了各地法院的高度重视和大力支持，对于维护弱势群体当事人的合法权益、维护诉讼公正以及推进法律援助事业发挥了重要作用，产生了良好的社会影响。这也是《关于实施卓越法律人才教育培养计划的若干意见》中充分肯定诊所法律教育的价值，提出要办好法律诊所的实证依据。因此，中国诊所法律教育专业委员会呼吁我国立法能尽早赋予法律诊所学生代理案件的身份，例如，赋予诊所学生所在院校担任推荐人的资格，明确规定“经所在院校推荐的法律诊所学生可被委托作为诉讼代理人”。

---

① 参见全国人大常委会法制工作委员会民法室编著：《中华人民共和国民事诉讼法解读》（2012 年最新修订版），中国法制出版社 2012 年版，第 148～149 页。

实践教学与卓越法律人才培养

李　麒*

2011年《教育部、中央政法委员会关于实施卓越法律人才教育培养计划的若干意见》(教高〔2011〕10号)(以下简称《意见》)指出,近年来,我国高等法学教育快速发展,体系不断完善,培养了一大批优秀法律人才,为我国经济社会发展特别是社会主义民主法制建设做出了不可替代的重要贡献。但我国高等法学教育还不能完全适应社会主义法治国家建设的需要,社会主义法治理念教育还不够深入,培养模式相对单一,学生实践能力不强,应用型、复合型法律职业人才培养不足。提高法律人才培养质量成为我国高等法学教育改革发展最核心、最紧迫的任务。《意见》认为学生实践能力不强是高等法学教育存在的突出问题之一,为解决此问题,《意见》还明确提出了强化法学实践教学环节的指导性意见,即加大实践教学比重,确保法学实践环节累计学分(学时)不少于总数的15%。加强校内实践环节,开发法律方法课程,搞好案例教学,办好模拟法庭、法律诊所等。充分利用法律实务部门的资源条件,建设一批校外法学实践教学基地,积极开展覆盖面广、参与性高、实效性强的专业实习,切实提高学生的法律诠释能力、法律推理能力、法律论证能力以及探知法律事实的能力。因此,充分认识实践教学在卓越法律人才培养中的重要价值,反思当前法学实践教学存在的问题,按照培养卓越法律人才的要求深化和改革法学实践教学,实属必要。

一、卓越法律人才培养中的实践教学观

卓越法律人才教育培养要求造就一批高素质的应用型、复合型职业法律人才。法学教育不再是一种自给自足的封闭的学识教育,而是一种以法律实践应用能力为核心和导向的法律职业教育。从法律职业的角度而言,卓越法律人才应当具备3个层面的要求:一是应当掌握法学学科体系的基本知识,形成由概念、原理组成的法学学科知识体系。二是应当具备法律职业的素养,包括法律精神与法治信仰;法律职业伦理与执业规则;法律语言与法律思维;法律论证与法律解释等。三是应当具备法律职业技能,包括沟通、协商的能力;辩论的技巧和方法;制作法律文书的能力;获取和掌握应用信息的能力;制定

* 山西大学法学院副院长,教授。

规则的能力；起草合同的能力；审核、鉴别和有效运用证据的能力。① 基于法律和法学自身的实践品格，法学知识体系的掌握、法律职业素养的形成以及法律职业技能的获得，都必须通过实践才能够真正实现。因此，应当充分认识到实践教学在卓越法律人才培养中的重要价值，树立正确的实践教学观念，进而展开富有成效的实践教学。

笔者认为，树立正确的实践教学观包括以下两个方面的内容：

一是要充分认识到实践教学的不可替代性。

法律是一种关于权力分配、权利保障、义务设定、利益调节的社会规范，是关于秩序与自由、公平与正义的制度安排。它根源于政治、经济和社会关系，又是一种实践理性的选择。实践理性是人类在实践中处理人与世界关系的导向性因素，是人类智慧的理性表达。实践是法律理性的真实所在，理性是法律实践的基本特质。只有在实践运用中，才能实现法律的价值和功能。法学教育应当把握法律的实践理性品格，确立以法律职业能力为核心的教育模式。实践教学是这种教育模式的有机组成部分，是教学过程中的一个不可替代的极其重要的环节。从辩证唯物主义认识论的角度而言，实践教学是一个认知与行动相结合的过程。毛泽东同志精辟地阐述了"知"与"行"的关系，他说："通过实践而发现真理，又通过实践而证实真理和发展真理。从感性认识而能动地发展到理性认识，又从理性认识而能动地指导革命实践，改造主观世界和客观世界。实践、认识、再实践、再认识，这种形式，循环往复以至无穷，而实践和认识之每一循环的内容，都比较地进到了高一级的程度。这就是辩证唯物论的全部认识论，这就是辩证唯物论的知行统一观。"②

法学实践教学正是一个法学知识与法律实践相结合的"知行合一"的过程。"知"如果不是为了"行"、指导"行"，就会成为空洞的理论；"行"如果不能够体现、检验、提升"知"，就会成为盲目的行动。实践教学从培养卓越法律人才应具备的三方面素质而言，均十分必要。首先，要掌握法学知识体系，必须进行实践教学。法律概念、原理具有抽象性和概括性，要真正加以理解和融会贯通，必须和现实的具体的法律实践现象联系起来，通过运用概念和原理来分析和解决实际问题，才能真正把握概念之所指、原理之依据，把握各个理论范畴之间的内在的规律性关系。其次，法律职业素养的养成，如法治信仰的塑成、法律语言的掌握、法律思维的形成、法律论证与解释能力的具备都是一个培育、积累和训练的实践过程。最后，法律职业技能如沟通能力、法律文书写作能力、起草法律文件能力、鉴别和运用证据能力、发现和适用法律的能力，都是从书本和教条上难以获得的，是单凭理论教学难以培养的，必须通过严格的训练才能习得和提升这些能力。

二是要充分认识到实践教学与理论教学的共同性与差异性。

法学实践教学与理论教学共同服务于教育培养应用型、复合型卓越法律人才的目

---

① 参见霍宪丹：《法律职业与法律人才培养》，载《法学研究》2003年第4期。

② 《毛泽东选集》(第1卷)，人民出版社1991年版，第296～297页。

标,属于法学教育有机联系、不可分割的两个方面,二者具有目标的一致性和功能的互补性。从教学要求来看,二者均是由具体的要素组成的知识或能力结构,均具有体系的完整性;从教学内容来看,二者均以现行的法律制度为基本依据;从教学规律和方法上来看,二者均是一个循序渐进、不断深化、交流互动的教学过程。然而,法学实践教学与理论教学也存在多方面的差异。首先,教学内容侧重不同。理论教学侧重于法学基本理论知识的传授和领会,侧重于抽象思维能力的训练,实践教学侧重于理论知识的运用和职业素养与技能的训练;侧重于具体分析、解决问题能力和操作能力的习得。其次,二者对师资的要求不同。一般来说,理论教学要求教师具有广阔的学术视野、深厚的学识,能够进行清晰的讲述和富有意义的启发;实践教学要求教师深入地了解我国的司法现状,具有办理案件的实务经验,能够把握实际案件的要点,抓住问题的要害,在学生的实际应用能力方面给予指导。因此,对于实践教学教师的选择标准应当区别于理论课程的任课教师。再次,学生在教学过程中的参与性和主动性程度不同。一般而言,理论教学侧重于法学理论知识的系统性,要求教师能够准确地把握该具体学科的知识体系和重要知识点,并以教师主讲的方式进行,当然教师也应当适当地调动学生参与探究原理的积极性和主动性;而实践教学则注重充分地发挥学生的参与性和主动性,要求学生亲自动手完成既定的课程。教师在实践教学过程中起着组织者和指导者的角色,更多地发挥答疑解惑的功能。此外,二者对教学支撑条件的要求不同。理论教学以教室为主要的实施场地,并要求有图书馆、网络资源等辅助教学设备和条件;实践教学则需要建立校内和校外的实习、实验和实训基地,或者展开田野和社会调查。最后,二者的考核要求和方式存在差异。理论课程的考核通常以书面答卷或者学术论文的形式进行,重点在于考查学生对理论知识的掌握程度;实践课程的考核方式更具有多样性和灵活性,可以以实习报告、实验报告、调查报告等方式进行,也可以根据学生在模拟法庭、辩论、演讲等各项实践活动中的具体表现来进行考核。

概言之,由于实践教学在卓越法律人才培养中的不可替代性及其与理论教学的差异性,应当构建与理论教学相辅相成而又具有相对独立的、完整的法学实践教学体系。

二、当前高等法学教育实践教学存在的问题

当前高等法学教育实践教学存在的问题,突出地表现在人才培养的结果上,就是大部分法学本科毕业生,虽然具有较为坚实的法学理论基础,但是对于法律实务了解不够,实际操作和应用能力不足,不能尽快地适应法律职业的要求。应当说,法律实践能力的提升是一个持续不断的过程,不可能要求学生在校期间就能够达到一个娴熟的、经验丰富的职业法律人的要求。但是,通过在校期间的有效的实践教学,完全可以使学生获得法律职业能力的训练,尽量缩短从法学院到法律实务部门的距离,并为今后成为优秀的法律实务人才打下牢固的基础。为改革和完善法学实践教学,促进卓越法律人才的培养,就有必要对现行法学实践教学进行反思。

申言之,当前法学实践教学存在的问题主要体现在以下几个方面。

（一）对实践教学的目标定位和功能认识不足

一些人认为，我国的法学理论具有大陆法系的概念法学的特征，因此，教学的主要目标在于概念的介绍和原理的阐述上，学生一旦掌握这些，在今后从事法律实务时就不会遇到多少麻烦，因此，实践教学显得可有可无。这种看法没有透彻地认识到法学或法律的实践理性品格，割裂了理论与实践的密切联系。还有人认为，实践教学并不具备相对独立的重要地位，相对于理论教学而言，应处于辅助性和依附性的地位，应该由理论教学统率实践教学，实践不过是对理论的一个注脚而已。这种看法没有很好地认识到实践教学在培养学生的法律诠释能力、法律推理能力、法律论证能力以及探知法律事实的能力等方面的不可替代的重要功能。对实践教学的目标定位不准和功能认识不足，致使对实践教学重视不够，极大地影响了开展实践教学的积极性和实践教学的实效性，最终导致不少法科学生高分低能、眼高手低，在法律实务中举步维艰、捉襟见肘。

（二）实践教学的课程体系不尽合理、完善

高等法学院校一般都设有案例研究、模拟法庭、社会实践、法律诊所、物证技术实验、毕业实习、毕业论文、司法考试指导等各种不同形式的实践教学形式；但是各种形式实践教学的内在关系如何、教学重点如何关联和区别、教学阶段的安排、学时的分配、教学方案的论证和设计、师资配备和教学组织等缺少统一的规划，呈现出零散性和盲目性的特点，不利于学生应用能力的提高。有的院校并未开设专门的案例研究课程；有的院校只是将模拟法庭作为学生活动的一种形式，并未作为实践课程来对待；有的学校尚未开设法律诊所教育课程。此外，不少院校尚缺少法律方法论特别是实证分析方法的专门课程。大多数院校毕业论文的写作仍是传统的学术型论文写作，没有将案例分析或者社会调查报告作为毕业论文的主要形式。

（三）实践教学过程流于表面化、形式化

由于认识不足和组织不力等各种因素的制约，实践教学过程经常流于表面化、形式化，学生参与程度不够，收效不大。例如，在案例教学上，选择的案例过于简单，缺少应有的针对性、典型性、复杂性、探讨性，教师在进行理论讲授时，附带就把结论讲出来；模拟法庭的表演成分过于浓厚，很少能使学生从案卷阅读、庭审对抗、事实认定和法律适用、法律文书撰写等方面得到有效的训练；法律诊所教育覆盖的学生面窄，学生亲自动手操作的范围小，众多事项均由教师完成，学生只是一个旁观者的角色；社会实践主题不明，未突出法律现象的调查与分析，很多情形下只是走马观花；毕业实习时间短，实习单位、学校、学生等均重视不够（一般是 2～3 个月），缺少实务部门教师的专门指导，实习内容有限。一些实习生只是进行了档案整理，好的情况下能够担任记录工作，但很少介入具体案件的办理及法律文书的写作。更有甚者，有的实习单位把实习生当作勤务员来对待，实习的主要内容是擦桌扫地、端茶倒水。毕业实习原本具有的为将来走上工作岗位而获得本领、打下基础的功能实际上被异化了。

（四）校外实践教学基地建设不足

在校外实践教学基地的建设上存在的主要问题在于：一是实践教学基地面窄，除了法院、检察院、律师事务所外，很少有将公司、企业、银行、行政执法部门作为实习基地的，不能满足培养应用型、复合型法律职业人才的需要；二是与建立了实践教学基地的单位缺少深度合作，未能形成双向交流和联合培养机制；三是经费支持不足，大多数院校由于财力有限，并没有实践教学基地建设经费。总体上看，没有形成良好的实践基地运作机制。

三、实践教学在卓越法律人才培养中的展开

如果没有有效的实践教学，培养卓越法律人才的目标就难以实现。因此，应当在教育理念上充分认识实践教学的重要地位，在教学实践中积极探索，建立有效的完整的实践教学体系。具体而言，可以从以下几个方面入手，来加强法学实践教学。

（一）构建层级式的完整的实践课程体系

法学实践课程的设置，也应当遵循由表及里、由浅入深、循序渐进的教学规律。例如，学生在大一年级可进行旁听审判、考察监狱、关涉法律现象的社会调查等，使学生对法律实务有一定的感性认识，增加学习的兴趣；在大二年级可以开设法律方法课程、案例分析课程、法律辩论与口才等方法、技能性课程，并突出社会调查的法学专业特色；在大三年级可以开展法律文书写作、物证技术实验、模拟法庭课程、司法考试指导、毕业实习等课程；在大四年级可以开设法学论文写作课程、法律诊所，并要求撰写毕业论文。此外，还应当定期或不定期地邀请实务部门的法律专家，开设法律实务论坛等专题性的讲座。在教学计划关于学时分配方面，加大实践教学比重，确保法学实践环节累计学分（学时）不少于总数的 15%，并且科学合理地分配各门实践课程的学时。

（二）深化实践课程教学

实践课程教学应具有鲜明的目的性和实效性，通过深化实践课程教学，有助于克服实践教学流于表面化、形式化的弊端，从而真正提高学生的法律应用能力。(1)在案例研究课程中应选择具有一定典型性和复杂性的案例，指导学生去分析所涉及的各种法律关系、法律事实和法律规范。(2)关于模拟法庭，应作为一门实践课程来对待，使得所有学生都能够参与进来。应要求学生在教师组织和指导下对案卷阅读、摘要、庭审提纲、法庭调查与辩论、证据的审查与判断、事实认定、法律文书撰写、程序规范、法庭规则和礼仪、临场应变等多方面的法律应用能力进行实训，并进行归纳、总结，改变那种表演式的模拟法庭。(3)关于毕业实习。应该延长实习时间，一般不得少于 3 个月，实行“双导师”制度，即由学院指导教师和实习单位指导教师共同负责学生的实习指导，并创造条件使实习生更深入地参与到法律实务工作中来，在实践中得到锻炼和提高。(4)关于毕业论文。在毕业论文的选题上应尽可能具有实践性和新颖性，在毕业论文的形式上可以选择学术论文、案例分析或调查报告 3 种形式之一。

（三）增强理论教学与实践教学的融通性

一方面，在法学理论课程的教学中应密切联系我国法律实际运作情况进行讲解，有条件的情况下，可以由实务部门的法律专家主讲一门或数门理论课程或与专任教师联袂授课；改革传统的灌输式授课方式，引入交流式、研讨式教学。另一方面，在实践教学过程中，要注意法学理论知识的运用、检验和提升，要注意对疑难法律问题的探究。

（四）加强校外实践教学基地建设

加强校外实践教学基地建设，充分利用法律实务部门的资源条件，对于完善法学实践教学具有重要意义。因此，有必要建立与校外实践教学基地单位的长效、深度合作机制，这可以从以下几个方面展开：(1)为了加强实践教学师资队伍建设，增强实践教学能力，一方面，可正式聘请司法实务部门业有所专、学有所精的法官、检察官、律师、仲裁员作为法学院的兼职教师；另一方面，委派专任教师到司法实务部门进行挂职锻炼，担任实务部门的职务，具体参与司法实践工作，为实践教学奠定基础。这样通过"请进来、走出去"的措施，使专任教师与实务部门的专家形成互动机制，通过疑难案件分析、专门问题研讨、教学方法交流等活动，进行知识互换和技能切磋，从而达到理论和实务的交融。(2)与法律实务部门的业务专家共同制订实践教学计划，组织实践教学，指导学生进行实训和实习。(3)多渠道筹措资金，以联合研究法律实务课题的形式，争取法律实务部门的经费支持，尽可能地解决实践教学经费不足的问题。(4)拓展校外实践教学基地的类型，适当地在一些公司、企业建立实践教学基地，以适应培养应用型、复合型法律职业人才的需要。

（五）完善实践课程的组织、管理和考核机制

健全的组织机构、严格的管理制度和科学的考核机制，是加强法学实践教学的重要保障。如何完善实践课程的组织、管理和考核机制，可以从以下几个方面入手：(1)成立专门的实践教学教研室，由具有法律实践经验的专任教师和法律实务部门的业务专家共同组成实践教学指导委员会，根据专任教师和兼职教师的实际情况确定其重点负责的实践课程。(2)建立健全包括岗位责任管理制度、双师人员考核办法、实践教师聘任规定、项目管理规则、教学效果评价制度、学生考勤制度等各项实践教学管理制度，实现规范化、科学化的管理。(3)建立以学生的法律应用能力为核心的实践教学考核机制，形成一套能力考核指标体系和具体实施办法。例如，可与法律实务部门专家共同参与对学生法律文书的撰写、模拟法庭的表现、案例分析和调查报告的质量等的评价。

诊所法学教育与传统法学教育的共生共融

王　彬*

近年来,中国法学教育一直为社会所诟病的一个问题是法学教育的理论与法学实践的脱节,法学院教育的成果——法学毕业生不能适应法律职业的需要。这一问题引起了上至教育行政管理部门、法学教育行业协会,下至各高等院校的法学院系的反思和行动,使其纷纷思索、探寻和实践法学教育模式和方法的改革,而近年在各法学院校兴起的诊所法学教育模式便是这一探索的改革模式之一。

诊所法律教育于 20 世纪 60 年代起源自美国法学院,是对"美国标准的案例教学法在达到巅峰时期的反弹",①形式上似乎是学徒式法律教育的复古,但实质上则是仿效现代医科教育在诊所内临床实习培养医生的做法,即设立某种形式的法律诊所,教师在诊所内指导学生接触、处理真实的案件。2000 年 9 月在福特基金会的资助下,北京大学、清华大学、中国人民大学、武汉大学、中南财经政法大学、复旦大学和华东政法大学等国内 7 所高等院校开始引入诊所法律教育。2002 年 7 月,经中国法学会批准,"中国法学会法学教育研究会诊所法律教育专业委员会"(英文名称:The Committee of Chinese Clinical Legal Educators,中文简称"诊所法律教育专业委员会",英文缩写 CCCLE)成立。该专业委员会旨在团结和组织全国从事诊所法律教育的工作者、管理者及其他有识之士,开展诊所法律教育的理论与实践研究,加强国内外诊所法律教育的交流与合作,推进诊所法律教育事业在中国的普及、推广、繁荣和发展,截至 2014 年 12 月 1 日,委员会的会员单位达到 181 个,其中 86 家开展了诊所教学。沈阳师范大学法学院于 2012 年正式成为会员单位,2014 年 5 月设立社区法律诊所和刑事法律诊所,正式加入诊所法律教育的行列。然而在刚刚起步的诊所法律教育实践过程中,在法学院的培养方案、课程设置和培养模式的改革探索中,一个问题会经常出现在我们的面前——诊所法律教育与传统法律教育的关系,即两者应该怎样统一到卓越法律人才培养的目标下,各显其能,共生共荣。

---

* 沈阳师范大学法学院副教授,法学院实践教学中心主任。

① 陈建民:《从法学教育的目标审视诊所法律教育的地位和作用》,载《环球法律评论》2005 年第 3 期。

一、诊所教育与传统法学教育的比较

(一)诊所教育与传统法学教育的优势对比

诊所教育这种以直接参与为特征的体验式方法对于传统法学教育以理论讲授为特征的传授式教学具有多方面的优势,主要表现在以下几个方面:

1. 教学主体由教师转变为学生

诊所教育的一个基本要求是学生必须办理真实案件,在变化的社会现实中学习应用法律,解决实际问题。诊所法律教育的教学目的并不是讲授法律本身,追求法律理解的系统和完整性,而是从学生办案的实际出发,有针对性地传授律师执业技能、法律的检索和运用、社会公正心的追求和法律职业道德的教育,更注重对学生法律执业能力的培养,使学生能够自己提出问题、解决问题,不依赖教师提供标准答案。① 所以,诊所法律教育不仅在追求教学方法上表现得生动和活泼,而且始终以学生为主体,教师在课堂上和课堂外都仅仅是一个"主持人"。在诊所法律教育模式中,教学活动以学生为主,学生成为学习的主人,因为不存在预设的答案或固定的判断标准,导致教师的知识垄断被打破,从而挖掘每位学生潜能,而不是强行要求学生按照同样的教学模式取得相同的学习效果,教与学变成共享知识、共享经验的过程。学习的动因也由"要我学"的被动学习型变成"我要学"的主动学习型。这与传统法律教育模式中教师作为教学活动主体主导学习过程,教师在讲台上按照事先准备的大纲和讲义宣讲,学生则是一个被动的接收器相比,显然更具有学习效果、动因和结果上的优势。

2. 教学内容更具实践性

诊所法律教育则以实践教学为主,以学生在实际办案中需要的知识、遇到的问题为内容,即使课堂讲授也以法律思维、法律技巧等作为重点。这些知识和技能都是学生将来作为一个法律职业人必须具备的。而传统法律教育的教学内容则以传授法律的基本概念、基本理论为内容,追求法律体系的完整。例如,传统法律教育与诊所法律教育都有证据调查、法庭辩论、诉讼程序等教学内容,但前者偏重法条注释、原理阐释,且远远少于实体法教学,而后者则视其为主体内容,注重应用经验、实践技巧的讲解和演练。学生在诊所法律教育中通过接待当事人、提供咨询、谈判技巧、起草法律文件等实践活动,进一步体会人际关系处理等不可言传的"法外之功"。

3. 教学方法更加灵活多样

诊所教学活动一般包括实践教学和课堂教学两个部分,实践教学完全由学生自己独立办理真实案件,课堂教学方法较之传统教学也更灵活多样,通常包括角色扮演、头脑风暴、分组讨论、案件模拟、法律题材电影观摩、课堂游戏等多种教学形式,让学生独立思考并提出解决方案,从而锻炼学生的实践能力。

---

① 参见陈建民:《从法学教育的目标审视诊所法律教育的地位和作用》,载《环球法律评论》2005 年第 3 期。

4. 教学评估方式更加自主和并采用全程控制

传统的法学教育评估学生的方式往往采取考试制，期末“一考定乾坤”，成绩成为衡量学生知识掌握程度的标准。而诊所法律教育则根据教学目标和价值追求设计多重评价体系，课程结束时没有考试，而是重在整个实践过程的检测，主要注重法律实践技能、综合素质的考核，评价方式也是包括由学生自评、委托人评价、小组互评和教师评价组成的综合评价体系。

5. 教学目标更加多元

传统法学教育的目标以学生对法学理论知识的掌握为单一目标，而对于实践应用、职业契合度、法律职业伦理的关注极少。而诊所法律教育更多的是教会学生像律师一样思考，像律师一样行动并关注对他们法律价值的引导，培养他们从法律的角度追求社会公正之心。同时，诊所法律教育的课堂外实践也是一种社会公益，都是无偿地向社会弱势群体提供法律援助，通过这样的亲身实践激发学生的社会责任感。

（二）诊所教育与传统法学教育的缺陷对比

诊所法律教育虽然发展到今天，在中国的法律院校中呈现燎原之势，然而在本人参与的诊所法律教育中也发现了其存在的一些问题：

1. 诊所教育的受众范围较小

诊所法律教育无论是课堂外的实践还是课堂上的教学，都以学生的深度参与和教师的个性化指导为特点，这就决定了诊所教育的课堂规模不能太大，一般以 30 人为限，否则教学内容、教学形式和教学效果都要大打折扣。例如，美国律师协会一份针对美国 119 所法学院的统计表明，诊所法律教育的平均师生比为 1∶8.41，符合诊所法律教育要求的师资严重短缺，招生规模因此相对有限。这有限的诊所招生能力与现今法学院动辄几百、上千的学生人数来说，无疑是“杯水车薪”。所以只能是层层选拔，而诊所教育的教学目标和教学内容则不是只有少数精英所应该掌握的，而是所有的法学学生都应该具备的，这势必造成教育的不公平。

2. 诊所教育的起点较高

诊所法学教育课程要求学生必须具备一定的法律基础知识，诊所课程不会传授法律基本知识，而是要求学生自己应用已有法律知识解决现实问题，教师只是在遇到问题时加以引导。而这就需要参加诊所学习的学生具有一定的法律知识储备，否则就根本无法完成诊所课程的任务，也无法通过老师的指导而反思学习以提高法律实践能力和应用能力。这也就注定了诊所教育是精英教育而不会是大众教育。

3. 诊所教育的成本较高

诊所教育中的实践部分都是无偿的，课堂授课部分又需要具备丰富实践经验的法律实践工作者或双师型教师担任，学生在法律援助过程中的场地费、交通费、材料费以及必要的设备费等都需要法学院支付，而较之传统法学教育更高的师生比也显然要占据更多的教学资源。因此，诊所教育的开展较之传统法学教育显然成本更为高昂。

二、诊所教育与传统法学教育的共生

诊所法律教育的移植，是对我国法律教育出路的一种探索，但是目前我国诊所法律教育的发展并不乐观，一方面是参与范围逐渐扩大，教学效果日益凸显，社会认同不断增加；另一方面则是一些院校诊所法律教育趋于形式，缺乏可持续发展的保障，因此，必须正确处理诊所法律教育与我国传统法律教育的关系。对此，主要有两种极端观点：一种观点认为，诊所法律教育代表法律教育的未来发展方向，必将全面取代传统法律教育；另一种观点则认为，诊所法律教育不符合我国国情，最终是“南橘北枳”的结局。笔者认为，诊所法律教育与传统法律教育各有所长，应当彼此取长补短，共生共融，共同造就符合卓越法律人才培养要求的法律教育现代化。

（一）理论与实践的关系

法律教育应该是理论教育与实践教育的有机结合，法律教育不但是一门人文社会科学的理论教育，具有学术性；同时，也是一种职业技能培训教育，具有实践性。既要培养学生的人文理论和法学知识体系，又要训练学生从事法律职业的技巧、思维和道德。法律教育的二重性不是绝对对立的，而是彼此相容、相互依存、相互促进的。如果只重视法律理论教育，则培养出的是无法进行实际操作的书呆子；如果只重视技能教育，培养出的则只是法律工匠。只有具备广博的人文社科知识、深厚的人文精神和良好的法律职业素质才称得上是法律人或法律家，也只有这样的法律职业者才不会受限于个案，不拘泥于法律条文的机械适用，在处理具体案件时极大地发挥主观能动性，创造性地运用法律，推动法律发展和社会进步。传统法律教育尽管存在众多亟待改进之处，但是其在法律理论教育上仍然发挥着不可替代的作用。传统法学教育所传授的法律理论知识和人文社科知识更丰厚了，诊所法律教育的目标才能得到更好的实现，而诊所法律教育对实践能力的锤炼也使传统法学教育的成果由量变达到质变，结出丰硕果实。

（二）应然与实然的关系

传统的法学教育会从法学的基本概念出发，从法学理论到法律条文，力图将一个完整的法律知识体系教授给学生，告诉学生“应然中的法律是什么”。然而，法律的运行不仅仅是法律规则的自我运行，更是法律规则在社会环境中与其他社会现象相互作用的复杂过程。[①] 因此，一个合格的职业法律人，不仅要学习法律理论，知道法律条文，还应当对社会现实有所了解，有能力对事实进行判断，能够与各类当事人建立联系。正如现实主义法学派的代表人物，曾在耶鲁大学法学院任教的弗兰克法官大声疾呼的：法学教育更应当看到法律规则的不确定性和事实的不确定性，让学生学习在社会实际中出现的真实案件和事实。诊所法学教育就是告诉学生“实然的法律是什么样的”最好的教学模式。

---

① 参见陈建民：《从法学教育的目标审视诊所法律教育的地位和作用》，载《环球法律评论》2005 年第 3 期。

（三）知识与技能的关系

传统的法学教育以法学知识的传授为主要目标，通过传统的教师讲授的方式，向学生传授系统的法律知识和法学理论，而忽视对法律知识应用技能的培养，这也是传统法学教育最为社会所诟病的地方。然而法律是一门实践性很强的应用型学科，“法律从来都不是僵化的知识而是应用的艺术”。我们的法学院在教会学生知识的同时，还必须教会他们如何像一个真正的律师一样去思考，教会他们发现事实、获得证据、检索法律、起草文书的技能。而这些法律技能无论是在英美法系还是大陆法系，都是需要经过专门的职业培训的，而我国法律院校的毕业生在进入法律职业岗位时却恰恰缺少了一个独立的职业培训的过程，社会就将这一任务自然归为法学院的教育，而传统的法系教育显然难当此任。诊所法学教育通过学生代理真实案件，将传统法系教育所学到的知识实际应用到案件代理中，通过发现问题、解决问题的自我探索过程和老师的引导来获得法律应用的技能，填补了我国法律职业人才培养上的空缺。

（四）部分与整体的关系

传统法学教育以16门核心课程为基础，以部门法的划分为教学逻辑来构建法律知识体系，学生学到的往往是部门法的知识，思维也是部分的、碎片化的，很难将法律作为一个整体联系起来。而诊所法律教育所遇到的真实案件应用到的法律知识很少局限在某一个部门法，往往既包括多个实体法，还涉及程序法，要求学生在解决问题时必须将法律作为一个整体来思考，以案件为线，将各个部门法知识串联起来。另外，要成功地解决一起案件，除了丰富的法律知识之外，还对学生的口头表达能力、文字组织能力、沟通协调能力、心理承受能力等综合素质提出了一定的要求，这对学生的整体“身、心、灵”都是一个锤炼的过程。

三、诊所教育与传统法学教育的共融

如上所述，传统法学教育与诊所法学教育不是互相抵触、此消彼长的关系，而是共生互补、相互促进、共生共荣的关系。因此，我们在积极开展诊所法律教育的同时，必须注重其与传统法学教育的融合，注重两者的协调发展，才能使诊所法学教育更具可持续发展性。

如上所述，传统法学教育与诊所法学教育是理论与实践的关系，理论指导实践，实践检验理论，因此，两者在教学内容上既应各有侧重，又要相互呼应。传统法律教育应侧重于法律系统知识原理和制度教学，此外，与之相关的政治学、经济学、心理学、社会学、历史学等也不应忽视，从而拓宽法学院学生的人文理论知识基础。美国布兰代斯大法官曾经指出，“一个法律工作者如果不研究经济学与社会学，那么他就极容易成为一个社会公敌（a pubic enemy）”。① 以诊所法律教育为代表的实践教育则应侧重法律职业者必备的

① ［美］E. 博登海默：《法理学——法律哲学与法律方法》，邓正来译，中国政法大学出版社2004年版，第507页。

技能和素质,运用包括在人际沟通、法律文书起草、谈判、调查证据、适用和解释法律规则、整理法律与事实信息、法庭陈述和辩论、社会动态掌控、职业道德遵守等方面的能力和技巧,以及法律职业者独特的批判性和创新性的法律思维,以发现法律理论和法律条文中的缺陷,从而结合实践研究法律,为完善法律而努力。

1. 课程设置上的融合

传统法学教育与诊所法学教育是基础与提升的关系,诊所法学教育的开展必须以具备必要的法律基础知识作为前提。因此,在课程的设置上,传统法学教育是基础,通常要求在诊所法律课程开设前先开设相应的民事、刑事、行政等实体法和程序法课程,由老师传授基本的法律知识,诊所法学教育通常在大三的下学期开设,学生已基本掌握诊所法学教育所需要的法律知识和基本技能。同时,为配合诊所课程的开设,还应开设诸如法律检索、法律文书写作、法律职业伦理与职业道德等解决实际案例的基础技能。法律实践能力的培养是一个渐进过程,诊所法学教育需要学生直接代理案件,是法律实践的最高形式。如果不具备一些基本的实践技能而直接参加诊所法学教育课程,则会使学生无从着手,而且有限的诊所课程时间也难以传授基础知识,只能是知识的应用。像我们法学院为诊所学生开设了专门的应用型选修课模块,以基础法律实践能力的培养为目标,包括法律文书写作、法律检索、案例研习、模拟法庭、庭审技巧、抗辩艺术等 10 余门选修课程,供诊所学生根据自身条件选修,但诊所学生至少应当选修 3 门此模块课程。

2. 教学方法上的融合

传统法学教育建立在大陆法系的经院式教学模式的基础上,主要采取"一言堂"的课堂讲授形式,老师按照统一的教学大纲和教案按部就班地进行讲授,老师是教学活动地主体,学生只是被动地接受。这样的教学方法虽然系统,但严重地压抑了学生的学习能动性,难以形成师生的积极互动,导致知识的传授效果降低,理论与实践相脱节。而诊所法学教育则让学生走出课堂,走入社会,亲自参与、代理案件,自己理清案情,应用法律解决实际问题,以这种亲身体验的方式引导学生思考问题、理解问题、解决问题,从而锻炼他们的法律应用能力和实践能力。这样的教学方法以学生为主体,变被动接受知识为主动寻找知识,变"要我学"的被动学习为"我要学"的主动学习,但是诊所法学教育也容易产生随意性太强、可控性差、差异性大、缺乏系统性等问题。因此,两者在教学方法上也应相互融合,一方面,应当在传统法学教育的课堂上加入案例教学、头脑风暴、角色扮演等实践性教学方法,形成师生的积极互动,使法学理论与法律实践有机结合,使学生理解法律的精神和价值;另一方面,在诊所法律教育中也要加入传统的课堂教学,诊所教学绝对不只是课外实践的案件代理和法律援助,而必须有系统的课堂教学相对应,以诊所学生在案件代理中经历的过程为主线,练习、分析、评价、教授办理案件中的实践技巧和能力,还要有完整、可操作的教学评价体系。另外,在课外实践中还要紧密配合老师的个案指导,学生必须在老师的指导下代理案件,不能完全放任和失控,只有通过学生的尝试、老师的指导、学生的修正,如此反复,才能使学生在不断修正中掌握法律应用能力和职业技能,并做到举一反三,将其内化为能力。

综上所述,诊所法律教育和传统法学教育的共生共荣才是中国特色社会主义法学教育现代化的方向,坚持此方向才能在卓越法律人才的培养的道路上取得不断进步。

论当前我国诊所式法律教育的内容变革与应对

焦　阳*

诊所式法律教育引入我国的时间并不长，却已在很多高校开花结果，培养出了一届届合格的法律人。各高校诊所式法律教育的形式内容从试点走向成熟，逐渐呈现出鲜明的特色。网络课堂、慕课浪潮、模拟审判平台等的兴起，改变了传统的课堂教学方式，也必然会影响到诊所式法律教育的学习实践。法律诊所如何应对网络时代的变革，是新时期每个课程参与者必须面对的问题。

一、诊所式法律教育的内容与设立模式

相比传统的法学教育模式而言，法律诊所教育进入我国的时间还不算长。尽管如此，它受到的关注丝毫没有减弱，反而成为国内法学教育的"宠儿"。这是因为法律诊所教育将增强学生的实务能力放在突出位置，契合了司法改革与教育变革的背景，其鲜明的特色引领着理论发展的方向。

诊所式法律教育(clinic legal education)是一种致力于培养律师等法律工作者在完成专业教育时所应具有的法律意识、立场、技能及职责的法学教育模式，在这种教育中，参与者不仅能学到法律技能和实务经验，还能培养自身的职业道德，增强法律人的使命感。法律诊所(legal clinic)起源于美国，它作为诊所法律教育的载体，就如其英文的本意一样，未必有一个固定的场所，也未必有一个稳定的机构，但至少所接触的人或环境都是真实的。

之所以采用"诊所"这样的概念，以形象地区别于传统的课堂教学，就是因为其如同医学专业的学生临床实习一样，广泛接触各类现实实例，并根据自己所学的理论知识进行"诊断"，以最终得出正确的结论为目标。在法律诊所中，学生如同医师，形形色色的各类案件就是各种轻重不同的病例，而对案件的具体处理方式即为医师开出的"处方"。在诊所中，学生从案例中来，能获得现实的法律实践经验；而"患者"也能切实解决自己的问

---

* 外交学院国际法系讲师，法学博士。

题,使矛盾得以化解,可谓一举两得。

（一）诊所式法律教育的内容

就我国目前的情况看,各法律诊所都是结合本身的实际条件来安排该课程的具体内容的,并不统一。例如,北京大学的法律诊所教育着眼于法律咨询、代理案件和法律研究,并以法律研究为特色。武汉大学的法律诊所教育内容主要包括解答咨询、代理诉讼案件和非诉讼案件,其中以代理诉讼案件成绩显著。由于法律诊所在我国还属于新生事物,不同学校对此问题的关注度和认识都不同,因此,教学内容都凸显出尝试阶段的特点。

法学教育的目标和功能并不仅局限于培养合格的律师,也应当包括培养各种各样的为社会需要的法律人才,如法官、检察官、警察、其他行政执法官和法学理论研究人才等。基于此,法律诊所的教育内容并不应该有统一的形式。不同的法律诊所可以根据各自需要侧重于某一方面。一般来说,结合当前法律诊所发展的现状和资金条件的限制,法律咨询和代理诉讼案件是法律诊所应当涵盖的内容,如果由于各种原因无法定期参与案件代理,则至少应该进行模拟案件的训练,这样才能初步实现实践教学的目标。

从案件办理的流程来看,一个诉讼案件一般要经历接待与会见当事人、事实调查、阅卷、法律分析、咨询、调解、参与审判、执行等各阶段,在这当中,还要穿插谈判、法律文书写作等内容,部分案件有可能申诉,对以上每部分的了解和掌握都是非常必要的。另外,在法律实务中还会经常接触到一部分非诉业务,这也是需要学习的。对办案来说,每个流程都很重要,法律诊所的学习不能舍弃任何部分。

（二）诊所式法律教育的设立模式

1. 法律诊所三种模式

我国从引进法律诊所开始,都注意与中国的司法实践相结合,进而推动本土化的法律诊所的建设。从各院校所选择确定的法律诊所教育的主题角度来看,我国的法律诊所反映了各院校教学特色和学生特点,主要有以下 3 种模式:

第一种是综合型主题模式。在这种模式中,学生代理的案件不受案件类型的限制,只要是向学生法律援助中心提出,并且符合提供法律援助的基本条件,案件又适合学生代理的,基本都可纳入法律诊所的承办范围。武汉大学、北京大学即采用这种模式。

第二种是单一主题诊所。这种模式要求根据一个比较固定的诊所主题组建专业化的诊所,师生参与办理这一类案件。它要求诊所的老师和学生都对某一领域的案件非常熟悉,研究深入,促进本校学科专业化特色的形成。清华大学的消费者权益保护诊所、四川大学的刑事法律援助诊所、西北政法大学的立法诊所等即是这类典型。

第三种是单一诊所与总体综合相结合的模式。在这种模式中,对于一个诊所个体而言,其办理案件的主题是单一的,但其所依托的院校却根据自身特色开设了不同主题的诊所课程,实际上是多主题诊所的综合。复旦大学、华东政法大学的诊所均以劳工保护为主,但同时兼顾其他援助案件。

2. 法律诊所三类型

以上 3 种模式均是从承办案件的类型、主题角度进行划分的，法律诊所从场所与学生的参与程度角度还可以划分为下述 3 种类型：

第一种是虚拟的法律诊所。在这种诊所中，教师根据真实诊所的法律问题、程序，从中挑选出典型的案件，学生在教师的指导下进行法律实务技能模拟训练。在这个过程中，教师与学生等扮演不同的角色，广泛互动，学生在虚拟案例中学习协商、谈判、辩论、询问等一系列诉讼基本技能。

第二是校内真实当事人法律诊所。这种模式是将法律诊所设立于法律院系内，其运作、管理都在校内完成。学生在专业教师的具体引导下，会见当事人，为其提供咨询意见，帮助其准备案件，直至完成一件案件的全部代理工作。在这种模式下，当事人都是真实的当事人，学生在诊所中不仅学到了法律技能，也为社会提供了法律服务。

第三是校外法律诊所。校外诊所是校内真实当事人法律诊所的一个补充，是指学生在校园外从事法律工作的诊所。学生在校园之外的特定机构中，在其他法律从业人员的指导下，直接从事法律服务工作，有助于学生全面了解社会从业环境，便于其与各司法机关广泛接触，案件办理的现实性进一步提升，对学生未来就业的帮助也更为明显。

二、"慕课"、模拟审判平台的兴起对诊所式法律教育的挑战

网络技术的变革改变了人们的生活方式，教育领域也不能置身于外。当课程外的学习从自主搜集资料到网络课程录像，再到网络公开课，直到"慕课"时，以往我们固守的一些教育理念都需要革新，以迎接时代的挑战。

（一）"慕课"兴起与"翻转课堂"变革教学基本理念

"慕课"浪潮迅速席卷全球，传统教学正面临着前所未有的挑战。一台电脑，只要与国际互联网相连，无论身在何处，都能听到、看到世界顶尖大学的网络开放课程。

所谓"慕课"（MOOC），顾名思义，"M"代表 Massive（大规模），与传统课程只有几十个或几百个学生不同，一门 MOOCs 课程动辄上万人，最多达 16 万人；第二个字母"O"代表 Open（开放），以兴趣导向，凡是想学习的，都可以进来学，不分国籍，只需一个邮箱，就可注册参与；第三个字母"O"代表 Online（在线），学习在网上完成，无须旅行，不受时空限制；第四个字母"C"代表 Course，就是课程的意思。"慕课"与早先的网络公开课相比，具有使用范围更广、信息接收更全面、能加入班级完成课堂作业和参加考试等特点。一堂完整的"慕课"不仅能够提供全面的教学资源，还能让学生参加教学活动的全过程，并获得相应的学分。"慕课"是网络时代下教育的新形式，"慕课"资源正式让学生与学校脱离物质上的依附，而走向实质的技能水平提高。在这个浪潮中，我们年轻一代的刑法教育工作者要率先示范，吸收世界一流高校的"慕课"教学方法和资源整合模式，作出适应于我们高校教学的课程设计与课后引导。

知名高校的"慕课"内容既包括课堂教学的视频、资料，还包括各种课后习题和延伸阅读的书目，每节课后还有各种形式的测试题供学生选用参考，资源的种类和数量都非常丰富。这类网络资源将课堂教学与课后学习提高完美结合,对一项知识的延展度做到了最大化。更值得注意的是,“慕课”课程参与范围由特定的人扩展到了无边界的相互分享,同学之间也可以互相批改作业,参与讨论。这种课程突出了教学的互动性与参与性,使真正愿意学习、追求知识的参与者能充分发挥自己的主观能动性,使其随时发现问题,并在问题引导下学习思考。在“慕课”的世界里,视频课程被切割成10分钟甚至更小的“微课程”,由许多个小问题穿插其中连贯而成,就像游戏里的通关设置,只有答对才能继续听课。不少“上瘾”的学生因此津津乐道。这就意味着,学生的积极性能通过该平台被迅速激发,传统的“要我学”正向“我要学”转变。

“慕课”浪潮不仅考验着传统教学的吸引力和互动性,还带来了“翻转课堂”的理念,这从根本上改变了传统教学的方式。当课堂讲授、课下答疑逐渐转变为课下学生在慕课平台学习、课上集中讨论引导思考时,真实课堂的主动权交给了学生,学生成为教学真正的主人。

诊所式法律教育的内容虽不像传统的部门法课程那样具有前后相接的知识体系,但也同样需要教师引导和系统的课程设计。“慕课”平台改变了传统的课程间关系,线下学习活动成为了教学的主体。在某种层面上,可以说“慕课”形式与诊所法律教育的理念更契合。诊所式法律教育是通过课堂介绍司法操作流程,教师引导学生模拟演练,并在课堂外接手真实的案件实现价值的,而“慕课”平台提供了随时随地特别是课下观看技巧解读、实际司法过程的资源,这就可以使课堂模拟培训更具有针对性和效率。对于任课教师来说,“慕课”的兴起对其提出了更高要求,当学生与老师拥有相同的资源平台时,备课的内容就再也不能仅限于已有的书本内容,教师自己必须拥有丰厚的理论知识和成熟的实践技能,只有将自己融入司法实践,并融入学生的现实思考,才能增强授课效果,拉近法学院与法院的距离。

(二)模拟审判平台打破传统时间的限制

各种模拟审判平台的兴起可以为学生提供全方位的模拟审判实践机会,各种新技术让学生像玩游戏一样可以随时在校参加模拟案件审理和裁决。例如,LETS系统就通过影响更多学生参与,促其尽快与司法机关对接。

LETS是由中南财经政法大学于2006年开始自主研发的法学实验教学系统,打破了以知识单元课程内横向的传统法学教学理念,形成了主要采取软件系统模拟法律运作过程的以问题为导向的、动态的、纵向的全真模拟实验教学理念。该软件迄今已经大规模运用到本科实验教学中,接受LETS培训和应用的本课程、政法干警试点班学员超过3500人,实验人时数超过120,000人次。该系统以真实法庭作为原型,设置了原告、被告、公诉人、辩护人、法官以及书记员等多种角色,案例遍及民商法、刑法、行政法、国际法乃至仲裁等多个领域,可以为广大同学提供一个线上模拟法庭的实践机会。该系统既可以用作课堂教育的具体环节,也可以作为课下同学对法庭的模拟训练;既可以根据原有数据库提供的案件材料进行模拟,也可以自行上传案例、诉状等材料创建新的素材。

通过选用该系统,青年学生的兴趣被激发,大家在这个过程中,可以逐渐懂得,司法实践这一“游戏”有更多内涵、更多趣味,课下的时间荒废变为了充实提高。可见,这一作为辅助手段的平台将课堂有限的时间扩充,诊所式法律教育的内容被无限延伸,学生的执业技能也在不经意间提高了,诊所式法律教育的效果已经通过新形式呈现出来了。

三、诊所式法律教育的具体方式变革

面对网络时代的挑战,诊所式法律教育这种面向社会的形式有了新载体,也可以呈现为多样化的形态。为应对时代的变革,诊所法律教育要善于运用各种平台,把握新技术机遇,以效果为向度,提升学生的自主学习、实践能力。

(一)将课上课下、线上线下连为一体

诊所式法律教育本属于实践教学的一部分,让学生形成司法官的思维方式,真正明确案件处理的流程是教学应达到的目标。单纯的课堂教学已难以满足新时代学生的要求,如何使课上课下的学习无缝衔接,延伸教学的广度成为时代赋予我们的崭新课题。传统的课下学习由学生复习功课、预习新知、完成作业等组成,这些内容对于巩固知识、强化基础都有重要作用。现有的课堂教学要进一步针对“90 后”“95 后”青年人的认知特点,采用多形式、多样化、富有趣味的手段促成其学习。

正如上文所述,现在网络信息以爆炸式的方式传播,信息的封堵已变得不可能。从教育的角度看,这为学生获取全方位的信息,根据自身情况选择学习内容的深度成为可能。关键是,在课下如何巩固课堂效果,将所学方法用于案件咨询办理中,这还需要对接的过程。在课堂的诊所式教育应偏重于方法上的传播,而课下的学习则要和办案实践相结合,网络为其解决问题、选择对策提供了最佳支持,现实办案才是将以上一切落到实处的归宿。

新媒体技术的广泛发展让教师与学生的交流从学习走向生活。微信、微博等技术都可以成为传播刑法知识、督促日常学习的平台。这些自媒体可随时传播参与者的个人生活状态,学生的所思所想都能第一时间通过网络传播给相关受众。通过与网络名人的互动,各种社会热点的评论观点都能被及时捕捉到。结合现在学生的特点,通过与学生展开群对话、朋友圈评论的方式,可以及时了解学生动态,并恰当对教学效果进行反馈评估。利用新媒体的交流,教师与学生的距离会被拉近,当彼此之间没有了刻意的防线后,交流效果就会提升,教师也能根据最新的信息及时调节教学方法和进度。

(二)增强实务技巧训练,依靠学生自主能力

我国传统的法学教育注重概念讲授和逻辑推演,对社会现实的关注还很欠缺。诊所式法律教育虽为“舶来品”,我国也不能直接照搬国外法律诊所的既有模式,这是因为我国的法律教育结构不完整,缺乏对法律实务知识的传授,从而使法律诊所教育丧失了基本的依托。因此,我国诊所教育改革的必要部分就是在教育体系中增加与本国法律实务相关的知识的讲授环节,通过对我国法律实务的现状的描述、基本规则的介绍、部门之间分工衔接的梳理,让学生从宏观思维上建立法学理论与法律实务的连接方式,进而在观

念上理解诊所性实践教育的积极价值。以此作为诊所教育的必要准备，一方面，能够填补我国法律教育的空白，实现教育内容的全面、均衡；另一方面，学生在获得相关知识之后，容易迅速进入法律诊所的学习状态，对于诊所教育特有的方法、目标也能够有充分的领悟。

如果从制度引进的角度来看，我们对现有的诊所教育模式的内化工作还没有完成，扩充职业角色训练目标似乎为时过早，但从本国社会实际需求的角度来看，这却是让诊所教育真正融入我国法律教育体系的良好契机。从我国的法律实务界来看，由于职业教育职能及相关机构的缺失，对于职业人才的需求是全方位的。而目前法律诊所主要针对律师职业能力的培养的思路，显然与我国的实际需要格格不入。因此，我国的法律诊所本土化的改革方向必须是建立起全面的职业角色技能培训，这不仅是我国法制环境的需要，也是法律诊所在我国充分发展的必由之路。否则，如果诊所课程脱离了现实需求而自行运行，那么不仅无法起到服务社会的作用，僵化的模式也必将在法律教育的进程中被淘汰。而按照这一思路，利用诊所教育的思路指导校外实践、实习，将实践部门资源同学校资源结合起来，或是大力发展校外诊所等方法，都是实现这一目标的有效途径。

学生参与校外法律诊所能将课堂传授与技能训练延伸到现实中，在利用上述各种资源、做好充足准备的情况下，教师应鼓励学生独立办理完整案件，在这个过程中可以提供精神上的支持和技术上的必要引导，但不要插手过多，更不要影响学生自己的判断。只有依靠学生自主能力，其才能真正体会到中国司法现状的精髓，才能产出适应、符合我国本土司法国情的人才。

论法律硕士法学教育的改革

——以法律诊所教育为视角

刘爱军*

一、传统法硕法学教育存在的问题

随着社会经济的不断发展,中国教育面临着前所未有的挑战,法律硕士法学教育(本文所指法律硕士仅限于非法学的法律硕士)作为中国法学教育的重要组成部分,也需要进行改革以解除传统法学教育的弊端。我国法学教育近几年面临着尴尬的局面,一方面,社会对于法律人才的需求不断增加;另一方面,法学专业的毕业生就业率屡创新低。由此,传统法学教育存在的问题日益凸显,使得我们不得不重视。笔者认为,传统法律硕士法学教育存在以下问题。

1. 教学目标定位不准确

法律硕士法学教育的初衷是培养具备其他学科专门知识的法律实务工作者,(现在的法律硕士包括非法学法律硕士和法学法律硕士,法律硕士向法学专业的学生打开"后门",一方面说明法学本科生的压力巨大,需要消化法学本科毕业生的就业压力,另一方面说明法律硕士本身的教育是存在问题的)以与侧重于专门从事法学理论研究的法学硕士教育相区别。在我国,法律工作者主要是律师、法官、检察官、企业法律顾问和法律科研人员。然而,这些法律工作者,不仅需要掌握法学学科的基础理论知识,更重要的是要有娴熟的法律职业技能和高尚的法律职业道德。但我国目前传统法学教育注重的是对理论知识的培养和法律常识的传授。教学目标定位并不准确。

2. 课程设计不合理

教育部高校法学学科教学指导委员会通过的16门法学学科核心课程,包括法理学、宪法、中国法制史、刑法、民法、商法、知识产权法、经济法、刑事诉讼法、民事诉讼法、行政法与行政诉讼法、国际法、国际私法、国际经济法、环境法与资源保护法、劳动法与社会保障法。我国本科法学教育便主要是围绕这些核心课程展开。一方面,法律硕士的课程设

* 贵州大学法学院副教授。

置不可能按照本科 16 门课程进行设置，只能设立一些基本的重要课程，如三大实体法（民法、刑法、行政法）和三大程序法（民事诉讼法、刑事诉讼法、行政诉讼法），不然，课程设置过多，学生没有时间学习，这导致法律硕士学生法律基础知识不够全面。另一方面，这些核心课程全是实体法和程序法内容，完全不涉及对学生职业技能培养的课程，也没有对于法律职业道德的灌输。有的学校开设了法律文书写作、律师辩护技巧、法律职业道德等课程，但是大多作为选修，有的学生不会选，选了的学生也对其没有足够的重视。所以完全没有达到法学教育课程的目标。

3. 学生参与性不强

我国法律院校历来都是以宣讲的形式传授法律知识的。学生都习惯于老师在讲台讲，自己坐在位置上听、做笔记的模式。在大学课堂，往往是很大的阶梯教室，满满当当的几十、上百学生的课堂，学生一学期都可能在课上没有一次发表自己观点的机会。课堂上老师兢兢业业地传授知识，底下的学生可能都只是听了，然后没等下课就“如数归还”给老师了。导致这个现象产生的主要原因就是学生参与性不强，学生产生惰性，懒于思考。

4. 实践流于形式

法学教育都有实践环节，只有参与社会实践才能修满学分顺利毕业。实践课程是学校无法掌控的，一般是要求学生自己参加实践活动，单位出具证明。然而，学生往往为了应付学校而随意找个单位盖章。从而使在本科教育中极其重要的实践环节流于形式。法学教育的实践课程亦是如此。大学生是高级知识分子，他们掌握大量知识理论，但是很多学生不会运用，导致学生认为所学无用。法律不像文科其他课程，法律必须运用于生活才能发挥其社会上层建筑的重要性。传统法学教育使得实践流于形式，这个是改革必须根除的。

二、法律诊所教育的价值

法律诊所教育（clinical legal education）是一种将法学理论知识和法律实践结合起来的教学模式，又称“临床法学教育”。这种教学模式起源于 20 世纪 60 年代的美国，是在案例教学法的基础上发展起来的一种新的教学形式。法律诊所教育借鉴了医学院利用诊所培养实习医生的模式，选聘具有丰富办案经验的教师组织、指导法学专业的学生直接参与案件的诉讼过程，在司法实践中培养学生的工作能力。当法学教育引入“临床实习”的教学形式时，大学的法学院保留了“诊所”的概念，开始在法学领域以“法律诊所教育”来命名这种教学模式。法律诊所教育的价值如下：

1. 以学生为中心

教育培养的对象是学生，学生是教育的中心。法律诊所教育就是一种以学生为中心的教育模式。法律诊所教育要求学生自主处理真实案件，学生有机会参与实际办案的全过程，教师只是起帮助、指导作用。学生独立分析案件的各个环节，从案件中寻找突破口，碰到难题主动翻阅资料，教师只是适当点拨，法律诊所是真正以学生为中心而开展的教学方式。

2. 教学活动更生动、更富创造性

法律诊所教育打破了传统法学教育宣讲式的授课方式,让学生在一个个鲜活的实际案例中学习法科知识。真实的案例往往更能激发学生的兴趣,让学生自主发现问题、解决问题,使学习成为有意思的事。学生也可以在法律诊所的课堂上进行案件讨论、案件模拟审判等活动,使得教学更加生动,在讨论和模拟审判中激发学生潜力,提高学生创造性。

3. 培养学生处理问题的能力

生活远比课本中的案件复杂得多,也不像案例分析题中就一个焦点问题。学生接手法律诊所中的真实案件,现实案件往往错综复杂,案件争点多而凌乱,学生必须自己在案件材料中发现问题、处理问题,理清逻辑关系。在代理案件过程中,学生也不可避免地要与当事人、司法机关接触交流,法律知识以外的人际交流问题也是学生必须要学会处理的。

4. 提高学生的法律职业技能

接受了本科的法学教育,学习了法律基础知识、法律基本常识、一些职业技能,但是这都是纸上谈兵,只有将其运用于实践中才能算真正的学会了。法律工作者与一般社会工作者不同,法律工作者不仅要有丰富的法律知识,还要有职业技能,如法律文书书写、法庭辩论、会见当事人、调查取证等只有通过实践才能检验和锻炼的技能。法律诊所教育就是让学生接触现实的案件,自己分析处理,加上老师的指导,高效地完成对学生的法律职业技能培养。

5. 增强法律职业道德的灌输

法律诊所教育的价值不仅仅在于帮助学生提升自身能力,也有助于缓解我国法律援助的压力,为需要法律帮助的人多提供一个救助渠道。同时,也让法科学生明白法律的目标是“让法律为每个人服务”,提高法科学生的责任感。让法科学生真正通过法律的途径保护自身或他人的权益,了解法律职业的高尚,因而更加重视和谨慎地对待自己所参与的每个案件的各个环节。法律诊所教育的案件来源主要是弱势群体的纠纷,让学生直接面对案件当事人,感受他们的无助与焦虑,强化学生的社会责任感,增强法律职业道德,让学生进入社会更能发挥法律工作者的积极意义。

三、以法律诊所教育促进传统法律硕士法学教育改革

对于中国传统法学教育的改革,并不是对传统法学教育的全盘否定。在我们过去的30多年的法学教育中,虽然有些许弊端和不足,但是也不能否定传统法学教育对我国社会主义法治建设作出的不可磨灭的贡献。我国传统法学教育有着其本身独特的社会基础,充分向学生传授法学基础知识与理论,但是对于实践教育,则一直是我国法学教育的短板。引入法律诊所教育正是用来弥补此不足,拉近理论教育与实践教育的距离,使法学教育更适应学生要求和社会需求。下面主要谈谈笔者对法学教育改革的几点看法:

1. 课程设计的改革

(1)原有课程与法律诊所课程的衔接

传统法学教育课程相对于其他专业的课程本就较多,现在要将法律诊所教育课程加入课程规划中,无疑增加了学生负担。并且法律诊所教育课程与传统的课程不同,它对学生的要求要高得多,要求学生有一定法律基础知识储备,有一定的职业技能。所以原有课程与法律诊所课程的衔接非常重要。

笔者认为,在法律硕士的法学教育中,学生的研一、研二的课程必须是对法学基本理论和基础知识的摄取,只有基础打得牢固,法律诊所教育才能顺利进行。研一、研二期间是进行部门法学习和职业技能学习的最佳时期。并且对于法科学生来说,司法考试是非常重要的,甚至对于相当多的学生来说,司法考试是法学学习最大的目标。在研究生阶段的前两年,学生将大部分精力都投入司法考试中,所以不宜在前两年开设法律诊所课程。笔者认为,在研究生学习的第三年上学期开设法律诊所课程最为适宜。法律硕士学生经历了两年的法学知识灌输和准备司法考试过程中系统的复习,正是法学知识储备最佳的时期,这时急需的就是将理论知识用于实践的机会,法律诊所教育的课程就是这个极佳的机会。

(2)法律诊所课程的安排

法律诊所课程与传统课程不同,法律诊所课程主要就是为了培养专业的法律人才,让学生通过此课程后能更适应步入社会后的法律工作。笔者认为不需要安排固定的课程时间、课程内容、教科书等,过多的禁锢反而不利于发挥课程的最大价值。

课程安排在研三上学期,学生进行毕业论文写作的同时修此法律诊所课程。基于我国大学法学院实际教学情况,法学院的教师人手缺乏,法律诊所课程应设定为选修课,而且并非所有法学院学生都有资格选修。选修此课程的学生必须是基础知识扎实、对学习认真、有热情的学生。学生提交简历并通过法律诊所课程老师面试通过后才能选修此课程。老师在面试中选择自己的学生,并负责自己学生课程的辅导,每位老师辅导的学生不宜过多,3~5 人为最佳。因为法律诊所课程虽然对上课时间内容都没有严格限定,但是课下老师对于案件的研究,还有对于学生的指导和答疑解惑往往要花费更多的时间精力。

2. 教学模式的改革

传统课堂教学模式的基础是学生被动学习。学生往往等着老师输入知识、学生被动接受。被动的学习模式使学生缺乏主人翁意识,凡事依赖老师。法律诊所教育便是要打破这种模式,法律诊所以学生为中心,充分发挥学生的主观能动性。学生做自己案件的负责人,学生必须主动学习、主动吸收知识来完善自己。案件由学生办理,必然把学生推入主角地位,学生通过实际操作,即使是一遍,达到的效果可能比老师讲 5 遍都来的深刻。以学生为中心,学生主动学习的模式对于学生将来执业具有非常重要的作用。以后作为法律工作者,碰到纠纷,不能仅仅听信当事人或者其他人的说法,法律工作者必须要自主了解案情，有自己的分析判断。所以应将原有学生被动学习的模式变为主动。

3. 教学方式的改革

在现代法治社会中，我国法律体系不断完善。法律条文的数量以惊人的速度不断增长，并且法律条文的修改也同样是让人应接不暇。所以法科生要学的不能是单纯的对现行法律条文的理解。现行条文的解读或许对于现在发生的问题能有效适用，但是中国经济发展迅速，社会环境变化大，而且法律条文又具有滞后性，或许不久新型问题的出现将导致法律的不适用了。所以学生重要的是学会如何分析问题、如何查找法律、如何使用法律，以适应社会变迁导致的法律问题的变化。我国传统的宣讲式的教学方式显然已不再适应法律诊所课程。法律诊所教育的课堂应该是开放式的，学生们坐在一起交流、辩论或者模拟现实情景，发现问题、提出问题、解决问题，老师进行适当点拨。让学生真正学会对法律的活学活用，达到最佳教学效果。

4. 教学内容的改革

法律诊所的教学内容就是处理案件，老师应该为学生选择适宜的案件。分发给每位同学各自负责一个案件，同时老师对每个案件也要了解研究，以便于更好地帮助学生，这同时也是对每个案件当事人负责人。对于法律诊所课程所选案件，不宜太过复杂、影响太大，因为学生对于法律实践经验严重缺乏，太过复杂的案件往往无法驾驭，力不从心，如果处理不当也会影响案件当事人的利益。所以教师对于案件的选择及其重要，要经过反复斟酌筛选。笔者认为，案件来源最好是与法律援助机构合作，这样不仅能缓解法律援助机构的巨大压力，同时学校也可以从法律援助机构或者政府有关部门获得财政支持。

5. 教师选任的改革

对于法律诊所教师的选择也是及其重要的。法律诊所的教师人选必须是有丰富实务经验并且热爱法学教育的教师，因为法律诊所课程需要教师花费大量时间和精力来联系案件、组织学生实训。我国大学法学教师中有在校外担任法律实务工作的，这类老师是最适宜的。首先，他们从事教学工作，对学生有所了解，对教学有自己的研究。其次，因为实务工作，他们有实践经验，能够更好地指导学生。但是最大的问题就是，这些老师会比较忙，笔者认为，担任法律诊所课程的教师就不应再担任其他课程的教学。经验对于法律职业来说是极其重要的，所以法律诊所课程如果能请到优秀的退休法律工作者，如退休律师、法官、检察官等，无疑是有巨大帮助的。

6. 成绩评定的改革

现在大学教育的成绩评定一般都是以考试或者论文写作为标准。这种方式无疑是最直观、最方便的，但不得不说可能不是最公平的。对于法律诊所课程来说，考试、论文的考察方式都是不合理的。笔者认为，法律诊所课程成绩的评定应根据学生对于实务案件的完成情况来定。在案件的进行中，学生要做的工作很多，要阅读卷宗、要起草法律文书、要会见当事人，甚至要出庭、进行调解等，在这些的环节中，学生都应做好记录、留好备份。并且在法律诊所教育的课堂上,同学间交流讨论、模拟实训等,教师也应作记录。在课程结束后,由老师给所指导的学生写评语,对于学生的表现给予等级评定,如优秀、合格、不合格。

法学教育改革是一个漫长而艰巨的过程,但是改革才能使法学教育走得更远、更好,培养出更多优秀法律人才以服务于社会。法律诊所教育的引进为法学教育改革注入了新鲜血液,注重对法律人才综合素质的培养,提高了法科生职业技能和法律职业道德。

第二篇　中国诊所法律教育的实践探索与创新

法律诊所课程教学目标的实现路径

——卓越法律人才背景下的诊所课程教学目标

周　凯*

一、法学教育培养目标与卓越法律人才培养计划下的目标

法律诊所课程属于大学法学专业里面一门实践性教学环节的课程(也有个别高校在法律硕士培养计划中开设了法律诊所课程),课程的教学目标是围绕着人才培养目标而制定的。一般来说,法学专业培养的学生是面向21世纪,满足经济、政治、文化、社会建设等各方面需求,掌握宪法学、民商法学、刑法学、经济法学、诉讼法学等基本的法学理论知识,了解我国现行法律制度,具备一定的社会主义法治理念,有较强法律实务能力,能够从事法官、检察官、律师等法律职业和企事业单位法务工作的法律专门人才。法学专业教学目标就是要围绕面向21世纪对法律人才培养目标而制定。

2011年12月,教育部、中央政法委联合下发了《关于实施卓越法律人才教育培养计划的若干意见》,该文件在肯定我国高等法学教育在为国家培养了一大批优秀法律人才,为我国经济社会发展特别是社会主义民主法制建设作出了不可替代的重要贡献的同时也指出,"我国高等法学教育还不能完全适应社会主义法治国家建设的需要,社会主义法治理念教育还不够深入,培养模式相对单一,学生实践能力不强,应用型、复合型法律职业人才培养不足"。因此,"提高法律人才培养质量成为我国高等法学教育改革发展最核心最紧迫的任务"。

我国高等法学教育这些年发展很快,由于法学专业设立门槛较低,全国很多高校都开设了法学专业,不仅人数规模较大,而且培养模式单一,以传授理论知识为主,实践技能训练不足,专业特色化不鲜明,导致同质化现象严重,法学专业甚至位列高校就业率最低的十大专业之一。文件针对以上现象,提出了指导思想和总体目标,在实施层面即主要任务上,提出重点培养应用型、复合型法律职业人才。特别要指出的是,该文件强调要强化法学实践教学环节。加大实践教学比重,确保法学实践环节累计学分(学时)不少于

---

* 中国传媒大学文法学部政法学院副教授。

总数的15%（现在法学专业学分有的高校在160学分左右，实践环节学分参照此要求应不少于24学分）。“加强校内实践环节，开发法律方法课程，搞好案例教学，办好模拟法庭、法律诊所等。充分利用法律实务部门的资源条件，建设一批校外法学实践教学基地，积极开展覆盖面广、参与性高、实效性强的专业实习，切实提高学生的法律诠释能力、法律推理能力、法律论证能力以及探知法律事实的能力。”应该说，实施卓越法律人才培养计划，围绕如何提高法律人才培养质量这一系列目标、任务、措施、实施、保障等，不仅必然要改变现有的法学教育培养模式，而且对法学课程体系本身也会有很大影响，法学专业各门课程就要围绕如何提高法律人才培养质量，加强培育应用型、复合型法律职业人才来确立新的教学目标。

二、法律诊所课程教学目标

法学专业有明确的教学目标，专业内部的必修课、选修课也都有各自的带有自身特色的课程教学目标，组成一门课程体系内部的章节、单元也有自己要实现的教学目标，各个章节、单元教学目标的汇总又是为实现这门课程的教学目标服务的，这些或大或小的教学目标本身就是有内在联系和逻辑关系的，章节、单元教学目标应该服从并服务于这门课程的教学目标。就诊所课程来说，其教学目标不仅有法律知识方面的传授，更为侧重的还有法律职业技能和法律职业道德素养的训练。从卓越法律人才计划要培养应用型、复合型法律职业人才的目标来看，突出的是应用型、复合型这样的特点。何谓应用型人才呢？它应该是一种操作层面意义上的，解决的不仅是掌握法律理论知识，还包括法律人如何运用知识、方法去分析法律问题、解决法律问题的能力。其是一个从知到用的过程，包含的核心是对从事法律实务能力的培养。也就是说，一个经过系统理论和技能培养的法律人才，不仅应当掌握相当的法律知识，而且能够运用法律知识分析现实社会生活中的各种法律问题；不仅会背诵法条，而且会书写基本的法律文书；不仅掌握基本的法律执业技能，而且道德高尚、意境高远，具备法律人的法律职业道德。

我们可以认真梳理分析一下，在法学专业16门核心课程和数目不等的选修课程中，哪一门课程能够有效契合卓越法律人才培养计划提出的“强化学生法律职业伦理教育、强化学生法律实务技能培养，提高学生运用法学与其他学科知识方法解决实际法律问题的能力，促进法学教育与法律职业的深度衔接”这样的任务目标呢？“……纵观我国法律院系的课程设置，我们历来以传授系统和科学的知识为目标，很少考虑对学生实际操作能力的培养，也很少考虑社会的实际需求。法学，成为一种坐而可论之道。”①相反，只有像法律诊所、模拟法庭这类的实践环节课程，其课程教学目标就会最贴近卓越法律人才培养计划要求。

三、法律诊所课程设计中如何实现课程教学目标

诊所课程的教学目标是靠教师对课程一个单元一个单元地设计去实现的。在这方

① 刘琳：《民事诉讼法学课程教学目标及其实现》，载《法制与经济》2010年第4期。

面，教师起到了决定性的作用。现代教育理念早已不是那种灌输式的课堂教学，而是注重教师和学生在课堂上的互动，分析其中的原因应该有互联网的因素，随着互联网的普及和发展，知识的获取方式变得透明、便捷，学生们已不再单纯依靠从课堂上获取知识，有的学生经常从网络寻找资讯。因此，互动式教学体现的是教师和学生相互学习的过程，在这个互动中，教师主要是教的主体，学生主要是学的主体，但有时候其角色会相互转换，"如在以使学生获得间接经验为主要目标的教学中，应充分发挥教师的主体作用，而在以使学生获得直接经验为主要目标的教学中，就应该充分发挥学生的主体作用，让学生勤思考勤动手……"①在教学过程中，有时学生提出的问题往往会难住老师，学生回答问题的视角往往会给教师对此学术问题以新的启发和思考，这就实现了教与学的相互促进。这样的情景在课程教学中已经不断出现过。那么，作为教师应当如何设计课程教学呢？

首先，教师的课程设计要发挥引领、评价、激励的作用。引领就是课程设计要能引导教学内容朝着实现教学目标方向前进；评价就是课程设计要能够评价教学内容，反馈教学效果；激励就是课程设计要能够鼓励学生学习积极性，以主动的姿态去学习。

其次，课程设计还要结合教学环境、条件而定。一方面，课堂设计取决于课堂硬件设施的齐备和学生人数、学生学习兴趣等因素，例如，教室里桌椅能否移动（便于开展圆桌式教学讨论或者模拟案件练习等活动），有没有投影设备便于播放 PPT，选修课程的学生人数是否适合诊所教学（实践证明 20～30 人的最适宜），以及学生自身对法律诊所这门课程的兴趣如何（有的学校因为法学学生人数少，所以诊所课程不是选修课而是必修课，这就造成不是所有学生对此课程都感兴趣），对于以上这些因素，教师在课程设计时都要考虑。另一方面，教师自身也要具备相应法律实践经历或者吸收实务经验丰富的优秀法官和律师担任兼职教师，发挥他们实务经验丰富，理论造诣深厚的优势，共同设计好课程教学过程。

最后，在课程设计中注重场景氛围。教材是教师设计课程必不可少的工具之一，教师要先充分吸收教材内容（但又不能完全受教材所拘束）。在此基础上，全面了解施教对象——学生的年龄特点（"90 后"和"95 后"的学生在耐挫性、责任心等方面呈现出不同于以往学生的特点），努力创造出一种近似真实场景的氛围。这种真实场景就是教学过程中要不断做模拟练习，让学生感受是在一个真实案件的场景中，而不是以好奇、好玩的心态去做模拟练习。

四、从一个案例的模拟练习看课程教学目标的实现

法律诊所课程一般是分成相关几个模块单元（有的学校该课程是 8 个单元）来进行，这些模块单元大部分都可以进行模拟练习，如会见当事人、事实陈述、事实分析和评估、事实调查、法律咨询、谈判、调解等。本文以单元练习——事实调查为例，阐述如何实现

---

① 梁萍云：《新课程教学目标设计的四个相结合》，载《教学与管理》2007 年第 1 期。

课程教学目标。

（一）明确事实调查的教学目标

掌握如何获取有用的案件信息，了解事实调查的范围，练习事实调查的技巧，从而提高对事实调查技能培训重要性的认识。

（二）给出案情

2010年4月，当事人王某的丈夫张某向北京市朝阳区人民法院起诉，要求与妻子王某离婚。法院已于4月20日立案，并于24日向王某送达了起诉状副本。王某又于25日与某高校大学生法律援助中心接触过，并与援助中心签订了委托代理协议，由援助中心指派两名学生作王某的代理人。

在援助中心学生会见王某时，已经从王某以及其带来的民事起诉状副本中了解到了本案的一些事实情况：

1. 王某与丈夫张某于2005年相识，2006年12月登记结婚。婚后未育，且没有在一起共同生活，王某平时住自己单位的宿舍。

2. 2007年二人购买80平方米住房一套。王某提供的二手房买卖合同是2007年3月24日付的款，房款价格共计56万元，一次付清，购房合同上落款是王某签名。

3. 从民事起诉状了解到，张某称离婚是因为两人性格不合，没有共同语言，且未在一起生活，现在感情已经破裂。并且张某要求平均分割房屋的所有权。

4. 王某称，虽然没有共同生活，但两人仍然定期见面，也一直尽妻子义务，有感情基础。只是因为第三者的出现才导致感情不好。

5. 王某称，第三者的事宜最初是同事李某告诉的，王某不信。后来同事赵某也说有此事。王某才留意此事，并回家问过邻居大妈，大妈说确实看到有一女子来过几次。在这之后，王某在回家的路上远远地也看到丈夫张某与一女子并排走，样子较亲密，但具体女子相貌未看清。因为身边有朋友，怕丢人就没有声张，没有当场过去质问。

6. 另外，王某称，买房的钱50多万元全部是自己父母所出，该房应当全部归自己所有。

王某的主张：一是同意离婚，但因张某有第三者，要求张某支付离婚损害赔偿5万元。二是房子归王某所有。

（三）在了解案情基础上，设计课程教学内容和教学环节

教学内容就是向有关部门或单位调查取证，向有关证人调查取证，尝试用何种适当的调查方法获取事实证据。

教学环节应如下：

1. 第一步，教师先介绍事实调查概念、价值，使学生头脑中先有这样一个大体的认识，了解事实调查的必要性和重要性。

如强调事实调查是代理人了解、分析案情，获取案件事实相关证据的动态过程。

教师在这里可以进一步发挥，对于刚刚踏入法律职业门槛的新人来说，既要练习如

何书写规范的法律文书,更要在实践中去积累办案的经验和技能,这其中尤其是办案技能的培养,不是一朝一夕就能完成的。法律人接触的案件很可能千差万别,差异性很大,但是案件都不同程度地涉及对事实的调查,民事案件中的人身损害赔偿案件、离婚案件、知识产权侵权等案件都是如此。

事实调查的核心部分是取证。“打官司的过程就是在打证据”,证据本来是存在事实之中的,怎么从事实中去发现有用的信息,并进而获取对案件有用的证据,这就是考验一个法律人分析问题的能力。

同时,光有分析能力还不够,如何获取有用的证据,这就是技巧问题了。这也就是事实调查的能力培养。

2. 第二步,学生分组模拟案件中的几个角色。

首先,将案情资料发给学生,学生以 4 ~ 6 人为一组,商量如何确定调查范围,制定调查计划,例如,涉及那些问题需要向有关单位或人员调查,需要不需要用到照相机、摄像机、录音机等设备。

其次,每组选派 1 人说一下该组制定的调查计划,说一下学生们自己是怎么考虑的(或者到讲台黑板上写一下计划提纲)。教师随后适当讲评各组的计划。

最后,教师将模拟案件的各种角色的背景资料发给学生(此案设计了 5 个角色,邻居大妈、证人赵某和李某、王某父母),由 5 组学生根据给出的背景资料“背靠背”分别了解自己扮演的角色,商量如何回答代理人提出的问题。剩下的学生选 2 名作代理人上台模拟调查取证。代理人在向这 5 个人取证时,要作调查笔录。教师作为观察员旁听学生的角色模拟,必要时作记录。

3. 第三步,模拟练习结束后,教师可以先问其他学生,如果你是代理人你应该怎么提问,上台模拟的同学尚存在哪些问题?还需要调查哪些事实?某些视听资料证据的取证方式妥当吗?

然后,教师再根据模拟情形作重点讲评。在讲评中,教师首先应以赞赏的口吻肯定学生的成绩,以鼓励“90 后”学生,然后再说学生模拟练习存在的不足。

4. 第四步,教师对本案作总结归纳,事实调查应遵循以下步骤:

(1) 与当事人协商,看当事人有无证据提供。例如,身份证、结婚证、户口本、起诉书副本、房产证、王某父母出资购房的证据、证人大妈、李某、赵某证言、第三者直接证据等。

(2) 在此基础上,根据案情确定调查范围,制定详尽的调查计划。如王某父母出资的证据、几名证人除了目睹张某与第三者外,还有无其他证据,比如照片;是否需要进一步取得张某与第三者关系的证据?如何取证?向谁取证?

(3) 调查中使用了何种技巧。如调查的身份、如何录音、如何拍照不被对方察觉、调查的时间地点。

(4) 调查要遵循的律师职业道德。对了解到的当事人隐私保密,包括对方当事人。法律工作者不是私人侦探,取证方式要合法,并且尽可能由当事人收集证据。

（5）评估事实调查。看调查笔录是否合乎规格，是否详尽记录事实；参考《最高人民法院关于民事诉讼证据的若干规定》，论证证据来源合法性；有无遗漏事实，是否还需要再进行后续调查等。

5. 最后，由学生谈本次课程单元的感受或体会后，结束课程教学。

这种用案例模拟练习的方式去实现课程单元预先设定的教学目标，以实践为平台，以培养法律人实务技能技巧为特色的诊所法律课程，以其具有的先天优势最能契合卓越法律人才培养的要求。在具体课程设计中，诊所教师要进一步领会、理解卓越法律人才的培养目的，继续探索和拓展卓越法律人才背景下的诊所课程教学目标的实现路径，更好地发挥诊所课程的自身优势，提高法律人才培养质量，为参与法治中国建设发挥自身的应有作用。

论法律实务入门“三要素”

——以诊所法律课程为例

刘东华*

基于对“法律的生命不在于逻辑,而在于经验”的笃信,参与法律实务已成为法科学生不可或缺甚至终日奔波的重要内容。法学教育改革也一直将实务教学改革作为重点,“卓越法律人才培养计划”,①特别是“技能型人才和学术型人才分开”②的高等教育改革方向,进一步凸显了实务教学的重要性。自2000年开始至今,诊所法律教育在中国已经开展近15年了,此时,需要再次审视诊所法律教育课程对于学生而言是否还具有独特的价值与效能,是否可以被其他方式所取代,又如何融入进其他实务教育环节中去。

本文选择法律实务入门职位“三要素”为基点,以某高校民事行政诉讼诊所教学中的实例为研究对象,分析与探讨了诊所法律教育的特质性,以某高校民事行政诉讼诊所教学经验为例,展现了现阶段诊所法律教育面对的挑战,并提出了自我提升与完善的对策。

一、法律实务入门职位的“三要素”

帕森斯的系统交换理论在一定程度上解释了法律职业生产与一般工程的不同。帕森斯认为,法律职业的产品中含有特定的价值,它的生产特别依赖于来自其他系统特定价值输入的支持,并通过法律职业人的内化作用转化为法律职业共同体内部的维持模式

---

* 北京大学诊所式法律实验教学中心指导教师,北京市致诚律师事务所律师,法学博士。

① 参见《教育部中央政法委员会关于实施卓越法律人才教育培养计划的若干意见》(教高〔2011〕10号)。

② 2014年3月23日,一则新闻——《高考改革方案即将出台技能型人才和学术型人才分开考》在高校与学生及家长中引发了震动,时任教育部副部长鲁昕谈话更是意味深长。“教育部副部长鲁昕22日在中国发展高层论坛上表示,我国即将出台方案,实现两类人才、两种模式高考,技能型人才的高考和学术型人才的高考分开。”“同时透露,教育部将做600多所地方本科高校向应用技术、职业教育类型转变的工作。据相关统计,我国普通高等院校共1200所左右。鲁昕表示,这就意味着有50%的学校要淡化学科、强化专业,按照企业的需要和岗位来对接。”参见宋扬、李寰、张菲菲:《高考改革方案即将出台技能型人才和学术型人才分开考》,载东方网:http://roll.eastday.com/c1/2014/0323/2973451872.html,最后访问日期:2014年4月6日。

力量。[①] 法律职业是在通过司法程序将一般的问题个别化、将价值问题转化为技术问题，以维系整个政治和法秩序的基本支点之一，发挥着秩序正统性的再生产功能。[②]

不同于一般意义上的“实习”，实务入门职位对于入门与起步涉足法律实务的学生而言，选择恰当的实务接触方式无疑是至关重要的，它甚至可能会决定一名学生未来实务经验的起点、习惯与态度。许多学生是处于被职位选择的被动状态下去实习的，往往实习经历就是走过场，或成为“体验生活”，拿到实习鉴定，向学校交差。多数学生对这种状态是不满意的。而造成这种现象的很重要的原因在于学生自己在实习之初对如何选择和判断实习岗位没有明确的标准。

作为“窥斑见豹”的实习，其岗位应具备如下三个要素：

首先，岗位要有实操性。这个岗位应具备足够的与学生所学专业相关的可实践事务，并有足够的机会亲自操作。在这里能够得到足够的锻炼机会，能够最大限度地调动、运用和验证自己的所学，还能促进自己不断学习。

其次，岗位的工作环境足够规范。在这里，应能够帮助学生培养敬业、尽职、严谨、公正、踏实的职业品性，能够促使与帮助学生建立适合其本人的良好的思维框架，有学生自由发挥的空间，能够促动和激发学生的创造性，帮助学生初步树立和构建自己的工作模式与模型。如在实习中经历了不规范的操作、错误的操作，甚至违法的操作，学生就会将其当作应然的事情，甚至将违法当作合法的，将非法当作合理的，将违法操作当作作习以为常的事情。从踏入实务的第一步起，就丧失了对法律最基本的尊重和信仰，这样会严重地破坏法律新生人员对法律专业价值的认知与判断。

最后，在工作中能够得到有效指引。作为法律实务入门的实习岗位，特别的使命在于帮助学生通过感性认知树立对法律的信仰和公正的人生观。找到一个好的指导者，在实习的初期阶段是尤为必要的。在懵懂的学生初涉纷繁复杂的法律实务时，需要有对法治有坚定信仰的导引者为其点亮路灯，擦亮眼睛。当学生遇到困苦时，需要能够得到及时的指引，在导引者的陪伴下完成工作。在这一过程中向其输送正能量，帮助他们树立正确的人生观。在挫折面前，犹如一张白纸、满怀对法律的憧憬和希望的学生在现实面前会感到无力与苍白，其对法律的信仰很容易轰倒塌掉。这时就特别需要有力的指导，让学生能够看到希望，并能够促使学生有更强的社会责任感。如果面对不公正的情况得不到正确的指引，学生就很容易对法律和职业理想失去信仰和追求。这对一个人的人格塑造和世界观的影响将会是深远的，而且还会随着学生的成长而一代一代地传下去。不可想象，失准的一代新生法律人会对中国的法治进程起到怎样的影响，如是这样，中国的

---

① Parsons T.,“A Sociologist Looks at the Legal Profession”, *Essays in Sociological Theory*, Glencoe, IL: The Free Press, 1954, pp. 320 – 385.

② 王亚新:《纠纷，秩序，法治——探寻研究纠纷处理与规范形成的理论框架》，载清华法律评论编辑委员会编:《清华法律评论》(第2辑)，清华大学出版社1999年版，第11～33页。

法治将会是多么渺茫。

二、"三要素"下的权利义务关系

一般来说，实习可以分为就业型实习、培训型实习和勤工俭学型实习。无论哪种实习，具备"三要素"的实习岗位需要在实习机构、指导人员与实习生之间存在清晰的权责与利益关系，即实务的供给、指导职责与实习诺行三者之间要有明确的规制与切实的运行。

（一）实习生的权利义务

作为实习生的权利包括，有权从事法律服务工作，例如，提供法律咨询、案件代理、法律研究与检索、法律文书撰写等与法律实务有关的工作；从实习机构获取业务指导与培训；获得与实习岗位相应的办公设备、办公条件与工作支持；向实习机构反映实习工作中遇到的困难与问题，有权提出改进意见与建议。

而实习生也承担相应的义务，例如，接受实习机构与就读院校的管理与监督；必须认真履行法律服务职责，不得私自以实习身份从事任何以营利为目的或违反法律法规和社会公德的活动；按时到岗服务，并服从服务机构根据工作需要进行的岗位调整；服务期间，应爱岗敬业，尽职尽责，服从管理，尊重民风民俗，自觉维护所在实习机构的形象；严格遵守国家法律、法规和专业守则；实习期间应参加与完成机构指定的工作与活动；服务期满，递交工作总结，参加相关总结、考核工作；离岗时做好工作交接；接受法律服务的考评；因实习生个人原因造成的损害、损失及由此产生的法律责任，由实习生个人承担。

（二）实习机构职责

基于岗位的实操性，实习机构应当负有提供适合实习生办理的项目。按照项目要求，应指派专人对实习生进行指导、培训和监督，定期对实习生进行考核，提出意见与建议。

实习机构的职责在于要明确与落实实习生的岗位职责，保证实习生能够承担法律服务的实质工作而不仅仅是辅助性工作；享有实习生从事指派工作所产生的权利，并承担由此产生的义务与责任；做好实习生到岗接收和培训，确保实习生及时、顺利到岗提供服务；实习生离岗时，要为其办理离岗评估、鉴定与考核手续，做好工作交接；为实习生提供所需的工作条件；比照本单位正式职工，按照机构规章制度的要求，对实习生进行日常管理；指定专人对实习生进行日常指导、培训、监督、管理，确保安全；服务岗位存在易发事故情况的，要及时作出调整；依据法律法规和相关规定，维护实习生的权益；及时向校方通报实习生日常管理及工作的情况，并向甲方提交各项评估、考核与鉴定结果。

至于实习生与实习机构是否构成劳动关系，则是以双方之间是否签订有劳动协议为标准。以就业为主的就业型实习，实习生与实习机构签订有明确的实习协议，用人单位为见习者提供必要的工作、生活条件并发放工资的，则构成劳动关系，实习生同时享有劳动者相应的劳动权益；勤工俭学型实习是为获得生活费用和学习费用，在校生个人利用业余时间进行的勤工俭学活动。根据劳动部的相关文件，"在校生利用业余时间勤工助学，不视为就业，未建立劳动关系，可以不签订劳动合同”。① 这种实习活动，大学生与实习机构之间没有劳动关系。此外，培训型实习，即将实习作为学校教学计划的一部分，是教学的延伸，则不能视为就业，实习生与实习机构之间也不构成劳动关系。

实习机构对实习生承担全面协调、管理与评估志愿者的指导职责，要为实习生确定指导人员。对于指导人员，实习机构需要为其确认具体的指导岗位、指导对象，并协调处理与指导相关的事宜；支付指导津贴；按照实习工作要求，承担指导人员参加相关活动的费用；按照要求，定期或不定期对指导工作进行考核，提出意见与建议；采取措施激励指导人员，给予奖励或处罚。

（三）指导人员的权利与义务

指导的内容包括但不限于针对实习生与其服务所在机构和人员的人际关系的指导；针对实习生从事法律工作所产生的学习、态度、方法、习惯、心理等方面问题进行指导。

指导人员的权利包括指导志愿者工作；参与实习生所提供法律服务的指导交流与培训活动；按指导要求选择灵活的指导方式；获取指导委派机构发放的本项目指导津贴。

指导人员的义务是为实习生制订较为明晰的指导计划；指导方式与内容应符合法律规定和职业道德的有关规定，符合法律职业实习的宗旨与精神；记录与总结指导过程与经验，并按要求提交实习机构；对实习生的具体指导应当具有针对性、及时性与启发性；及时向指导委派机构反馈实习生发生的重大服务与生活情况；按要求对实习生进行评估，并及时向指导委派机构提交评估结果。

此外，基于实习生的学生身份，上述关系中还应加入实习学生所在院校的参与。而作为教育机构院校的参与，可以进一步促使“三要素”的落实与保证质量。院校参与其中，可以从实现教育者的角度全面把握实习的教育标的与效果。院校参与实习的职责在于协调、管理、督导与评估实习的各项工作；按照“三要素”的要求，指派专人对实习活动进行指导、培训和监督，定期对实习过程进行考核，对实习机构与实习生提出改进实习的意见与建议；协调实习机构向实习生提供适宜的工作条件；帮助实习生克服和解决在学习、工作、生活中出现的困难和问题等。

而现实中，实习过程所涉主体之间的权责混杂不清。有的实习岗位只是让学生去观摩工作或者仅是跑腿打杂，这样的工作缺乏法律实务的实操性，不适合作为实习的选择，仅作为参观访问就可以了；而如果事务过多，虽然实操性强，但当长期仅接触到工作中的某一个片段或者是工作中的某一个点时，如只是按指令查询某个方面的法律规定和法理研究，由于看不到案件全貌，不能参与案件的整体部署。此外，如果实习环境中，有经验的人员都很繁忙，则可能没有时间给予学生更多地指导，只能靠自己学徒时的摸索。长期阶段性和片面性、集中在某一点的工作，缺乏对工作系统性和框架性意识与能力的辅导，可能会造成实习生一叶障目的工作习惯；由于实习中得不到指导，得不到规范化的约

① 参见《关于贯彻执行〈中华人民共和国劳动法〉若干问题的意见》（劳部发〔1995〕309 号）第 12 条。

束与要求,特别是如果实习环境中存在不规范的操作情形,反而容易使学生养成不好的习惯,这将会对学生未来的发展带来致命的伤害和阻碍。

三、诊所课程之“三要素”优势分析

诊所法律教育的特质在于,它是以真实的公益法律实务,特别是法律援助案件为载体,以教育和培训学生的法律实务技能、法律实践经验和公益法律理念为核心的互动参与式法律教育模式。从这一定义中可以看到,诊所法律教育不同于一般的法律援助活动、也不同于高等法学院校的学生实习、更不同于传统的高等法学教育模式,它包含3个基本的要素:以法律正义与公益法律教育为核心,以现实动态发生的真实法律援助案件/项目为载体,采用互动式、激发学生创造力的教育方式。

在诊所中,实习机构即是诊所,指导人员即是诊所教师,实习生即是诊所学生,这实现了教育与实务操作在机构配置、人员身份与角色、工作理念与操作方面的合二为一。与其他实习方式相比,诊所课程的如下特质,有利于“三要素”的凝聚与能量的发挥:

时间限定性。诊所课程一般包括课堂授课、实务指导与实案操作3个部分。法学院以师生比不超过1∶8的比例将资源投给了诊所,其投入的资源远远高于其他任何一门学科。作为法学院开设的一门课程,具有严格的身份限定性,即仅有法学院的学生可以选修。这不同于其他的实习实践活动,可以在任何时候开始。而一旦错过了本人在校的学生身份,其一生一世中就不再可能享受到诊所的教育和经历诊所的实践环节。珍惜在法学院的学生身份,选修诊所课程被很多诊所学生称为在法学院最难忘的课程之一。

空间限定性。诊所课程的内容必须在“诊所”空间完成。当今,互联网络和沟通交流工具极度发达,我们为什么要坐在这里来接受教育,如果是能够通过互联网,能够通过阅读自学,能够通过别人的讲解,或者通过网络的讲座就能取得知识和经验,那为什么大家要坐在一起?为此,法学院课程教学的空间限定性将备受诟病。正如德国的萨维尼所说的,大学的任务——培养(学生)进行自由、独立的学术研究的能力,之所以只有借助于教师的传授活动才能完成,是因为课程的更高价值在于“人们期望在听课的过程中能够得到关于整个法学研究及其文献的充分指导,而一本书只不过是众多科学研究成果听一项而已。这种指导究竟是什么呢?在我们能够学到的所有东西之中,方法是最有价值的”。学生从课堂中应该“不仅仅是学习与依赖,而且还要对其进行检验,探究教师是如何发现规则的”。[①] 与众多校外实习方式不同,诊所法律教育以课程的方式,要求学生定期集中于固定的课堂与指导地点,以限定的空间模式将师生聚集一处,它的价值即在于“分享”与“互动”。以课程的方式,将师生集中于同一个地点、同一个时间,在限定的时空中,用真实的案件来激发自己的思想,锻炼自己的思维;这可以促动大家共同参与,分享经验;由于处于同一时空,为聚会在一起不同的个体创造了相互碰撞思想火花、发展批判性思

---

① [德]弗里德里希·卡尔·冯·萨维尼、雅各布·格林:《萨维尼法学方法论讲义与格林笔记》,杨代雄译,法律出版社2008年版,第60~63页。

维创造了条件和机会。

载体限定性。诊所以真实的法律援助案件为载体，由学生主导完成。正是因为真实案件的特性——需要得到结果，而问题需要得到解决，才赋予了学生通过真实案件来印证和检测自己的学识和技能、判断与决策能力及行动效果的机会。而其他的实习工作，学生只能接触到别人主导工作的一个环节，实习生的角色也只是被定义为观摩者，而不便交与实质性的工作。同时，以法律援助案件为载体，可以屏蔽商务所裹挟的私利，将实习内容专注于法律实务与法律价值追求本身。相对纯粹的法律实务事项便于初次踏足法律行业的实习生专注于了解与学习法律的实践本身，专注于探究法律在实践中的公正与公平。这更有利于对实习生法律人格的培养与塑造。此外，围绕着特定案件而组建的办案团队，而整个过程中都会有老师和同学的陪伴、奉献与支撑。这种凝聚于案件的团队共同体在一般的实习中是很难得到的。

角色与身份的限定性。在其他的实习工作中，学生个人对实务的感知与认识更多的是要靠观摩他人的经验去感悟，主要是靠自己的悟性去认知、理解和掌握，靠自己去摸索经验。而在诊所，正是关注于"学生"身份，课程为此设计了特别的授课环节，将同学的朋辈教育与教师的师承指导相结合，组织了同质与指导相结合的"团队教育模式"。在诊所中，将初学者作为团队的核心，作为关注的焦点和辅助的重点，其他人给予全方位的、立体的辅助，这在任何的实习中都是得不到的资源。

四、学生眼中的"三要素"：来自诊所教学的反向经验

目前，法学院学生的接触法律实务渠道多样，他们可以选择去公安机关、检察院、法院、政府、律师事务所、非政府组织等机构或组织作实习生或助理，也可以通过参加院校组织的社团活动了解实务情况，法学院也逐步开设了多门案例研习与实务课程。学生下意识地在以"三要素"为基准选择实习岗位，而从诊所课程的经验来看，"三要素"也在功利因素面前受到抉择和挑战。

（一）"三要素"让路于资质考试

诊所法律教育课程得到了选修学生的普遍好评，特别是对于"初出茅庐"刚接触法律实务的学生来说，能够起到"画龙点睛"的效果。即便如此，不少高校反映，与其他实习方式相比，选修诊所课程也并非学生的首选之项。学生的时间与精力被分散于各门专业课程、双学位课程以及各种资格考试，如考研、国考、出国考试以及应聘校外实习。

如下图所示，根据对某高校近 10 年选修民事行政诉讼诊所课程的学生身份统计可以看到，近 3 年来，选修诊所课程的人数总数并无大的变化，但从 2012 年始，本科生选课人数急剧减少，法学硕士则鲜有人选。2012 年至 2013 年春季，由于本科选课人数过少，但占有着选课名额，导致法律硕士选课困难。2013 年秋季开始，法学院调整了本科生和法律硕士的选课名额比例，本科名额仍然未选满，而法律硕士选课人数则超出限额。

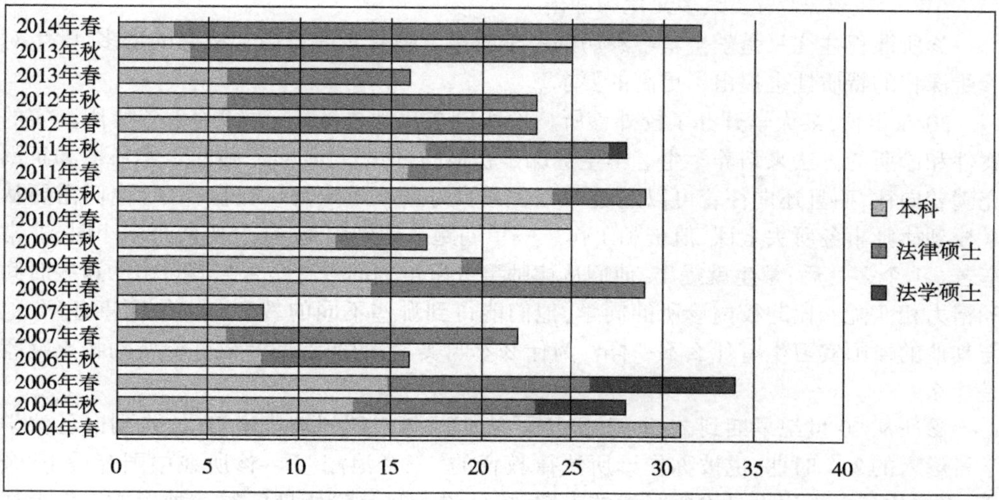

某高校2004～2014年诊所选课学生分类统计堆积条形

经了解,法学硕士不再选修诊所课程的原因主要是此高校研究生学制由三年改为两年,第一年课程压力大,第二年则忙于写论文和找工作。而本科生不选修诊所课程的原因主要是修读双学位课程、为保送研究生而将时间精力更多地投入专业学分与成绩以及丰富而多样的实习与国际交流机会等;而诊所课程要求高,工作量大,相对学分少,诊所经历除出国申请留学外,在国外申请求学与就业均无优势可言。法律硕士生选修诊所课程的积极性主要来自法律硕士学位设计的定位于实务人才培养,以及学生对法律实务的兴趣取向。

此高校诊所课程选课学生特点与趋势,在一定程度上也能反映其他高校的选课情况。有的高校就反映,他们没有法律硕士,只有本科生,诊所课程开设了几年了,选课人数寥寥无几,就是因为大一和大二学生法律知识体系欠缺太多,课程负担过重,无法承担诊所课程的实务任务;大三学生忙着考托福、保研、准备司法考试、找实习,以增加简历的分量;大四又要忙考公务员、考研、找工作、写论文。各种课程和事务将学生的时间与精力填充得满满的,而诊所课程所需要的时间与精力与学分不成正比,在诊所中从事的法律援助事务并不能与未来就业市场挂钩。

与法律硕士不同,本科学生的这种状态,与其年龄偏小、机会较多,普遍存在的功利思想突显于法科学生群体中有关。众多本科学生对获取公益法律服务的教育处于无意识状态,对实习与选修课程价值与标准更是随波逐流。诊所课程所面临的挑战,是"三要素"在实习中被虚无化的直接后果。

（二）"三要素"与实践多元化的冲击

诊所课程往往只是学生实习经历的一个阶段。随着实习经历和机会的增多，学生对诊所课程的特质性也提出了更高的要求。

2013 年秋，某大学开办了校外诊所。诊所设在律师事务所，由律师事务所用真实的案件和诊所的方法来培养学生。学生选课是积极的，他们对真实律师的工作环境和氛围充满着向往，而且还向往着可以通过课程积累良好的实习资历。在操作中，他们需要从学校到律师事务所去上课、值班和工作。一星期跑一趟到两趟，往返要两个多小时，非常辛苦。1 个多月后，学生就提出，他们从律师事务所得到的教育是否与其付出的这些时间和精力相匹配？比起校内诊所的同学，他们能得到哪些不同的教育？在律师事务所，他与其他的律师实习生有什么不一样？为什么不叫实习，而叫诊所？校外诊所的特点究竟是什么？

诊所从 20 世纪早期到 21 世纪，经历了从萌芽与初创到被普遍接受，再到向各法学学科渗入的 3 个时期，也被称作诊所法律教育的"三个浪潮"。[①] 诊所在中国开设 10 余年，多样化与多元化也是诊所必然的走向，校外诊所只是诊所推广的一种形式。除上述校外诊所面临质疑外，也面临着来自案例研习课、实践经验的累积与提升以及对法律援助价值的疑问，这些都是对"三要素"标准的冲击。具体表现在：

一是案例研习与"三要素"之间的错位。案例研习教学的案例，情节往往是固定的，授课教师会将案例中的信息进行精拣与删减，隐去了其他不必要的信息，只留下与研习主题最相关的信息，以此达到训练的目的。学生只要分析一个具体的点就可以了。这既是案例教学最大的优势，也构成了其最大的缺陷。对诊所教学带来的冲击既有正面的促进，也有负面的负担。而以诊所为代表的"三要素"标准，要求以真实案件为实践对象。而真实案件中各种事实是混杂在一起的，各种法律关系与事实信息交错在一起，是全方位的、立体的。而且还是动态的，案情可能会随时有变化。在诊所中的案件事实是客观存在的，各种信息需要学生从中挑拣和判断。

在诊所教学中往往发现，习惯于案例研习思维与工作的学生，很容易将其法律研究的重点集中在案件的核心焦点上，自负于"一击毙命"的畅快，而忽视对案件的整体与系统分析和判断，特别容易一叶障目，忽略对法律主体与客体的分析，对法律行为的认知抽象而笼统，对法律后果的预测表面而单一，证据意识不足，缺乏综合判断与综合分析的思维习惯。这种只抓一点——虽然可能是最核心的一点的做法，在实务中极易造成对案件整体的把握与系统分析，可能会因"细节决定成败"而出现重大的失误。这样的情形，几乎在每个诊所学生身上都发过。

二是来自学生实践经验积累的冲击和继续提升的困惑。法律硕士的加入，会有一些

---

① Barry M. M., Dubin J. C., Joy P. A., " Clinical Education for This Millennium: The Third Wave", 7 *Clinical Law Review*, 2000, p. 1.

有过工作经历,特别是从事过法律实务经验的学生选修诊所课程。他们以往的工作经历,使其实务操作的娴熟度明显高于其他同学,但因其法学教育背景的不完整,又会带有明显的操作不规范现象。不同于其他同学的"白纸"教育,"纠偏"则是这类同学对诊所教育提出的新任务。

诊所中有一位同学,他的本科是非法学专业的双学士,自学高分通过了司法考试,以考分第一的成绩通过法律硕士考试。他已经工作了5年,其中有1年是做律师,他也选择了诊所课,是带着经验来的。他的素质是很不错的,对法律实务有很好的感觉,头脑敏锐且行动力强。但是从他的工作中就能发现他身上带有未经过法科系统训练的明显痕迹,缺乏系统判断和规范的操作,热衷于"一招毙命"。

诊所课程最初设计的教学对象是没有经验的学生。在这个案例中,这种有经验的同学,他是带着经验进来的,他有过成功的体验,这使得该学生富有自信和资本,甚至自负;面对一个有经验且经历了成功实证经验的学生,比起"零经验"的学生来说,这对诊所课程是一个很大的挑战。特别是诊所教育面临着如何在实现课程定位——给零经验的同学经验体验和教育的情况下,也能够给有经验的同学一定的提升。

三是法律援助工作挑战着实习生对法律价值与技能的认知。由于诊所提供的法律服务具有法律援助性质,接待上访人员成为必不可少的工作。如何看待上访人与其问题,以及为其如何提供咨询服务,将直接影响诊所学生对法学专业、法律与法治的认知和技能的提升。

今天,来了一群上访的,都很多年的事情了,反映贪官问题,自己受了多少委屈,家里的房子、地被侵占了,人被打了。他们知道的法律规定比我们还多。告了很多年,都没有结果。这些都已经不再是法律问题了。

这是诊所学生最常"抱怨"的事情,无奈、无助、无能为力,以及焦虑、烦躁与颓丧感充斥着学生的情绪中,觉得法律与生活相距遥远,面对着的事实似乎印证了社会中的"法律无用论"。这一方面打击着学生对法律专业的尊重和对法律公正的信仰;另一方面出于无能为力的尴尬转而对上访当事人产生"愤恨"态度,"可怜之人必有可恶之处"的观念在初涉法律实务的学生与当事人之间树起了对立的屏障。这些情况都会屏蔽学生对法律实务技能的精湛追求,影响其对法律与社会生活之间关系的深入理解,更容易扭曲学生对法律职业的态度与观念。

(三)来自不规范司法环境的挑战

2011年秋,某法学院法律诊所接受两位因工中毒受害劳工的委托向公司提起索赔。学生在指导教师的陪同下,先后5次携带起诉状与立案材料到法院申请立案。立案审查法官以不属于其管辖为由,拒不接收立案材料。更有甚者,在庭长接待日,立案庭庭长作为接待人态度更加蛮横,在代理人坚持立案的情况下,竟然一把将立案材料扔到地上,继而法警又把材料扔出接待室大门。后去信访办投诉，却也没有得到任何答复。[①]

虽然法官法、诉讼法和最高人民法院司法解释中多次强调对不予立案的要下"裁定"，不允许拒收立案材料。但如上情形，诊所学生时常遇到有的司法人员公然违反法定程序（不立案、不裁定、无理拒绝调查取证申请、合议庭组成违法、庭审程序违法等），枉法操作、态度蛮横、行为野蛮，这些来自司法权威机构与人员的违法行为扰乱了初涉实务的学生们对法律的认知和理解，沉重打击了法学教育坚守和倡导的公正与依法治国的理念与信仰，必将贻害无穷。

五、"三要素"的结构重塑：诊所法律教育的自我突破与完善

如上所述，以诊所课程为代表的"三要素"标准面临着来自复杂的教学环境、繁杂的教学素材以及学生经验的挑战。直面问题，迎接挑战，完成自我突破，不断对"三要素"标准进行结构重塑，不断精进教学理念，完善法律实务处理技能，提升教学水平，才可以保持"三要素"标准的长久长新。

（一）专人引导与自我提升相结合

有效的指导既需要专门指导人员的有效引导，更需要自我驱动。哈洛的报告曾指出，人的行为是受生物、环境和自我3种不同的驱动力作用的。[②] 对于实习的有效引导也需要关注激发学生的各种驱动力。

首先，作为指导者，对于不同的学生，"返璞归真"是最好的办法，即坚定诊所的教育理念与方法，为不同的学生量身定制教学与指导方案。要帮助学生选定适合他们的选课目标。对于有实务经验的学生，将建立适合自己的工作框架与模式作为选课目标，而不再像其他同学那样更多地关注"体验"与"经历"。

其次，作为实习生，需要实习生自己端正态度，改变习惯。过往成功的经验，也可能恰恰掩盖了可能存在的问题和危机。

最后，要特别注意通过课程使学生得到系统的训练，帮助他重新规范自己的法律思维框架，并且改变原来零打碎敲的工作习惯。

（二）立体开发案件的培训价值

珍惜每一个案件的载体价值，帮助学生掌握与提高识别和判断法律问题的能力。在实务中，法律关系被演变成千姿百态的纠纷与问题，如何从纷繁复杂的社会现象中透析出法律关系，如何将其与成文的法律条文对应起来，找到法律的依据，解决现实的问题，这正是实践教育的任务。受到社会环境的影响，法律虚无主义盛行，执法部门不依法执法，当事人希望能够规避法律，学生也有自己的惰性，特别是在"老大难"的上访当事人面

---

① 北京大学法学院民事行政诉讼诊所2012年秋季办案记录。

② 行为有三种主要的驱动力（drive）。第一种驱动力是生物性驱动力；第二种驱动力则来自外在动机，即做出特定行为时环境会带来的奖励或惩罚；第三种驱动力是完成任务取得的成绩就是内在奖励。参见[美]丹尼尔·平克：《驱动力》，龚怡屏译，中国人民大学出版社2012年版，第3～4页。

前,“法律无用论”在学生的思想中是普遍存在的。如果仅仅是“空对空”地去陈述法律的信仰,这是不能说服学生,不能够令人信服的。我们就是要通过每一个真实的案件中所发生的每一个真实故事,去探究其中的各种法律问题。

上访咨询问题对一个人法律知识与技能的综合训练则是极有效的。每一起上访人的案件涉及的不只是纠纷最初的法律关系,而是带动了一系列法律纠纷,包括与公民个人的纠纷、与政府的关系、与司法机构的关系,涉及人身保障和社会保障,既有公法问题,又有私法问题,需要将民事、行政、刑事、社会保障以及诉讼法,甚至国际法等各方面的知识与规范都一起调动起来。它需要咨询员在很短的时间内将当事人诸多的问题梳理清楚,从纷繁复杂的事件中清理法律关系,找到对应的法律规定与规则以及解决的思路。它会迅速调动咨询员的知识库,训练咨询员对法律关系的敏锐度,刺激咨询员的思维,迫使其调动综合的法律知识、技能和创造力。同时,面对活生生长期上访的当事人,他们的生存状态,他们的困苦,以致他们身上的味道,对初踏入社会实践的学生都会是感官上极强的刺激。这会促使他们迅速地投入并思考,从这面对的真实法律状态中看到社会的真实面,看到自己的责任。当他们能够切实地解决某一个问题的时候,才能够发现和感受到法律真正的效用与活生生的价值。通过接待上访案件可以给学生大强度的锻炼,在接待咨询中可以积累大量的案例和解决问题的经验,如果连上访问题他们都能够解决,就会极大地树立他们的对事物的自信心,他们会无所畏惧。接待上访可以说是法科学生练就“童子功”的训练过程。①

(三)要提高学生对抗违法行为的意识与技能

实务教育的任务应是通过实践帮助学生点亮眼睛,去发现和深入的思考个案中呈现出来的法律现象、法律文化和法律制度体系中存在的根本问题。通过真实案件的实务代理,再加上深入的思考研究,才能帮助同学们从对实务的兴趣,到技能的掌握和验证,最终实现法律思维的培养,树立对法治的信仰,这才真正完成了培养工作。

无论司法环境有多少缺陷,公正与法治都是法学教育的核心与宗旨。在实务操作中严格遵循法律的规定是诊所教育的基线。在诊所法律实践教学中发生的上述事件,是司法环境对法律实践教学和法学教育的无理挑衅。法学院的公正教育需要公正、廉明的司法环境予以配合。作为在法学教育高端学府中担当法律教育职责的我们,应重视执法违法事件的处理结果与影响。应大力呼吁纠正上述法院与法官的违法行为,以正视听,恢复法律与法治的威信与庄严,重新树立法院与法官在法科学生心目中的崇高形象。

一个社会需要不断地改造,只有学生有了这种意识,有了这种能力,社会才能进步。对于学生的教育,绝不是简单地培养操作者,他们更应该是社会的创造者和推进者。学会批判性的思考,大胆地创新和提出建设性意见才是教育的使命。

某大学诊所曾经代理数名村民因征地纠纷申请信息公开案,在案件中出现的村民知

---

① 摘自北京大学法学院民事行政诊所指导教师刘东华与诊所学生的个别指导对话。

情权、政府拒不公开信息、司法审判权滥用、错误签署陪审员姓名等法律问题。在案件胜诉后，诊所并未就此停步，而是组织代理案件的同学以本案为研究素材，以案件中出现的法律问题为题，撰写了4篇研究论文，以剖析法律制度与执法存在的症结，并提出改进意见。①

首先，要鼓励学生运用法律去识别违法行为的违法性，以及相应的违法责任。

其次，还要帮助学生提高对抗违法的技巧和技能，应用适当的法律规定，运用法律所赋予的权利，大胆采用灵活的合法的手段，提出法律意见与建议。

最后，引导学生深入思考与研讨这种违法社会现象，挖掘这种现象产生的原因，分析法律规范与法学理论如何适用与解释现实社会关系，引导学生去做更具有创造性的工作。

此外，在坚持"三要素"基本不变的前提下，诊所教学的个性化决定了不同院校、不同类型的诊所之间仅可参考、借鉴，但不能照搬、照套。不同类型的诊所应有特别设计，课程内容与形式均需具有鲜明的个性。而对于法科学生而言，令其意识到诊所课程的"限定性"，书可再读，视野开拓总有机会，但当其离开了学院，诊所课程的经历就永远不可能失而复得了。

① 来自北京大学法学院民事行政诉讼诊所的经验。

法律赋能诊所的引入及展开

单平基*

我国“经院式”法学教育模式亟须改革。实践性教学薄弱是“经院式”法学教育模式存在的重大弊病，直接导致法学理论教育与法律实践运用的脱节，培养的法科毕业生不能适应法治社会的需要。如何在传授法学理论知识的同时，提升学生的法律思维、实践技能和职业道德成为改革“经院式”法学教育模式的症结所在。法律赋能诊所教育的兴起为推进当前我国法学教育改革提供了契机。

一、我国“经院式”法学教育模式之下实践性教学的偏失

审视我国现行的法学教学模式及其弊端是推进法学教育改革的逻辑起点。法学教育的目的在于培养能够胜任法治国家需要的高素质的法律职业人才，使其具备法律知识体系、法律道德素养及法律职业技能三大基本素质。① 为实现这一目标，我国现行法学教育一直在针对课程体系、教学方法和教学素材等进行改革，但教学的中心仍偏重于法律知识的灌输，缺乏法律道德的培养和法律职业技能的训练。

从根本上来讲，目前我国的法学教育仍然是一种“经院”模式。这种模式主要关心知识的“继承”，教师讲授、学生记忆标准答案是教学的主要内容。教师的职责只是照本宣科，仅是一个“传声筒”，所有知识都已被按部就班地加以系统化，教学材料都被压缩成了刻板的条条框框。学生的主动性和创造性受到“经院”模式的极大压抑，虽被灌输了大量法律知识，却很难具有较高的法律素养、认识和理解法律的思维能力及处理法律事务的职业技巧。此种模式下，“法学院开设的大部分课程与牧师和和尚的教育方案太相似……法学院的学生在起草诉状、契据及类似方面和实践知识等方面通常没有其他行业的学生熟练”。②

“经院式”的法学教学模式与我国所承继的大陆法系法学教育传统有关。大陆法系

---

* 东南大学法学院讲师，东南大学法学实践教学中心执行主任，法学博士。

① 参见霍宪丹：《法律教育：从社会人到法律人的中国实践》，中国政法大学出版社 2010 年版，第 51 ~ 52 页。

② ［美］罗伯特·斯蒂文斯：《法学院：19 世纪 50 年代到 20 世纪 80 年代的美国法学教育》，阎亚林译，中国政法大学出版社 2003 年版，第 124 页。

的法学教育历来以罗马法体系为主干,从 12 世纪意大利的注释法学开始,直至 19 世纪末德国的“百科全书派”(潘德克顿学派)以罗马法为体系,构建其民法典,形成了体系化讲座教学为鲜明特点的法学教育模式。① 此种模式之下,不少教师仍偏重对法律概念、结构和体系的理论解读,而忽视了将这种知识运用到具体案件的环节。正如王晨光教授所言:“这已经成为法学教育中亟须面对和解决的一个问题,即多数教育者并没有真正自觉地从培养法律人应具备的基本素质的角度设计课程和培养学生,而只是简单地从传道角度传授知识。”②庞德对这种教育模式也进行了尖锐的批评,法学教授“从其他人的关系中去认识生活和自然界的事实,并且假定这些东西都是别人给予他的。他从这些事实中进行概括并整理出各种概念和理论来,然后再从中推论出更多的概念和理论;根据这些事实,他建立起一套顽强的、违反生活和自然界事实的和非常固执的教义,并企图使生活和自然界符合他的理论模型”。③

实践性教学薄弱是“经院式”法学教育模式的重大弊病。教育部设置的 16 门核心课程在无形中向法科学生传达了合格毕业生必须掌握这些核心课程的知识体系的信息。在学校公共课、必修课以及为辅助必修课开设的选修课之外,才有实践性课程的狭窄空间。这已非常清楚地表明,法学知识是衡量法科学生最重要的标准。实际上,实践性课程的开设大多处于可有可无或无认真组织的状态,这类课程的设计和管理在很大程度上都没有获得法学院校的足够重视。因此,加强实践性教学是我国法学教育亟须解决的问题,而案例教学正是解决这一问题的主要途径。

我国法学案例教学在“经院式”模式之下存在给定事实与案件全貌背离的矛盾。许多教师在教学中虽也采用了案例教学方法,甚至开设了专门的案例分析课,但大都是在具体部门法课程中采用,目的在于为部门法教学服务。另外,在法学实践教学中,任何案件或纠纷都会处于一个特定的社会环境之中,需要综合各种因素对具体案件和法律难题进行认定和权衡。然而,既有案例课程的设置缺乏培养学生观察、采集、分析、认定和运用事实能力的环节,很少考虑如何培养学生运用法律确定和分析事实的问题,案例分析课甚至模拟法庭训练都是在给定的特定事实基础上进行法律分析。而这是任何法律人从事法律实务时首先遇到的问题。法科毕业生在面对真实案件或社会纠纷时往往会感到事实错综复杂而无从下手,因为不会有人给他们再提供现成的既定法律事实,而是需要他们自己去发现和挖掘。

法学是一门实践性极强的学科,过分偏重理论知识的传输势必会弱化对学生实践能力的培养。学生在获得较高的法学理论素养的同时却很少了解真实的诉讼过程,很少掌握律师的执业技巧、法官的审判尺度,在毕业之后真正从事法律职业时还要重新学习实

---

① 参见[德]迪特尔·梅迪库斯:《德国民法总论》,邵建东译,法律出版社 2000 年版,第 22~23 页。

② 王晨光:《个案全过程教学法是探索法律实践教学新路径》,载《法学》2013 年第 4 期。

③ Roscoe Pound, *Social Control through Law*, Yale University Press, 1942, p. 1.

践知识。无法回避的是,法科毕业生在真正从事司法实务时,所使用的大多数知识都是单纯的“法律”,而非深奥的“法理”。他们在作为律师进行辩护、作为法官进行审判,或者作为法律顾问出具法律意见时,需要知道的是法律“是什么”,而非“为什么”;需要掌握的是法律“实际怎样”,而非“应当怎样”,至于法律究竟为何这样制定、有无理论根据、是否应当改进、应当如何改进,那是立法者或法学家的事情而非法务者的事情——显然绝大多数法科毕业生都难以进入立法者或法学家的行列。①

法学教育改革亟须纠正“经院式”模式对法学实践教学的偏失。法学教育是一门培养和塑造人的艺术,法律知识、职业技能与道德素养应有机结合在一起。当前,法学教育中的实践性教学环节充其量只是运用案例对一些部门法知识点的解释。这些具有片段化、点缀性的实践内容根本无法涵盖法律实践全过程的训练,更无法提升法科学生的法律素养、职业技能及职业道德。“授人以鱼,不如授人以渔”是所有法学教育者都认同的道理。法学院所教授的法律知识绝非永恒不变的,即便是以讲授法律知识为主要内容的课程也应定位于培养学生的法律思维,提升学生的法律技能及塑造学生的职业道德,而不应局限于具体知识的传输。正如美国卡内基研究会在关于法学教育的报告中所言,法学教育不仅是要教学生“像律师那样思考”,而且要教学生“像律师那样执业”。② 我国法学教育也应将法律思维、职业技能和职业道德作为教育的核心内容及主旨,纠正“经院式”法学教学模式在实践性教学环节方面的偏失。

二、法律赋能诊所的实践性功能

法律赋能诊所教育的兴起为纠正实践性教学的偏失提供了新的路径,具有“经院式”法学教育模式无法比拟的实践价值。

(一)法律赋能诊所教育的兴起

法律赋能(Legal Empowerment)诊所是对法律诊所教育的深化及提升,是一种将法学实践教学与法律赋能相结合的新模式。

法律诊所教育源于20世纪60年代的美国,目的在于克服判例教学法的弊端。在19世纪下半叶,针对普通法散乱、无序的状况,时任哈佛大学法学院院长的朗代尔首倡个案教学法,使体系化的判例教学法得以盛行。然而,判例教学法因其严重的形式主义特征,自产生之日起就不乏批评之声。美国判例教学的材料大多来自只进行程序审的高级法院,不涉及对事实的认定,忽视了来自初审法院的法律实践经验,使学生对“发现事实”技巧的培养成为困难,也缺少对学生的法务谈判、法律文本起草等操作技能的培养。③ 现实

① 参见刘福元:《“探究的场所”抑或“社会的桥梁”——以法学教育的服务对象为线索》,载《中国大学教学》2013年第2期。

② William M. Sullivan, Anne Colby, Judith Welch Wegner, Lloyd Bond & Lee S. Shulman, *Educating: Preparation for the Profession of Law*, John Wiley & Sons Inc. , Press, 2007, p. 87.

③ 参见郑曙光:《法律诊所教学的理论与实践》,载《宁波大学学报》(教育科学版)2013年第1期。

主义法学批评"形式主义"的判例教学模式忽略了对学生查证事实的训练,将法律视为逻辑严密且脱离社会的封闭的规则体系,进而大力倡导学习医学院开设法律诊所教育。[①]法律诊所教育由此成为深化案例教学的一种新模式。它将医学领域的诊所实习方法移植到法学教育中,通过开设法律诊所指导学生实际参与真实案件,训练学生基本的法律职业技能,培养学生独立反思的能力,教导他们像法律工作者一样去思考问题和掌握法律论证与推理的复杂艺术,以提高其法律实践能力,以期将其培养成"社会医生"。[②] 法律诊所已成为美国法学教育的重要组成部分,绝大多数法学院都设有法律诊所,并配备专职的诊所教师从事这一教育。

在法律诊所教育的基础上,美国加州大学伯克利分校的斯蒂芬·戈卢布教授于21世纪初首先提出了"法律赋能"的概念。他认为,法律赋能是利用法律服务及其相关活动增进弱势人群掌控自己生活能力的超越传统法治的另一种范式。[③] 法律赋能就是通过法律创建一种机制,确认弱势主体的权利,并促进弱势主体认识并积极地自我实现这种权利。[④] 法律赋能的概念一经提出,即引起了广泛关注。这一概念已成为众多国际法律发展和研究机构的焦点和热点,联合国甚至对此专门成立了法律赋能委员会。联合国贫穷人口法律赋能委员会和联合国开发计划署将法律赋能定义为使穷人受到保护并运用法律来推动其在国家和市场中的权利和权益的过程。[⑤]

必须指出的是,法律赋能不同于法律赋权。在内容上,法律赋权仅仅停留在法律对于权利的书面确认,而法律赋能则在此基础之上寻求权利和能力的实现。在过程上,法律赋权是对于权利的静态描述,而法律赋能则是权利的动态实现,将权利上升到实在的能力。在目标上,法律赋权通过廓清权利范围和界限以便实现法律的确定性和预测性等效果,而法律赋能则着眼并侧重于能力的发展与提升。概言之,法律赋能的外延显然要超出法律赋权,法律赋能不仅仅包括对于权利的确认,还关注权利的实现和维护的机制。可以说,法律赋权还停留在传统法治的范畴上,而法律赋能则超越了传统法治的范式。[⑥]

法律赋能诊所作为法学院指导下的法学教育形式,内在逻辑在于通过法律诊所的形

---

① Jerome N. Frank, "What Constitute a Good Legal Education", *American BAR Association Journal*, Vol. 19, 1933, pp. 723 – 728.

② 参见[美]E. 博登海默:《法理学:法律哲学与法律方法》,邓正来译,中国政法大学出版社2004年版,第530~532页。

③ Stephen Golub, "Beyond Rule of Law Orthodoxy: The Legal Empowerment Alternative", *Carnegie Endowment for International Peace Working Paper*, 2003, p. 41.

④ 参见冯果、袁康:《从法律赋能到金融公平——收入分配调整与市场深化下金融法的新进路》,载《法学评论》2012年第4期。

⑤ United Nations Development Programme, "Making the Law Work for Everyone", *Report of the Commission on Legal Empowerment of the Poor*, 2008, Vol. 1.

⑥ 参见冯果、袁康:《从法律赋能到金融公平——收入分配调整与市场深化下金融法的新进路》,载《法学评论》2012年第4期。

式将法学教育与法律赋能相结合，在培养学生的法学实践能力的同时，增进社会弱势人群的能力，促进其自下而上地实现其权益。法律赋能诊所的具体实现手段包括法律服务和相关途径。法律服务包括法律咨询、公益诉讼、法制宣传和法律援助等；相关途径是指本质上并非基于法律但能有效补充法律服务以激发权能的活动，如媒体、舆论等。法律赋能诊所对师生角色的定位相对于传统“经院式”法学教育模式是颠覆性的。在这种新型的师生关系中，学生是学习的主体及教育的中心，诊所教师不再是单纯的传道者，而是充当了辅助者、引导者、资源提供者、协调者及督促者等角色。

法律赋能诊所教育为推动我国法学实践性教学的改革提供了契机。它在校园里就将课堂教学与实际办案结合起来。受教育者既是学生又像律师，法律诊所既是课堂又像律师事务所。学生在法律诊所教师的指导下为委托人提供咨询，“诊断”法律问题，开出“处方”，并提供法律服务，这一做法是让学生以律师的身份办案，在法律事务的实践中积累法律职业技能，培养法律职业意识。[①] 它为法学院的学生提供了他们在毕业后所需要的实践经验，这是传统“经院式”法学教育所无法企及的。

（二）法律赋能诊所的实践功能

在实践性教学环节上，法律赋能诊所教育具有传统“经院式”模式无法比拟的实践优势。这至少体现在以下几个方面：

1. 法律赋能诊所教育注重实际案例的全过程参与，克服了“经院式”教学模式之下学生发现案件事实能力缺失的弊病。法律赋能诊所实际上是一种“案例全过程教学”，可以使学生认识和掌握整个案件流程的全貌，而不仅仅是获得片段的知识和经验。与传统“经院式”模式下的部门法案例教学不同，它要求学生发挥能动性和自主性，实际承接并参与到真实的案件中去，发现并归纳真实的案件事实，在诊所教师的指导下独立制作从委托书、起诉书到答辩状等全套的法律文书，独立研究并根据分配的角色提出相应的法律对策，并认真分析法律问题和总结实践经验，从实践教学中获取法学知识和培养职业技能。

2. 法律赋能诊所教育突破了“经院式”法学教育模式单纯注重法学知识传输的桎梏，真正实现了实体法与程序法、法学理论与法律实践的有机结合。法律赋能诊所通过学生对真实案例的实际参与，纠正了“经院式”案例教学只关注具体部门法问题的偏向，突破了部门法划分的壁垒，从法律职业者的角度综合实体法和程序法及不同部门法的知识，对具体案件进行全方位的法律分析，有利于培养学生对法律理论知识的系统整合及实际运用能力，真正实现了法学理论与法律实践的有机结合。

3. 法律赋能诊所有利于提升法科学生的法律职业道德。法律职业道德是法律从业人员必须遵循的道德规范。法律赋能诊所对法律实施及弱势群体权利的维护具有重要意义。很多发展中国家的现实状况是，本意在于提升弱势人群的法律往往停留在纸面而

① 参见杨高峰：《法律诊所教育本土化过程中的问题与对策》，载《中国大学教学》2009 年第 2 期。

未付诸实施,除非弱势人群自己去推动。法律赋能这种范式正是依靠弱势人群的自觉,优先经由市民社会提升他们在法律上的能力,自下而上地将个人或团体层面的需求或活动转化到国家或政府层面。[①] 法律赋能诊所在提高学生法学实践技能的同时,对弱势群体权利的关注也必将在无形中提升学生的法律职业道德素养。

4. 法律赋能诊所具有"让法律为每一个人服务"的功能。"让法律为每一个人服务"是法律赋能的终极目标,更是法治社会的内在精髓。法律赋能旨在使弱势群体有能力运用法律手段更大程度地掌控自己的生活,包括通过诉讼等法律途径,保护自身权益,摆脱贫穷,提升生活质量。法律赋能让每个人得以认识、运用法律,能够以自己为主导,通过个别的或集体的行动,实现自身的权利与发展。对底层人民的法律赋能可以通过多种多样的渠道实现,从法律诉讼、高端倡导到底层行动、谈判私了,乃至公民教育、信息提供、社区组织和纠纷调解,[②]均有利于"让法律为每一个人服务"目标的实现。

5. 法律赋能诊所有利于实现高等教育服务社会的功能。教学、科研及服务社会是高等教育的三大基本职能。传统"经院式"法学教育模式往往偏重于教学和科研,忽视了服务社会功能的发挥。如今,法律赋能诊所有利于对这一缺陷进行弥补。法律赋能诊所强调通过学生的法律赋能活动让弱势群体学会自己运用法律来保护自身权益。法律赋能的工具、路径、内容及目标都要紧扣弱势群体的需求和特点来设计。法律赋能的过程在本质上应该是让弱势群体意识到自己的权利,学会运用这些权利,从而使权利获得实效。[③] 区别于传统法治进路,法律赋能强调弱势人群和市民社会团体的身份、能力和权力;强化与穷人的实际需要和偏好的互动,而非一味侧重政府机构自上而下的关注;超越司法和行政之外,更多地关注和肯定非正式司法体系、媒体、社团组织等在增进穷人权利和福利上的角色和作用;更加关注本土的理论和实践以及发展中国家的经验而非单纯移植发达国家做法。[④] 由此可见,法律赋能诊所至少具有双重作用:其一,以诊所教育方式提供法学教育,实现实践性教学目标;其二,作为一种公共服务对社会弱势群体进行法律赋能,发挥高等教育服务社会的功能。另外,法律赋能诊所的推广也能缓解法律援助案件日渐增多与能够胜任法律援助的专业人士数量太少的矛盾,使弱势群体在更大程度上获得法律援助,得到法律救济,实现社会公平。

三、法律赋能诊所的本土化路径

法律赋能诊所教育模式为推动我国的法学教育改革带来了新的契机。如何使其适

---

① 参见冯果、袁康:《从法律赋能到金融公平——收入分配调整与市场深化下金融法的新进路》,载《法学评论》2012 年第 4 期。

② 参见张万洪、丁鹏:《当代中国宪政建设中的乡村调解与治理——一个法律人类学的分析》,载《江苏社会科学》2012 年第 6 期。

③ 参见程骞:《新兴的联合国法律赋能框架》,载《法制日报》2012 年 5 月 29 日,第 10 版。

④ 参见冯果、袁康:《从法律赋能到金融公平——收入分配调整与市场深化下金融法的新进路》,载《法学评论》2012 年第 4 期。

应中国法学教育及法治实践的土壤成为真正发挥作用的关键所在。

(一)法律赋能诊所的本土化困境

我国的法律诊所教育已取得了很大成效。为改变“经院式”法学教育模式的弊病,教育部专门成立了法学教育指导委员会,致力于研究和推动法学教育的改革,其中改革的最大成果之一就是法律诊所的诞生及推广。这与我们一直缺乏一种好的案例教学形式有很大关系。在全国诊所法律教育委员会的组织和推动下,法律诊所的各类活动(包括国内、国际诊所教育研讨会、经验交流会、教学观摩、师资培训等)蓬勃开展,大大扩大了诊所教育的影响力和辐射面。① 研究和借鉴法律诊所教育模式已成为中国法学教育改革富有挑战、最具价值、最有前途的探索和尝试。②

然而,随着法律诊所的持续推进,也凸显出了一些亟须解决的问题。法律赋能诊所是法律诊所的进一步深化和提升,由此决定了这些困境也必然是法律赋能诊所在本土化过程中必然要面对的问题。这至少体现在:

1. 如何实现法律赋能诊所与既有课程的整合及衔接?将法律赋能诊所与既有法学课程进行联通与整合,将是推进法律赋能诊所本土化,全面构造法学理论的认知与应用体系的关键所在。

2. 如何解决法律赋能诊所的案件来源问题?法律赋能诊所的素材不仅局限在法学教科书、法院判决书及法律文书上,而且包括案件的原始资料,从而使学生体验如何接触案件、分析案件和处理案件。若缺乏充足及高质量的案源,则教学质量必定难以保证。

3. 如何处理学生自身能力与法律赋能诊所应有基础之间的矛盾?美国法律教育针对的是学士学位以上的获得者,其具有相对丰富的社会经验。而我国的法学本科生直接来源于高中,社会阅历较为简单,理解、分析、解决问题的能力不足。如何处理学生自身素质与诊所教育应有基础的矛盾是必须思考的问题。

4. 如何解决学生直接参与案件代理的身份问题?现有法律诊所学生大多尚未参见司法考试,不具有法律职业资格,只能以公民身份办案。解决学生代理案件的身份问题是法律赋能诊所推广过程中一个现实的障碍。

5. 如何保障法律赋能诊所的经费投入、师资配备?即便目前在我国推广效果最好的诊所法律教育,也面临着经费紧缺、师资紧张的问题。这也是引进法律赋能诊所的重要难题。

6. 如何实现对法律赋能诊所教学效果评价的规范化、系统化?教学评价可以反映法律赋能诊所的教育价值。及时整理教学信息、互动反馈教学意见也是法律赋能诊所教学中非常重要的环节。

---

① 参见章武生:《“个案全过程教学法”之推广》,载《法学》2013 年第 4 期。

② 参见曲向霏:《法学教育改革的有益尝试——借鉴诊所式法律教育模式》,载《山东大学学报》(哲学社会科学版)2001 年第 6 期。

(二)法律赋能诊所的本土化路径

针对法律赋能诊所本土化过程中遇到的困境,提出以下解决的具体路径:

1. 法律赋能诊所与既有课程的整合及衔接

首先,在教学安排上应将法律赋能诊所教育纳入教学计划,这是推行法律赋能诊所教育的前提。包括落实教学方案和教学大纲、教科书、诊所教师、场地、工作室和相关设备。其次,要注重法律赋能诊所与既有课程的整合。这至少体现在如下几个方面:其一,法律赋能诊所可以和模拟法庭课程融合。模拟法庭教学方式之下,学生主要是在教师指导下模拟法官、律师等角色从事模拟审判、代理等行为。因而可将法律赋能诊所与其结合,提供给学生代理真实案件的机会,突破对案件审判的单纯模拟。其二,法律文书课程可融入法律赋能诊所课程中,以避免教学内容的重复。例如,在起诉状撰写过程中,哪些内容需要写、不需要写、暂时不写以及如何写都需要放在真实案件中来考量。法律赋能诊所教学中的法律文书的实战性显然较单纯的法律文书教学更强,也更利于培养学生的文书写作技巧。其三,律师实务课(法律实务课)可考虑融入法律赋能诊所课程中或被其取代。虽名为"实务课",该课程实际上比较偏重于理论教学,主要教授律师的概念及性质、律师资格、律师权利和义务、律师职业道德、民事诉讼中的律师代理、刑事诉讼中的律师辩护、法律顾问等内容。随着法律诊所课程的开设,有些教师已开始将法律诊所教学方法应用到律师实务课程中。① 这也进一步说明了律师实务课融入法律赋能诊所课程或被其取代的必要性及可行性。

2. 法律赋能诊所的案件来源及甄别选取

法律赋能诊所的案件要保证充足性及典型性。为保证案件的充足性,可利用网络、报纸等快速、高效的现代媒体手段,对法律赋能诊所的公益性进行深入宣传,以方便社会大众进行法律咨询和办理案件委托以扩大案件来源。另外,也可利用法制宣传、法律义务咨询等方式来扩展案源。例如,可通过让诊所学生去社区进行法制宣传、法律义务咨询来展示法律赋能诊所"让法律为每一个人服务"的设立宗旨,取得社会公众对诊所的信任,进而挖掘潜在的案源。为保证案件来源的典型性,法律赋能诊所应尽可能地选择在社会上具有一定影响力的公益诉讼案件,使学生逐步参与案件的全过程。这不仅可培养学生的法律职业道德,而且代理过程中法律诊所的责任风险较低。另外,法律赋能诊所与政府法律援助机构实现有效对接,并取得相关司法行政部门的支持也是可以保障诊所案源的有效途径。法律赋能诊所可为具有法律援助需求的社会弱势群体提供一个新的救济渠道。如果能够得到相关部门的配合与支持,不仅有利于拓展法律援助的范围,还可提升法律赋能诊所的社会效益,进而发挥高等教育服务社会的功能。

3. 正确处理学生自身能力与法律赋能诊所应有基础之间的矛盾

针对我国法学本科学生社会阅历不足、实践能力较弱的现实状况,法律赋能诊所以

---

① 参见章武生:《"个案全过程教学法"之推广》,载《法学》2013 年第 4 期。

在本科三四年级开设为宜。高年级段的学生阅历相对丰富，已接受完毕大部分的法学教学课程，而且课余时间相对宽裕。法律赋能诊所可以弥补学生之前法学理论教育中法学实践性教学环节的缺失，更加有效地训练学生的法律思维及实践技能。若选课学生较多，法律赋能诊所可设置学生的遴选机制。例如，可设定报名条件，比较专业课成绩，通过面试对学生的口头表达及人际交往能力进行测试等。另外，为切实提高学生的实践能力及办案技巧，应积极发挥法律赋能诊所教师的作用。诊所教师自身首先要具备从事法律执业的资质，并且应指导学生完整地经历包括接受委托、案件受理、会见当事人、参与谈判、调查取证、提供法律意见以及出庭诉讼等整个过程，进而丰富学生的社会阅历，提高学生的法律实践技巧及法律职业能力。

4. 正确解决解决办案学生的身份问题

由于现有法律诊所的学生大多尚未取得法律职业资格，在很多情况下只能以公民代理，而非律师的身份参与办理诊所案件。司法考试改革（2008 年开始允许本科生参加司法考试）为解决办案学生的身份问题提供了契机。我们应通过相关法律法规的修改，允许获得司法考试资格的学生凭借司法考试成绩单申请实习律师资格，尔后允许其在具有律师资格教师的指导下通过法律赋能诊所进行实习。对通过司法考试又参加法律赋能诊所课程的学生授予实习律师资格，能有效地解决学生的执业身份矛盾。若在将来立法中能够明确规定法律赋能诊所的学习经历可以代替专职律师执业前实习，缩短或取代申请律师执业的实习期限，相信必将进一步激发在校学生参加司法考试、选修法律赋能诊所课程的积极性。如果能够把握契机对现行法规适时修改，解决“学生律师”的职业身份问题，则必将对我国法律诊所教育的发展起到推动作用。①

5. 法律赋能诊所的经费投入、师资配备多元途径

法律赋能诊所的推行一定要考虑办学能力、经费投入、师资配备等现实状况，不宜盲目开设或无限制地扩大规模。在师资配备上，法律赋能诊所的教师来源应该坚持多元化。法学院老师是师资组成的主要元素，但目前我国法学院老师担负更多的是科研工作，有限的时间和精力使一些老师力不从心，学校可将对诊所教育感兴趣的老师确定为专职指导教师，同时设计专门的评价体制，保证他们与课堂授课教师一样的待遇。此外，律师、法官、检察官等法学院的兼职导师不以教学为主要任务但又具有丰富实践经验，非常适合担任诊所的指导工作。针对法律赋能诊所成本高昂的现实，可尝试接受国外基金资助、吸纳国内社会捐助基金等办法降低对诊所教育的成本投入。另外，由于法律赋能直接服务于社会，具有获得社会捐赠的有利条件，若能与司法援助机构、司法所、残联、妇联、儿童保护组织、老年人协会、工会、志愿者组织等展开合作，也可筹措一定的诊所经费，从而减少教育成本的支出，保障法律赋能诊所的顺利开展。

---

① 参见杨高峰：《法律诊所教育本土化过程中的问题与对策》，载《中国大学教学》2009 年第 2 期。

6. 健全法律赋能诊所效果的反馈、评价体系

评价和反馈可以检验法律赋能诊所的教学效果，帮助学生养成审视和反思自己行为的良好习惯，这也是法律赋能诊所教育的重要内容。对法律赋能诊所教学效果的评价应坚持平时阶段性和期末总结性评价相结合，保证评价的正确性、可靠性和公平性。给学生提供阶段性评价并反馈应该是法学赋能诊所教学最基本的评价形式，可以帮助教师知晓学生的实时状况以及对学生的指导是否足够。评价的方式可以有很多种，包括指导老师对学生的评价、学生对学生的评价、学生的自我评价、对评价的评价等。评价既可以书面进行，也可以口头进行；既可以是"一对一"地单独进行，也可以在课堂教学时集体进行。集中反馈是诊所法律教育经常采用的方式。集中反馈更可以扩大学生的学习机会，是一个再学习和相互学习的过程。① 另外，对法律赋能诊所学生的总结性评价可采用多元化的方式。这可以包括：其一，实践中的总体表现：办案数量、质量、效率。其二，实践技能：访谈的技能、事实调查的技能、取证的技能、谈判的技能、法律知识的掌握与运用的技能、文书写作的技能、庭上表现的技能等。其三，法律职业责任感与职业道德：学生在履行保密义务、忠实当事人的义务、对案件负责、严谨、敬业、尽力的义务，以及为追求社会正义和司法公正所作的努力。② 通过评价和反馈使得法律赋能诊所倡导的"从经验中学习法律"的理念得到真正实现。

结语

法学教育的最终目的是培养法治社会需要的高素质人才，并通过培养法律人才推动中国法治的发展。这要求法学教育不仅要传授法学知识，而且要培养学生的法律实践能力和法律道德素养，尤其必须重视法学实践教学，而这正是我国"经院式"法学教学模式的弊病所在。法律赋能诊所作为培养学生法律技能及职业道德的新型教学模式，将法学教育、社会实践、法律赋能及社会服务相结合，把学生融入真实的案例中去，适合我国现阶段法学实践教育的发展规律，必将成为培养优秀法律职业者的便捷桥梁。法学教育的效果需要法律实践来检验。相信法律赋能诊所在中国的推广及其本土化，无论对于高素质法律人才的培养还是对弱势群体权利的保障，进而促进中国法治建设的进程都将起到重大作用。

① 参见曲向霏：《法学教育改革的有益尝试——借鉴诊所式法律教育模式》，载《山东大学学报》（哲学社会科学版）2001 年第 6 期。

② 参见甄贞主编：《方兴未艾的中国诊所法律教育》，法律出版社 2005 年版，第 286 页。

普通院校诊所法律教育的困境与突围

——以兰州财经大学法学院的法律诊所为样本

史正保*　毛清芳**

自2000年9月起,一种全新的法学教育模式——诊所法律教育,被一些高校引入了我国的法学教育体系,并正在促进着新时期我国法学教学的改革。如今,诊所法律教育被认为是国外先进教学模式与我国法律教育实际有机结合的成功尝试,在我国"遍地开花"。① 在此背景下,地处西北的甘肃省属院校——兰州财经大学法学院亦加入诊所法律教育的实践与探索之列。

兰州财经大学法学院有着重视法律职业教育的良好传统。早在1992年,兰州财经大学招收第一批法学专业专科生时就开设了律师与公证实务课程,由学院从事兼职律师的教师授课。1995年创建法学系并招收法学专业本科生时,就增设了司法文书写作课程和专业实习。诊所法律教育作为一种新型法学教育模式被我国在引进和推广以来,很快得到我校法学院领导和部分教师的认可和推崇。2002年4月,经学校批准,兰州财经大学法学院成立了"诊所教育与法律实践中心",该中心一方面负责模拟法庭、观摩庭审、法制宣传、专业实习和毕业实习等传统的法学实践教学工作与学生实习基地的建设;另一方面负责新型法学实践教育教学工作,主要是诊所法律教育的探索和指导学生法律援助的开展。2008年5月,我校法学院申请加入了中国诊所法律教育专业委员会,成为该会的第83个会员单位。2009年在中国诊所法律教育专业委员会资助下,启动了刑事诊所教育项目,开设了刑事法律诊所课程。2010年成立了兰州市法律援助中心兰州财经大学工作站,承办了中国诊所法律教育专业委员会的刑事诊所教师区域培训。在总结刑事诊所课程教学经验的基础上,又先后增设了民事法律诊所课程、婚姻家事法律诊所课程。

---

* 兰州财经大学法学院教授、硕士研究生导师,兼职律师。

** 兰州财经大学法学院副教授,兼职律师。

① 截至2014年6月2日,加入中国诊所法律教育专业委员会的会员单位达177所高校(法学院)。参见CCCLE:《热烈祝贺中国劳动关系学院法学系、南京审计学院法学院成为CCCLE新会员》,载中国诊所法律教育网:http://www.cliniclaw.cn/article/?825.html,最后访问日期:2014年7月7日。

一、兰州财经大学法学院法律诊所课程概况

目前,兰州财经大学法学院的法律诊所课程大致情况是:

(一)法律诊所课程的性质

法学专业实践必修课,且已被纳入了学校2013年新的教学计划。

(二)法律诊所课程的学生

大三本科生和硕士研究生。

(三)法律诊所课程的师资

每门课由两位校内专职指导教师担任。同时,外聘法官、检察官、律师为兼职指导教师,不定期指导。

(四)法律诊所课程的案源

主要是兰州市城关区法律援助中心和兰州市城关区人民法院提供的案件、甘肃省农牧厅"12316"热线专家咨询的个别案件、法律诊所教师自己承办的个别案件。

(五)法律诊所课程的教学目的

旨在以训练、指导学生运用所学的法律知识办理真实刑事和民事及婚姻家事案件的技能与方法,并培养学生像职业律师一样去思考,增强学生的职业道德和职业责任。

(六)法律诊所课程的学时与学分

刑事法律诊所课程、民事法律诊所课程和婚姻家事法律诊所课程均为51学时,3个学分。

(七)法律诊所课程的教学内容

以刑事法律诊所课程为例,教学内容分四个模块:一是沟通能力的训练,二是法律专业知识的深化,三是案件办理技能的培养,四是专业形象的揣摩与体会。具体包括以下10个主题:刑事诊所课程介绍及其组织管理、法律职业素质讨论、接待与咨询、接案与会见、阅卷、调查取证、法律文书制作技巧、庭审前的准备与庭审、疑难案件诊断、反思与总结。

(八)法律诊所课程的开设情况与授课方式

目前开设刑事法律诊所课程、民事法律诊所课程和婚姻与继承法律诊所3门法律诊所课程,3门法律诊所课程同时平行开设,学生只能三选一。30人以内小班授课。在第七学期开设。

(九)法律诊所课程的教学方法

提问式教学法、对谈式教学法、模拟训练教学法、合作学习教学法、反馈式教学法。

(十)法律诊所课程的教学评估

中期评估与期末评估、自我评估与相互评估。评估项目包括到课率、值班情况、课堂表现、外出表现、书面作业等。

(十一)法律诊所课程的教学效果

迄今为止,刑事法律诊所课程开展了5期,参与学习的学生累计150人,民事法律诊

所课程开设了二期,参与学习的学生累计 60 人,婚姻家事法律诊所开了一期,参与学习的学生累计 35 人。诊所学生除了接待法律援助中心的法律咨询外,有组织地外出参观监狱、观摩庭审、在老师指导下参与刑事案件的办理等。法律诊所课程"为学生实际应用所学知识提供了平台,为学生通过法律援助活动服务社会创造了条件,为学生综合能力和素质的提升开辟了空间"。[①] 因而受到学生的欢迎。例如,2009 级法学 2 班江同学总结报告说:"我的课堂我做主:一是法律程序我来演。二是法律错误我来找。三是知识理论我来讲。每一次上完这堂课,我们都觉得思想经历了一次洗礼,洗去了我们想象中的'以为',洗去了固有的死板与偏见。"这也得到了学校教学管理部门的认可[②]及社会的认可。[③]

二、兰州财经大学法学院开展诊所法律教育的困境

一般认为,"诊所教育立足以学生接触和承办真实案件的教学途径,运用互动式的教学方法,探索培养合格的法律人才的创新之路"。[④] 从国内院校开展诊所法律教育的情况考察,运行良好的法律诊所基本是以诊所法律课程为载体,以法律援助中心或律师事务所为依托,以学生接触和承办真实案件为手段,以培养学生法律职业素养和职业道德为目标。也就是说,真正意义上的诊所法律教育至少有 6 个基本要求:一是适合法律诊所教学的实践性平台;二是具有实务经验的老师;三是稳定的适合诊所教学的案源;四是学生承办案件的保障机制;五是正确评估教师工作量的激励机制;六是经费的支撑。

兰州财经大学把诊所法律课程列入本科和硕士研究生的教学计划,而且作为法学实践必修课对待,满足了诊所法律课程对学生的要求,因为每个学生都必须学习诊所法律课程,不存在学生少而开不了课的情况。同时,学校对每个指导教师的课堂教学以全额计入工作量。在诊所教育委员会的资助下,刑事法律诊所以项目的形式启动并开课。随着民事法律诊所课程、婚姻家事法律诊所课程的开设,我们在推进法律诊所课程化、规范化发展的过程中,越来越深刻地体会到来自方方面面的压力和困难。就目前而言,我们所面临的困境主要有以下几个方面。

(一)经费"瓶颈"

我们的法律诊所课程是在诊所教育委员会的资助下开起来的,而诊所教育委员会的资助是有期限和有限额的。目前,该资助期限届满,经费已经用尽。除此之外,学校没有

---

① 汪世荣:《构建诊所式教育"西北模式"培养学生法律专业能力和素质》,载《法学教育研究》(第 9 卷),法律出版社 2013 年版。

② 法律诊所课程作为法学专业实践必修课,被列入 2013 年修订的兰州财经大学本科学生培养方案就是明证。

③ 刑事诊所先后有 6 名学生在诊所老师的带领下作为助手在兰州市城关法院出庭为当事人进行辩护,审理案件的法官对学生在法庭的表现给予了肯定就是明证,当事人的家属也对学生在法庭的表现进行了赞扬。

④ 《中国法学会法学教育研究会诊所法律教育专业委员会章程》第 2 条。载中国诊所法律教育网:http://www.cliniclaw.cn/article/?571.html,最后访问日期:2014 年 7 月 7 日。

给予经费上的专门支持。众所周知,没有经费,学生外出办案的费用就没法报销;没有经费,诊所教学的实践性平台没法建立,即使勉强建立也无法维持;没有经费,就无法外聘法律实务部门的人员担任学生的指导老师,因为报酬无法解决;没有经费,校内教师也就无法外出交流、观摩与培训。所以,经费问题成为制约诊所法律教育发展的“瓶颈”因素。

(二)实践平台虚置

由于学校新校区远离中心城市,而且没有临街的门面房,加之经费限制,所以虽然与兰州市法律援助中心合作设立了兰州市法律援助中心兰州商学院工作站,但只是挂了个牌子,有名无实。毋庸讳言,我们既没有类似于西北政法大学设立的法律诊所接待室这样的校内诊所实践平台,①也还没有类似于清华大学与北京义联劳动法援助与研究中心合作的校外诊所实践平台。② 实践平台虚置,诊所学生缺乏实践演练的场景和机会,如接听当事人电话与法律咨询、接待当事人等,由此也造成案件的来源受限。

(三)案源单一,无选择余地

与上述原因相对应,经费的缺乏、实践平台的虚置,能够提供给诊所学生演练的案件,主要依赖兰州市城关区法律援助中心和兰州市城关区人民法院提供的案件。截至目前,刑事法律诊所学生接触和办理的案件只有马某抢劫案、韩某盗窃案、刘某盗窃案、张某隐瞒掩饰犯罪案、张某(聋哑人)扒窃案5个为数不多的几件。但是,由于兰州市城关区法律援助中心关于援助案件的管理发生变化,加之兰州市城关区人民法院提供的未成年人案件的特殊性,导致在2013年未能提供真实的刑事案件以供法律诊所学生演练。甘肃省农牧厅“12316”热线法律专家咨询才刚开始进行合作,而且“12316”热线只限于农民法律问题咨询,案源也是有限的,真正能让学生参与班里的更是寥寥无几。即使是来自指导教师自己承办的案件,由于指导教师是兼职办案,案源有限,许多案件不适合学生参与办理。

(四)师资不足,积极性不高

法学院现有教师基本都是学术型的,取得律师执业资格者囿于科研与教学的压力,平时很少承办案件;平时承办案件较多者,又限于时间、精力及薪酬等原因,不愿从事诊所法律教学;愿意从事诊所课程教学者,仅限于个别具备法律实务工作的经历和经验的教师。而法律实务部门的法官、检察官、律师,没有诸如薪酬保障等机制,难以引进法学院担任诊所课程的实务指导教师。这样形成诊所师资表面上的富裕(有10多个教师具有律师资格证,并参与诊所课程)而事实上的不足。同时,由于学校没有专门经费支持,诊所教师除了课堂教学之外,课外要付出数倍于传统课程教学的时间和精力对学生进行

① 例如,西北政法大学诊所课程有民事法诊所案件接待室、社区法律诊所接待室、劳动法诊所接待室、法律诊所办公室等校内实践平台。

② 北京义联劳动法援助与研究中心:《北大清华学子与义联的公益情结》,载义联网:http://www.yilianlabor.cn/guancha/guancha/845.html,最后访问日期:2014年5月30日。

指导,然而学校仅对课堂教学按1∶1计工作量,①对课外指导的工作量未计,这都或多或少影响教师从事诊所教育的积极性。特别是目前在职称评定方面并没有关于实践课的教学课时数量要求,使教师一般不会积极参与该课程的教学。

(五)缺乏学生办案的制度保障

目前,我国没有制定专门针对诊所学生的特别出庭规则,赋予学生以"准律师"或实习律师的身份独立地为当事人提供法律意见,代理当事人出庭。由于缺乏相应的制度保障,事实上限制了法律诊所学生参与案件的程度以及案件的种类,从而影响了诊所教学的效果。就兰州财经大学法学院办理的"马某抢劫案"等5个刑事案件而言,学生都是以从事兼职律师的教师的助理身份参与出庭的,但所有的文书签名均不能出现学生的名字,而必须是从事兼职的老师以律师身份出现。即便如此,2013年后由于各方面的原因,学生以作为兼职律师的教师的助理身份出庭的情况被中断。这样,选修刑事法律诊所课程的学生就难以实际接触真实案件的办理。正如有学者断言:"中国法律诊所的学生是以普通公民代理的身份为当事人提供法律帮助,学生不具备法律职业人员所具有的调查权、阅卷权等,接触案件信息的能力有限;由于不具有法律职业的特权,这必然会大大削弱所提供的法律服务的质量;再加上诊所学生也往往涉世不深,不具有多少社会经验,对法律纠纷涉及的事实关系不一定能够作出非常清楚和准确的判断,因此,如何确保法律诊所办理案件的质量,这是法律诊所发展面临的严峻挑战。"②

三、面对诊所法律教育困境的突围

任何事物的发展都不可能是一帆风顺的。我校法学院开设法律诊所课程曾经历了一个由不被学校承认到被学校承认,由被法学专业培养方案中拒之门外到被接纳的过程。而且这个过程比预期的可能短暂许多。③ 这是令人欣喜的奋斗成果之一。同时,诊所学生学习的热情和收获的喜悦,也是激励我们前行的巨大动力。面对上述困境,每当心生种种困惑的时候,"诊所法律教育何去何从"?是坚持、放弃还是突围?我们选择了突围。但又如何突围呢?

(一)申报项目争取经费资助

"天行健,君子以自强不息。"一是应该踏踏实实地开展并完善法律诊所课程教学工作,争取把诊所课程做规范、做正宗、做成精品,赢得认可和口碑。二是根据实际情况申报课程项目。例如,借鉴中国人民大学诊所式法律教育精品课程和四川大学法律诊所精

---

① 2009年开设刑事法律诊所时按照计算机上机课对待,按0.5的分值计算,经过争取按照0.8的分值计算,目前按照1∶1的分值计算。

② 丁相顺:《日本法科大学院制度与"临床法学教育"比较研究》,载《比较法研究》2013年第3期。

③ "法律诊所教育作为一门真正的课程得到教育行政部门和法学教育界的普遍承认可能还为时过早。这应当是我们锲而不舍的奋斗目标。"参见陈建民:《法律诊所教育与法学教育的改革——兼谈美国法律诊所教育在中国的实践》,载郭道晖主编:《岳麓法学评论》(2001年第2卷),湖南大学出版社2001年版,第83~105页。

品课程建设的经验,申报校级法律诊所精品课程,获得课程建设经费的支持。三是积极申报中国法律诊所教育委员会有关的项目和课程支持。四是申报校级乃至省级教学改革项目,获得项目资助经费等。值得欣慰的是,2013 年的《基于法律诊所教学视角下的法律创新人才培养》校级课题已经立项,支持经费 3 万元,这就解决了中国法律诊所教育委员会支持后断档的问题。

(二)搭建法律诊所实践平台,解决教学实践平台虚置和案源单一的问题

1. 理顺与校外实习基地的关系,将原来的专业实习基地改造为校外法律诊所

从 1995 年开始,兰州财经大学法学院与当地法律实务部门合作,先后建立了兰州市城关区人民法院、兰州市城关区检察院、兰州市中级人民法院、兰州市检察院、兰州市仲裁委员会 5 家长期校外实习基地,并坚持每年组织法学专业学生赴这些实习基地进行专业实习。法学院与这些校外实习基地长期保持着良好的合作关系,为搭建法律诊所实践平台奠定了一定的基础。其中,兰州市城关区人民法院实习基地被学校在 2013 年列为校外示范实习基地。现在我们可以利用这一优势资源,按照校外诊所法律教育模式与这些法律实务部门协商合作,签订法律诊所课程教学的合作协议,明确实务部门应对值班的诊所学生按照教学计划给予职业指导和训练,并使其接触真实的法律实务的职责,①明确实务部门选派人员从事诊所法律教学的权利。从而克服以往实习学生只做一些辅助性的工作,很难充分接触实际的法律事务以及实习单位并不真正指导、督促学生等诟病。②

2. 与律师事务所和法律援助中心建立长期合作关系

找一家热心诊所法律教育和公益事业的律师事务所,建立法律诊所教学的合作关系是解决案源的一个不错选择。通过签订法律诊所课程教学的协议,明确律师事务所向诊所学生提供优选案件并按照教学计划指导和训练诊所学生的职责;也明确律师事务所也有获得学校的支持、免费培训律师等权利。目前,正积极与甘肃合睿律师事务所对接,将其优秀的 2 名律师聘请为客座教授,下一步通过签订协议建立具体的合作机制。与法律援助中心合作,通过他们提供案源应该说是更为有效的渠道。2013 年我院与兰州市城关区法律援助中心及兰州市城关区法院少年法庭建立了合作关系,签订了合作协议,兰州

① 例如,美国"第二种是'外置式诊所',即学生被安置在法学院之外的一定机构中,并在非教师的法律从业人员(主要是律师)的指导下从事直接的法律服务工作,直至完成具体案件的代理(与我国的法律实习有相似之处)"。参见陈建民:《法律诊所教育与法学教育的改革——兼谈美国法律诊所教育在中国的实践》,载郭道晖主编:《岳麓法学评论》(2001 年第 2 卷),湖南大学出版社,第 83 ~ 105 页。日本的第三种临床法学教育模式为:"向从事法律业务的法律事务所、企业法务部、行政机关、各种非政府组织等法律机构中派遣学生,由这些学生在这些机构中见习和实习(Examship),法科大学院委托派遣单位的法务人员对派遣的学生进行指导和训练,并使其接触真实的法律实务!"参见丁相顺:《日本法科大学院制度与"临床法学教育"比较研究》,载《比较法研究》2013 年第 3 期。

② 参见丁相顺:《日本法科大学院制度与"临床法学教育"比较研究》,载《比较法研究》2013 年第 3 期。

市城关区法律援助中心愿意每年为兰州财经大学法学院提供 1～2 个符合学生参与办理的刑事、民事案件,这为诊所课程的案源提供了一个长期固定的渠道,兰州市城关区人民法院少年法庭也同意在不违反我国有关法律前提下,在不损害当事人利益和征得当事人及监护人同意的前提下,由兼职律师的教师指导和带领下参与有关案件的办理。

(三)实施诊所师资建设计划

该计划内容如下:一是承认诊所教师课外工作量,诊所课程教学可以按照计划学时的 1.5 的分值计算工作量。二是配合《教育部、中央政法委员会关于实施卓越法律人才教育培养计划的若干意见》关于高校与实务部门人员互聘"双千计划"①的实施,我们可以选派诊所教师到法院、检察院、仲裁委员会、律师事务所等法律实务部门挂职,同时可以聘请法官、检察官、仲裁员、律师等法律实务专家担任诊所课程教学,指导诊所学生处理真实的法律事务。实际上,2013 年下半年,兰州财经大学法学院已经派出一位教授去省检察院挂职,省检察院也派来一名副院长到兰州财经大学法学院挂职,已经参与诊所课程的教学。2014 年下半年,我院又有一位教授去省法院挂职,省司法厅也派来一名公证员到兰州财经大学法学院挂职。希望今后这种交流制度能与诊所教育有机结合起来。三是加强与其他院校诊所教师之间的交流,选派诊所教师参加名校名师的教学观摩培训和研讨活动。四是希望中国法律诊所教育委员会目前进行的教师培训能继续办下去,而且建议在培训方式方面进行分类,将开展已经成熟的院校与刚开始诊所课程的院校及教师进行区别培训。

(四)运用一些变通的办法解决学生办案身份的问题

如果透过现象看本质,则学生办案身份问题的背后,实际上反映的是学生办案信任度的问题。我们希望像美国那样由法院以制定学生办案规则的形式赋予诊所学生"准律师"的身份。但是,坦率地说,这是不现实的。现实的做法是,游说、争取法院等法律实务部门的变通做法,在以公民身份无权接触的法律实务环节,如会见刑事当事人、出庭辩护等,可以由指导教师带着学生办理。同时,无论是法律实务部门还是学校,包括诊所师生,应该将注意的焦点转移至如何把正在办理的事情办好如何提高办案质量上来,而不是一味地较真诊所学生承办案件的身份问题。

结语

我们从 2009 年开展诊所法律教育至今,只有短短的 5 年时间,尽管取得了一点成绩,但在许多方面还在探索之中。我们曾经遇到的和正在面临的问题与困境,在清华大学、北京大学、中国政法大学等著名高校也许就不是问题,但在地域、名望和资源等不占优势的其他地方普通院校同样遇到过或正在面临着。换句话说,上述困境也许是多数地

---

① "双千计划"即选派 1000 名高校法学骨干教师到实务部门挂职 1～2 年,参与法律实务工作。选派 1000 名法律实务部门具有丰富实践经验的专家到高校任职 1～2 年,承担法学专业课程教学任务。

方普通院校开展诊所法律教育所共同面临的问题。[①] 对这些问题,我们的信念是:有什么问题,就想办法着力解决什么问题。相信这些问题解决之日,恰是诊所法律教育蓬勃发展之时。

① 参见甄贞主编:《诊所法律教育在中国——诊所式法律教育丛书》,法律出版社 2002 年版,第 434 ~ 441 页;蔡彦敏:《诊所法律教育在中国制度化建设中亟待解决的问题》,载《环球法律评论》2005 年第 3 期;侯斌:《诊所法律教育在我国的实践与未来》,载《西南民族大学学报》(人文社会科学版)2006 年第 10 期;刘加良、刘晓雯、张金玲:《法律诊所教育研究》,载《山东大学法律评论》2007 年卷等。

“三自型”法律诊所学生管理及评价创新制度

——以中国政法大学知识产权法诊所为例

刘　瑛*

法律诊所的管理与评价是法律诊所的教学与实践的“保障器”和“调节阀”,关系诊所法律教育的质量以及可持续发展。法律诊所的管理与评价也是一项综合系统工程,既包括人的管理即学生和教师的管理,也包括物的管理即经费和档案的管理,同时还包括对教学、实践及管理过程的评价。因此,要做好法律诊所的管理与评价工作,必须科学设置管理组织机构并明确各机构的职责,同时辅以具体的实施办法。

笔者从创设知识产权法诊所之初,就开始关注法律诊所的管理与评价问题,并不断地积累、总结知识产权法诊所的教学与实践过程中的做法,于2009年年底终于完成了一套可以贯穿于法律诊所运行各个环节的管理制度及配套办法,即《知识产权法诊所内部机构设置及职责》(见附件1)及《知识产权法诊所总结评估办法》(见附件2)。

设置知识产权法诊所组织机构的目标是,规范开展法律诊所的教学实践活动,推动法律诊所教育的科学有序地发展。《知识产权法诊所内部机构设置及职责》本着“学生自主管理、自我服务,教师指导、协调,机构齐全,人尽其才,优势互补”的原则,在知识产权法诊所内部设立管理委员会,下设综合部、教学部、实践部3个指导部门,分别指导档案组、财务组、宣传组、助教组、监查组、实训组6个管理小组,每组由5~6名学生组成。并具体明确6个管理小组分别承担一定的工作职责。6个管理小组将融入以下相应的管理与评价工作当中。

一、知识产权法诊所学生的管理

(一)学生申请与录取

法律诊所教育以学生为主体,对学生的管理是知识产权法诊所管理的重要部分。管理的基础即首先要把好准入关。

在诊所教育起源地美国,教师与学生的比例为1∶8,我们知识产权法诊所的录取比

* 中国政法大学知识产权法诊所创设者、负责人,中国科学技术法学会常务副秘书长。

例最高时达到 1 : 16,即使如此也难以满足学生高涨的学习热情,从第 1 期报名人数 86 人,到第 7 期报名 348 人,报名申请参加知识产权法诊所的人数逐年增长,每次报名现场都挤得水泄不通。目前录取比例基本保持在 1 : 10。由于法律诊所录取学生的学生人数很有限,所以为了保证教学质量,我们在学生申请与录取过程中,从时间安排、申请条件、录取原则及考虑因素等方面进行了制度化、规范化的设置。

1. 面试时间

申请面试时间一般安排在开设《知识产权法诊所》课程的前一个学期期末第 13 ~ 15 周,具体由学院协调各个法律诊所,依次前后安排,防止冲突,避免学生同时被两个诊所录取而浪费名额。

2. 报名条件

我们认为同时具备下列条件者,均可申请参加《知识产权法诊所》课程:(1)本校在编大学二年级以上的学生;(2)修过民法、知识产权法、合同法、侵权法、民事诉讼法、仲裁法等相关课程,成绩优良者;(3)对知识产权法有浓厚的兴趣,且对法律诊所课程有一定的了解和认识;(4)有高度的责任心和奉献精神,并经历过一定的社会实践;(5)能合理安排时间参加法律诊所的课堂学习与基地实践。

3. 申请程序

初创知识产权法诊所时,无论从条件方面还是程序方面均没有任何经验,在决定开设诊所课程的 9 月才开始让学生选课即申请面试,在面试的前一天,刘瑛老师"急中生智"设计了《知识产权法"诊所式教学"申请选课学生一览表》,内容包括序号、姓名、性别、籍贯、所在院系年级、有何特长、曾参加的社会活动、对"诊所式教学"有何建议和备注等简单内容,面试时让学生当场轮流依次每人填写一行,好在当时报名的学生只有 80 多人,在老师宣讲知识产权法诊所基本概况的同时就完成了。

随着申请选课学生的不断增多,从第 3 期开始将"多人一表"改变为"一人一表"即《中国政法大学第____期知识产权法诊所申请表》(以下简称《申请表》)。《申请表》除了包括以下个人基本信息姓名、性别、学号、班级、电子信箱、宿舍电话和手机外,还包括自我介绍(相关经历、业绩、奖励、兴趣特长等),并设定 5 个简单问题:(1)你对法律诊所教育模式的看法?(2)你参加知识产权法诊所的原因?(3)你觉得自身有哪些优势?(4)你希望通过知识产权法诊所收获什么?(5)诊所课程分课堂教学和基地实践两部分,你能否保证除每周五下午上课外,另行安排一天到诊所基地进行法务实践?能:( )否:( )。

《申请表》从第 4 期开始增加了"家庭详址"和"民族",目的是考察学生来源地,以在录取时平衡城市与农村的比例以及体现民族政策,在同等条件下考虑到农村的、少数民族的学生缺乏更多的锻炼机会,同时也体现法律诊所扶助弱势的精神,故有必要向他们倾斜。从第 5 期开始增加了在问题中增加了(6)你是否同意实习经费的一部分由诊所统一管理使用?是:( )否:( )从第 7 期又增加了(7)知识产权法诊所学生编入 6 个小组进行自我管理与服务，你愿意参加哪个组(　　)？在档案组、财务组、宣传组、助教组、监查组、实训组中任选其一。从第9期又在"照片"处增加了"电子版照片"，简单的3个字，却解决了装订档案时贴照片的右上角凹凸不平的问题。

对于学生"入关"的这样一个《申请表》，几乎每一期使用时都会发现不足，因此，我们在下一期使用之前都要进行完善，哪怕只是些微的一点修改，都会产生出奇的效果。例如，第8期在接收学生的《申请表》时，便按照学生选择的管理组别，分别放入6个小组，即档案组、财务组、宣传组、助教组、监查组、实训组，在录取时就考虑了分组的因素，使管理小组与值班小组相对应，在公布录取名单的同时就一并告知学生值班时间。这样提前分组的高效率做法，既让学生在新学期选修其他课程时心中有数，以免与法律诊所课程冲突，又节省了开学第一次课堂现场分组的时间和难以协调的局面。

凡申请参加《知识产权法诊所》课程的学生，根据学院的总体教学安排：(1)填写《中国政法大学第　期知识产权法诊所申请表》，发至公邮 zhichanzhensuo@ sina. com；(2)持打印的《申请表》，按学院规定的时间、地点参加面试；(3)面试后的第2周到学院查看《知识产权法诊所录取名单》。

参加《知识产权法诊所》课程的同学，不必在网上选课。学院将《知识产权法诊所录取名单》统一上报教务处，即确定选课。

4. 录取原则

知识产权法诊所坚持"集体审核，综合平衡，择优决定"的录取原则，同时考虑以下相关因素：(1)生源地。平均每个省/区1～2名。(2)城市与农村。相同条件下，优先考虑来自农村的学生。(3)外语水平。(4)各学院之间的关系。(5)公益活动。(6)写作与研究问题的能力。(7)其他细节等。

关于选择学生的标准方面，按照男女比例、各个学院的人数比例以及各个省份的同学比例严格录取，比较合理也相对公平。因此，知产诊所在每期录取学生时，都会将录取原则及标准进行宣讲，以便同学们对录取的结果信服。

(二)首次课程的安排

按照学校教学计划的统一安排，《知识产权法诊所》首次课程进行分组、排定实践基地时间值班表。

宣布班长的职责，并说明班长通过自荐与指定的方式产生。自荐包括自我报名的语言形式，也包括主动站出来在"无领导"情形下组织、协调分组的行为。老师根据自荐同学的现场表现，结合《申请表》上反映的有关信息，确定班长的人选。班长的职责如下：(1)班长根据各组总结写出全班总结，交主任老师审定、完善。(2)平时跟老师沟通、与同学的协调安排。(3)总结会2天前将会议安排方案交主任老师审定、实施。(4)收齐《实习登记表》《实习报告》及随笔5篇，在期末上交法律诊所所属学院教学科研办。(5)发挥好各组组长的作用。

（三）课堂教学的引导及监督

在课堂教学理论课学习方面，应加强对学生的引导及监督管理，强化其对讲授内容的掌握和理解，并结合具体的案例予以适用和分析。重视实际理解、操作和运用，放弃纯理论讲授。因为如果没有实际的运用，理论方面也将很快忘记，并且不能及时检验学习成果。

教师的引导关键在于运用真实案件进行模拟教学，在学生模拟角色之前要求学生提供完整详细的办案计划；事后让学生反馈模拟办案过程中的得与失以及遇到的疑难问题；教师给予及时点评、分析，引导学生持续关注一切与案件有关的实体或程序问题。

课堂教学的监督职责主要由学生监查组行使，负责监督、检查课堂教学、作业完成的全面情况，并及时提出存在的问题。监查组监督、检查的办法主要是通过定期抽查学生的到课率、课堂作业、讨论情况等，做好监督笔记向管理委员会提交《监查报告》，向师生汇报工作；同时，也有义务接受师生的批评与建议。

（四）基地实践的要求

诊所学生在实践基地值班，涉及许多实践环节和具体繁杂的问题，必须以各种制度向学生提出要求，以保证诊所实践任务的圆满完成。

1. 日常值班制度。

（1）知识产权法诊所值班实行轮流制，应避免与学校课程的冲突。

（2）值班采取一周 3 日制，每天值班时间为 9:00 ~ 17:00，冬夏时间可依实际情况做出调整。

（3）值班同学每组应为 4 ~ 6 人，并实行组长负责制。遇有请假等情况应事先向指导老师请假或与其他组同学调整换班。

（4）值班同学职责。按时到达实践基地值班，并进行签到；着装整洁，保持诊所办公场所卫生，坚守岗位；做好值班准备工作，并按规定完成咨询、实践业务等工作。

（5）值班结束，应检查室内设备，离开时应切断电源、锁好门窗，保证安全。

2. 接案代理制度

（1）对于来电、来人咨询中需要代理的，由接待的同学负责，以免信息传递过程中的失误；或者由诊所老师指定由哪位学生负责。代理案件须与当事人签订《委托代理协议》和《授权委托书》。

（2）接案的小组同学应提前制作计划，先进行小组互相讨论，形成初步的意见，后征求指导老师的意见。

（3）出庭的由小组成员出 1 ~ 2 人，其余小组成员均需到庭。

（4）所接案件一般要求事实比较清楚，权利义务较为明确，案件范围以北京市为主，若超过本市范围的，须报请指导老师批准。

（5）诊所学生可以帮助符合援助条件的当事人起草起诉书、答辩状、调解协议等法律文书，草拟法律文书应留复印件存档。

(6)调查取证应有2人以上,超出北京市范围的应由老师批准。

(7)完成委托代理的案件应及时结案并存档。包括电子文档和书面档案,接案时所收的复印件应按顺序整理装订,统一存档。

(8)诊所学生应当保护当事人的隐私和商业秘密,对外不能谈及涉及当事人隐私和商业秘密的任何问题。

3. 内务管理制度

(1)日常内务管理主要是对诊所信息、档案兼材料、办公用品以及安全、卫生、办公、上课秩序等日常内部事务的管理。

(2)信息应保持公开和通畅;实现资源共享,但涉及当事人隐私和商业秘密等除外。

(3)诊所日常事务实行小组负责制,每组设组长一名具体负责。值班老师对各组工作有监督和指导的权利,违反规定的可按相关制度处理。

(4)图书不得随便外借,对其使用应限于办公室和接待室。应爱护图书,不得圈点,丢失图书应原价赔偿,用完后应放回原处。

(5)计算机及打印机应该用于诊所事务,操作计算机、打印机应依程序进行。存入计算机资料应依相关要求进行,禁止存入非诊所事务信息。

(6)电话及传真机应保证用于诊所相关事务,严格禁止用于私人事务。

(7)各类档案材料应按规定存放,不得随便放置。保持良好值班秩序。

(五)期末总结的布置

每期法律诊所到期末总结阶段,同学们都会提出类似的问题。例如,班长可能会问:(1)实习登记表具体怎么填请老师给点意见吧。(2)实习报告是不是正式的论文格式?有封面,摘要,关键词,正文?有什么字数要求?(3)和实习登记表一起交的有5篇随笔,能用上课交的作业抵充么?如果另外写有什么内容、字数要求?(4)总结会大概在什么时候举行?我们需要为总结会准备一些什么?其实,这些问题大部分在首次课堂上已经告知了,但是时间长了,同学们到落实时就不大清楚了。因此,必须以书面形式在期末时再强调一次,以保证期末总结工作的顺利进行。

答复如下(以第17期为例):(1)详见《实习登记表》(样本)。(2)实习报告格式参见《实习报告》(范本),范本框架内容仅为提示、参考,学生可根据个人情况自行修改、增删,但至少应包括提示的主要内容;字数要求2000~3000字;文件名:姓名实习报告1412-6(组的序号);完成后将电子版于总结会前2天发给主任老师。(3)5篇随笔可以用上课交的作业抵充,但须在提交前完善。同时,随实习报告打包发给主任老师。(4)总结会时间待定,大概在1月初。可以征求同学意见。对于具体形式和内容,同学们也可提出建议。

二、知识产权法诊所对学生的评价

对于一个法律诊所的评价至少应当包括3个方面,即对学生的评价、对教师的评价以及对法律诊所教学效果的评价。基于对教师的评价和对法律诊所教学效果的评价涉及学校以致国家教育制度等重大问题和评价环节烦多,故本文仅对学生的评价加以探讨。

(一)评价法律诊所学生的要求

由于中国政法大学规定法律诊所课程可以代替专业实习,因此统一按照专业实习进行管理,评价法律诊所学生的要求当然等同于参加专业实习的学生。

2005 年 9 月发布的《中国政法大学本科生专业实习管理办法》规定,实习考核基本内容包括以下 3 个方面:(1)兼职指导教师对学生在实际工作中所表现出的综合专业素质的评价;(2)兼职指导教师对学生制作专业文书(作品)能力的评价;(3)专业指导教师对学生运用专业知识发现问题、分析、解决问题能力的评价。

实习成绩按等级制记,分优、良、中、及格、不及格。85 ~ 100 分为优;80 ~ 84 分为良;70 ~ 79 分为中;60 ~ 69 分为及格;60 分以下为不及格。成绩评定根据上述考核内容,分别由兼职指导教师和专业指导教师按百分制打分,最终由专业指导教师按以下比例折合,得出实习成绩:兼职指导教师对学生在实习中所表现出的综合专业素质的评价占 40%;兼职指导教师对学生制作专业文书(作品)能力的评价占 20%;实习论文(报告)占 40%。

实习论文(报告)的选题应与实习内容相关。学生进行实习论文(报告)的开题、资料收集、撰写应在兼职实习指导教师的指导下进行。实习论文(报告)不得低于 3000 字。

实习考核、法律诊所课程考核统一填写《中国政法大学本科生专业实习考核登记表》,未体现法律诊所实践与专业实习的区别,应当根据法律诊所实践的运行特点另行设计、实行《中国政法大学法律诊所实践考核登记表》。

(二)评价知产诊所学生的办法

为了科学、客观、有效地对知识产权法诊所的学生进行评价,根据《中国政法大学本科生专业实习管理办法》《中国政法大学"法律诊所"课程管理办法》和《知识产权法诊所内部机构设置及职责》《知识产权法诊所总结评估办法》及各组的工作方案,每期专门成立评估工作小组,共同完成学生的期末总结评价即实习考核任务。

1. 成立联合机构

由指导老师、班长与综合部、实践部、教学部 3 个部长联合成立评估工作小组。组长由指导老师担任。

2. 明确评估任务

评估工作小组负责对学生《本科生专业实习考核登记表》中综合专业素质评价、制作专业文书能力、实习论文评语成绩、专业实习评语 4 个栏目作出评定,并在此基础上推荐优秀实习生。

3. 严格评估依据

档案组和监查组平时对每个同学各方面表现的汇总资料信息、监查记录及评分情况;每个同学自己撰写的《本科生专业实习考核登记表》、实习报告和 5 篇随笔 3 项总结材料；指导老师及实践基地有关人员的评价。

4. 遵守评估程序

班长于期末总结会前收齐每个同学的《本科生专业实习考核登记表》、实习报告和5篇随笔等3项总结材料；评估工作小组召开评估会，对每个同学的相关资料进行全面审查，并拟定评语及成绩。基于法律诊所作为实习的性质，评定结果分为两大类即"优"与"良"。采用知识产权诊所成员评定规则以及诊所成员期末评定表，由综合部、教学班、实践部及班长对每个学生分别拟定评语及成绩，并在"优"中推荐5%的优秀实习生。最后由指导老师审定。

结论

邓小平同志曾指出："制度好可以使坏人无法任意横行，制度不好可以使好人无法充分做好事，甚至走向反面。"①一代伟人邓小平的这句朴实而又极具哲理的话让人联想到法律诊所的管理与评价。现在，中国诊所法律教育进入了规范与发展的重要时期，机遇和挑战并存，问题和矛盾交织。因此，法律诊所管理制度的建设显得尤为重要。管理制度带有全局性、稳定性和长期性，是法律诊所规范运行的基石。知识产权法诊所"三自型"的法律诊所学生管理及评价创新制度，实现了全员"自我管理、自我服务、自我监督"，实行10期以来，保证了知识产权法诊所得以顺利、高效地运行，并达成其预定目标。在诊所法律教育改革的关键阶段，制度的创新应当提上议事日程了。

附件1：《中国政法大学知识产权法诊所内部机构设置及职责》

一、设置目的

设置知识产权法诊所组织机构的目标是，规范开展法律诊所的教学实践活动，推动法律诊所教育的科学有序地发展。

二、设置原则

学生自主管理、自我服务，教师指导、协调，机构齐全，人尽其才，优势互补。

三、机构设置

知识产权法诊所内部设立管理委员会，下设综合部、教学部、实践部3个指导部门，分别指导档案组、财务组、宣传组、助教组、监查组、实训组等6个管理小组，每组由5～6名学生组成。

四、机构职责

（一）管理委员会

管理委员会由主任、副主任3人、委员5人组成。其中，主任由诊所老师担任，副主任由2名诊所老师和1名学生担任，委员由2名诊所老师和3名学生担任。主任全面负责诊所的正常顺利运行，副主任和委员负责协助主任做好诊所整体的协调与管理工作，

① 范伟国：《让政府"钱包"在监督下运作》，载《民主》2008年第2期。

保证诊所的良好运行和发展。管理委员会是诊所内部的综合决策管理机构。

(二)综合部

部长由1名委员学生担任,由主任老师负责指导,分管财务组、宣传组两个小组。

1. 财务组工作职责

负责学校下发给知识产权法诊所的学生实习经费的使用、管理与监督,保证该实习经费全部用于诊所教学与实践活动。

(1)负责诊所运行的财政预算和决算。

(2)管理并监督诊所日常工作开支,期末完成《财务总结报告》。

(3)负责各个工作部门及成员的财务报账与结算工作。

2. 宣传组工作职责

(1)负责诊所在校内、校外的宣传工作,建立与维护网站和博客,编辑《知法诊所》电子刊物,联系相关媒体,提升知识产权法诊所在社会上的影响力。

(2)开展对外联系工作,如知识产权行政管理、法律援助、协会、代理等机构,向他们介绍法律诊所的相关情况,并建立持久友好的联系,目的是促进诊所实践形式多样化、内容体系化、工作持续化地开展。

(3)开拓诊所的市场,保证案源的充足,在外界拓展诊所知识产权法律业务。

(三)实践部

部长由1名委员学生担任,由1位副主任老师负责指导。分管实训组、档案组2个小组。

1. 实训组工作职责

配合指导教师对诊所成员进行体验式知识产权法务实训。

(1)根据接手案件和/或项目讨论及方案提出的情况,与指导老师挑选、商定学生维权援助/代理名单;

(2)针对案件和/或项目的疑难问题,组织成员进行实务理论研究,确定可行性方案,以保证案件和/或项目处理的准确性、权威性;

(3)组织成员进行分组,分工协作,策划、组织模拟庭审;

(4)聘请实务界经验丰富者进行培训;联系法院及相关机构进行旁听、观摩;

(5)户外团队协作精神训练等。

2. 档案组工作职责

主要负责诊所的人员、业务管理事务,建立人员、业务档案,为部门、人员的绩效评估积累资料,为管理委员会提供相关咨询、方案及调整、完善建议。

(1)负责收集各值班小组的《值班日志》《实践业务登记表》;项目和/或案件的证据材料和语音记录、分析意见和法律文书;各位同学课堂作业等;

(2)把收集的所有材料进行归类汇总、形式细化;提出问题及完善意见,分别交给负责的指导老师审核;

(3)把审核、整理好的资料,分别进行电子存档和纸质打印、装订成册;

(4)向诊所各部门负责人汇报教学及法务处理、案件援助情况和结果。

(四)教学部

部长由1名委员学生担任,由1位副主任老师负责指导,分管助教组、监查组2个小组。

1. 助教组工作职责

(1)协助指导老师安排布置教学活动,及日常事务管理;

(2)直接参与法律诊所的课堂教学,协助教师完成法律诊所课堂教学;

(3)记录教学内容、学生课堂表现,并收集反馈意见。

2. 监查组工作职责

(1)负责监督、检查课堂教学、实践业务、财务与档案管理等运行、完成的全面情况,并及时提出存在的问题;

(2)定期抽查学生的到课率、课堂作业、讨论情况、办案计划与方案、值班日志、办案/项目总结、财务账目、档案登记等情况,向管理委员会提交《监查报告》;

(3)策划会议议题,组织"中期调整会议"和"期末总结大会"并安排会务。

五、实施与修改

该机构设置及职责的实施与修改需经知识产权法诊所管理委员会讨论通过。于2009年9月起实施。

附件2:《中国政法大学知识产权法诊所总结评估办法》

为了科学、客观、有效地完成总结评估工作,根据《中国政法大学本科生专业实习管理办法》《中国政法大学"法律诊所"课程管理办法》和《知识产权法诊所内部机构设置及职责》及各组的工作方案,每期专门成立评估工作小组,共同完成学生的期末实习考核任务。

一、机构组成

由指导老师、班长与综合部、实践部、教学部3个部长联合成立评估工作小组。组长由指导老师担任。

二、评估任务

评估工作小组负责对学生《本科生专业实习考核登记表》中综合专业素质评价、制作专业文书能力、实习论文评语成绩、专业实习评语等4个栏目作出评定,并在此基础上推荐优秀实习生。

三、评估依据

1. 档案组和监查组平时对每个同学各方面表现的汇总资料信息、监查记录及评分情况;

2. 每个同学自己撰写的《本科生专业实习考核登记表》、实习报告和5篇随笔等3项总结材料；

3. 指导老师及实践基地有关人员的评价。

四、评估程序

1. 班长于期末总结会前收齐每个同学的《本科生专业实习考核登记表》、实习报告和5篇随笔等3项总结材料；

2. 评估工作小组召开评估会，对每个同学的相关资料进行全面审查，并拟定评语及成绩。基于法律诊所作为实习的性质，评定结果分为两大类即“优”与“良”。

3. 采用知识产权诊所成员评定规则以及诊所成员期末评定表，由综合部、教学班、实践部及班长对每个学生分别拟定评语及成绩，并在“优”中推荐5%的优秀实习生。最后由指导老师审定。

五、评定部门与分工

实习成绩由综合专业素质、制作专业书、实习论文3部分组成，分别按百分制打分，最终实习总成绩由专业指导教师按比例折合为等级制打分，85～100分为优，80～84分为良。

诊所法律教育配套机制创新

——烟台大学法学院法律志愿服务中心经验介绍

黄伟明*

一、诊所法律教育学期课程定位的缺陷

中国的诊所法律教育发展到今天已经经历了 14 个年头。在广大教师的积极参与和努力下，创造出了不少好的经验和模式，使诊所法律教育不断发展完善，在我国的法学教育中，尤其是对于培养法学学生的实践能力发挥了不可替代的作用。但是，一个客观的问题也摆在我们面前。几乎所有开设诊所法律教育的学校都只能将诊所课程定位于一门学时有限的课程，通过 1 个学期左右的时间完成诊所式培训。例如，北京大学法律诊所开设在大三，每周 3 学时。人民大学法律诊所课开在大三春季学期，每周 4 课时。中国政法大学法律诊所开设在第五学期、第六学期，总学时 90 学时。中山大学法律诊所课程开设在第 8 学期，每周 4 学时，总学时 72 学时。西北政法大学法律诊所课程为大三学生选修课，共 68 学时，每周 4 学时。学期课程的定位制约了诊所法律教育的发展，主要缺陷如下：

（一）学期课程总体学习时间偏少，不利于系统技能的传授和学习

不论是每周 2 学时，还是每周 4 学时的设置，诊所法律教育课程只能在 18 周的教学时间内完成。这样短暂的 4 个半月时间，就是对于一个全天在律师所见习的实习学生而言都是很短暂的，更何况在此期间选修诊所课的学生同时还选修着其他的课程。这样的学习时间不可能向学生系统传授实践技巧，学生也不可能学会系统性的技巧。

（二）学期课程设置使诊所课程成为孤立的课程学习

大学的课程学习不同于高中之前的学习。高中之前的学习总目标是完成高考。高考是所有高中课程的结束。大学课程的学习在课程考试完成之后就全部结束了。有的课程可能学生以后终身都不会再学。诊所课程在学期结束后也有这种倾向。虽然有的学生意犹未尽，但因为课程结束了，其学习的动力也就没有了。即使有对诊所法律教育

* 烟台大学法学院教授。

感兴趣的同学,也会由于课程结束而无法持续性地进行学习和实践。

(三)学期课程设置使学生更习惯于从课程性质和学分上考虑其加重,一定程度上影响了诊所课程的作用发挥

尽管法学教育改革将实践教育提升到了前所未有的高度,但落实到具体课程上,落实到教学培养方案上,还是有实际困难。不论多么重视实践教育或者诊所教育,还没有一个高校的法学院将诊所法律教育作为必修课设置。而选修课对于学生而言是兴趣之选,学分之选。距离实践教育目的的落实还存在很大差距。

二、以诊所法律教育为核心的法律志愿服务中心机制构建

(一)法律志愿服务中心创立意义

近年来,烟台大学法学院稳步推进学科建设,扎实落实学生培养,并一直致力于普法宣传、法律咨询、法律援助等社会法律服务工作。除法律诊所工作站外,法学院拥有青年志愿者协会、哈哈法律援助团等社团机构,并在开展法律志愿服务活动方面取得了一定的成绩。如哈哈法律援助团,这是烟台大学法学院学生自己组织的社团,由几个志同道合的同学组织在一起,先从学生个人维权开始,逐步发展到公益维权。他们代理过学生诉侵权网站案件、蓬莱旅游景区学生票案件等。但是,作为学生自治组织,他们普遍存在缺少专业的法律实务培训、组织结构不够合理、功能定位存在交叉、力量过于分散等现实问题,直接导致其在提供法律援助时无法达到预期效果。

为进一步探索诊所式法律教育模式,整合法律志愿服务力量,更好地提升学生的理论水平和实务能力,2014 年 7 月 1 日,烟台大学法学院法律志愿服务中心正式成立。该中心是在烟台大学法学院党总支和法学院团委领导下,将全院从事法律志愿服务的组织、社团纳入中心名下,统一从事法律志愿服务公益性组织。其工作宗旨为动员和组织烟台大学法学院志愿者参与法律援助工作,以诊所法律工作站为培训基地,以诊所法律课程为主要培训模式,通过各种途径和方式开展普法宣传、法律咨询等志愿服务,向全社会宣传法律法规,提高全民的法律素质,为需要法律援助和救济的弱势群体提供无偿法律帮助。

(二)法律志愿服务中心组成和职能运作

1. 教师监督,学生管理

中心设主任 1 名,由法学院团委任命,一般由主管学生工作的老师担任。中心主任从全局上领导和监督中心的各项工作,以老师身份参与中心事务。中心具体活动有学生管理运作。中心成员由烟台大学法学院在校本科生及研究生组成。凡加入中心者,须经本人申请,经过面试程序,择优录取。从成员中选拔执行主任、执行副主任各 1 名,执行主任负责统筹中心的运作,决定和审议重大事宜,召集和主持中心常务会议,与学院相关老师、校外各方进行沟通。中心设立办公室、培训部、宣传部、业务部 4 个职能部门。所有学生志愿者社团、法律服务社团统归中心领导,但仍然保持原各社团的机构,在具体职能上参与中心各部活动。各部门与各社团之间各司其职,紧密配合,承担中心法律志愿

服务及法律援助工作。

2. 突出职能化协作，系统合作

中心设立的办公室、培训部、宣传部、业务部职能明确，各司其职。以办公室为中心的管理部门，负责安排中心日常事务，联系协调各社团工作，安排法律服务值班事宜，负责中心财务、物资和档案的管理工作。培训部依托诊所法律教育课程平台，利用诊所法律教育工作站及已经建立起来的外部联系，开展法律实务技能培训。培训形式除诊所法律课程中的观摩、模拟、代理等外，还不定期邀请实务部门人员做实务讲座。自中心成立以来，已经进行了4次讲座培训。参加培训的人员包括正在选修诊所法律教育课程的学生，还包括诊所法律课程已经结业的，继续参与中心活动的同学。宣传部负责以中心名义进行的普法宣传和法律咨询活动，负责建设维护中心宣传平台、邮箱等的运营，负责中心同校内外广播媒体、电视媒体、报纸杂志媒体以及网络媒体的各项合作，以中心名义对外宣传。业务部作为法律援助实践部门，负责策划组织学院统一法律志愿服务工作，重点参与法律咨询和案件代理。业务部每天安排2名成员，与诊所法律教育课程班同学共同值班。业务部成员主体由法学院在读研究生和已完成诊所课程培训并经考核合格的同学组成。业务部没有学业和课程方面的要求，完全以对外法律咨询和案件代理为内容。

3. 诊所法律教育理念和方法贯穿中心活动

中心的重要组成部分是培训部和业务部，而培训部与业务部在实质上是互通的，是诊所法律教育的两个方面。培训部的核心是诊所法律教育课程，课程班的学生是当然的培训部成员。诊所法律教育课程结业学生可以直接进入业务部。业务部成员虽然没有了课程方面的要求，但是一旦需要办理具体的法律实务，则可以根据需要，或者继续参与诊所法律课程班的培训，或者根据案件的具体需要，通过诊所法律教育方法进行培训。培训部学生在学习诊所课程的同时，也可以参与到业务部的服务工作中去，真正做到边学边干，边干边学。办公室则为教学和实践的沟通做事务性工作。法律诊所教育是宣传部重点宣传的内容。中心的工作就是将法学学习和法学实践有机结合在一起，使其相互补充，相互促进。

三、法律志愿服务中心对诊所法律教育的补充和促进

（一）法律志愿服务中心整合了法律实践资源

法学实践教育一直是法学教育的重要内容。在实践教育方面，除了由学校统一组织和安排的实习单位实习、社会调查、论文写作之外，还存在着许多学生自主性的实践活动，如青年志愿者组织、法律服务社团、法律援助社团以及学生个体的法律实践活动。这些组织或个人开展的活动虽然丰富了法学实践教育，但其松散性和个体性特点比较突出。有的组织仅在成立时有点热情和声势，但随后就没有了进一步活动；有的组织活动随机性非常大，有机会就搞点活动，没机会就处于沉寂状态；有的组织虽然极力想搞一些活动，但缺乏必要的能力，遇到法律事件往往也无法处理。法律志愿服务中心就是将有意从事法律实践的同学们组织起来，在一个共同的机制下协作，共同参与法律实践。法律志愿服务中心不仅可以实现资源的分享,更可以实现人员的培训和优化组合,可以更好地完成法学实践活动。

(二)法律志愿服务中心延伸了诊所法律教育的学习时间

诊所法律教育是法律志愿服务中心的基本培训理念和培训方式。中心的建立,实际上延伸了诊所法律教育的学习时间,使诊所法律教育作为课程可以结业,但作为学习理念和学习方法可以伴随法学院学生整个大学学习期间甚至到研究生学习期间。法律志愿服务中心吸纳的成员既包括可以选修诊所法律课程的大三学生,也包括优秀的低年级学生,他们可以在办公室和宣传部工作,提前接触诊所法律教育和法律实践的相关事务,为以后学习做好准备。选修诊所法律教育课程的同学是当然的培训部学员,已经结业的同学可以继续在业务部实践和提高。这就使诊所法律教育的学习时间至少可以延长4倍以上。

(三)法律志愿服务中心打破了课程的局限

法律志愿服务中心的运作彻底打破了诊所法律教育课程的局限。中心的运作不是重复一套固定的内容,而是完全面向实践开展工作。中心开展的培训工作不是完成课程培训,而是进行实践技能培训。中心的培训内容更具有具体性和开放性。例如,当业务部的同学准备进行案件代理时,培训部会根据诊所法律教育的方法,针对具体案件设计培训内容。培训的教师既有专职教师,也有专职律师,以确保相关同学在短时期内掌握适合本案的代理技巧。由于没有课程时间方面的限制,接受委托的同学可以跨学期、跨年度完成案件的相关工作。具体实践业务可以由本科生参与,也可以由研究生参与,根本没有本科课程和研究生课程的限制。与此同时,办公室会协调办案相关的外联关系,宣传部也会结合需要做好宣传工作。

(四)法律志愿服务中心促进了法律实践教育的进一步开放

法律诊所教育不同于其他校内课程的重要方面就是,法律诊所教育不可能完全通过校内人员和校内设施,并完全在校内完成。即使是作为一门选修性的诊所法律教育课程,也需要设立一个工作站作为对外的窗口,接纳外界的法律咨询和案件代理,并将这些素材拿到课堂上进行实践教学。没有开放的途径,法律实践教育就还是在关门做学问,最终还是纸上谈兵。法律志愿服务中心的成立,使得实践教育更加开放,对外联系更加密切了。中心对外联系的机构包括市法律援助机构、青年志愿者机构、司法行政机关、律师事务所以及其他机关、单位。通过与校外机构的合作,中心可以获得更多的实践机会。实践的机会越多,学生获得学习锻炼的机会就越多。

四、法律志愿服务中心未来的发展方向

(一)继续坚持诊所法律教育的实践教学理念

法律志愿服务中心的建立,依托的是诊所法律教育。诊所法律教育是法律志愿服务中心良性运作的保障。诊所法律教育为法学教育开拓了新的方法,显示了良好的效果和强大的实践教学功能。与传统的课堂案例教学、实习等实践教学环节相比,诊所法律教育更贴近现实,更能增加学生的实践机会。传统的案例教学是将已经发生的现实案例经过整理,再拿到课堂上进行分析和讲解。尽管这个案例是以真实发生的案件为基础的,但案情的总结和整理却并不是由学生完成的。所以,案例教学中学生面对的还不是活生生的案例。充其量只能称为案例标本。而近年来的实习环节,也因为司法机关对司法人员资格的严格要求,学生已经不可能直接参与到案件审理之中。而诊所法律教育所提供的实践,是让学生参与到正在发生的案件之中,对案件事实的归纳、整理都由学生亲自进行,如何进入法律程序以及应用何种法律知识都由学生选择。这样的实践才是真正的实践。所以,继续坚持诊所法律教育的实践理念是保证法律志愿服务中心长期存在的基础。

(二)进一步扩大法律诊所教育的影响

我院的诊所法律教育课程虽然开设了较长的时间,但是,由于现行教育体制和教师考评机制的影响,法律诊所课程一直没有达到有效的扩展。诊所式教育理念是一种具有广泛应用性的实践教学理念。而我们目前的诊所式教育还仅限于法律专业的某一门部门法,而且多数是应用性较强民法、刑法、诉讼法、劳动法等学科。我校的诊所教育也仅在法学院开设,而且由于师资力量的不足,每学期仅能开设一个诊所法律教育课程班,所接触的业务也局限于民法、保险法和刑法。我们希望通过法律志愿服务中心的运作,将诊所式教育理念和方法扩展到其他法律领域。长远的目标是,不仅在法学各学科实践教学中普遍采用诊所式教学方法,也要将法学院的经验向其他需要实践教学的专业推广。目前,烟台大学法学院正积极着手对一批年轻老师进行诊所教师资格培训,目的是让更多老师了解诊所教育的模式与方法,让更多学生享受诊所法律教育的优越性,将理论学习与实务体验相结合,从而在整体上提高烟台大学法学院诊所教学能力和影响。

(三)继续保持和发扬诊所法律教育的志愿性和援助性

诊所法律教育与法律援助具有良好的互利关系。诊所法律教育为法律援助提供了源源不断的法律援助学生群体,法律援助为诊所法律教育提供了实践机会。20 世纪 90 年代以后,美国法律诊所继续扮演着为低收入人群提供"通向正义途径"的重要角色。诊所课程让学生认识到"正义"对于贫穷的当事人的真实意义,让学生去发现、了解、思考那些能适用于当事人需求的现实体制是如何发挥其作用的。我国的大学生作为青年志愿者的主体,为社会提供公益性法律援助是一项重要的活动内容。前期,我们的诊所法律教育课程班学生曾经作为青年志愿者,参与了司法行政机关组织的法律咨询活动。法律志愿服务中心的成立,将青年志愿者组织有机整合在其中,可以更好地将志愿者和法律援助结合在一起开展活动。我们不应将诊所法律教育仅仅定位在"教学方式改革"上,应提升对诊所法律教育认识的高度,张扬其公益性价值,谋取其获得更加广泛的社会认同,尤其是政府的关注和支持。

(四)进一步发挥学生的积极性和主动性

归根结底,法律志愿服务中心是一个学生实践的中心。发挥学生的积极性和主动性是中心生命活力的保证。中心具有开放的组织结构和协作的运作机制,可以将现有的学生自治组织以及以后成立的法律实践性学生组织纳入统一体系。但该体系并不是限制和约束学生的自主活动,而是鼓励学生自治社团继续保持自己的独立性和特色,开展自己的实践活动。中心通过职能部门,有效沟通学生与学生、学生与指导教师、校内与校外的联系,使学生的实践活动能够更加顺利地进行。而每一次法律实践活动都会通过中心的总结和宣传,让更多的学生分享。我们计划通过经验交流、宣传表彰等形式鼓励学生实践的积极性和主动性。

我们的法律志愿服务中心刚刚开始运转,会不断总结经验,使其发挥出更大作用。

法律诊所过程性考核评估的实证样本分析

——以哈尔滨理工大学法律诊所考核评估方式改革为样本

李俊刚*

一、问题的提出

目前,法学教育过程中暴露出了很多问题,如教育观念滞后、师资队伍良莠不齐、课程设置不合理、教学内容滞后、教学方法单一、考核方式僵化等方面,新世纪对法学人才提出了更高的要求,而现实中严峻的就业压力又增加了对法学院学生综合素质的要求。一方面是因为法学专业人才的需求一般集中在博士、硕士等高级人才,本科阶段法学人才的培养则主要面向应用型法律人才,法学教育培养的目标是传授法律知识、训练法律思维、弘扬法治精神、培养合格法律专业人才,然而,法学专业学生在传统的教育考核模式下表现出对法学人才培养方式的不适应。如对法学学习的兴趣的缺失、理论与实践的严重脱节、授课内容的僵化、考核方式的形式化、能力培养手段的单一等,这些问题都增加了法律教育方式改革的紧迫性。

在所有的问题之中,教育理念的更新、师资队伍的改变、学校硬件设施的提高并非短时间内能够迅速提高的,但法学课程的设置和考核方式则可以成为激发学生学习兴趣、提高学生动手能力、全程观察学生的学习状况的有效方式。以法律诊所课程为例,其评估考核方式倾向于对实践能力的评定、学生综合能力的提高以及对个人法律职业理念的培养,但由于诊所法律教育传到中国只不过是十几年的时间,各个学校在开设法律诊所课程时还不能形成统一的考核评估范本。哈尔滨理工大学法律诊所针对3年来对法律诊所课程评估考核方式的实践,摸索出一套适合本科阶段以法学实践类课程为主的课程考核评估方法,从而在评估样本的基础上进行实证分析。

二、传统法学课程评估考核方式的僵化

法律诊所课程的评估方式与其他课程差异很大,通常课程的评估分为平时和期末考试两个方面,但这种评估倾向于考查学生对知识的理解和识记能力。法律诊所的考核则

* 哈尔滨理工大学讲师,诉讼法学硕士。

侧重于学生在实践中综合素质的提高。[①] 法律诊所课程重点培养学生实际应用法律的实践能力和法律职业技能技巧,并尝试通过诊所法律教育培养学生的法律职业道德和法律正义感。因此,法律诊所课程的考核方式、方法将围绕以培养学生实际应用法律的实践能力和法律职业技能技巧为中心,以提高学生自主学习能力、提高学生对法律与社会的正确认知为辅的改革目标而进行设计。

1. 传统的法学课程考核方式有以下几个特点

(1)以一次性考核作为成绩评定唯一依据,缺少过程性、阶段性考核

传统法学课程的考核方式比较单一,以一次性的期末考试成绩作为评定学生成绩高低的唯一依据,这是大多数法学院所采取的通行考试方式。这种考试方式能够将授课者的重点知识系统地在一张考卷上,考察学生的学生情况,还可以一定程度上通过如案例分析等题型考察学生的应用法律知识的能力,但实践证明这种考核方式也有很大的缺陷。

一次性考核方式很难全面而真实地反映学生一学期的学习情况和学习效果。教师的平时分可能在一定程度上缓解教师对学生过程性学习考察的缺失,然而,过高的平时分数往往会导致教师评价标准的随意性。此外,平时分的高低完全成为教师奖励与惩罚学生课堂表现的一种工具,这也脱离了设定平时分的初衷。所以问题的关键仍然是学生的过程性学习的量化表现与学生成绩的评定的合理性设定。

(2)单一的闭卷考试为主,难以激发学生自主学习的能动性

我国大学的法学院的闭卷考试方式屡遭诟病的重要原因还在于作为法学教育的重要内容之一,闭卷考试不仅承担检验学生接受法律知识的情况,还要进行一般的法律知识的普及。所以,闭卷考试的内容一般相对简易,毕竟要照顾到大多数学生的承受能力。因此,对于创新型、应用型,考查学生能力的题目很少出现在期末考试卷中。另外,作为一种通行的方式,教师或多或少地都会给定一定的复习范围,降低考试的难度,以能力考察的考试方向大多数都向考察识记能力转变。

(3)缺少教与学的互动性

令学生困惑的另一个问题是,每次学生考试中遇到的一个疑难问题,但授课教师往往在考试之后,没有通过课堂解决该疑问的一般渠道。良好的教学过程应当是互动式的,学生应当在教学环节中及时解决其遇到的疑难问题,而教师则应利用教学方式充分创造互动式的教学环境。传统的法学教育方式属于单向的教学过程,学生的态度、观点和疑问很难在教学环节中正常表达和解决。

(4)无法考察学生的能力的提高

传统法学课程对学生的考察主要其中于理论知识的考察,缺少对应用能力和表达能

① 参见李俊刚:《应用型法律人才培养的多面向——一个社区法律诊所典型案件的全景分析》,载《大学教育》2013 年第 19 期。

力以及其他各种能力的考察。学生能力的提高无法通过考试的方式加以考察,现行的考试方式除了案例分析、创新型题目的设置外,很难体现出学生各方面能力的内容。

(5)缺乏学生的自我评估

与学生成绩评估至关重要的另外一点是,学生很难通过期末考试获得对自己学习效果与感受的评估,而完全被教师的单方评估所取代。实际上,学生对自己的评估在教学过程中是十分重要的。它是进行下一步有针对性的教学措施的依据,也是互动式教学中必不可少的环节。

(6)无法形成对学生道德的方向引导和有效干预

固然,传道授业解惑为师者之本,但道德方向的引导和有效干预也是培养卓越法律人才时十分关键的一个方面。传统的考核方式对此问题几乎完全忽略。应当说,其并非没有注意到社会与时代的发展对学生的道德引导的重要性,而是没有注意到教学方法上也应当顺应社会和时代的改变而有所变化。

2. 应采用过程性考核方式

过程性、互动式的教学方式在法学本科阶段的教学中的重要价值已被很多人发觉,各高校已经为此开展了各种有益的尝试和探索。尽管不同学科之间的差异性很大,但几乎所有的法学学科都可以融入过程性、互动式的教学环节和因素。

以建构主义教育理论为基础设立的社区法律诊所鼓励学生创新才能的发挥,要求学生进行批判性思考,创造性地探求解决问题的最佳方案。这有利于培养学生的独立性、自主性和创造性,但是跳出传统教学方式的社区法律诊所,也跳出传统的学习效果评价规则,不能再适用传统的文字考试来对学生的实践性学习进行评价。① 因此,法律诊所课程应当采用具有很好的教学效果的过程性考核方式。

首先,采用过程性考核方式以后,学生参与法学实践活动的积极性提高了。由于法律诊所课程过程性考核方式是一种压力式教学方式,学生通过该门课程的考核唯一的方式就是积极地安排自己的社会实践计划。教师在法律诊所课程中所起的作用也由单一的讲授转变为对实践成果的检验和认定。这种考核方式有利于学生养成自主性学习的习惯形成,有利于学生有计划地安排时间,甚至有利于个人的人生职业规划。

其次,过程性考核方式是漫灌式教育向有针对性的个性式教育方式的转变。真正的互动式教学方式不可能在100多人的大课堂上实现,它是一种个性特点的发现,有针对性的引导。因此,分组式教学方式是个性式教育的前提,而过程性考核则为教师发现学生的不同学习状态创造了可能性。在彼此不同的实践内容中,发现学生暴露出的不同问题,从而有针对性地进行个性指导。

最后,采用过程性考核方式有利于经验型感受式学习方式的形成。法律诊所课程过

① 参见王康:《中国社区法律诊所教育之建构》,首都师范大学2006年课程与教学论专业硕士学位论文,第35页。

程性考核方式在量化实践评估的同时，也偏重个人自我评估的内容。如在参加实践后的感想、对实践中发现问题后的反思、最终实践总结报告等，占据了考核评估的很大部分。自我评估是传统的考核方式无法实现的，它对及时地总结实践中的经验，矫正不正确的思想和行为，树立正确的职业理念都具有不可替代的作用。

法律诊所的评估注重客观性和主观性两方面的平衡，教师对学生的评估占据了十分重要的位置，教师甚至可以拥有“一票否决”的权利，也可以根据自己的观察给予学员优秀的资格。同时，学生通过感想、反思和总结报告的方式进行自我评估。

三、法律诊所课程过程性考核方式样本分析

法律诊所课程的实践性很强，但往往实践性的内容是很难用成绩来衡量的，一种将实践内容量化考核的方式需要在实践中不断地进行总结和反思。以哈尔滨理工大学法律诊所为例，在3年的实践总结和应用基础上形成了一种综合评定学生实践能力的量化评估体系。这种评估体系具有很高的确定性，评价方法应当是可靠的，无论对于何种学生均能准确评定等级。所运用的评价方法方面，无论学生是第一个被评价还是最后一个被评价，无论是甲教师还是乙教师进行评价，都无关紧要。① 其针对诊所法律教育教师流动性大的特点，无疑是最大的优势所在。在设置量化综合评估标准时，充分考虑了以下几个必要的因素：第一，该标准能够充分体现学生的实践活动内容。第二，该标准能够以客观的方式反映学生的实践内容。第三，该标准能够将客观实践量化评估、学生自我评估和教师评估融为一体。第四，该标准可以充分反映学生各种能力提高的效果。法律诊所课程考核方式、方法的总体思路是以量化实践评估方式为主，以分期考核监督、主客观评价为辅构成的三方综合评价体系。具体而言，其是指法律诊所的最后考核结果是一个以学生完成量化分数评估体系所规定的实践内容为基本目标，分阶段对学生进行小组考核与监督，综合学生自我评估和教师评估的考核方式。

法律诊所是在主客观评估的基础上，明确了以学生实践为基础的量化评估方式。即将学生参加诊所实践活动都换算成相应的分数，只有达到60分才视为诊所实践合格，同时学生的自我评价和期末考试也要达到60%的分数以上，三者缺一不可，否则都会视为诊所考试不合格。评估的体系主要包括学生自我评估（最后的诊所总结报告形式，占评估的20%）、客观实践活动评估（通过诊所活动获得相应的实践分数，占评估的60%）、期末考试（占20%）。

综合以上各种因素，法律诊所的课程结合学生的各种实践活动内容，提出了以代理案件、诊所论文、诊所实习、法律讲堂、法律义诊、代写文书、案例分析、法院旁听、调查取证、法律咨询、活动感想、模拟法庭等为子目录的量化体系，其中完整地代理一起民事案件和从事一次法学研究，发表一篇法学相关的论文视为合格，其他项目分别获得5分到30分不等的分数，截至学期末学生累积获得的实践分数到达60分视为合格。而每一项

① 参见袁钢：《法律诊所教学评价方法探究》，载《法学杂志》2011年第2期。

获得分数的小项均以一定的文件的形式提交诊所指导教师予以真实性和实质性审核。教师的评价在法律诊所评估中占有很重要的作用,其作用主要有以下三个方面:首先,教师的激励和约束是学生完成实践的关键因素;其次,教师对学生的成绩评价也是学生自我检验的有效途径;最后,通过成绩评价系统的构建,教师可以将教学目标分解,并逐一量化,既可以检验学生的学习效果,又可以检验教师的教学效果,起到教学相长的作用。①

每个学生在考核的学期需进行一定数量的法学实践活动,并写出能够反映实践成果的文件。同时,写出法律诊所总结报告,将学期的实践活动、经验总结与感想加以总结。在学期末参加法律实践技能的指导课程的考试,建议采取开卷考试,主要考察学生的实践应用能力。在3种考核方式中,期末开卷考试所占的分值比重只占20%,这符合弱化理论考察,重视实践能力的考察的改革方向。学生的法律诊所评估报告属于学生的自我评估,其所占的分值比重占20%,其评分标准是自我评估与客观实践活动认识的深刻程度和提高程度。不一定参加实践越多的人自我评估越好,而是认识得越深刻,自我评估越好。但往往参加的实践活动多,自我评估一般比较深刻。

哈尔滨理工大学的法律诊所量化评估体系使用3年以来,基本上达到了提高学生实践能力的教学要求。尽管法律诊所课程具有极高的实践性特点,但并不说明量化实践评估体系、分阶段式的得分方式在其他课程中不具有可行性。法律诊所之所以可以进行量化实践结果的考核,其主要原因在于法律诊所是一门综合性考查学生实践能力的课程。但对于理论性很强的课程,如民法学课程,过程性、互动式的考核方式也可以通过案件代理、撰写民法论文、参加实习、民事法律讲座、代写民事法律文书、民事案例分析、旁听民事案件、接待当事人的民事方面咨询、活动心得、民事模拟法庭等方式来进行,必要的理论授课和学生参与实践应当有较为恰当的比例划分。同时,小组式谈论式学习方式是民法课程中较为有效的学习方法。

① 参见宋怡林:《法律诊所式教学学生成绩评价系统的构建》,载《鞍山科技大学学报》2007年第6期。

法律实践教学效果综合评价体系的建构

——以诊所式教学为探索路径

肖 磊*

诊所式法律教学发端于美国,它借鉴医学诊所与临床实践的教育模式,在有经验的诊所教师指导下,学生为各式各样的案件当事人提供代理服务。在日益强调实用性法学人才培养的今天,诊所式法律教学模式作为法学实践教学的关键方式,得到了国内高校的普遍重视。

作为一种新型的教学方式,及时了解和发现诊所式法律教学过程中存在的问题与不足,并进行相应的改善是该教学方式得以有效应用的前提,因此,有必要对诊所式法律教学效果进行综合评价。现有对实践性法律教学的教育评价研究,如吴西彬、李乐平、徐德红等的研究,更多的是停留在定性分析之上。这些研究尽管也提出了评价法律实践教学效果的若干指标,但因其以定性描述为主,不能真实、有效地衡量该教学环节的实际效果及其优劣。诊所式教学效果的评价既包括可量化的指标,也包括不可量化的指标,单纯的定性分析不能提供有效的评价结果,也就不能提供有益的改善建议。因此,本文首先从系统论出发,建立了诊所式法律教学效果评价的三维模型和综合评价体系;其次,创新性地将模糊综合评价引入诊所式法律教学效果的评价之中,通过有机地结合定性分析与定量评价,为诊所式法律教学的完善和改进提供决策依据;最后,运用提出的方法对我校诊所式法律教学效果进行了评价,表明了方法的可行性与有效性。

一、诊所式教学效果评价的三维模型

一般认为,教学效果评价是对教师教学质量的评价,对学生的评价通常采用考试等方式。刘本固认为教学是教师"教"与学生"学"的有机组合。在诊所式教学中,学生与教师同为教学主体,教学质量的优劣与学生和教师均有密切关系。同时,诊所式教学实践的进行还需要相应的教学实施,因此,院校条件同样影响其教学效果。根据诊所式教育的这些特点,本文从系统论出发,提出了从学生、教师和开展院校的基础条件(统一简

* 温州大学法政学院副教授。

称为院校)进行诊所式教学效果评价的三维模型,如图1所示。

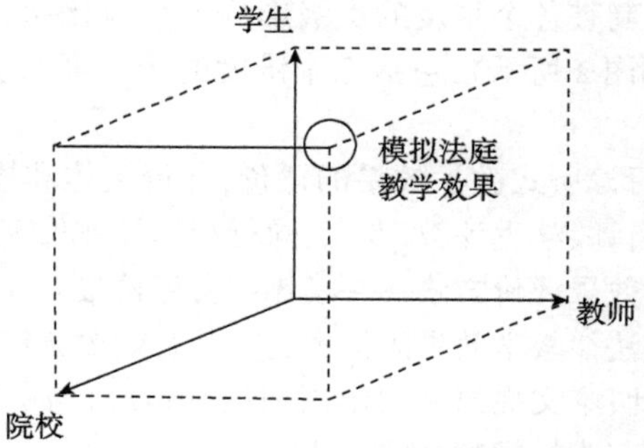

图1　诊所式教学效果三维评价模型

1. 学生维度

学生维度的评价在诊所式教学效果评价中具有基础性的价值与作用。学生维度的评价既包括学生的自评,也包括教师对学生参与诊所式活动的评价。评价信息的收集方式也多种多样,如访谈、问卷调查以及填写自我评价表等。

2. 教师维度

教师维度的评价既包括教师的自评,也包括参与诊所式的学生对指导教师的评价。值得注意的是,教师要以自己的公正和努力作出客观评价,而不应将其与学生的评价维度放到同一的评价水平线来衡量。教师维度的评价是多方面的,相应的评价信息收集也是多向度、多层面的。

3. 院校维度

院校是开展诊所式教学的重要保障,所在院校对诊所式等实践性教学活动的认知和支持,直接影响诊所式的教学效果。如何将诊所式等法学实践教学环节融入学校主流教学体制之中,从而充分获得院校的教学经费和其他教学资源,加强和改善教学条件的建设和教学规范管理等工作,对诊所式具体实施和开展具有相当的影响。因此,应当重视院校维度评价的价值和作用。

二、诊所式教学效果评价指标体系

诊所式教学效果的评价涉及学生、教师和院校条件3个维度,而每个维度又包括若干因素,这些因素不仅数量多,而且因素之间还存在复杂的层次关系和相互作用。如果不能对这些因素进行综合考察和衡量,就不能清晰地反映诊所式教育的实际效果,也不便于横向比较同类院校诊所式的开展情况,因此,有必要探讨这些因素之间的关系,建构综合评价体系,实现对诊所式教学效果的评价和改善。诊所式教学效果评价体系建构的目标是寻求一组测评指标变量,综合衡量诊所式课程教学效果之满意程度,为诊所式教学效果的改善和提高提供决策依据。

以现有定性研究为基础，结合国内开展诊所式教育高校的调研，依据诊所式教学效果的三维评价模型，通过调查各个维度的次级影响因素，归纳综合建立诊所式教学效果评价的综合指标体系（如图 2 所示），包括三个维度的 7 个第二层次评价指标和 15 个第三层次评价指标。

依据该指标体系进行诊所式教学效果的评价，评价主体和模式是多种多样的，如教师自评、教师评学、学生自评、学生评教、专家、同行和领导评价等。

三、诊所式法律教学效果评价方法——模糊综合评价法

如前文所述，诊所式法律教学效果的优劣比较和有效改善需要将定性的描述转变成定量的评价数字。基于此，本文提出采用模糊理论（Fuzzy）与层次分析法（AHP）相结合的方法进行评价，笔者称其为模糊综合评价法。

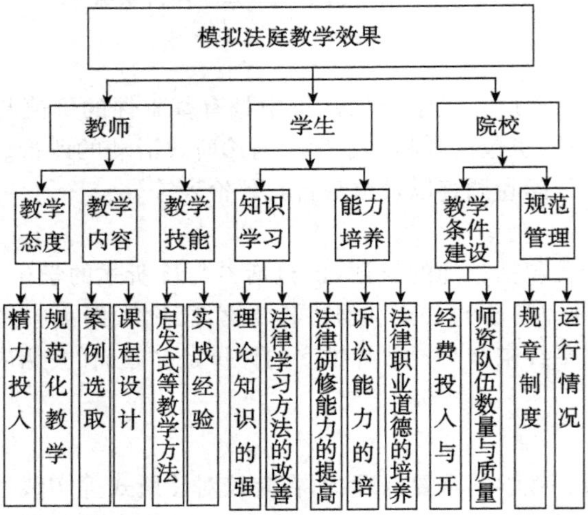

图 2　模拟法庭教育评价指标体系

作为定性分析和定量分析综合集成的一种常用方法，模糊综合评价法具有传统层次分析法的全部优点，并且允许判断模糊性，是一个比较理想的多指标评价模型。采用此方法能够将采集到的影响诊所式法律教学效果的信息资源进行有效的数学分析，定量地表示教学中存在的不足和问题，为教学改善提供决策依据。

运用模糊综合评价法对诊所式法律教学效果进行评价的步骤和方法如下所述。

（一）确定评价指标集

诊所式法律教学效果的评价指标体系是一个多层次的评价体系，因此设定 $i=1,2,\cdots,n$ 为第一层次指标数，$j=1,2,\cdots,m$ 为第 i 个一个层次评价指标下的二层次指标，$k=1,2,\cdots,1$ 为其相应的第三层次指标个数。

根据建立的指标体系，则有：

$U_i = \{U_1, U_2, U_3\} = \{$教师,学生,院校$\}, n = 3$

$U_{1j} = \{U_{11}, U_{12}, U_{13}\}$

$= \{$教学态度,教学内容,教学技能$\}, m = 3$

$U_{2j} = \{U_{21}, U_{22}\} = \{$知识学习,能力培养$\}, m = 2$

……

同理,以此类推可建立第三层次的指标集:

$U_{ijk} = \{U_{ij1}, U_{ij2}, \cdots\}$

(二)确定评价指标权重

指标的权重表示各个指标的相对重要程度,本文根据层次分析法确定诊所式法律教学评价指标体系中各个评价指标的权重。首先,由专家对各级指标进行两两比较,构造指标的判断矩阵,然后根据方根法计算权重值,最后进行一致性检验。

例如,对于第一层次指标,教师、学生、院校构造判断矩阵 $A = \begin{vmatrix} 1 & 1/2 & 3 \\ 2 & 1 & 4 \\ 1/3 & 1/4 & 1 \end{vmatrix}$,运用方根法计算得到这3个指标的权重集 $W_i = \{W_1, W_2, W_3\} = (0.32, 0.558, 0.122)$,再计算一致性系数 $CI = 0.0091$,小于0.1,符合一致性检验要求。其中 w_1, w_2, w_3 分别表示教师,学生,院校三个维度在最终的评价结果中的权重,且 $\sum_{i=1}^{3} W_I = 1$。

第二层次指标 U_{ij} 的权重集为 $W_{ij} = \{W_{i1}, W_{i2}, \cdots, W_m\}$,如诊所式教学效果评价指标体系中的指标 U_{1j} 的权重 $W_{1j} = \{W_{l1}, W_{l2}, W_{l3}\}$,其他以此类推,二级指标的权重之和也为1。

第三层次指标 U_{ijk} 的权重集为 W_{ijk}, i, j, k 的含义如前面的定义。

运用层次分析法确定指标权重时,可以通过各层元素对系统目标的合成权重计算、总排序,明确最底层各个因素在总目标中的重要程度。诊所式教学效果评价指标体系中最底层因素(三级指标)相对第二层次指标的合成权重为 $W_{ijk} = W_{ij} \cdot W_{ijk}$,相对第一层次指标的合成权重为 $W_{ijk}'' = W_i \cdot W_{ijk}$。合成权重的计算能够明晰影响诊所式教学效果的关键因素和次要因素,为改善教学提供决策方向。

(三)确定评价集

评价集是指在实际评价中各种可能的评语集合 $v = (v_1, v_2, \cdots, v_s, \cdots, v_n)$,元素 $v_s (s = 1, 2, \cdots, n)$ 表示由高到低的各级评语。由于法学教学的人文特殊性,采用李克特5级量表,评判集 $v = (v_1, v_2, \cdots, v_s) = ($很好,较好,一般,较差,很差$)$,对应数值区间如表1所示。采用这种方法,可以将对法学教学效果的定性描述转化为定量评价。

表1　5级李克特量表及其对应的数值

很好(很多)	较好(较多)	一般	较差(较少)	很差(很少)
4～5	3～4	2～3	1～2	1以下

(四)模糊综合评判

诊所式法律教学效果评价体系模型为三维层次结构,因此,在评价过程中可以从最低层次评判开始,将其结果作为上一层次的模糊矩阵,再进行上一层次的模糊综合评判。按照类似的方法从底而上逐层进行,最终即可得到系统总体的综合评判结果。

1. 一级模糊综合评判

一级模糊综合评判是对第三层次(最低层次)诸因素 U_{ijk}进行,因诊所式教学效果的模糊性,此评判值可以通过模糊统计方法得到。

如教师的教学精力投入采用5级量表测量,随机抽取10个教师与40个学生进行调查,分别有10人,40人,10人认为很好,较好和一般,则对于教师精力投入隶属于第 s 个评语 $v_s(s=1,2,\cdots,5)$ 的程度为 r_{ijk},其中 $0\leqslant r_{ijk}\leqslant 1$,且 $\sum_{i=1}^{5} r_{ijk}=1$,矩阵为(0.2,0.8,0.2,0,0)。

根据这种模糊处理方法,可以分别得到最底层因素的模糊隶属度评判矩阵:

$$R_{ijk}=\begin{vmatrix} r_{ijk1} & \cdots & \cdots & & r_{ijk5} \\ \cdots & \cdots & \cdots & \cdots & \\ r_{ij11} & \cdots & \cdots & \cdots & r_{ij15} \end{vmatrix}$$

则第一级的模糊综合评判结果为:$B_{ij}=W_{ijk}\cdot R_{ijk}=\sum_{k=1}^{1} W_{ijk}\cdot R_{ijk}$

2. 二级模糊综合评判

将一级模糊综合评判结果作为第二级评判的模糊矩阵,可求得第二层次因素集 U_{ij} 的模糊综合评判结果为:

$$B_i=W_{ij}\cdot B_{ij}=\sum_{j=1}^{m} W_{ij}\cdot B_{ij}$$

3. 三级模糊综合评判

在第二级模糊评判的基础上,可求得第一层次因素 U_i 的模糊综合评判结果为:

$$B=W_iB_i=\sum_{i=1}^{n} W_iB_i$$

合并以上三级模糊评判,可以发现诊所式教学效果的综合评价结果事实上等于最底层的隶属度矩阵与其对第一层指标的合成权重的乘积。

4. 教学效果评价结果

如果按照“最大隶属度”原则,则B中隶属度最大的值所对应的评价即为诊所式教学效果的评价结果。

除此以外,也可以计算综合评价值为:

$$E=V^TB=\sum_{s=1}^{5} V_sB$$

与“最大隶属度”方法相比较,综合评价值的结果更直观。

四、实证分析

温州大学作为一所地方性高等院校,非常注重应用型人才的培养。自2003年法学专业开办以来,就十分重视诊所式法律教学环节,在教学过程中也积极寻求有效的测量和评价方法,试图通过明确影响诊所式教学效果的核心因素以及教学中存在的不足,进行有效的改善,提升教学质量。本文运用前面提出的体系和方法对温州大学进行的实证研究如下。

1. 诊所式法律教学效果关键因素的确定

根据本文提出的评价指标体系,请法学院参与诊所式建设和指导的10位教师对指标进行两两比较,构造了判断矩阵,依照层次分析法计算,得到各级指标的权重和底层因素(第三层次)对上层(第二层次)和目标层(第一层次)的合成权重,如表2和表3所示。

表2　第三层次因素对第二层次因素的合成权重

二层 / 三层	知识学习	能力培养	教学态度	教学内容	教学技能	规范管理	教学条件建设	W'_{ijk}
W_{ij}	0.333	0.667	0.4	0.2	0.4	0.5	0.5	
理论知识的强化	0.75							0.25
法律学习方法的改善	0.25							0.083
法律研修能力的培养		0.25						0.167
法律职业道德培养		0.25						0.167
诉讼能力的培养		0.5						0.333
精力投入			0.667					0.267
规范实施教学			0.333					0.133
课程设计				0.333				0.067
案件选取				0.667				0.133
实战经验					0.75			0.3
启发式教学方法					0.25			0.1
规章制度						0.8		0.4
运行情况						0.2		0.1
建设经费投入与开支							0.667	0.333
师资队伍数量与质量							0.333	0.167

表 3　第二层次因素对第一层次因素的合成权重

一层 / 三层	学生	教师	院校	ω''_{ijk}	排序
ω_i	0.558	0.32	0.122		
理论知识的强化	0.25			0.14	2
法律学习方法的改善	0.083			0.047	
法律研修能力的培养	0.167			0.093	
法律职业道德培养	0.167			0.093	
诉讼能力的培养	0.333			0.186	1
精力投入		0.267		0.085	
规范实施教学		0.133		0.043	
课程设计		0.067		0.021	
案件选取		0.133		0.043	
实战经验		0.3		0.096	3
启发式教学方法		0.1		0.032	
规章制度			0.4	0.049	
运行情况			0.1	0.012	
建设经费投入与开支			0.333	0.041	
师资队伍数量与质量			0.167	0.02	

根据表 2 的计算结果可以看出，影响诊所式法律教学效果的第一要素是学生维度的诉讼能力培养指标，其次依然是学生维度的理论知识强化指标，再次是教师维度的实战经验。此评价结果体现了温州大学诊所式法律教学以人为本的思想和实用性人才培养的目标。

2. 诊所式法律教学效果的综合评价

根据评价指标和评价评语，设计问卷，调查了法学院学生 40 人，指导教师 10 人，相关管理人员 10 人，回收有效问卷 54 份，有效问卷回收率为 90%。

通过对调查的数据进行分析整理，得到第三层次的 15 个指标的综合隶属度矩阵如表 4 所示。

表4 第三层次指标的综合隶属度矩阵

评价指标	评价集/权重	很好	较好	一般	较差	很差
		5	4	3	2	1
理论知识的强化	0.140	0.25	0.45	0.3	0	0
法律学习方法的改善	0.047	0.2	0.45	0.25	0.1	0
法律研修能力的培养	0.093	0.2	0.4	0.3	0.1	0
法律职业道德培养	0.093	0.2	0.4	0.3	0.1	0
诉讼能力的培养	0.186	0.15	0.45	0.25	0.15	0
精力投入	0.085	0.2	0.45	0.35	0	0
规范实施教学	0.043	0.2	0.4	0.3	0.1	0
课程设计	0.021	0.1	0.35	0.4	0.1	0.05
案件选取	0.043	0.25	0.5	0.25	0	0
实战经验	0.096	0.15	0.4	0.4	0.05	0
启发式教学方法	0.032	0.1	0.45	0.3	0.1	0.05
规章制度	0.049	0.05	0.4	0.4	0.1	0.05
运行情况	0.012	0.15	0.4	0.35	0.1	0
建设经费投入与开支	0.041	0.05	0.3	0.4	0.25	0
师资队伍数量与质量	0.020	0.05	0.3	0.4	0.2	0.05
综合评判值B		0.173	0.422	0.314	0.086	0.006

根据第三部分提出的计算方法,得到诊所式法律教学效果的综合隶属度矩阵为:

$$B=\{0.173, 0.422, 0.314, 0.086, 0.006\}$$

根据最大隶属度原则,0.422为最大,其对应的评价为“较好”。

再计算综合评定值:$E = V^{T}B = \begin{pmatrix}5\\4\\3\\2\\1\end{pmatrix}(0.173, 0.422, 0.314, 0.086, 0.006) = 3.669$,处于评语集中“较好”范围之内。

依据以上计算结果,认为温州大学诊所式的教学效果属于较好。

通过评价发现,温州大学诊所式法律教学的优势在于学生能力的培养,而不足之处在于院校对诊所式的基础建设不足,经费投入和师资队伍的建设均处于一般状况,需要大力改善。

五、结束语

诊所式法律教学效果的综合评价是一个复杂的系统问题。针对目前定性分析研究的不足,本文建构了从学生、教师与院校条件进行诊所式法律教学效果评价的三维模型和相应的评价指标体系,并创新性地引入模糊综合评价法进行评价。温州大学的实证研究表明,本文提出的模型和方法可行、有效。

本文研究成果是基于温州大学的实证分析,但是因目前相关的系统和定量研究文献很少,因此,该指标体系和方法是否适用于其他层次高校诊所式法律教学效果的评价,还需要作进一步研究。

"诊所法律教育——法律援助"模式的实践探索与思考

秦祖伟*

从2008年5月开始,重庆三峡学院政法学院与作为公益性法律机构的重庆市律师协会三峡库区农民工维权中心联合开展了"法律诊所",目的是通过高校与公益性法律援助机构联合,建立诊所式法律教育平台,探索"诊所法律教育—法律援助"模式,将法律援助与法学教育有机结合,力求达到既壮大法律援助工作者队伍,又为学生提供一个接触实际案件,提高其理论联系实际能力的机会。

一、"诊所法律教育—法律援助"模式是探索诊所法律教育与法律援助"双赢"的新途径

诊所法律教育,是20世纪60年代起源于美国法学院的一种新的法学教育模式。其借鉴医学院通过诊所实习来培养医生的形式,设立"法律诊所",让学生在诊所教师的指导下办理法律案件,为当事人"诊断"法律问题,开出"处方",维护当事人合法权益,而学生从实践中既学习法律职业技能,也培养法律职业道德。据中国诊所法律教育网统计,自2000年9月起,到2014年10月4日,国内有180所大学法学院系成为中国诊所法律教育专业委员会的单位会员,实施了诊所法律教育实践教学。该做法受到了学生的普遍欢迎。法律援助制度是由国家设立专门机构,为了保障经济困难的公民获得必要的法律服务,为当事人减免费用提供法律服务的一项法律制度。法律援助制度起源于15世纪的英国,是现代法治国家一项不可缺少的法律制度,是法律文明与社会进步的体现。

从目前我国的实际情况来看,法律援助与诊所法律教育各自的发展都面临较大的障碍与困难,而两者的有机结合可以达到优势互补,实现"双赢"。

首先,通过"诊所法律教育—法律援助"模式可以拓宽法律援助渠道,壮大法律援助志愿者队伍,为更多的受援群众提供专业服务。

作为维护困难群众合法权益的重要制度之一的法律援助制度,是法律面前人人平等

---

* 重庆三峡学院公共管理学院教授。

的宪法原则的切实体现,党的十八届三中全会就对其完善提出了明确要求。目前法律援助工作也取得了很大进步,从2012年统计的数字来看,现在办理的法律援助案件已经过了百万件这个大关,每一年法律援助办案的保障经费的增长都超过了10%,2012年全国达到14个亿。① 但是,由于法律援助的困难标准在不断调整,现在除了要保证低保人群享受法律援助以外,还普遍将适用标准提高到了低保标准之上1.5倍,甚至2倍以上,并将法律援助的补充事项范围增扩到2亿名农民工的劳动报酬支付,进一步扩大了援助的覆盖范围。与巨大的需求相比,截至2013年年底,全国法律援助管理机构数为431个,法律援助机构数为3249个,全国法律援助管理机构和法律援助机构工作人员共有14,548人,编制数为12,991人,同比均略有增长。② 但法律援助工作人员还是偏少,不能满足实际工作的需要。并且目前法律援助案件主要靠社会执业律师来承办。根据《律师法》和《法律援助条例》的规定,律师也有履行法律援助的义务。但是,市场经济条件下,律师也是谋求自我生存和发展的法律工作者,面对无偿或者是低报酬的法律援助案件往往积极性不高,即使法律规定每年必须至少完成1件,实际真正完成的也不多。而要提高法律援助经费,调动律师积极性也面临着诸多困难。可见,在受援群众的需求和律师事务实际提供的法律援助之间存在较大的差距,因此就需要调动包括法学院师生在内的社会力量参与到法律援助志愿者队伍中来,提供优质无偿的法律服务,扩充法律援助渠道。

其次,通过"诊所法律教育—法律援助"模式可以提高高校法律专业学生理论联系实际的能力,一定程度上克服诊所式法律教育师资、场地、经费与案源不足问题。

我国目前的法学教育中,学生基本上以理论学习为主,尽管期间也参加一些模拟法庭、法院旁听,乃至毕业实习,但是从效果来看并不理想,真正亲自办案的机会较少。因此,法学院学生毕业以后往往感觉学校学的东西用不上,不知如何开展实际工作。同时,在对法学院学生的职业道德和社会责任感教育方面,由于缺少具体体验,感觉比较抽象,难以理解,培养效果较差。针对传统教育的不足,许多高校开展了诊所法律教育,但通过一段时间的实践来看,普遍存在师资力量不足、场地难找、经费短缺与案源不足问题,导致诊所法律教育面临可否持续下去的窘境。由于法律援助中心或公益性法律援助机构具有专职或兼职工作人员和专门场地,有相应的活动资金和大量的案源,诊所法律教育如对其加以利用,可以在一定程度上缓解诊所法律教育面临的上述问题,促进诊所法律教育的可持续发展。

最后,将高校诊所法律教育与法律援助相结合,可以提升法律援助理论水平。

我国法律援助工作相较于西方发达国家目前还处于较低的发展阶段,法律援助理论

① 《二十年我国法律援助案件已过百万》,载国务院新闻办公室网:http://www.scio.gov.cn/video/qwjd/Document/1352188/1352188.htm,最后访问日期:2017年1月17日。

② 司法部法律援助工作司:《2013年全国法律援助工作统计分析(一)》,载《中国司法》2014年第6期。

水平较低，通过“诊所法律教育—法律援助”模式可以吸引高校资源，特别是部分法学教师加入法律援助研究工作中来，为法律援助整体理论水平的提升起到积极的促进作用。

可见，诊所法律教育与法律援助两者的结合，可以说是互相需求、优势互补的结果。

二、重庆三峡学院对“诊所法律教育—法律援助”模式的实践

重庆三峡学院“诊所法律教育—法律援助”活动的实施过程，包括学习理论知识、实际办理法律援助案件、参与其他法律援助志愿服务等内容。

（一）开设“诊所法律教育—法律援助”理论课，提高学生开展援助的理论水平

“诊所法律教育—法律援助”理论课分为先修课程和法律援助相关课程两个部分。先修课程是包括：法理学、宪法、刑法、民法、经济法、行政法等实体法、刑事诉讼法、民事诉讼法、行政诉讼法等程序法课程，结合合作单位主要为农民工维权中心，特别强调劳动法等课程必须先学。通过课堂理论教育，让学生系统掌握法学基本理论知识、培养语言表达、辩论、交际等基本技能。法律援助相关课程包括对我国法律援助相关法律法规的系统学习，对办理法律援助案件程序包括接待咨询、法律文书起草、起诉与应诉、庭审活动、谈判与调解等进行熟悉和模仿练习，办理法律援助案件过程中相关的职业道德和纪律强调等。

（二）学生组成办案小组，实际承办法律援助案件

通过系统的诊所教育理论课学习后，学生以4~5人为一个小组，每组配指导教师1~2人，到维权中心值班，接待当事人，办理法律援助案件。办案过程以学生为主，教师在必要的时候给予一定指导，由于学生办案出庭身份的限制，出庭时以学生为主，老师为辅共同参加。自2008年5月至2013年12月，重庆三峡学院政法学院学生与三峡库区农民工维权中心配合，承办法律援助案件20件，取得了良好的社会效果。同时通过援助案件的办理，学生熟悉了办理案件的整个运作过程，锻炼了实际处理相关问题的能力。

（三）引导学生参与法律咨询、法律宣传等其他服务

除为当事人代理案件外，学生的法律援助工作还包括法律咨询、宣传、代写法律文书等方面。特别是法律咨询，在农民工维权中心平时业务较多，要求学生严格实行咨询登记制度，填写相应的表格，提出处理意见，咨询案件105件。同时，2008年5月至今，每年多次组织学生志愿者深入万州区和临近的城口、丰都等区县，利用3·15消费者权益日、12·4法制宣传日和“三下乡”的机会，与社区和农村居民进行直接交流，为他们提供法律咨询、代写法律文书等无偿服务，在为老百姓解决法律问题的同时，也充分锻炼了学生的实践能力和应变能力。

三、“诊所法律教育—法律援助”模式实践过程中存在的问题与对策

重庆三峡学院公共管理学院与重庆市律师协会三峡库区农民工维权中心共同开展了6期“诊所法律教育—法律援助”，共培养学生319人次，学生从活动中获得了办案经验，提高了办案技能，增强了社会责任感，部分同学已经可以独立办案，为广大的农民工维护了合法权益，并被媒体进行报道，取得了良好的经济效益和社会效益，政法学院所创

造的地方高校与公益性法律机构的合作模式已经在国内法学教育界拥有一定的知名度，中国法学会多次对此进行了报道。但是，通过“诊所法律教育—法律援助”活动的开展，我们也发现了一些阻碍该模式顺利进行的问题，同时尝试提出相应的解决对策。

（一）教学内容问题

由于法律援助式法律诊所是一个综合性诊所，涉及的援助项目包括刑事、民事、经济、行政等各个方面，如何有效地、有针对性地设计教学计划与内容，是摆在我们面前的首要问题。如果对教学内容设计不当，则很可能会顾此失彼。鉴于重庆三峡学院合作伙伴三峡库区农民工维权中心是主要为农民工服务的机构。其主要援助工作就是处理与农民工密切相关的劳动合同、工伤待遇、各种保险等。因此，我们在教学内容上侧重劳动法知识教育。对于一般院校，可以根据援助案件的具体情况，建议将学生分为民事、刑事、行政等不同小组，设计侧重不同的教学内容，同时让他们在法律援助中接触类型化的案件，有助于激发学生参与法律工作的兴趣，提高解决实际案件的能力和专业素质。

（二）学生办案衔接的问题

在本院“诊所法律教育—法律援助”活动中，参与活动的学生以大学二年级、三年级的学生为主，同时也吸纳了一些大一年级品学兼优的学生参加。重庆三峡学院诊所课程只有1学期，学生流动性大，而法律援助有的案件耗时很长，办案过程出现了衔接问题，这也是不容忽视的问题。为了保证每学期都有学生参与到法律援助活动中，建议如果是一个年级有两个以上班级，则可以分为同一学年的不同学期授课；如果是单班教学，则可以将教学期限延长为1年，在加大实践教学比例的同时，也有利于不同年级学生流动中的案件衔接工作。也可将已完成教学课程又对法律援助有热情的同学吸纳到法律援助社团中，甚至使其成为骨干成员，以便他们仍可继续进行法律援助工作。

（三）学生法律援助志愿者的身份认可问题

在“诊所法律教育—法律援助”活动中，学生是以志愿者的身份参与到法律援助工作当中来的。但现行法律未对志愿者的地位、职能、作用作出明确规定，学生只能以公民代理方式办理法律援助案件，导致他们在刑事和行政案件代理中许多权利受限，不能很好地维护当事人利益，也不能充分锻炼自己的能力。只能进行法律咨询、代写法律文书、进行法治宣传等诉讼工作。对此问题，根本解决途径是立法对法律援助志愿者和相关高校法律援助中心的地位、权利等进行规定。在法律未出台之前，可借鉴中国政法大学的经验，加强与当地与公、检、法等部门的沟通，使法律援助志愿者服务工作纳入司法行政系统的法律援助体系当中，得到整体上的规范与支持。

（四）活动经费问题

法律援助需要必要的经费，本院学生进行相关法律援助活动依托的是三峡库区农民工维权中心提供经费。在商务部中国国际经济技术交流中心的协调下，由联合国开发计划署支持，由比利时政府出资资助的“推动律师深入参与农民工法律援助”项目，在陕西、四川等15个省建立了依托律师事务所成立的专门的农民工法律援助工作站之一。该中心是其中之一。该中心的经费也与我国依靠福特基金会的资助生存的高校的法律援助机构一样,面临着机构的稳定性和长期性没有保障的问题,产生这一问题与我国目前比较落后的经济条件,与社会对民间法律援助组织的认识和态度有关。在美国,为了消除贫困人口,包括为他们提供法律援助,在联邦和州都设立了法律援助基金。从事民事法律援助的民间机构和法律诊所,均可向其申请经费。建议借鉴美国等国的做法,政府设立专项法律援助金,向包括法律诊所在内的民间法律援助机构提供经费保障。① 同时,积极从学院和相关法律援助机构争取经费,使经费来源多元化。

(五)社会不良风气及挫折的影响问题

在前一段的工作开展中,重庆三峡学院主要将工作的重点放在了对学生的专业理论素养的建设和业务素质的提高上,而部分学生在办理具体的案件时,通过对当事人和社会的接触,特别是司法系统内的诸多不正之风,社会丑恶现象对学生的冲击较大。同时,他们也遭受了一些失败和挫折,对社会能否实现司法公平公正产生了动摇,对自身办案能力产生了怀疑。重庆三峡学院已经并准备进一步加强对学生在法律职业道德方面,尤其是世界观、人身观以及价值观的引导,配备专门教师定期联系学生,针对每一次案件办理中和办理后的学生及时进行思想干预,建立参与法律援助学生的思想动态追踪机制,正确引导学生思想的健康发展。

(六)学生安全保障问题

大学生从事法律援助工作,要从事接待咨询、案件调查和参加诉讼等实践活动,而且涉及双方乃至多方当事人的利益,一定意义上说具有危险性。如何有效保障大学生的人身安全及其他合法权益,一直是学生与学校、法律援助机构共同关心的一大问题。为此,我们为相关学生办理了相应的保险。但为最大限度预防和减少风险,还应该由诊所教师对有安全隐患的案件进行预先筛选,加强开展安全教育,提高学生安全意识,以保障诊所法学教育与法律援助工作的顺利进行。

① 参见李军:《法律诊所教育与法律援助》,载《山西师大学报》(社会科学版)2005 年第 7 期。

法学教育专业实习与诊所教育改革若干问题探讨

——以甘肃政法学院为研究对象

黄荣昌[*] 石 英[**]

一、法学专业教学与实习概况

(一)课程设置:合理性考察

我国现行法学本科教育课程设置体系,主要围绕教育部确定的14门法学专业必修课程进行。经教育部高等学校法学学科教学指导委员会研究决定,自1999年起只按一个法学专业招收本科生,全国各高等院校法学本科专业都必须开设14门核心课程(即专业必修课),并于1998年由高等教育司组织编辑出版了《全国高等学校法学专业核心课程教学基本要求》。这14门核心课程是法理学、中国法制史、宪法、行政法与行政诉讼法、民法、商法、知识产权法、经济法、民事诉讼法、刑法、刑事诉讼法、国际法、国际私法、国际经济法。各大学法学院系可以在这14门核心课程的基础上结合自身的特点另外开设其他课程。这14门核心课程目前已在各高校法学专业贯彻执行。2007年3月1日,教育部高等学校法学学科教学指导委员会经过充分研究和讨论,最终通过了调整法学学科核心课程的决定,将法学学科核心课程16门,除了原来的14门核心课程保持不变外,又新增了劳动法与社会保障法、环境法与资源保护法两门核心课程。但是,教育部并没有发文明确要求各高校执行16门核心课程的决定,目前只有部分高校执行。

1. 甘肃政法学院法学本科专业刑事法方向西部基层法律人才基地班学分制培养方案比较分析

在中国特色的教育体制下,全国各大法学院系法学专课程设置情况,可以说是大同小异。而在卓越法律人才①培养的背景下,传统法律院系所开设的课程都有适当调整。

---

* 甘肃政法学院副教授、硕士研究生导师,诊所法律负责人。

** 甘肃政法学院2014级诉讼法学研究生。

① 卓越法律人才计划,是国家教委和中央政法委员会共同主持的一项旨在培养专门法律人才的计划,大致有3种类型,国内有较大影响的法学院系都有申报,甘肃政法学院获得了“西部基层计划”项目。

以甘肃政法学院为例，原来开设的主要课程如表 1、表 2 所示：

表 1　法学本科专业(刑事法方向)学分制培养方案实施进度　单位：分

课程类别	课程名称	课程类别	学时总数(个)	学分总数(分)	各学期开课安排(分)								考核方式	
					第一学期	第二学期	第三学期	第四学期	第五学期	第六学期	第七学期	第八学期	考试	考查
专业基础课	法学导论	必修	30	2	2								√	
	法理学	必修	54	3						3			√	
	中国法制史	必修	54	3		3							√	
	宪法	必修	45	3	3								√	
专业主干课	行政法与行政诉讼法	必修	72	4		4							√	
	民法总论	必修	72	4		4							√	
	民法分论	必修	72	4			4						√	
	商法	必修	72	4				4					√	
	知识产权法	必修	54	3						3			√	
	经济法	必修	72	4					4				√	
	刑法总论	必修	72	4		4							√	
	刑法分论	必修	72	4			4						√	
	民事诉讼法	必修	72	4				4					√	
	刑事诉讼法	必修	72	4			4						√	
	国际法	必修	54	3				3					√	
	国际私法	必修	54	3					3				√	
	国际经济法	必修	54	3						3			√	
	劳动与社会保障法	必修	54	3				3					√	
	环境与资源保护法	必修	54	3			3						√	
专业选修课	刑事政策学	指选	36	2				2						Ö
	犯罪学	指选	36	2				2						Ö
	证据法	指选	54	3				3						Ö
	侦查学	指选	36	2					2					Ö
	刑事审判与刑事辩护	指选	36	2					2					Ö

续表

课程类别	课程名称	课程类别	学时总数(个)	学分总数(分)	各学期开课安排(分)								考核方式	
					第一学期	第二学期	第三学期	第四学期	第五学期	第六学期	第七学期	第八学期	考试	考查
专业拓展课	外国法制史	选修	36	2		2								Ö
	西方法律思想史	选修	36	2		2								Ö
	中国法律思想史	选修	36	2			2							Ö
	法律思维与法学研究方法	选修	36	2			2							Ö
	罗马法	选修	36	2				2						Ö
	立法学	选修	36	2					2					Ö
	婚姻家庭法学	选修	36	2					2					Ö
	西部少数民族法文化概论	选修	36	2						2				Ö
	中国古代判例	选修	36	2		2								Ö
	财税法	选修	36	2						2				Ö
	票据法	选修	36	2					2					Ö
	法律英语	选修	36	2						2				Ö
	法律诊所	选修	36	2					2					Ö
	司法考试专题	选修	36	2							2			Ö
共同实践课	军事训练	必修	2周	2	√									
	学年论文	必修	8周	1					√					
	专业实习	必修	12周	6	与实务部门联合培养,在第七学期假期进行									
	毕业论文	必修	6周	4								√		
	社会调查与实践	必修	2周	1	假期进行									
分专业实践课	法律文书写作	必修	36	2						2				Ö
	模拟审判	必修	36	2					2					Ö
	律师公证实务	必修	36	2				2						Ö
	刑事案例研习	必修	36	2				2						Ö
	民事案例研习	必修	36	2					2					Ö
	行政案例研习	必修	36	2						2				Ö

表 2　法学本科专业(西部基层法律人才)学分制培养方案实施进度　单位:分

课程类别	课程名称	课程类别	学时总数(个)	学分总数(分)	各学期开课安排(分)								考核方式	
					第一学期	第二学期	第三学期	第四学期	第五学期	第六学期	第七学期	第八学期	考试	考查
专业基础课程	法学导论	必修	30	2	2								√	
	法理学	必修	54	3						3			√	
	中国法制史	必修	54	3		3							√	
	宪法	必修	45	3	3								√	
专业主干课程	行政法与行政诉讼法	必修	72	4		4							√	
	民法总论	必修	72	4		4							√	
	民法分论	必修	72	4			4						√	
	商法	必修	72	4				4					√	
	知识产权法	必修	54	3						3			√	
	经济法	必修	72	4					4				√	
	刑法总论	必修	72	4		4							√	
	刑法分论	必修	72	4			4						√	
	民事诉讼法	必修	72	4				4					√	
	刑事诉讼法	必修	72	4			4						√	
	国际法	必修	54	3				3					√	
	国际私法	必修	54	3					3				√	
	国际经济法	必修	54	3						3			√	
	劳动与社会保障法	必修	54	3				3					√	
	环境与资源保护法	必修	54	3			3						√	
专业特色课程	证据法	必修	54	3				3						√
	法律思维与法学研究方法	必修	18	1					1					√

续表

课程类别	课程名称	课程类别	学时总数（个）	学分总数（分）	各学期开课安排（分）								考核方式	
					第一学期	第二学期	第三学期	第四学期	第五学期	第六学期	第七学期	第八学期	考试	考查
专业选修课程	人权法	指选	36	2		2								√
	犯罪学	指选	36	2				2						√
	公共行政学	指选	36	2		2								√
	法律文书写作	指选	36	2						2				√
	侦查学	指选	36	2			2							√
专业拓展课程	婚姻家庭继承法	选修	36	2				2						√
	合同法	选修	36	2						2				√
	刑事政策	选修	36	2			2							√
	法律逻辑	选修	36	2			2							√
	法律伦理	选修	36	2						2				√
	保险法	选修	36	2								2		√
	税法	选修	36	2						2				√
	金融法	选修	36	2					2					√
	票据法	选修	36	2					2					√
共同实践课程	军事训练	必修	2 周	2	√									
	学年论文	必修	8 周	1					√					
	专业实习	必修	12 周	6	与实务部门联合培养，在第七学期假期进行									
	毕业论文	必修	6 周	4								√		
	社会调查与实践	必修	2 周	1	假期进行									
分专业实践课程	法律诊所实践	指选	36	2						2				√
	律师实务	指选	36	2							2			√
	模拟审判	指选	36	2						2				√
	刑事案例研习	指选	36	2				2						√
	民事案例研习	指选	36	2					2					√

2012年8月,甘肃政法学院申报的“西部基层法律人才教育培养基地”正式被教育部批准,因此进行了法学本科专业学分制培养方案的适当调整。

表1与表2的对比中可以看出,《法学本科专业(刑事法方向)学分制培养方案》(以下简称方案一)与《法学本科专业(西部基层法律人才)学分制培养方案》(以下简称方案二)在公共基础课程、专业基础课程、专业主干课程的设置上一致,因为原来课程具有相当的合理性,所以对这3类课程并没有进行调整和改变。在专业选修课程的设置上,方案一因为其主要针对刑事法方向的法学本科学生,课程设置上主要偏向于刑事方面,主要有刑事政策学、犯罪学、证据法、侦查学、刑事审判与刑事辩护6门课程。方案二的专业选修课程主要包含了人权法、犯罪学、公共行政学、法律文书写作、侦查学5门课程。从表中可以看出,两种培养方案的公共基础课程、专业基础课程、专业主干课程以及专业选修课都是必修或者指定选修的课程(学生都必须选的课程),方案二另外设置了专业特色课程(证据法以及法律思维与法学研究方法),也是要求学生必修,其中证据法与方案一中的专业选修课程相同,也要求学生必修。但是法律思维与法学研究方法的课程在方案二中是必修课,而在方案一中属于专业扩展课程,是选修课,我们认为第二种课程的设置更合理。第二作者于2014年9月开始研究生的学习,越来越意识到在法学学习的课程中法律思维和法学的研究方法的重要性。不论法学本科的学生将来是否从事科研工作,我们都认为法律思维和法学研究方法是法科学生不得缺少的两种专业技能,如果法律思维与法学研究方法设置成选修课程,因为该课程和其他课程相比之下难理解甚至让学生觉得很枯燥,那么选修的学生一定是少数,所以设置成必修课程让学生学习是非常有必要的。

两种培养方案的专业拓展课程、共同实践课程、分专业实践课程也不尽相同,方案一中将法律诊所的课程设置为专业拓展课程,方案二将法律诊所的课程设置为分专业实践课程。根据第二作者学习法律诊所课程体会,应该把法律诊所课程设置在分专业实践课程之中,而不只是单纯把法律诊所的课程设置为专业拓展课程。专业拓展课程项下的课程类别为选修课,学校对于选修课程的选修人数有极大的限制,而法律诊所因为其课程的特殊性,能够进入法律诊所学习的学生非常有限,以甘肃政法学院为例,每个年级进行法律诊所学习的学生一般只有大约60个学生,一个年级大概有600个学生,参加法律诊所课程的学生比例大约为10%,这个比例非常低,从2014年秋季法学院开设的法律援助诊所报名情况来看,学生们参加法律诊所的积极性是很高的。[①] 但由于课程的特点和师资所限,只有少数经过面试的学生才能进入法律诊所学习。而就第二作者学习法律诊所课程的经历来看,法律诊所的课程学习对于法科学生非常有必要,但是学校的现状使仅有少数学生能进入法律诊所,这样的低比例使法律诊所课程的设置没有达到其应该能够达到的效果,所以我们主张把法律诊所设置成可以替代法学专业实习的实践课程。

---

① 2014年秋季法学院法律援助诊所计划招收24~30人,报名人数约120人,最后经过面试选录了29人。

2. 甘肃政法学院法学本科专业课程设置的特点

结合上列表1与表2，甘肃政法学院法学本科专业课程设置的特点（也可能是大多数法学院系课程设置的情形），大致可以归纳为以下三个方面。

（1）统一性基础上的多样性

以本文第二作者的本科学习阶段为例，当时的甘肃政法学院在上述必修课程之外还开设了多门法学专业的选修课程，如中西方文化比较概论、犯罪心理学、犯罪学、中国古代判例等。除了专业选修课，学校还设置通识选修的课程，如中外管理思想史、新制度经济学专题、社会问题专题、形式逻辑等。大学二年级选修的这些课程，虽然过了4年之久，但是对于这些知识至少不会陌生，在研究生学习的第一学期，第一作者意识到要想成为一个优秀的法学专业人才，除了具备法学方面的专业知识和专业素养外，还必须了解人文学科的知识，特别是经济学和社会学，还有哲学和逻辑学，不了解这些知识的法科学生，是脱离了实际谈法学，是没有意义的。所以认为本科课程也应该增加经济学、社会学、哲学、逻辑学的必修课程，还有一些工具性学科，如高等数学和会计学或者统计学等。

（2）理论性基础上的实务性

在本文第二作者的本科学习阶段，法学基础理论等理论法学的教与学，均是从理论到理论；即使是民法学、刑法学等实务性较强的学科，老师也是从理论出发进行讲解，重点讲授理论，授课过程中老师讲解的案例基本围绕着相应的法学理论展开的，在学习的过程中，总有一种纸上谈兵的感觉。在课程设置上，尽管学校考虑了法学重实用的特点，设置了相应的案例讨论课，如民商事案例分析和刑事案例分析作为专业必修课，还有行政案例分析作为专业选修课，初步学习案件怎么分析。例如，本科大学二年级模拟审判课程中，班级模拟的案例是安宁区发生的一起醉酒闹事引起的故意杀人案，并且附带民事赔偿，第一作者被选为公诉人参加了整个案件。从拿到手而后根据学校提供的真实案例的文件做证据、各种表格，还有写起诉书、公诉词，和作为辩护人的同学进行辩论，清楚地了解了刑事诉讼的整个过程。在第三学年的第二学期开设了专业实习，用一个暑假加半个学期的时间展开专业实习，充分体现了在掌握法学基本理论的基础上加强实务工作操作训练的课程设置思路。可是就第一作者的学习经历来看，上述模拟审判和专业实习都存在问题：一是模拟审判的过程中，参加的同学毕竟是少数，一个刑事案件所有参与的人加起来，大约15个人，一个班60个学生，对于不参加的同学来说，这门课没有任何意义。二是专业实习，因为时间安排在大学四年级即将毕业的时候，很多学生都要面临就业或者是继续深造的压力，因此，大四第一学期安排的专业实习在大部分情况下都是流于形式的，达不到专业的目的。

（3）实体法基础上的程序法①

从上述表格可以看出，甘肃政法学院的本科阶段必修课共有24门，其中实体法课程

---

① 施蔚然：《我国法学本科专业课程设置研究》，载《法制与社会》2013年第2期。

12门,占必修课总课程数的50%;程序法课程只有3门,只占总课程数的12.5%。实体法课程数比程序法课程数多了近3倍。而且与第二点特征相联系,程序法的学习主要也是突出了理论部分。程序法知识的学习主要应与实务操作相联系才能取得更好效果,因此,在实体法基础上展开的程序法学习并未体现出可操作性强的特征。程序法的学习必须加强,而且应着重强调实践可操作性。从现有的法学专业14门核心课程来看,程序法的数量为3门,实体法的数量是程序法的近5倍。因此,我国目前的法学本科专业课程设置仍为实体法基础上的程序法。

(二)社会实践:学生层面的认识与体会

毕业实习是高等教育过程的重要组成部分,是高校人才培养计划中的一个不可缺少的教学环节,是理论与实践相结合的平台,也是学生掌握知识和技能的水平在走向社会前的一次综合性的大演练,其经历将对学生以后的职业生涯产生重要影响。尤其是法学这样实践性非常强的学科,社会实践无疑是锻炼学生实践能力非常重要的方式之一。根据第一作者的观察、调查访谈以及本文第二作者自己本科阶段的社会实践经历,笔者认为,现阶段法科大学生社会实践及专业实习存在的主要问题有:

1.专业实习时间的安排不合理

大学阶段的实习,学校一般安排在大学三年级下半学期开学前的暑假以及开学后的半学期。法学学生相比于其他专业的学生面临的一个很大的问题是参加司法资格考试,近几年我国司法资格考试一般是在每年9月的第三个周末进行,在这之前的半年时间,参加考试的学生都必须全力以赴地进行复习,而大学三年级的学生正是第一次参加司法资格考试,这样实习和司法资格考试的复习时间就产生了冲突。而司法资格考试又是法学学生毕业想从事法律工作所不可缺少的证书。从大部分学生来看,实习可以以后再说,可是司法资格考试却不可以。所以,学生的选择大部分是放弃实习从而选择了复习司法资格考试。

本文第二作者在大学三年级时并不打算参加司法资格考试,而是准备参加第二年年初的研究生入学考试,研究生入学考试同样需要复习很长的时间,这样实习和考研复习的时间同样是冲突的。为了完成实习,第二作者在大学三年的寒假实习,而所谓的实习,无非是和实习单位说好,学校统一的实习结束后进行填表,之后由实习单位写评语和盖章,据了解这种情况几乎占大多数。结合后文,我们建议,学校可以适当调整实习(集中实习或者分散实习)的时间,由大学三年级的暑假提前至大学三年的寒假,解决了专业实习时间安排不合理的问题。

2.集中实习效果不佳,分散实习流于形式

学校目前的实习方式,主要表现为两种具体的形式:一是由学校统一安排的集中实习;二是由学生自己或其家人联系的分散实习。

以本文第二作者自己实习的经历为例,因为想留出时间在大学三年级的暑假复习研究生入学考试,无法等到学校安排的集中实习,由此选择了分散实习的方式。实习的地点是兰州市城关区司法局内设的法律援助中心。由于在大学二年级的时候参加过学校法律诊所课程的学习,对于法律援助中心的工作方式相对来说比较熟悉。但和学校的法律援助中心相比,司法局内设的法律援助中心的工作人员的法学功底比较差,学校的法律援助中心虽然一般是学生接待当事人,但是总会有老师的指导和课堂上同学们的讨论。而司法局内设的法律援助中心的工作人员,大部分并没有通过国家司法资格考试,他们参加司法局内部的一个考试,就可以工作,但是只能代理民事案件,刑事案件和数量极少的行政案件都是司法局通过律师事务所指定律师代理。因为本书第二作者实习的时间正好是春节前工作总结的时候,有幸参加了那年大部分的案件整理和工作总结。本书第二作者发现他们的工作人员对于刑事法律还有行政法律的了解极少,记得有一位当事人来询问一个行政案件,我跟着学习的工作人员竟然问我我们国家是不是有《行政诉讼法》。所以,最后本书第二作者并没有学到很多的实践经验。分散实习找到的实习单位,水平不能保证,很大程度上会导致实习只是浪费时间。

关于集中实习,本文第二作者没有参加集中实习,但是也和参加集中实习的同学讨论过。研究生同学中有一位曾在他大学所在地的中级人民法院实习过,说是实习,但主要的工作无非是整理案卷和装订卷宗、送达法律文书而已,如果能够担任书记员跟随主办法官进行证据调查及核实或者进行开庭记录,那就属于“运气”特别好的了。他的结论也是没有学到什么实践经验,从平时的上课和讨论过程中可以看出来,这位同学的理论功底很好,所以本文第二作者觉得这并不全都是他本人的问题。因此,笔者建议,实习单位的选择应该集中在基层人民法院,或者县、市、自治县和市辖区人民检察院,并且学校和实习单位沟通时,应该要求实习单位对前去实习的学生所做工作有所要求,不能让学生为了完成任务而实习。

3. 实习报告不实,有一部分属于典型的应付差事

根据我们的调查和观察,一部分的学生因为没有真正参加专业实习,存在弄虚作假现象,即使是真正参加了实习的学生,也不是严格按照学校的要求认真完成实习的每一个环节的。例如,按照要求,在实习前学校会发了几张关于实习的表格,要求学生们实习结束后由实习单位进行评价和盖章,再要求我们写实习报告。但大部分同学的做法,基本都是不会边实习边写实习报告,而都是交报告之前在网上找找拼凑一篇完成任务。这样的实习报告其实根本没有任何意义。因此,我们认为,实习报告并不是实习的必需组成部分,但是对于学生在实习阶段所做工作必须有严格的要求。

(三)集中实习与分散实习利弊分析

集中实习是由学校统一安排实习单位,学校和实习单位进行协调沟通,再由学生到实习单位报到实习的一种形式。

分散实习是由学生或其家人通过社会关系,联系和专业相关的实习单位,经过学校的批准,由学生去实习单位报到实习的一种形式。

集中实习和分散实习各自有其缺点和优点。大部分同学比较喜欢分散实习,前文所

说过的因为实习时间和司法资格考试或者研究生入学考试复习时间的冲突，大部分同学选择分散实习的方式，当然，这前提是能找到可以分散实习的单位。而集中实习由学校统一安排，相对来说要求就严格很多，参加集中实习的同学也能严格要求自己，从而必须完成实习任务。

集中实习和分散实习所处的环境不同。学校对于集中实习单位的安排，一般都是公检法，而分散实习，我了解过的同学大部分都倾向于找律师事务所或者是司法局这些单位，相比于公检法机关，律师事务所和司法局的时间就非常有弹性，这样对于分散实习的同学来说，就会有很多的时间进行复习。

促进学生实习的动力不同。集中实习的单位往往都是几个同学一起去某个单位实习，这样几个同学之间也会有竞争，从而产生压力，就会有东西让同学们更积极的提高自己的能力而后更好地完成实习，并且实习单位和学校有沟通，对去其单位参加实习的同学严格要求。相对于分散实习来说，学生往往都是一个人去某个单位实习，通过学生自己或者其家人的社会关系找的实习单位往往也“睁一只眼闭一只眼”，所以分散实习的同学就不会有很大的动力提高自己以更好地完成实习。

对锻炼学生实践能力的作用不同。集中实习单位要求严格，例如，公检法机关的工作压力很重，对前去实习的学生要求严格，自然而然会提高学生的实践能力。分散实习，在大部分情况下，对学生的实践能力基本都没有什么提高。

笔者认为，为了真正发挥实习的作用，就必须严格考察分散实习单位包括实习单位本身，还有其对实习学生的要求等各方面，所以在这两种实习形式上应该以集中实习为主，而以分散实习作为补充。

二、新时期法科学生面临的新问题

（一）择业观念及就业问题

从1999年开始，高校扩招，我国高等教育进入新阶段。高校毕业生人数大增。从2004年的252万人增加到2014年的740万人，高校毕业生的就业压力越来越大。大学生在选择职业的过程中，对自己、对职业、对社会与择业有关的事务的了解，以及选择职业过程的推理与决策，都对大学生的择业有很大的影响，甚至是决定性的影响。

本文第二作者2012年本科毕业，2014年考取本校诉讼法专业研究生。毕业两年经历了坚决考研到打算放弃读研找工作，择业观发生了很大的改变。结合自身经历以及身边有相似经历同学的情况，影响法学本科毕业生择业观念主要有以下问题，这些问题也在很大程度上影响了法学本科毕业生的就业：

第一，众所周知，法学专业的就业率一直偏低，但法学反而是高考生集中报考的热门专业之一，导致恶性循环，法科专业的学生就业率只降不升。低就业率的影响下，大部分本打算毕业从事和法学相关工作的法科毕业生选择了其他职业，如银行、与法学无关的公务员职位，甚至和法学专业风马牛不相及的房屋中介等。

第二，法学专业的就业领域主要有：公务员（主要包括公检法机关）；律师，律师职业不要求必须毕业于法学专业,实际上通过了司法资格考试就有资格做律师,因此律师相对来说竞争也比较激烈;公司法务人员,这个职业要求很高,除了通过司法资格考试,还有外语等各方面的要求,因此,一般的法学本科毕业生无法选择这个职业;高校教师,现在各高校对于教师的要求越来越严格,至少是研究生学历,如果是任课教师,则还必须达到博士学历,普通的大学毕业生无法选择这个职业。因此,法学大学毕业生的就业选择就非常有限,就甘肃省2014年的公务员考试职位表来看,兰州市的职位除了城关区人民法院不要求考生具有司法资格考试A证之外,其他法院和法学相关的职位都要求司法资格考试A证,并且兰州市近几年的检察院系统都不再招收女性,要求必须是男性,对于女性法学大学毕业生,考取公务员也是“难上难”,竞争非常激烈。

第三,家庭情况及对周围人的影响。很多没有及时就业的同学都面临一个很重要的问题,就是家庭对学生择业的影响。大学毕业平均22岁,家人大都希望学生有工作成家立业。想继续深造的同学首先考虑的第一个问题就是家里是否支持以及家庭的经济能力,通过这关的同学如果无法通过研究生入学考试,大部分都会选择就业,但是这时候却又错过了应届毕业生就业的黄金时期而导致就业难上加难。如果家里不支持就会放弃深造而选择就业。对于学生就业观的影响还有一部分来自家人以外的其他人,本科毕业而无法立刻就业无法经济独立是压力非常大的事,在这种压力下,一部分人会选择先找一份工作边准备公务员考试、司法资格考试或者研究生入学考试,还有部分人如果家里支持就会顶着压力参加考试。

(二)司法资格考试问题

国家司法考试是国家统一组织的从事特定法律职业的资格考试,是每一个想从事法学相关工作的人必须通过的考试,这对于法科学生尤其重要。

司法资格考试被称为我国第一大考,是最难通过的考试之一。但是参加过的人都知道,司法资格考试难,是难在考试科目太多,考点过细,因此,只要在考前半年进行系统认真的复习,只要是在本科阶段认真学习过的法科学生,通过司法资格考试并不是特别困难。

参加司法考试的时间选择非常重要,根据大部分同学的经验,本科三年级或四年级是通过司法资格考试的最佳时间,毕业工作后没有比较完整的时间复习司法资格考试,通过就很困难。如果是考取研究生继续深造的同学在读研期间参加司法资格考试也是不错的方式,但是相比于本科阶段,研究生阶段的学习是对本科阶段所学很多知识的深入,并且由于研究生较为关注自己所学的专业,通过司法考试的难度会大大增加。

在司法资格考试和研究生入学考试的选择上,不建议两者同时进行。当然,不乏很多有能力的学生同时通过两种考试,司法资格考试偏重于实务而研究生入学考试更偏重于理论,并且研究生入学考试还增加了政治和英语两门课程,同时复习时间上也会有冲突,未免会得不偿失。

(三)研究生入学考试问题

研究生入学考试对于想继续深造的同学来说非常重要,法学专业的研究生考试包括4门课程,即政治、英语、专业课一、专业课二,政治和英语由国家统一出题,专业课一和专业课二由报考学校单独命题。只有4门课程和总分都通过了国家统一划定分数线,才有机会进入复试或者参加其他学校的调剂。

研究生阶段的学习对于一个人来说是进入一个新的学习阶段,对于能力的提高会有很大的帮助。但是一个人是否读研深造,需要考虑的问题非常多。除了上文所述家人是否支持以外,还有自己的个人婚姻问题,家里的经济状况能否支持自己顺利读研,以及男(女)朋友的态度都是要考虑的问题。

第二作者在研究生开学3个多月以来,发现研究生阶段的学习和本科阶段的学习差别很大,本科阶段更多的是老师单独讲授的方式,而在研究生阶段各任课老师大都选择留问题让学生自主学习并且在课堂上自己讲,同学讨论和老师点评,这种方式提高了学生的积极性,并且锻炼口头表达能力和自学能力,不断发现自己的问题从而提高自己。并且每个研究生都有导师,在平时的学习中除了任课老师还有导师的指导。因此,读研是提高综合能力的一个非常好的选择。

三、法律诊所学生的生源构成问题

(一)一般情况

在法律诊所的学生的生源构成方面,除清华大学法学院允许法学一、二年级的本科生和非法学专业的学生选修外,我国开设法律诊所教育课程的大部分院校将该课程定为三年级以上的本科生及研究生的选修课。①

从专业角度来看,参加法律诊所课程学习的学生可以分为法学专业和非法学专业的学生;从年级来分,参加法律诊所课程学习的学生可以分为本科阶段一年级到四年级、研究生阶段一年级到三年级,其中法律硕士(法学)研究生阶段为两年。

我们比较赞成把参加法律诊所课程学习的学生范围定在法学本科三年级、本科四年级和法学(法律)研究生一年级的学生,原因如下:

第一,法律诊所的课程旨在提高法科学生的实践能力,非法学的学生(包括本科生和研究生)参加法律诊所的课程学习对其专业毫无帮助,并且会浪费法律诊所课程的成本,没有意义。

第二,法学本科阶段一年级和二年级的学生,接触法学课程的学习不久,很多主干课程都没有开始学习,基础知识的掌握不完全也不牢固,无法解决法律诊所课程学习中所面临的问题,比如,还没有开始学习的课程所涉及的问题以及分析案例甚至代理案件所要求的法律思维,如果法学本科阶段一年级和二年级的学生参加法律诊所课程的学习,

---

① 参见刘加良、刘晓更、米金玲:《法律诊所教育研究》,载张海燕主编:《山东大学法律评论》(第4辑),山东大学出版社2007年版,第263页。

则可能会影响法律诊所在法律援助中心代理案件的质量，并且有可能会让学生失去对法学的兴趣，未免得不偿失。

第三，本科三年级的学生大多已经完成了法学主干课程的学习，以第二作者在甘肃政法学院读本科期间为例，已经完成了本科阶段宪法学、法理学导论、刑法学、民法学、民事诉讼法学、刑事诉讼法学等课程的学习，参加法律诊所的学习在基础知识方面不会有太大的问题，并且相比于本科四年级的学生来说，本科三年级在时间方面也有很大的优势，因此，大学三年级学生参考法律诊所的学习从各方面来说都很适合。

第四，相比于本科三年级的学生而言，我们建议把法律诊所的学习作为和实习（包括集中实习与分散实习）作为并列选项让学生自行选择。首先，法律诊所课程的学习除了具有实习所具有的提高学生实践能力的优点外，还有专门老师的指导，学生的收获完全不亚于甚至高于实习阶段。其次，相比于校外实习和大学四年级学生司法资格考试以及研究生入学考试复习时间的冲突，法律诊所一般是在学校上课，选择法律诊所学习作为实习的学生，不仅可以很好地完成实习并且也有时间复习考试。最后，在知识方面，大学四年级的学生已经基本完成了本科阶段法学主要课程的学习，在法律诊所学习也会对司法资格考试和研究生入学考试有所帮助。

第五，研究生一年的学生刚进入研究生阶段的学习，在时间知识方面都有很大的优势，由于研究生二年级和三年级的学生由于学业的压力和面临毕业论文就业等问题，因此不建议这部分学生参加法律诊所课程的学习。

（二）甘肃政法学院的情况

本文第二作者参加过甘肃政法学院法律诊所第三期诊所课程的学习，收获及体会颇多。3 期诊所的授课有 3 位老师来自 3 个学科：刑事诉讼法、商法公司法、民事诉讼法。每周工作日，分别有 5 组同学在学校的法律援助中心值班。每周上课 1 次，课堂上 3 位老师会对学生们进行指导，包括和当事人的沟通技巧、询问技巧、司法文书写作、案件讨论，还有通过和老师同学进行案件交流并且代理案件，学到了很多在其他普通课堂上学不到的东西，到最后的结课作业也不难写，课堂上氛围很轻松，指导老师老师要求学生每周完成一次作业，课堂上每位同学都要发言，发言的过程在很大程度上提高了学生们的口头表达能力，在法律诊所的一学期，极大地提高了学生们的法律思维能力，受益匪浅。

本文写作过程中，第二作者询问了 2014 级不同专业的部分研究生同学，想看看同学们对法律诊所的看法。在询问的过程中发现，除了本科毕业于政法学院的同学之外，大部分被询问的同学并不知道“法律诊所”是干什么的？所以笔者发现一个很大的问题就是我们国家法律诊所的宣传和普及都很不到位，导致本科阶段是法学的同学都不清楚什么是法律诊所，法律硕士（非法学）就更不知道了。庆幸的是，甘肃政法学院的学生多少都对法律诊所的课程有所了解。

在访谈中我们还发现，其中有几位与本文第二作者一样本科毕业于甘肃政法学院的研究生，虽然表示很愿意参加法律诊所的学习，但由于法律诊所课程人数的限制，报名人数多,错过了参加诊所课程学习的机会,因此,在研究生一年级很愿意参加诊所的学习。访谈对象中也有几位表示不愿意参加,其原因是法律诊所老师要求学员每个人每堂课必须发言,还有每节课都会留作业和任务等。我们认为,作为一个法科学生,口头表达能力和写作能力是最起码必须具有的素质,如果在学校都逃避锻炼自己的这种能力,在以后的工作中会有很大的麻烦。还有一部分不了解法律诊所课程的同学,在听了对诊所课程的简单介绍后,除了一位法制史的同学表示诊所与自己的专业相关度不大不愿意参加,还有一位法律硕士(非法学)表示没有时间和兴趣以外,其他的同学都表示很愿意参加诊所课程的学习,理由主要是:第一,可以锻炼自己的实践能力,让实践与理论相结合;第二,可以学到与普通的课程不同的知识和能力;第三,可以和不同专业的同学交流,向任课老师学习,用另一种视角去看待我们遇到的案件和法律问题。访谈对象中有两位是2012级即将毕业的研究生,他们明确表示虽然觉得法律诊所的课程很有用,但是时间和研究生毕业论文及就业冲突,实在是没有办法参加。

结合第一作者询问的同学和自己的经历,认为法律诊所的课程在法科学生的学习中非常有必要,但是因为对法律诊所有深入了解的同学非常少,因此,对法律诊所的普及和宣传是非常有必要的。

四、几点设想与建议

(一)诊所学习能够代替专业实习

在美国,诊所被视为"唯一能将学生带入司法实务的精彩环境"的途径,几乎没有类似或替代性的课程。尽管兰德尔发起的案例教学法也能一定程度上接近司法实践,但其核心还是探寻案例中的逻辑和原则。因此,在经验主义哲学和职业教育理念的大背景下,诊所很容易就获得了社会认同。

而中国的情况则不同:几十年来约定俗成的传统专业实习及近年兴起的模拟法庭、案例教学等,也被认为是一种实践性教学。特别是专业实习,学生大多有机会深入司法实践一线,甚至可能在导师监督下独立操作个案,这与诊所可谓殊途同归。但实习机制面临诸多问题:导师素质参差不齐,投入精力也往往有限;大多缺乏系统化、科学化的进度安排和实习指导;对职业道德和社会责任往往缺乏足够的重视;学生介入程度极具偶然性,一些学生的实习就是装订卷宗;在法院、检察院实习的占多数,但只有少数毕业生有机会成为法官或检察官。至于模拟法庭,在一些学校已经蜕化为"让外行人看稀奇"的戏剧化表演,而且也并非真实司法过程的再现。因此,尽管实习机制和模拟法庭在一定程度上符合实践性理念,但由于实际运行中的不确定性,其效果往往因人而异、因机遇而异,难以保障多数学生获得足够的专业训练。相比之下,诊所法律教育中学生的普遍深度参与性、个体针对性、系统规划性和科学性则可以避免类似问题,可以在很大程度上保证学生付出的时间能得到知识和技能的回报。①

① 左卫民、兰荣杰:《诊所法律教育若干基本问题研究》,载《环球法律评论》2005年第3期。

我们认为,诊所学习是能够代替专业实习的。如上文所述,大学生毕业的实习尤其是分散实习,在很大程度上已经流于形式。法律诊所的学习不仅可以学到实习所学,甚至可以学到实习中所学习不到的知识和能力。

(二)替代专业实习的可能性与必要性

1. 法律诊所替代专业实习是可能的

首先,学校可以给学生选择的机会。大学四年级两学期选修法律诊所课程或者进行集中实习(包括分散实习)。由于毕业实习的时间与司法资格考试以及研究生考试的复习时间相冲突,如果学校可以让学生在法律诊所课程和实习中选择,那么选择了法律诊所课程的学生就不但可以在诊所学习很好地完成实习,还可以有时间进行司法资格考试或者研究生考试的复习。

其次,关于诊所老师的设置,因为诊所每次都是3位老师上课,所以这无疑要付出很大成本。为了减轻老师的负担,可以选择根据每次案件的不同而由不同的任课老师来讲授,可以根据现实情况或者有机会请法官、检察官等参与讲授。

最后,相信大部分学生都会选择法律诊所,这样不仅解决了复习时间和实习时间冲突的困扰,并且能极大地提高学生的实践能力。

2. 法律诊所对现行法学学科“专业实习”的补充与发展

(1)学生可以作为法律实务的亲自操作者,完整完成一个(或多个)案件的处理。学生在专业实习中,只是作为旁观者去听、去看,去跟随、协助法官、检察官、律师办案,只是作为助手参与案件,是法律事务的观看者而非真正操作者,但在法律诊所中,学生被要求以一个正式(准)职业律师的身份来代理一个真实案件,教师只是起指导作用,学生必须独立完成从接案、起诉、调查、沟通、调解或诉讼仲裁等案件处理的所有过程。这种锻炼可以使学生避免在专业实习中被动或主动地成为案件旁观者而迅速成长。

(2)诊所案件选取具有针对性,可以使学生更好地将理论与实践融会贯通。诊所法律教育中,无论是课堂模拟练习还是案件真实代理,教师和学生可以对案件进行有针对的选取,这种选取既可以考虑到服务于教学需要的典型性,也可考虑到案件的复杂性、争议性。这在一定程度上可以克服专业实习中案件的随机性所带来的实习效果降低的弊端。

(3)学生可以获得全面的法律职业训练。法律诊所教学的核心不仅仅包括培养学生的法律技能,还包括培养学生的法律道德和职业素养。美国最初法律诊所的教育目的是培养公益律师,即要求学生应当具备很强烈的社会正义感、责任感以及同情心。目前,在我国法律诊所的运作模式主要是学生在教师的指导下,为民众提供无偿的法律服务,尤其是为弱势群体提供法律援助,这种性质的案件对于法律道德的培养具有明显优势。除此之外,法律诊所教育过程中学生对案件处理的亲自经历,法律与社会公正、法律与贫困等课程内容的设计,以及教师在教学中对法律道德和职业素养的不断强化,都使诊所教育更有利于培养学生的社会责任感和职业伦理道德。

(4)学生可以获得教师及时、有针对性的指导。法律诊所教育是一种校内的实践课程,无论是课堂教学中的角色模拟、分组讨论等课堂内教学方式,还是实践环节的学生代理真实案件的课堂外教学,诊所教育都没有脱离学校,诊所教师始终做着指导与监督工作,是诊所教育的重要参加者。这与专业实习中教师指导力的微弱或缺失截然不同。①

五、结束语

综上所述,笔者认为,仅就甘肃政法学院而言,《法学本科专业(西部基层法律人才)学分制培养方案》的专业实践课程设置更具合理性。法律诊所课程能够弥补本科毕业实习的不足,避免实习流于形式。对于本科四年级的学生而言,其可以将在法律诊所课程的学习作为替代毕业实习的一种方式,不仅解决了毕业实习与司法资格考试或者研究生入学考试复习时间的冲突问题,而且可以充分发挥法律诊所课程提高学生实践能力和理论水平的作用。

综上所述,法律诊所的普及和推广虽仍需要细节上的改进,制度本身也还有待完善的地方,但其存在的可能性与必要性已十分明显,作为学生实践方式的替代,其效果毋庸置疑,一旦普及则将较快、较好地显示出效果。

① 参见邓海娟:《我国高校法学实践教学的困境与发展——从“专业实习”的缺陷与“法律诊所”的优势谈起》,载《荆门职业技术学院学报·教育学刊》2008 年第 7 期。

社区法律诊所教学评价方法

蔺 妍*

诊所式法律教育是一种突破传统“满堂灌”式法学教学方法的一种法学实践教学模式，旨在培养学生学习法律、掌握法律、运用法律的综合能力，各大高校法学专业在多年的探索与实践中不断形成适合自己学校人才培养目标定位的诊所式法律教育模式，大连大学法学院多年来一直立足于培养基层法律人才的目标定位，充分利用其地方性综合性大学的优势，坚持完善社区法律诊所教学体系，在明确教学理念，改革教学方法基础上，始终坚持将教学评价作为教学过程中的一个重要环节，并且应该根据社区法律诊所模式的特殊性以及在多年运作过程中遇到的特殊问题，逐步加以完善，以形成更加优化的整体评价机制。

一、法律诊所教学评价方法的基本要求

教学是培养人才、实现教育目的的基本途径。教学评价是根据教学目的和教学原则，利用所有可行的评价方法及技术对教学过程及预期的一切效果给予价值上的判断，以提供信息改进教学，并对被评价对象作出某种资格证明。① 没有评价的教学形同虚设，所以教学评价作为教学过程的一个重要环节，是克服教学活动对目标的偏差，使教学活动保持稳定发展的重要手段。诊所式法律教育是一种法学教育方式，旨在培养学生的法学实践能力，有着独特的教学理念及多元化的教学方式，这决定了其教学评价方法也具有特殊性。有观点指出：“法律诊所教学评价并不是让教师令人信服地考察学生表现的好坏，而是帮助学生诚实地、现实地考察他自己的表现。”②即法律诊所教学评价更注重学生的自主性和差异性，更注重学生在此过程中认知、能力、感受等方面综合性的受益程度，故其评价方法要满足以下基本要求。

（一）明确化的评价目标

教学评价目标是对法律诊所的教学进行整体评价的基础，各个学校的诊所类型不

---

* 大连大学法学院讲师。

① 参见杜佩屏：《教学评价及其方法与实践》，载《上海教育》1997 年第 2 期。

② 杨欣欣：《法学教育与诊所式教学方法》，法律出版社 2002 年版，第 150 ~ 151 页。

同,评价标准、方式等会存在诸多差异,但评价目标上有许多相似之处,因为目标承载着诊所式法律教育本身的属性与要求。法律诊所教学评价的目标主要包括认知评价、行为评价、表现评价、态度评价4个方面。其中认知评价是对学生在实体法、程序法等知识的掌握及运用程度上的评价;行为评价是通过对学生在诊所教学过程中随机性的经历进行观察,将其进入诊所学习前后的变化进行总结并评价;表现评价是对学生在执行专为评价而要求其执行的任务中的能力进行评价;态度评价是对学生法学教育、社会问题、伦理问题等方面在诊所学习前后的变化进行评价。① 以上4种目标设定几乎涵盖了各类法律诊所教学评价目标的内容,但由于诊所的类型不同,在评价目标的确定上必须根据诊所的不同特点加以明晰。

(二)差异化的评价标准

教学评价标准是评价的主要依据,即在评价目标的基础上根据不同诊所课程的特点设定有效的评价标准,同时注重评价标准的准确性、细化性和参照性。首先,教师要明确每个诊所环节希望学生学到什么,如学习技能、分析技能、核心知识、核心价值抑或职业道德等,评价时要注意学生是否真正学习了所传授的东西,这是评价标准的准确性。其次,对评价标准要尽可能细化,可以考虑根据每一个需要传授学生的知识或技能的特点制定不同的标准,既需要有一个等级标准,如优秀、良好、中等、及格、不及格或能力有限、基本胜任、中等胜任、精通等不同的表达方式,又要有一个每一方面技能的详细标准,例如,美国佐治亚州立大学法学院教师对律师与客户的交流技巧的评分标准就会设定"从该学生律师的问候和介绍是合适的"到"如果我有一个新的法律问题我还会来找他"的不同程度的8个问题,同时每个问题又有1~5分的5种不同分值的评价标准。这就是评价标准的细化性。最后,再细化的评价标准,也只是参照适用。即使有了很细化的评分标准,诊所教师也不应该关心学生们的表现是否严格按照标准规范化,最重要的还是要关注学生是否完全达到了课程学习的成果,是否学习了相关知识,理解了关键概念,或者熟练掌握了技能。即努力帮助学生学会自我思考,利用所学到的知识和技能发现问题、分析问题并解决问题。

(三)多元化的评价工具

教学评价工具是教学评价的主体在进行教学评价工作时常用的一种评价技术,是对评价对象进行测定时所采用的方式和手段,任何评价工具都是受评价目标和评价标准的制约的,无论是量化还是非量化的评价工具,都只是一种评价技术。法律诊所课程的评价工具比较多元化,通常有定期不定期测试、行为观察记录、问卷、交谈、模拟演练、个案分析材料、法律文书、研究报告、总结报告等。各种评价工具都将有利于对学生开展绝对评价与相对评价,并借助评价组织形式开展真实客观的评价,达到评价效果。

---

① 参见袁钢:《法律诊所教学评价方法探究》,载《法学杂志》2011年第2期。

(四)"自评"与"他评"相结合的评价组织形式

在教学评价的实施过程中,评价的组织形式也至关重要。目前,在法律诊所教学评价过程中,多数学校都充分体现了民主性,即采用"自评"与"他评"相结合,并以学生"自评"为主的组织形式。其中,广义的学生"自评"包括"自我评价"和"互相评价",即按照方案制定—方案实施—讨论与反思的过程,先由学生自己进行总结,由学生小组进行互相评价,自己总结归纳收获与不足;然后再由"他方",如指导教师、当事人、指导律师、主审法官、其他社会工作人员等给出评价。其中,"自评"与"他评"要分清权重,细化标准,有效地组织好评价工作。

(五)阶段性与总结性结合的评价阶段

法律诊所教学是分阶段进行的,对学生的阶段性评价也很重要,可以及时地了解学生是否领会相关技巧技能,法律判断是否正确,对当事人是否负责等,并及时引导学生查漏补缺。阶段性评价的形式是多样的,不必过于复杂,如小测试、调查问卷、模拟演练等都可以,但要及时、适时、适度;而总结性评价则是对学生的整体表现作出评价,包括律师的各种技能、律师的职业道德与责任感以及办案的质量与效率等。同时,无论是阶段性评价还是总结性评价,都要及时做好归档整理工作,形成学生档案与管理手册,客观真实地保存学生的评价结果,以便更长时间成果的总结与反馈。

综上所述,是法律诊所教学评价方法的基本要求,也是各个学校法律诊所教学求同存异过程中在评价方法上所必备的要素,在此基础上,可以根据自己学校的诊所教学特点进行改革与创新。

二、社区法律诊所的运作模式及其特殊性

(一)大连大学法学院社区法律诊所运作模式

大连大学法学院借鉴了美国耶鲁大学的社区法律诊所(community legal clinic)理念,于2007年12月在大连市经济技术开发区马桥子街道的14个社区设立"社区法律诊所",这些诊所经过当地司法局批准,由法学院、律师事务所、街道共同设立并正式挂牌,法学院大三学年的学生分为14个组,大三学年两个学期的每周四全天由组长带领到各社区"出诊"。2009年法学院将"社区法律诊所"作为实践类选修课程纳入培养方案,即通过"社区"平台,培养法学专业学生的实践能力。学生们在"社区法律诊所"的活动内容主要有法律咨询、法律知识讲座、法律知识竞赛、模拟法庭、案件代理等。法律咨询有每周四全天的诊所法律咨询和每月一次的街头法律咨询。此外还有一些如"3·15消费者权益日""12·4宪法日"等主题大型法律咨询。这些咨询都由诊所教师与指导律师共同参与;根据社区需要,学生自主开展法律知识讲座,主要有走进社区小学为小学生作未成年人保护法讲座、为社区居民作婚姻法专题讲座等,所到之处都受到了好评;学生自行组织开展法律知识竞赛和模拟法庭,吸引社区居民参与,以通俗易懂的方式普及法律知识。此外,学生每周还进行至少一个案例的收集或设计,获取的真实案件主要由律师指导学生参与调解、诉讼。设计的案件则主要由诊所教师指导完成模拟。

法学院对学生在社区开展的这些活动一直实行“三位一体”的管理机制，即由学校、社区、律师事务所共同管理。法学院为学生设计《“社区法律诊所”社会实践管理手册》，在学生自治管理的基础上，学院诊所教师通过每周例会、不定期巡查，负责对学生进行全面管理；同时，聘任社区工作人员为指导教师，负责学生考勤和日常管理；律师事务所的指导律师则负责专业方面的指导与管理。每届学生完成1年的“社区法律诊所”实践后，均会主持召开一次“社区法律诊所总结研讨会”，总结经验与不足，并由三方在学生自我评价与互相评价的基础上，根据学生在“社区法律诊所”接待的咨询情况、代理的案件情况、组织参加的活动情况等，完成最终考核。

时至今日，社区法律诊所已经坚持运行了6年半，接受了中国法学教育研究会诊所法律教育专业委员会专家的实地考察与审核，获得了美国福特基金会的大力支持，与当地司法局法律援助中心形成了长期稳定的合作关系，具有稳定的诊所案件来源，也获得了学校的大力支持，建立了设施完备的“法律诊所”实验室、法律咨询室、法律援助中心校级法律援助站、案件分析室、模拟法庭等。在其运作过程中，培养了学生的能力，稳定了律师事务所的案源，支撑了社会普法宣传活动，可谓受益匪浅；但同时，我们也看到了在教学方法创新、教师理念转变、各部门协调配合以及评价体系完善等诸多方面还存在许多问题，都需要逐一解决。

（二）社区法律诊所的特殊性与评价方法的完善

践行多年发现，社区法律诊所显然是适合地方性大学法学院诊所式法律教育的有效方式之一，在培养法学学生运用所学法律知识解决法律问题方面发挥着重要作用，但在其运行过程中也发现，其本身具有诸多的特殊性，需要在完善评价方法时予以考虑：

1. 社区法律诊所参与的主体多元化

起初设立社区法律诊所的时候，实行的是“三位一体”的管理及考核机制，即参与的主体除了学生之外，还有诊所教师、律师事务所指导律师以及聘请的社区的工作人员参与，这三方不仅参与管理学生，而且还是对学生作出评价的主体。但在其运行中还发现，随着学生在社区法律诊所处理的非诉讼及诉讼案件逐渐增加，还有一些不可忽视的主体如案件当事人、涉诉案件法官、涉诉劳动争议案件仲裁员等，都对学生处理案件、解决纠纷的表现有所观察并可以给出客观评价，所以可以适当考虑其作为评价体系中的评价主体。

2. 社区法律诊所以处理非诉讼案件为主

多年总结发现，社区法律诊所主要针对社区的各类纠纷，以家事纠纷居多，而大部分此类纠纷最终都以协商、调解方式解决，这就需要学生熟练掌握咨询、协商、调解的技能，对于这些技能的评定，需要结合案件的不同情况，制定更为细化的评分标准，以客观评价学生的综合能力；同时，我们的社区法律诊所也有稳定的（每学期至少1件）法律援助案件（以农民工索要工资案件为主），对于此类需要劳动争议仲裁或诉讼的案件，也需要有针对性的评价体系，包括评价主体的变换、评分标准的细化、评价工具的运用、评价阶段的适时等。即社区法律诊所主要处理非诉讼案件,也不乏诉讼案件,不同案件类型需要有不同的评分体系作为支撑,才能做到客观有效。

3. 社区法律诊所承载“培养学生”与“服务社会”的双重使命

社区法律诊所设立的初衷是充分发挥地方性大学的优势,通过“社区”平台培养学生的法学实践能力,学生可以借此接触各类案件,学会分析案件、处理案件的各种法律专业技能;同时,社区法律诊所还承载着“服务地方服务社会”的使命,所以学生在有针对性地处理案件之余,还需要设计组织并参与各类普法宣传活动,如制作法制宣传板报与资料、举办法律知识竞赛及讲座、设计模拟法庭、进行规模不等的现场普法宣传等,这些活动既有助于提升学生的专业素质,也有助于提高学生的综合能力,显然也应该作为社区法律诊所评价体系的重要组成部分,而且需要根据学生在活动中的组织及参与情况设计评分标准进行考核。

4. 社区法律诊所需要实现“课堂”与“社区”的有效衔接

学生除了每周四全天在社区法律诊所“开诊”,校内还有“法律诊所”课程,目前是大三学年每学期16个学时,主要为学生讲授咨询、协商、调解、事实调查、证据分析、劳动仲裁、诉讼等基本知识及技能,并不定期地将学生在社区法律诊所接触到的真实案件进行分析和模拟,实现“课堂”与“社区”的有效衔接,所以课堂环节的表现也应当纳入评分体系之中,设计出分析案件、模拟演练等的评分标准,通过学生自评、学生互评以及教师评价的方式作出评价。

以上是大连大学法学院多年运行社区法律诊所的模式,以及在运行中不断发现的特殊问题,这些问题都需要在评价体系中作出回应,逐渐形成完备的评价机制。

三、社区法律诊所教学评价方法的改革与优化

根据前文对社区法律诊所践行经验的分析与总结,社区法律诊所教学评价方法亟待改革与优化,需要从以下几个方面入手。

(一)注重多元评价主体的指标与权重

如前文所述,根据社区法律诊所案件处理方式的不同,根据教学环节的不同,根据教学内容的不同,涉及多种评价主体,这些评价主体在评价体系中的指标和权重也应当不同。具体而言,首先,诉讼类的案件涉及的评价主体应当包括学生自己、学生小组、当事人、指导教师、指导律师以及仲裁员或法官等,其中,学生自己和学生小组的评价主要针对学生在案件处理中的表现,根据细化的标准评分,权重占及20%;当事人的评价有一定的片面性,但能真实反映学生的实际表现,其指标应当以当事人接受服务的舒适程度细化体现,例如,可以借鉴美国佐治亚州立大学的评价标准,越细化当事人的评价才越接近客观,权重占及20%;指导教师与指导律师的评价要从学生的知识、技能、情感三方面着手,尤其关注学生前后表现的变化,给出客观评价,各占及20%;仲裁员或法官的评价主要针对仲裁庭和法庭开庭环节,就程序、资料准备、庭审表现等给出综合评价,权重占及20%。其次,非诉讼类案件涉及的评价主体应当包括学生自己、学生小组、当事人、指导教师、指导律师以及社区工作人员等，主要的评价指标是学生在咨询、谈判、调解等过程中对法律关系的把握、法律知识的运用、各种技能技巧的运用等，权重参照诉讼类案件，学生自己和学生小组评价占及20%，其余主体评价各占及20%。再次，课堂环节评价主体主要是学生自己、学生小组以及指导教师，主要评价指标是学生在课堂上分析案件、运用法律、模拟演练等的具体表现，权重建议学生自己占30%，学生小组占30%，教师评价占40%。复次，社区其他法律服务工作及活动涉及的评价主体包括学生自己、学生小组、指导教师、指导律师以及社区工作人员，主要评价指标是学生在策划、组织、参与各类活动中的具体表现，如果五方都参与，各占20%，如果没有指导律师参与，就各占25%。最后，对学生参与的各类案件、课堂环节、活动都记百分制，并按照成绩数量计算平均分，评定学生最终成绩。这种方式适合社区法律诊所多元化的主体构成，在评价指标设定上有一定难度，但可以在实践中不断完善，越是细化就越有利于学生能力的评定。

（二）注重过程评价

由于学生在社区法律诊所"开诊"的时间较长，遇到的案件不定期，每个案件的处理要有方案设定—方案实施—归纳总结的过程，所以对学生进行过程评价就显得尤为重要。这种过程评价主要体现在两个方面，一方面，要保证在案件处理过程中进行随时评价；另一方面，要保证不把案件处理结果作为评价学生的唯一标准，要注重学生在处理案件以及组织活动过程中的表现。过程评价可以有细化的指标，也可以没有，虽只作笼统评价，但很有必要性。之前我们一直进行不定期的例会方式，对学生每周的表现以及案件的进度表现进行评价，包括自己评价、小组评价、教师评价，有时也会及时听取社区工作人员和指导律师的评价，但主要是前3个主体的评价。实践证明，过程评价有利于学生及时纠正偏差，梳理清楚法律关系，树立自信心，加大认知度，提升责任感。目前，我们只将过程评价记录在学生管理手册中，并要求学生完成一些小作业和感想，而没有评价具体的指标和权重，所以我们也将不断探索过程评价的细化标准，争取做到评价涉及学生在社区法律诊所学习的"所有痕迹"。

（三）注重学生自身素质的提高

法律诊所课程的初衷就是培养学生的能力，尤其是法学专业素养和能力，社区法律诊所不能违背诊所课程的初衷，要充分注重学生自身素质的提高，尤其是以下几个方面：

1. 权利意识的提升

社区法律诊所作为法律诊所课程的一种，在教师、律师、社区工作人员的指导下让学生通过诊所的学习，学会运用法律维护自己的合法权益，也学会运用法律帮助需要帮助的人维护自身的合法权益，这种权利意识只靠传统法律课堂上的教授是很难真正实现的，只有真正遇到案件——无论是诉讼案件还是非诉讼案件，才能体会到权利被侵害的实际状况，才能懂得运用什么样的法律和怎样运用法律解决问题，才能让权利意识根深蒂固，所以权利意识的提升至关重要。然而，权利意识的提升又很难设定评价的标准，实践中，我们会尽可能通过学生在诊所课程前后的表现变化来衡量，这种变化既可以表现为学生对自身权利的维护,也可以表现为学生通过一定途径宣传权利意识的重要性,主客观的表象均应当作为评价标准。

2. 专业技能的提升

社区法律诊所毕竟是要学生解决专业的法律问题,需要具备法学专业技能,所以这方面能力的提升也是评价的重点。根据《麦考利报告》,"法律职业人员需要具备的职业技能要素指标体系包括:问题的解决,法律分析和推理,法律检索,实时调查,交流,咨询,谈判,起诉和其他纠纷解决程序,法律事务的组织与管理,确认并解决道德困境"。[①] 可以看出,对学生专业技能提升的评价指标是比较完备的,需要做的只是根据社区的具体案件情况和不同评价主体,设计出不同的评价参数和权重,并在实践中不断完善。

3. 综合能力的提升

除了权利意识和专业技能之外,学生的综合能力也是应当关注的重点之一。社区法律诊所的一个重要组成部分是社区普法宣传活动,这部分内容既考查学生的法学专业能力,也考量学生策划活动、组织活动、参与活动、待人接物、团队合作等多方面的综合能力,所以这方面也应当作为评价的内容,但其评价指标不同于专业性评价的指标,故笔者建议抛开专业性,单从活动本身确定客观标准,关注学生参与活动前后的表现变化。

(四)注重法律赋能功效

如前文所述,社区法律诊所承载着"培养学生"与"服务社会"的双重使命,其优势在于培养学生的同时,还为加大社会普法宣传、提高居民维权意识带来益处,即产生了一定的"法律赋能"功效。法律赋能是指利用法律服务及其相关活动增进弱势人群掌控自己生活能力的超越传统法治的另一种范式。将法律赋能的理念引入法律诊所课程是一种趋势,一方面,其可以赋予学生一种维权的能力;另一方面,也可以通过学生在诊所的工作赋予更多的弱势人群以维权的意识与能力。社区法律诊所接触的是构成社会最基层元素的社区居民,社区法律诊所学生做的各种法律工作与法律活动都在一定程度上为居民提供了学习法律的机会,提升了居民的维权意识,从而实现了赋能功效。所以将法律赋能理念引入社区法律诊所,并在评价体系上有所体现,是比较超前的做法,我们也在尝试用调查问卷等评价工具,将普法宣传的形式效果、对社区的影响、取得的社会成绩或成果、居民维权意识的提高程度等作为指标评价纳入评价体系,注重社区法律诊所的法律赋能功效。

(五)注重评价结果的保存

最后,笔者还坚持认为,评价结果的归纳汇总保存,也是评价方法的重要组成部分。真实客观的评价需要有证据支撑,也需要切实有效的保存方式,所以我们会通过归档对文字材料进行保存,会通过备份保存各种影音及图像材料,会设计制作评价指标体系表格方便评价,会修改完善学生管理手册,保存对学生的过程评价,还会定期制作案例集,

① 李傲:《互动教学法——诊所式法律教育》,法律出版社2004年版,第74~75页。

包括案件处理的过程、结果及多方评语。材料保存之后定期查阅、反馈，并不断进行完善。

综上所述，法律诊所课程在培养学生方面具有特殊的作用，其教学评价方法具有基本要求，已经由诸多学校形成比较完备的体系。但大连大学法学院在多年践行社区法律诊所的过程中，不断探索发现其特殊性以及评价方法上不完备的地方，还需要不断改革与优化，从而将此类诊所不断发展下去，并实现其既“培养学生”又“服务社会”的最终目的。

从法律赋能的角度谈法律诊所课程的学生成绩评定

汪 燕*

发端于美国的诊所式法律教育作为一门课程被引进中国后,落地生根,枝繁叶茂,极大地推动了法学教学改革的进程。但既然作为一门课程,其就必然涉及课程的学生成绩评定问题。近年来,法律诊所课程在美国获得了进一步的发展。加州大学伯克利分校法学院教授戈卢布(Golub)提出了法律赋能理论。将法律赋能理念注入法律诊所课程,成为法律诊所课程发展的新趋势。在法律诊所课程中植入法律赋能理念是否会影响法律诊所课程对学生成绩的评定,又会有哪些影响呢?笔者认为,要提高法律诊所课程教育的质量,必须回答这一问题。本文拟从法律赋能的角度对此予以专门探讨。

一、法律诊所课程学生成绩评定现状及特征

(一)法律诊所课程的学生成绩评定现状

1.法律诊所课程的类型

要实现法学专业所预设的培养目标和培养规格,必须构建科学、合理的课程群。不同的课程群具有不同的教学目标,培养学生不同的能力。同一课程被配置在不同的课程群,其教学目标和考核要求的重心将会有所不同。从当前开设法律诊所课程的院校来看,法律诊所课程的定位并不一致。中国人民大学、武汉大学等将《诊所式法律教育》或者《法律诊所》(各个高校的课程名称不完全一致)课程放在专业选修课程中,属于理论教学环节。浙江大学2011年法学专业人才培养方案将《法律诊所》放在专业课程中的实践教学环节。

2.法律诊所课程的学生成绩评定现状

课程定位不同,必然产生考核内容和手段的差异。

有的高校专门制定了法律诊所课程管理办法,在管理办法中规定法律诊所课程的考核问题。例如,中国政法大学《法律诊所课程管理办法》第8条规定:采取与专业实习相

* 湖北民族学院法学院副教授,法学博士。

同的考核方式,参照《中国政法大学本科生专业实习管理办法》相关条款执行。将法律诊所课程视同专业实习。该校专业实习考核内容包括综合专业素质、制作专业文书能力和实习论文3个方面。其中,综合专业素质占40%,制作专业文书能力占20%,实习论文占40%。

有的高校针对《法律诊所》课程多阶段的特征分设了考核内容。例如,海南大学分别考核课堂教学环节和实践教学环节。课堂教学环节考核的内容包括到课率和课堂表现综合评价。实践教学环节考核的内容包括值班的次数、值班的质量以及案件代理小组成员的自我与相互评价。评价主体包括主讲教师、监督组以及学生所在小组。监督组成员由班长和组长组成。

有的高校赋予了课程指导老师自主考核权。例如,中国人民大学法律诊所课程采用的教学结果评价体系包括学生自我评价、客户评价、学生办案小组内互评和老师评价。结业成绩是建立在4部分评价的基础之上,共同组成诊所学生修完本课程的学习成绩。具体评估办法由指导老师听取学生意见后确定,可以结合学生自评、小组互评、教师意见等多种方式综合评定。

(二)法律诊所课程学生成绩评定的特征

1. 评定主体多重化

基于法律诊所课程的参与性、合作性等特性,课程考核主体有别于传统的法学课程考核。任课教师不是唯一的评价主体,其他参与诊所管理的人员、当事人(或者客户)以及同学均参与课程结业成绩的评价。考核主体具有多重化的特征。

2. 评价内容多元化

法律诊所课程一般包括两大部分:一部分类似于传统课堂的教学活动,由任课老师组织课堂讲授,只是采取有别于传统的教学方法,如头脑风暴教学法、角色扮演教学法等;另一部分是法律实践,即由学生实际参与各种法律咨询、协商、调解等非诉讼法律服务,或者参与仲裁和诉讼等法律代理活动。在这个阶段采取的是督导式教学法、反馈评价教学法等教学方法。由于法律诊所课程的法律实践环节,是针对来访的真实案件开展教学,而来访案件的类型、事由具有不确定性、不可预期性,因此,教学内容不可预期、多元化,致使考核内容多元化、应景性。不仅要考核诊所学生的出勤,更要以准律师的标准考核学生为不同当事人服务的情况等。又由于有的诊所课程有明确的主题,有的高校没有明确的主题,而有明确主题的,比如,农村法律诊所,其教学重点是农村法律实务,考核重点就是农村法律实务能力等,所以又要根据不同的教学内容确定考核的重点。

3. 考核方式多样化

课程定位不同,考核方式自然亦有差异。从当前现有的考核方式看,有的要求书写实习论文,有的要求提交法律文书,有的要求写书面总结等,考核方式、手段具有多样化的特征。

二、法律赋能理念及其对法律诊所课程学生成绩评定的新要求

(一)法律赋能理念

根据贫穷人口法律赋能委员会和联合国开发计划署的定义,法律赋能是使穷人受到保护并运用法律来推动其在国家和市场中的权利和权益的过程。[①] 希望法律为每一个人服务。贫穷人口法律赋能委员会基于自身的工作目标,将法律赋能解释为“使穷人受到保护”。我们认为,在法律诊所课程中引入法律赋能理念时,应当考虑的赋能对象并不应完全限于以经济为标准的贫穷人口,而是以权能为标准的弱势人群。Stephen Golub 认为,法律赋能是指利用法律服务及其相关活动增进弱势人群掌控自己生活能力的超越传统法治(rule of law orthodoxy)的另一种范式。[②]

(二)法律赋能理念对法律诊所课程学生成绩评定的新要求

在法律诊所课程中引入法律赋能理念的目标,不是单一的,而是多重的。引入法律赋能理念的法律诊所课程不仅为诊所学生赋能,还希望通过提升弱势群体的法律知识和能力,使其获得自己争取权利和利益的力量。法律诊所作为一门课程,其核心主体必然是老师和学生。法律赋能理念渗入法律诊所课堂,首先是老师引导学生“运用法律来保护并推动其在国家和市场中的权利和权益”。[③] 另外,由于法律诊所课程又不同于传统课程,除了核心主体老师和学生之外,还可能有形形色色的当事人。这就涉及诊所学生在接触当事人的过程中,如何引入法律赋能理念选择自身法律服务行动以及如何引导当事人选择法律行动并影响当事人的权益观念和能力的问题。引入法律赋能理念的法律诊所课程的教学目标不同于一般法律诊所课程的教学目标,其教学重心也略有不同。“法律诊所教育的目标并不在于简单地给予学生毕业前参与法律事务、培养实践技能的机会。法律诊所教育与暑期工作或毕业实习绝不是一回事。相反,它的本质在于帮助学生培养经验式学习的能力以及凭借经验进行反思的能力,即高等技能。”[④]引入法律赋能理念的法律诊所课程的教学目标和教学重心,不仅包括了培养诊所学生的权利意识、维权技能,还包括了对当事人权利意识、维权能力的培育。因此,为了促成这些教学目标的实现,必然对法律诊所课程的考核提出新的要求。

1. 评价权利意识的认知与培养情况

“在法律赋能的逻辑下,法律赋能关注弱势主体的‘权利’的确认和实现,其前提就是对于弱势主体权利的确认,目标是弱势主体权利的维护,权利是法律赋能的起点和归

---

① “Making the Law Work for Everyone”, *Report of the Commission on Legal Empowerment of the Poor*, Vol. 1.

② Stephen Golub, “Beyond Rule of Law Orthodoxy: The Legal Empowerment Alternative”, *Carnegie Endowment for International Peace Working Paper*, No. 41, October 2003.

③ 冯果、袁康:《从法律赋能到金融公平》,载《法学评论》2012 年第 4 期。

④ 马永梅:《法律诊所教育与法学教学实践评价模式的改革研究》,载《民主与法制》2007 年第 2 期。

宿。"[①]引入法律赋能理念的法律诊所课程，要实现其课程的直接目标，即通过诊所式法律教育增强学生的权利意识，必须将诊所学生对权利意识的认知情况纳入考核体系。因此，评价学生对权利意识的认知培养状况，就成为法律诊所课程考核的新内容。一般来说，权利意识包含三个层次：一是认识和理解自身依法享有哪些权利及这些权利所具有的价值；二是知晓有效行使与捍卫这些权利的途径和方式；三是能够自觉地依据法律规范行使自身的权利，不损害其他主体的合法权利。这三个方面的内容，在法律诊所课程的考核指标中均应予以体现。

又由于法律赋能理念下的法律诊所课程与一般的诊所课程有所不同，作为课程的法律赋能诊所，不仅仅旨在培养诊所学生的权利意识，而且还希望通过诊所学生向当事人传递正确的权利观念。因此，除了要考核诊所学生自身对权利意识的认知状况之外，还要考核诊所学生是否向当事人传递了正确的权利观念。反过来说，如果诊所学生向当事人传递了正确的权利观念，那么也可以间接反映或者进一步检验诊所学生有关权利意识培育的真实状况。

2. 考核维权技能的掌握与培育情况

法律诊所课程中注入"法律赋能"理念并不只是课程观念的更新，而且还推动了法律诊所课程目标的改革。一方面，法律诊所课程的直接目标当然是提高诊所学生的维权能力。因此，有必要重点考核诊所学生的维权技能。另一方面，也希望在提高诊所学生维权能力的同时，通过学生增强当事人的维权能力。法律赋能诊所尤其强调让当事人亲自参与到诊所活动和服务中，和诊所学生一起寻找解决问题的方法并一起解决问题。这种法律赋能的模式，有师徒的影子，更有同伴的感觉。正如有美国学者认为的那样，"诊所是在法学院指导下的法律援助组织，它有双重作用：一是作为一种公共服务为贫民提供法律援助，二是以诊所式法律教育方式提供法学教学"。[②] 也许有学者会质疑法律诊所课程是否能够承载如此沉重的社会责任，但笔者认为，既然诊所学生作为准法律人为真实的当事人服务，那么其就应当担负起法律人应当承担的职业使命，即引导当事人运用法律武器维护自己的合法权益，以引领社会建构法律秩序。

如果说评价权利意识的认知与培养情况是考核学生是否通过法律诊所课程进一步领会有关法律权利和法律义务的生活意义，那么考核维权技能的掌握与培育情况就是检验学生是否具备通过法律行动维护自身和他人合法权益的行动能力。

三、法律赋能理念下法律诊所课程的学生成绩评定原则

在以往的研究中，有学者认为，"诊所法律教学的评价应当遵循定期评价与经常性评价相结合、综合性评价与专项评价相结合、定性评价与定量评价相结合、客观评价与自我

---

① 冯果、袁康：《从法律赋能到金融公平》，载《法学评论》2012 年第 4 期。

② 杨欣欣主编：《法学教育与诊所式教学方法》，法律出版社 2002 年版，第 72 页。

评价相结合和学校评价与社会评价相结合的原则”。① 笔者认为,法律赋能理念下的法律诊所课程,除了要遵循以上原则之外,还应当包括以下几个方面。

(一)全过程评价原则

在传统理论课程的考核方法中,一直注重“终结性评价”,即以平时成绩(30%)加期末考试成绩(70%)的总和作为课程期评成绩。这种评价模式的理由在于期末考试试题的综合性足以检验学生对相关知识的掌握情况。但由于法律诊所课程具有极强的实践性,需要培养的是学生的实务能力。而实践是由一系列的步骤组成的,具有过程性。尤其要考核诊所学生自身权利意识和维权技能的培育情况以及当事人的权利意识和维权技能的培育情况,必须要通过全过程中的一系列行动予以观察。要全面评价诊所学生,有必要以其全过程表现作为评价对象。诊所学生实务能力的判断并不能完全从文字洞察,需要通过其在诊所课程中全过程的表现才能够全面评价。因此,有必要遵循全过程考核原则。已有高校非常注重对学生学习过程的考核。考核项目包括了平时教学过程中的出勤率,在课堂提问、情景模拟、角色扮演等教学活动中的参与度等。甚至有学校认为:“其实每份资料都是考核记录,每个学生从课程开始到结束,每次课上的表现也就是在真案演练中的技能表现记录下来再累加,最后与结课卷宗一起组成这门课的成绩。”②

全过程评价原则对教学档案的收集、整理和保存提出了新的要求。法律诊所课程的学生成绩评定材料,不是一份试卷、一份总结,而是在诊所课程中的所有痕迹。

(二)能力评价原则

《麦考利特报告》提出法律职业的基本价值目标包括:提供合格的代理服务,努力促进正义、公正与道德,努力提高职业水准,作为职业人完善自我。旨在培养合格法律职业人员的法律赋能诊所课程,必须围绕这些基本价值目标确立课程考核的目标。

能力评价原则要求,法律赋能理念指导下的法律诊所课程的学生成绩考核的重点,是学生在诊所课程中所表现出来的维权能力的大小以及影响当事人提高维权能力的努力程度,以最终达到法律职业所要求的价值目标:努力促进正义、公正与道德。这种成绩评定原则的目的是让诊所学生正确认识自己现有的或者被人认可的职业水平。

传统的法学教育考试,“更多的是对记忆力而不是对分析能力、推理能力的测试”。③而法律诊所课程的测试则更偏重于对法律实务能力的考查。例如,对于案件代理的考查并不以案件的成败作为评价学生实务能力的重要指标,而是注重考查其是否通过案件获取了解决问题的思路、方法、技能和知识。法律诊所课程的考核目标不只是了解诊所学生已经了解了哪些法律知识,而是还要考核诊所学生是否获得运用法律知识实现权利的

---

① 马永梅:《法律诊所教育与法学教学实践评价模式的改革研究》,载《民主与法制》2007 年第 2 期。

② 张妍:《走进热闹的“律师作坊”——〈法律诊所〉课教学方法改革侧记》,载哈尔滨工业大学新闻网:http://news.hit.edu.cn/articles/2010/11-22/11084319.htm,最后访问日期:2013 年 8 月 20 日。

③ 陈向聪:《我国法学教育的反思与改进》,载《西部法律评论》2009 年第 2 期。

技能,例如,会见当事人的能力具体包括识别、分辨信息、理解当事人意图的能力,向当事人提问的能力等。调查取证的能力,具体包括利用规则减轻己方调查取证负担的能力,灵活应用各种调查方法的能力、询问证人的能力等;自己查找法律和其他方面文献的能力;法庭抗辩的能力,具体包括举证的能力、质证的能力、辩论的能力等。

(三)多方参与评价原则

多方参与评价原则要求诊所学生在诊所教学过程中接触的人员都可以参与诊所学生成绩的评定。法律诊所课程的开放性,决定了评价主体的多元性。要评价诊所学生是否接受并践行赋能目标,除了老师、同学之外,当事人、其他互动人员(如法官)亦有资格。尤其当事人最了解为她(他)提供法律服务的诊所学生是否传递给她(他)权益意识及维权技巧,是否切实维护其合法权益等。如果诊所学生出庭代理案件,则庭审法官亦可参与评价。如果当事人的评价偏于感性不够客观,则法官的评价偏于理性,更能帮助诊所学生正确评价自身。

(四)与诊所活动同步评价原则

由于法律诊所课程教学的地点、涉及的对象具有流动性的特征,如果事后再回访当事人及其他人员,则不仅成本高昂,而且事后依赖印象或者回忆难以获取相对客观的评价。因此,要在学生开展诊所活动的同时,对诊所学生的各项表现及时予以评估。这种考核原则,相对于传统的期末考核、期中考核是不相同的。它更强调对学生参与程度、表现程度的考查。也可以看作全过程评价的必然要求。

四、法律赋能理念下法律诊所课程的学生成绩评价指标及权重

《高等教育法》规定本科教育应当使学生具有从事本专业实际工作和研究工作的初步能力。中国法学会法学教育研究会诊所法律教育专业委员会制定的《法律诊所课程基本规范》要求:学分的获得应当建立一个评估制度,使学生可以得到恰当的评价。

"法律赋能的具体实现手段包括法律服务和相关活动,法律服务包括法律咨询、调解仲裁、公益诉讼、法制宣传和法律援助等;相关活动是指本质上并非基于法律但能有效补充法律服务以激发权能的活动,如结社、动员以及舆论等。法律服务与相关活动相互配合,完成法律赋能的过程和实现。"①由于法律赋能诊所课程的赋能途径具有多种形式,所以相应地,法律诊所课程学生成绩的评价指标及其权重亦应随之作出相应的回应。有学者认为,法律诊所课程"可以考察学生出勤率、诊所值班出勤率、提供服务数量等进行量化评估,还可以通过考察学生法律赋能项目设计、法律赋能项目执行、法律赋能服务提供、法律赋能理论知识获取、法律赋能技能习得、团队合作能力养成等进行质性评估"。②本文认为,基于全过程评价原则、能力评价原则、多方主体参与评价原则以及与法律诊所

① 冯果、袁康:《从法律赋能到金融公平》,载《法学评论》2012年第4期。

② 程骞:《法律诊所与法律赋能的有机结合:法律赋能诊所》,社区法律赋能诊所的实施与评估研讨会论文,南京,2013年,第14页。

活动同步评价原则的要求，法律赋能诊所课程对诊所学生的考核指标应当体现全过程性、能力向度，尤其是要根据不同评价主体的关注点分别设计不同的评价指标。

(一)诊所教师的评价指标和学生的自评指标及权重

诊所教师的考核和学生的自评具有综合性和相同性。诊所教师的考核指标依据教学计划中的教学要求和目标来设定，相应地，诊所教师的考核指标就是诊所学生的学习任务和目标。因此，二者是一个问题的两个方面。诊所教师的考核指标和学生自评指标的设置均应当围绕教学计划和教学目标展开。其指标体系可由知识(应知)、技能(应会)、情感态度三大部分组成。

1. 知识的评价指标

法律诊所课程亦有课堂教学。其教学内容是向学生传递法律职业的基本知识。这些基本知识不同于其他理论课程的知识，它更注重的是实务知识的讲授。知识的考核指标要依据诊所教师的具体教学计划予以确定。教学计划中设定的知识点即为诊所教师考核诊所学生实务知识掌握情况的考核指标。诊所教师要评定诊所学生对这部分知识的掌握情况。同时，学生在自评的时候也要进行自我评估。

2. 技能的评价指标

“广义上讲，法律诊所教育可以是各种形式的法律职业训练，包括经验式的、实践性的以及主动性的训练。”①技能的评价指标，可以参照《麦考利报告》关于法律职业人员需要具备的职能技能要素作为评价诊所学生职业技能的考核指标。其指标体系主要包括以下几个方面：“问题的解决，法律分析和推理，法律检索，事实调查，交流，咨询，谈判，起诉和其他纠纷解决程序，法律事务的组织与管理，确认并解决道德困境。”②主要包括访谈的技能、事实调查的技能、取证的技能、谈判的技能、法律知识的掌握与运用的技能、文书写作的技能、庭上表现的技能等。另外，还有学生对于保密义务、忠实当事人义务、对案件负责、严谨、敬业的义务的履行，以及为追求社会正义和司法公正所作的努力。

3. 情感的评价指标

诊所教师对诊所学生的成绩评定，不仅要关注其课程中职业能力的强弱，还要考核其在法律实践中的情感态度。除了关注出勤率、值班率之外，还要考查其是否具有法律人的职业情怀，如公益心、合作精神等。

诊所教师的评价具有全局性、中立性，占学生总成绩的30%。学生自评成绩具有主观性，占学生成绩的20%。

(二)当事人的评价指标及权重

当事人对诊所学生的评价具有片面性，但却最能体现诊所学生作为法律人提供法律

---

① 李傲：《互动教学法——诊所式法律教育》，法律出版社2004年版，第74~75页。

② Titi M. Liu著：《亟待完善的中国法律教育》，王慧译，载复旦大学司法研究中心网：http://www.cjs.fudan.edu.cn/pt_view.asp? id=6091，最后访问日期：2017年1月17日。

服务的实际水平和能力。但同时,这种评价又具有感性的一面,当事人往往注重结果评价,而不是过程评价。因为当事人的关注点主要集中在自身权益的维护方面,其次才会对诊所学生的服务态度有所在意。当事人的评价可占学生总成绩的20%。

为了避免当事人对诊所学生评价的片面性,可以设置相对科学的评价指标,引导当事人作出客观评价。当事人的评价指标可以参照律师与客户交流技巧的评价标准。比如,学生的问候和介绍是否合适,是否感觉到在倾听,提问方式是否有帮助,是否精确地总结当事人的情况,当事人是否明白学生在说什么,是否让当事人感到愉悦,当事人是否对诊所学生的服务充满信息,如果有新的问题是否再来找诊所学生。① 除此之外,还包括工作态度(如投入时间、精力等),能否及时、准确地为当事人提供咨询和解答,是否及时、准确地预测到可能发生的法律风险和法律后果并提醒当事人,是否能够及时提供规范的法律文书,能否及时对当事人提出合理的建议和意见,是否向当事人介绍、阐述相关法律知识和维权技巧有助于提高当事人的法律意识,当事人是否满意法律服务的结果等。评价指标涵盖诊所学生与当事人所接触的全过程。既有服务态度的考核,也有服务质量和能力以及努力程度的考核,也有对当事人是否赋能的考核。

(三)同学互评评价指标及权重

诊所课程中的学生与学生之间不仅是同学关系,而且也是同事关系。作为同事,其需要共同开展诊所活动,因此,其更能掌握同伴在诊所活动中的表现,对同伴的各项表现具有最直观的感受。相对于当事人来说,其评价具有相对的专业性。但由于同学之间具有竞争关系,所以对于对方的评价可能有保守的一面。同学之间的互评可占学生总成绩的20%,这样可以与学生自评中对自己的评定有可能有浮夸的部分予以平衡。

学生互评评价指标主要包括出勤情况,提供咨询情况,合作情况,向当事人传递法律知识和法律技能的情况,法律职业道德、职业伦理的恪守情况等。

(四)其他参与人评价指标及权重

一般来说,法律诊所课程的参与人包括诊所教师、学生、当事人,但由于提供法律服务的方式不一样,有可能还会有其他类型的人员参与到法律诊所活动中。比如,如果提供的是代理服务,则还会涉及法官、对方当事人的代理人、证人等;如果是仲裁案件,则涉及仲裁员、对方当事人的代理人;如果是调解案件,则有可能涉及调解人员等。无论是哪种类型案件所涉及的其他参与人,都因诊所学生的服务活动而与之接触,因此也可以参与评价。由于这些人员与诊所学生只是纯粹的业务接触,了解不多,但对诊所学生的职业表现又有所了解,可以对其职业表现予以评价。其他参与人对诊所学生的评价只是"一点",具有片面性,可占学生总成绩的10%。

其他参与人的评价指标因身份不同有一定的差异。比如,法官的评价主要集中在法律职业技能和水平的考核;对方当事人的代理人的评价,则主要集中在法律职业道德、法

① 参见袁钢:《法律诊所教学评价方法探究》,载《法学杂志》2011年第2期。

律职业技能和水平的考核;而证人的评价,则主要集中在发问技巧、勤勉态度方面。

从法律赋能的视角探讨法律诊所课程的学生成绩评定是一项综合工程,其与法律诊所课程的目标相关,其实也与法学教育的目标相关。在当下,应当主要以卓越法律人才的培养目标作为包括学生成绩评定在内的中国诊所法律课程评价的指南针。

卓越法律人才培养模式下经济法实践教学改革研究

殷继国*

2011年12月29日,教育部、中央政法委印发了《关于实施卓越法律人才教育培养计划的若干意见》,该意见指出:我国高等法学教育还不能完全适应社会主义法治国家建设的需要,社会主义法治理念教育还不够深入,培养模式相对单一,学生实践能力不强,应用型、复合型法律职业人才培养不足。基于以上认识,我国的卓越法律人才培养计划将"强化法学实践教学环节"列为5大任务之一。《经济法学》作为16门法学专业核心课程之一,其地位和重要性不言而喻。囿于经济法学课程的特殊性,与民法、刑法、民事诉讼法、刑事诉讼法等传统法学课程相比,经济法实践教学的程度较低,教学模式也较单一,教学效果不太理想。本文以国家开展卓越法律人才培养计划为契机,反思和探索我国经济法实践教学对于提升课程的教学质量、实现卓越法律人才培养和依法治国的目标具有的非常重要的作用。

一、经济法学的学科特色

我国经济法产生于改革开放初期,经过30余年的发展,包括宏观调控法和市场规制法在内的经济法体系已经较为健全。与传统民法、刑法、民事诉讼法、刑事诉讼法等法学核心课程相比,经济法学具有以下4个特色:

第一,经济法学具有内容庞杂性和知识融合性。经济法学从内容上来看,分为总论和分论。关于经济法学的分论,目前学术界争论较大,有二分法、三分法、四分法、五分法等观点。以得到学术界广泛认同的二分法为例,经济法学分论包括宏观调控法学和市场规制法学,前者包括财政法学、税法学、金融法学、计划法学等,财政法又包括预算法、国债法、政府采购法、财政转移法,税法和金融法均由若干法律法规所组成;市场规制法学也由竞争法学、消费者权益保护法学等若干内容组成。因此,经济法学内容非常庞杂。与此同时,经济法学又涉及法学、经济学、金融学、管理学、食品科学等多个学科知识,是

---

* 华南理工大学法学院副教授,法学博士。

跨越大学科知识最多的法学学科，即经济法学具有知识融合性。但是，目前法学专业经济法学课堂教学一般都是64个学时，要学习如此多的内容，只能是面面俱到而均不够深入。法学本科生通常没有其他学科知识背景，学习难度较大，任课教师需要花费较多的时间讲授和解释其他学科知识。

第二，经济法学因价值追求上的“高大上”而显得不够“接地气”。经济法被誉为“经世济民之策、经邦济国之法”，是维护实质公平、促进经济社会协调发展、维护社会公共利益的新兴法律部门，弥补了传统民商法、行政法的不足。无论是经济法学的价值追求，还是经济法学的具体内容（尤其是宏观调控法），都体现了“高大上”的特点，与传统的法律部门如刑法、诉讼法、行政法，尤其是民商法关注微观市场主体的行为、贴近人们生活即所谓的“接地气”有所不同。经济法学的“高大上”特点使经济法内容和案例远离人们生活，加大了学生学习和教师授课的难度。即使是近几年已成为社会大众重点关注的反垄断领域，虽然“接地气”，但对法学本科生而言，反垄断法的专业性、复杂性和争议性特征都使其难以全部掌握反垄断法原理，难以熟练运用法律法规解决现实问题。

第三，经济法学内容更新速度快。经济法作为规范政府干预经济运行的法律部门，瞬息万变的市场经济必然会影响经济法，导致经济法律法规的“立、改、废”活动频繁，经济法学的内容也需要进行相应调整。同时，经济法的政策性特征也导致了经济法学内容的更新速度较快。经济法学的这一特点对教师和学生都提出了更高要求，即随时关注经济法律法规的修订以及国家调控政策的变化。

第四，宏观调控法的可诉性较弱导致宏观调控法欠缺司法案例。传统的法律部门，如民商法、刑法、行政法设计了专门的诉讼制度，绝大多数违法行为均可以起诉，即具有很强的可诉性。而作为经济法重要组成部分的宏观调控法的可诉性较弱，导致宏观调控法学缺乏司法案例，教师上课时只能以宏观调控事件，即所谓的“大案例”形式代替，这些“大案例”分析通常需要运用经济法学原理以及其他学科知识，让习惯了司法案例分析的学生无所适从。也正因如此，司法考试中经济法的考试比重较低，尤其是第四卷基本不会涉及。

总之，经济法学的上述四个特色深刻影响了经济法的实践教学。对于教师而言，我们不仅不能照搬传统法学的实践教学模式，还应当根据经济法学的特色开展更具针对性的实践教学。

二、经济法实践教学的现状及存在的问题

教育部高等教育司在1998年颁布的《普通高等学校本科专业目录和专业介绍》中规定了法学专业的主要实践教学环节，包括见习、法律咨询、社会调查、专题辩论、模拟审判、疑案辩论、实习等，一般不少于20周。其中，专题辩论、模拟审判、疑案辩论属于校外实践教学环节，见习、实习、法律咨询、社会调查则属于校外实践教学环节。从实践来看，我国校外法学实践教学主要采用实习、社会调查等形式，校内实践教学除毕业论文外，各高校主要采用法律诊所、模拟法庭、案例分析课等形式。例如，北京大学的校内法学实践

课程包括民事行政诉讼诊所、立法诊所、司法诊所、社区诊所、校外诊所、模拟法庭和其他诊所;中国人民大学的校内法学实践课程包括司法实验、立法实验、法律诊所和模拟法庭(仲裁庭)4 大类;武汉大学的校内法学实践课程,包括案例诊断、CAI 应用仿真实验、法庭科学实验、在线法律资源检索、法律诊所、模拟法庭、模拟仲裁庭。从各个高校开设的实践教学课程来看,偏重传统的民法、刑法、诉讼法等法律部门。由于经济法学的上述 4 个学科特色,宏观调控法的实践教学几乎为零,市场规制法的实践教学集中在反垄断法、反不正当竞争法、消费者权益保护法,教学方式主要采用案例分析、模拟法庭、法律诊所,但实践教学的比例远低于传统法律部门。本文认为,我国经济法学的实践教学主要存在以下问题。

第一,经济法实践教学的目标与卓越法律人才的培养目标存在差距。首先,从实践能力的类型来看,各个高校的法学实践教学侧重于培养学生的通用实践能力,而不太重视对专业实践能力的培养。尤其是税法、金融法以及反垄断法等专业性更强的经济法实践能力的培养,更是如此。其次,从培养内容来看,经济法实践教学与法学实践教学存在同样的问题,即侧重于培养学生的司法实践能力,忽视了立法、执法、守法等实践能力的培养。实际上,法学毕业生进入公安机关、法院、检察院的人数比例并不高。因此,不符合卓越法律人才培养目标中“多样化法律职业要求”。最后,因为经济法学的跨学科知识特性,要求学生掌握法学、经济学、金融学、管理学等其他学科知识和能力,但是当前的实践教学依然只是培养学生的法学实践能力,与卓越法律人才培养目标中培养学生运用“其他学科知识方法解决实际法律问题的能力”存在较大差距。

第二,经济法实践教学缺乏系统规划。自高校扩招以来,法学专业的发展呈现“泡沫化”现象,法学学生的培养跟不上社会需求。随着统一司法考试制度的实施,法学本科教育理论与实践相脱节的矛盾日益凸显。[①] 诚如苏力教授所言:“公道地说,中国当代法学院所提供的知识有许多并非法官所需要的,而法官急需的又并非法学院所能提供。”[②]目前各法学院系都意识到了这个问题,都开始强化法学实践教学。除少数院系外,大多数法学实践教学都缺乏系统规划,体系不完整或者重叠现象明显。以课程体系为例,各法学院系普遍开设的模拟法庭与司法诊所、法庭科学存在重合与交叉;又如,武汉大学开设的实践课程分为基础型、综合型和创新拓展型实践课,[③]基础型和综合型实践课存在一定的重叠。经济法实践教学不仅存在上述问题,而且更为严重。在经济法中,只有市场规制法的内容适合当前的实践教学课程体系,而对于宏观调控法部分,如何设计出适宜的实践教学课程体系和方法体系,还没有进行深入的探索。

---

① 参见王建国:《法学本科实践教学的反思与深化路径》,载《行政与法》2014 年第 4 期。

② 苏力:《法官素质与法学院的教育》,载《法商研究》2004 年第 3 期。

③ 参见《实验教学体系》,载武汉大学法学实验教学中心网:http://lawlab.whu.edu.cn/3/jiaoxuetixi/2009-06-03/850.html,最后访问日期:2014 年 10 月 19 日。

第三，软硬件环境和师资队伍水平有待进一步提升。实践教学对教学的软硬件环境和师资水平提出了非常高的要求，对于软硬件环境，各个高校都新建了模拟法庭、法律诊所实验室、司法鉴定实验室等实践教学场所，配备了多媒体设备和必要的教学设备，例如，中南财经政法大学还开发了法学实验教学系统（LETS）。从利用效果来看，模拟法庭和实验室的利用率不高，除司法鉴定等少数实验室外，大多数实验室的针对性不强。为了提升实践教学的师资水平，我国实施了高校与实务部门人员互聘的"双千计划"，但从具体操作来看，实务部门却仅限于法检系统。对于经济法教师而言，提升其实践能力的场所，除了公检法外，更应包括发改委、税务部门、金融管理部门、工商部门、商务部门等政府部门。从知识构成看，高校对经济法教师的知识结构要求太单一，即要有纯正的法学教育经历，经济法教师知识背景的单一性也决定了难以培养复合型的法律职业人才。

第四，实践教学基地的建设不能满足经济法实践教学的需要。从学生就业去向来看，法学毕业生的就业面非常宽，主要去向有政府机关、审判机关、检察机关、公安机关以及律师与公证行业、金融业、教育行业、新闻单位、其他企事业单位。当前，各个高校建立的校外实践教学基地主要是公检法、律所等单位，侧重于对学生通用性法学实践能力的培养，而忽视了对经济法实践能力的培养。经济法作为规范政府干预经济活动的法律部门，其实践教学为提升毕业生进入政府机关、金融业、律师行业、其他企事业单位之后的法律运用技能发挥关键的作用，但因为实践教学基地的不匹配导致了其不能满足经济法实践教学的需要。

三、经济法实践教学的改革探索

美国著名大法官霍尔姆斯有一句法律界的至理名言："法律不是逻辑的结果，而是经验的积累。"①我们必须摒弃当前重理论教学、轻实践教学的传统法学教学模式，加大实践教学的力度。根据党的十八届四中全会通过的《中共中央关于全面推进依法治国若干重大问题的决定》以及教育部、中央政法委员会联合发布的《关于实施卓越法律人才教育培养计划的若干意见》的精神，结合笔者多年从事经济法理论教学和实践教学的经验，拟从以下几个方面提出改革我国经济法实践教学的思路和措施。

（一）经济法实践教学的目标定位

培养应用型、复合型法律职业人才，是实施卓越法律人才教育培养计划的重点。适应多样化法律职业要求，坚持厚基础、宽口径，强化学生法律职业伦理教育，强化学生法律实务技能培养，提高学生运用法学与其他学科知识方法解决实际法律问题的能力，促进法学教育与法律职业的深度衔接。因此，我国经济法实践教学应以培养应用型、复合型、多样化的法律职业人才为目标。要培养应用型的法律职业人才，经济法实践教学就应紧扣社会现实，为避免与社会需求脱节，可以聘请实务部门的专家制定实践教学的课程体系以及参与实践教学活动；要培养复合型的法律职业人才，在经济法实践教学过程

① O. W. Holmes, Jr., *The Common Law*, M. Howe ed., Boston: Little Brown, [1881] 1963, p. 5.

中就要注重培养学生掌握和运用法学、经济学、管理学等多学科知识来处理实践问题的能力；要培养多样化的法律职业人才，实践教学就不能千篇一律，经济法实践教学的内容应当细化，有针对性地培养学生多样化的法律实务技能。

（二）经济法实践教学的系统规划

经济法实践教学的系统规划应遵循的基本原则是：一方面，要与法学实践教学规划保持一致性；另一方面，也要体现经济法学的学科特色，要有针对性和特色性。与法学实践教学一样，经济法实践教学的体系包括内容体系、保障体系、管理体系和评价体系。经济法实践教学的内容包括毕业实习、毕业论文、法律咨询和服务、社会调查、模拟法庭及实验教学等。当前，经济法实验教学主要采用法律诊所教学方式，实验项目包括会见当事人、事实调查、谈判与调解、法律诉讼等，但这类实验项目只适用于可诉性较强的市场规制法的实践教学。为此，我们需要设计出新的实验教学项目和方式，比如，增设模拟宏观调控决策过程、预算编制和审批过程、政府采购过程和税收征管等内容的教学项目。笔者认为，经济法实验教学的课程体系应包括法律诊所、调控模拟、经济执法三大类，只有这样，才能涵盖经济法的主要内容，体现经济法的特色。

经济法实践教学的保障体系包括场所保障、经费保障和案例保障。法学实践教学的校内场所一般包括多功能多媒体教室，物品、痕迹或法医实验室，勘查模拟实验室，模拟法庭，案例教学教室，法律咨询或者法律援助中心或者法律志愿者活动中心以及辅助性图书资料室。① 针对经济法实践教学，除现有的实践教学基地外，有条件的法学院系可以建立政府采购实验室、税务征管实验室、金融监管实验室等。校外实践教学基地应开拓一些诸如工商、质检、银监局、价监局等经济管理部门以及金融机构、互联网企业等企业，以满足实践教学的需要。真正的实践教学要求学生围绕真实的案例展开，司法案例偏少是经济法实践教学的一大特点，而且对于大多数教师而言是没有案源的，因此经济法实践教学大多停留在虚拟教学阶段。如何编写有针对性的实践教学教材，如何设计案例让学生进行宏观调控法内容的模拟，如何将真实的实践教学与虚拟的实践教学有机结合，都是经济法实践教学需要进一步思考的问题。

相对于理论教学而言，实践教学的时间、地点、方式都非常灵活，管理难度非常大，缺乏相应管理的实践教学效果会大打折扣。笔者认为，经济法实践教学可以从实验室管理、教学管理、学生管理3个方面展开，核心是教学管理。教学管理主要是规范课程计划、教学大纲与教学日历、教学文件资料、教学过程。此外，还应建立评价体系，评价的对象是教学课程或教学项目和教师的教学活动，评价的主体是学生、教学管理人员和实务部门的专家，评价的核心是评价标准。关于评价标准，诊所式法律教育协会（Clinical Legal Education Association，CLEA）指出，“最好的实践教学”应当按照如下的原则组织教学过程：努力做到教学过程的一致性；为了满足未来法律工作的需要，教学过程应努力地

① 参见齐喜三主编：《法学本科实践教学教程》，郑州大学出版社2012年版，第9页。

提高学生的知识、技能和价值观念；教学过程应综合进行理论、原则和实践的教学；学校通过实例讲授职业技能，并在3年的教学中都坚持这样做。① 笔者认为，这一标准也适合评价经济法实践教学。对于评价分数较低的课程或项目，可以完善其教学方案或者可以取消，开设新的实践课程或项目；对于评价较差的教师，可以提出提升其授课水平的措施，提高实践教学的水平。

（三）建设高水平的实践教学师资队伍

卓越法律人才的培养，关键在于师资；经济法实践教学水平的提高，关键也在于师资。相较于其他法学学科的实践教学，经济法实践教学对师资队伍的水平要求更高。笔者认为，各高校应从建立以下4个常态化的机制来建设一支高水平的师资队伍：第一，建立定期参加业务培训的机制。如前所述，经济法的更新速度非常快，各高校需要定期组织教师参加经济学知识的培训、实务部门的业务培训、法律诊所培训等培训课程。第二，建立高校与经济法实务部门合作的机制。例如，与财政部门、税务部门、工商部门、质监部门、金融监管部门等建立长期的合作关系，实现资源共享、优势互补，促成产、学、研的有机结合。一方面，高校可以定期派遣经济法实践教学教师到实务部门实践一段时间，充分吸取实践经验，提升实践技能和水平；另一方面，高校可以聘请实务部门的专家指导、完善经济法实践教学的方案。第三，建立经济法教师与经济学教师、实务部门专家共同授课的机制。比如，在税收征管实验项目的教学上，可以由经济法教师、税务教师、地税局或国税局的专家共同授课；在反垄断法律诊所的教学中，则可以由经济法教师、经济学教师、反垄断执法机构的官员来共同授课。在共同授课的过程中，实践教学教师的教学技能和水平也会得到大幅度的提升。第四，建立科学合理的激励机制。相较于理论教学，实践教学所耗的时间和精力都非常大，经济法实践教学教师还面临着理论教学和科研上的压力。因此，需要设计出科学合理的薪酬标准，激励教师提升教学水平。

总之，实践教学的改革探索是一个永无止境的过程。经济法作为新兴的法律部门，实践教学的历史包袱较轻，各高校和实践教学教师可以大刀阔斧地进行改革。笔者仅仅是抛砖引玉，希望促进经济法实践教学乃至法学实践教学质量的提升，尽快实现卓越法律人才教育培养的目标。

---

① Jarrod T. Greens, "Outstanding Student Article: A Play on Legal Education", *Phoenix Law Review*, Fall, 2010, p. 356. 转引自陈京春：《美国法学教育的变更：从苏格拉底教学法到法律诊所教育——对我国法学实践教学的启示》，载王瀚主编：《法学教育研究》（第6卷），法律出版社2012年版，第323页。

论诊所式教育模式在民法教学中的应用

于传玲*

诊所式教育模式是指法科学生在教师指导下，就法律援助中的真实案件，通过接待当事人来访、提供专业咨询、代为撰写法律文书、受托代理参加调解、谈判、仲裁、诉讼等方式，直接从事法律实务工作，在进行公益奉献的同时，完成教学实战训练任务，从而实现提升专业理论修养、掌握实践技能技巧、积累借鉴实务经验、增强职业责任感的人才培养目标。其核心在于以问题为中心（Problem Based Learning），遵循感性认识的规律，从学生汲取知识并形成能力的需要出发，引导学生"从干中学"（Learning by Doing），学会运用法学专业理论知识解决司法实践中的具体问题，不断提高实务技能。该教育模式兴起于20世纪60年代的美国法学院，现已成为世界各国法律专业实践性教育的基本模式之一。近年来，国内许多高校也开始采取这种教育模式，并在部门法教学中广泛应用，民法教学也不例外。

作为民法学教育的重要组成部分，诊所式模式突破了单一的纯讲授式的教学方法，不再仅偏重理论知识的传递和学术研究，或仅强调民法自身的体系化和学科化，而是更加注重民法的应用层面，从民事法律事实的发现、重构与证明等方面进行职业思维和能力训练，追求传授民法知识与训练执业能力的并重，致力于理论性与职业性的结合。在这种模式下，培养和训练学生的实务能力与传授民法基础知识和基本理论同等重要或更加重要：在有目的地设计民法课程内容的基础上，教师在诊所中对学生进行有针对性的指导；学生在亲自参与民事司法实践的过程中既"动口"又"动手"，真正成为教学活动的主体。这既有利于提高学生在民事案件审理、代理和非诉实务中的综合能力，凸显学生的创造力和区别度，又有利于形成实践教学与理论教学的良性互动，在差异化训练中提高教学品质，在个性化培养的基础上实现专业培养目标。

* 大连大学法学院副教授。

一、在民法教学中应用诊所式教育模式的必要性

(一)在民法教学中应用诊所式教学模式是由该课程的自身性质和教学改革的需要所决定的

民法学是为法学专业学生开设的专业基础课。其任务是通过对民法学基础知识和基本理论的系统讲授和典型案例的剖析,使学生不但能够了解和掌握我国民事法律制度的主要内容,而且能够运用民法学知识和理论分析并解决实际问题,具有从事法律实务工作的能力。在民法学教学改革的实践中,理论与实际相结合不应仅停留在原则的范畴,而应贯穿于专业教师教学的全过程,在教学内容的设计和教学方法的选择中得到充分体现。只有采用适当并切实可行的方法,将民法学基础知识和基本理论与司法实践有机地结合起来,把学生"看、听、说、写、做"等各感官充分调动起来,最大限度地挖掘他们自身的潜力,才能真正达到培养学生实务能力的目的。

(二)在民法教学中应用诊所式教育模式是民事司法实践的需要

法学教育既是一种人文教育,又是一种真实的职业教育。在这种教育中,必须考虑司法实践的需求,注重实际操作能力的培养。在司法实践中,各级法院民事审判庭的法官们每天都要审理大量的案件。在认真地审视这些案件并进行较深入的思考后,不难得出结论:由于社会现象的纷繁复杂和个案的千差万别,学生在校期间所学的明确肯定的法律规范在实务中往往显得有些模糊,或者具有一定的伸缩性;要将法律规范和社会现实进行有机的结合,不但需要理性的思维能力,还需要许多的书本和法律条文以外的功夫。因此,法学专业的学生从学习民法的第一天开始就应被要求像民庭法官或主办民案的执业律师那样思考,学习如何具备独特的思维能力,如何理顺错综复杂的民事法律关系,如何搜集并分析与个案相关的事实材料,如何与各种有关人员打交道,如何制作各种民事法律文书,如何出庭发表民事代理意见或出具判决意见等。同时,他们还应逐渐树立深厚的人文精神,具备较丰富的人文社科知识,不拘泥于具体个案的界限,不拘泥于机械地运用民事法律条文,学习如何最大限度地发挥主观能动性,创造性地运用民事法律规范。这就需要通过诊所式民法教育模式的构建和不断完善,形成体系化的法律职业技能和有理论深度的法律思维模式,加强对法学专业学生学习方法和综合能力的训练,开发学生的潜能。

二、在民法教学中应用诊所式教育模式的基本思路

既然"成功的教学需要的不是强制,而是激发学生的学习兴趣"(托尔斯泰语),那么诊所式民法学教学模式的主要目的就是通过真实案件的体验、模演和实做,让学生成为教学活动的中心,从课堂上处于被动地位的配角转化为实践知识的主动汲取者,最大限度地调动其学习热情和创造激情。也就是说,诊所式教育模式包括认知、体验和操作3个阶段,应自始至终地贯穿于民法教学过程之中。

认知型诊所教学阶段的特点是学生"边看边学"。定期或不定期地带大一学生到实际应用民法的不同部门(如法院、律师事务所等)见习,让学生有机会接触和了解形形色

色的民事案件，明确民法基本理论和基础知识的应用价值。在不同部门的见习中，学生学习的侧重点应各不相同。在法院，见习的主要方式为旁听庭审。学生可在了解案情的基础上，明确双方当事人争议的焦点、各方代理人选择的切入角度、法官就特定案件所适用的法律规定及判决依据等。在时间和条件允许的情况下，还可与法官或代理律师就案情交谈或座谈，探讨案件涉及的法律问题。在律师事务所，见习的主要方式是通过辅助律师处理与案件相关的各种文书，熟悉案件的代理步骤和代理律师对各种案件的处理方法，为专业实习和正式执业奠定基础。

体验型诊所教学阶段的特点则是学生"边学边做"。组织大二学生根据在法院、律师事务所获得的经验，组织开庭活动，就具有一定典型意义的民事案件进行模拟审理，或就法律关系复杂并存在争议的民事案件展开对抗式辩论。在学生以真实或模拟的案件为素材进行分析和处理的过程中，教师应从案件的选择、角色的安排、排练的组织和庭后点评等方面进行指导。在确定拟审案件后，让学生分别扮演不同的角色，在熟知案情的基础上，从不同角度提出其对案件的分析意见和代理（审理）思路，并充分运用所学的基础知识和基本理论支持自己的观点。为了达到让更多的学生直接参与该活动的目的，可将分析的结果进行分组讨论，由学生分别模演。在每次模拟庭审后，教师都应进行归纳、点评，必要时可向学生提供个别指导，以便学生在总结经验、吸取教训的基础上不断提高。

在操作型诊所教学阶段，已具有一定专业理论基础的学生利用与律师事务所合作搭建的校外平台，在有律师执业资格的教师的指导下，直接接触真实的民事案件，就处于困境中的贫弱者面临的法律问题提供接待咨询，通过会见当事人、事实调查、文书写作、谈判、调解或申请仲裁、提起诉讼等途径为他们提供解决问题的方法，并以民事代理的形式向他们提供无偿的法律援助服务，培养和提高学生的诉讼与非诉讼技能。该阶段的重要特征就是真实性，即通过接待真实的当事人，接受真实的委托，办理真实的案件，提供真实的服务，解决真实的纠纷。在此过程中，学生必须在对规范的分析和事实的把握上正确协调，在分析各方法律关系的基础上，围绕双方争议焦点，完成相关代理事务，并学会处理意料内外的各种状况，即"边做边学"。

具体来说，学生应在此阶段完成以下工作任务：

首先，学会接待当事人的电话咨询和现场咨询，在了解当事人咨询要点、取得当事人的信任的同时，做好咨询记录并提供处理方案；如果需要会见当事人，则学生应当学会制作会见计划，事先做好充分准备，掌握并运用会见技巧，根据具体案情形成适当的处理方案；根据会见咨询情况收集证据、整理证据并分析鉴别证据资料；确定事实及法律关系，选择适用法律，作出解决方案并对方案进行评估。

同时，学生应当了解法律文书种类、格式规范及写作要求，根据案件具体情况制作民事起诉书、调解书、协议书、委托书、申请书等法律文书。

其次，学生应了解谈判的基本要素，确定谈判方案及策略，掌握谈判技巧，进行谈判演练。法科学生不仅需要具备"下笔千言"的能力，而且应当能够"出口成章"。也就是说，良好的口头表达能力与书面表达能力同样重要，在双方面对面的谈判中尤其如此。谈判是在非常有限的时间和空间内进行的对弈，有一定的对抗性，各方都需承受很大的压力——或者达成协议，或者谈判破裂。这对学生思维、情绪、心理和体力都是相当大的考验。谈判还涉及对利益的重新定义，其不能仅仅停留在分配利益上，还要着力于创造利益。在谈判课上，学生通过事先准备预案、完成谈判进程、老师及时指导、总结与点评等环节，能够认识到自己的问题，在短期内取得明显进步。

最后，学生应当了解调解的含义、种类、性质，掌握调解技巧，学会制订调解计划、方案，运用合适技巧完成调解；了解劳动争议、合同仲裁的基本概念、性质、特点，掌握相关仲裁程序，对案件进行整体把握，整理开庭资料，进行庭审演练；学会做好民事案件出庭准备工作，掌握庭审程序及技能，例如，确定案件性质、分清法律关系、了解适用法律、整合证据材料、确定争议焦点、撰写代理意见，参与庭审调查、询问证人、进行庭审辩论、应对突发情况、做好庭审笔录等。

这种诊所式教育模式可以给学生提供综合性的“实战”环境，不但有利于学生逐步训练地掌握民法中有关疑难问题的解决以及审判程序，促使学生在亲自完成代理或审判、体验法律运行的全过程中对民法基础知识和基本理论有更深刻的理解，在实际操作技巧的训练中学会综合运用，而且有利于学生自我学习、自由讨论、独立思考、自行决断、自我更新和自我发展，从而将书本上的民法知识转化为诉讼技巧，将理论沉淀成独立分析、解决实际问题的能力。在理论学习与法律实践有机融合的过程中，学生的学习兴趣和热情会得到最大限度的激发，真正感受到学有所用的充实和快乐。在承担民案审理、代理或咨询服务工作的过程中，实现执业技能与司法实践的接轨，逐渐掌握执业技能，在待人接物、语言表达、案件分析、团队合作及与人沟通等方面提高综合能力，并真正领悟职业道德的内涵，形成较完善的法律人格。

三、在民法教学中应用诊所式教育模式对教师的要求

任何一位教师都不可能把所有的知识都灌输给学生。只有帮助学生将其自身的潜力尽可能地开发出来，才能使学生在开放的社会中立于不败之地。因此，采用诊所式教育模式的民法学教师不但要树立“以人为本”的正确理念，能够以宽容的态度面对学生和教学中的种种挑战，而且要在知识、能力和经验等方面有足够的实力，具备较强的指导能力。

（一）从事诊所式教学的民法教师应具有以学生为本的正确理念

在从事诊所式教学工作时，教师应将学生放在首要地位，以学生为教学过程的主体，使学生成为学习过程的主人，让学生主动去做，承担起从实践经验中学习的责任，获得充分发展的机会；教师自己则起到适时、适度引导的作用。因此，教师应以平等的参与讨论者和提供建议者的身份，充分调动学生自身的积极性——通过提出问题并共同解决的方法，引导学生侧重考虑案件事实和法律适用的关系，尽可能全面地考虑到各种可能性，发现并深入分析有关的法律规范、事实材料、有关因素以及各种因素之间的关系；除非学生的决定严重损害当事人的利益，教师应尊重学生的决定和选择。在指导过程中，教师可以真正了解并关注学生的需求和面临的问题，与学生建立起真正的学友般的交流关系，鼓励学生求真、求实，努力实现从知识到能力的转化和综合素质的提高，真正学有所获。

（二）从事诊所式教学的民法教师应具有合理的知识结构和较高的综合素质，并具有丰富的法律实务经验和较强的驾驭诊所式教学的能力，以便自如、有效地向学生提供指导

首先，教师应在知识结构上具有一定的深度和广度，能够在系统掌握民法基础知识和基本理论的同时，了解教育学、心理学、社会学等相关学科知识。教师不仅应当能够将自己已占有的知识融会贯通、灵活运用，而且应当经常进行继续学习，学会熟练检索和处理新信息，不断扩展知识领域，提高自身的理论水平和实践水平，能够进行经常性的、有针对性并具有理论高度的指导，启发学生的思路，引导学生开动脑筋思考，自己得出结论。

其次，教师至少应有 2 年以上的实际办案经验，并定期到法院民事审判庭参加庭审或到律师事务所代理案件，有机会收集和积累法院或律师事务所的原始卷宗。在与学生一起置身于近乎真实的环境中，像真正的民庭法官或执业律师那样处理案件的过程中，教师不但要传授和强化民法基础知识和基本理论，还要讲授职业道德；不但要就专业技巧言传身教，而且要帮助学生学会主动学习那些尚未学习过的法律，分析解决从未碰到过的问题，关注学生实务能力的培养。

再次，教师应具备并不断提高灵活应变能力。在诊所教育这种真实的环境中，教师和学生会遇到许多从未学到的，或者虽曾学过却从未想到过如何在实践中使用的，甚至根本无法在课堂教学中学到的法律问题。要像真正的民庭法官或代理律师那样分析解决这些问题，就需要随机应变，灵活运用已拥有的知识和已具备的技能。充分利用这种传统课堂教学忽视或无法提供的机会，有意识地训练和提高自身的灵活应变能力，恰恰是每一位教师要在诊所式教育中完成的重要任务。只有这样，才能保证对学生进行及时、有效的指导。

最后，教师应具备公正评价能力。教师应适时并尽量客观公正地评价学生的表现，使其有信心担任不同角色，并在此过程中不断提高自己的专业素质，在学习民法理论知识的同时提高警惕实务技能。只有这样，学生掌握的知识才会更为牢固和持久，才能真正学会法律思维的方法，获取执业所需的各种技能，锻炼和提高其综合素质。

移动互联背景下法律诊所教学手段创新初探

苗鸣宇*

在互联网技术已经进入移动互联时代的大时代背景下,结合中国青年政治学院中青法律诊所成立近10年来的教学与实践中的经验教训,本文拟对法律诊所教学当下所面临的问题进行初步梳理,利用移动互联技术的发展与特性,对法律诊所的教学手段加以创新,从而达到切实提升法律诊所教学效果和实践实绩的目的。

一、当前诊所教学与实践的痛点与痒点——问题的提出

互联网业界将某一领域亟待解决的问题称为"痛点",而普遍希望在将来能够得到解决的问题则被称为"痒点"。

从笔者个人的诊所教学与办案指导实践来看,当前,实案型法律诊所教学与实践中存在的带有一定共性的痛点与痒点主要有以下这些。

(一)课堂教学中的痛点和痒点

1. 诊所教学的个性需求

(1)典型的"高级学习"

所谓"高级学习"是与"初级学习"相对的概念,是指不以概念和知识点的简单习得为目的,而是以知识和能力在实际情境下良好运用为目的的教学。法律诊所的教学目的绝不是要简单地让学生理解定义和概念,而是要培养学生在真实案件的情境中,运用所学的法律知识,解决实际问题的能力,因而属于十分典型的高级学习。

被验证适合于高级学习的教学方法之一就是建构主义教育理论中提出的"随机通达教学"(Random Access Instruction)。随机通达教学方法是指对同一内容的学习要在不同时间多次进行,每次的情境都是经过改组的,而且目的不同分别着眼于问题的不同侧面。这种反复绝非为巩固知识技能而进行的简单重复,因为在各次学习的情境中会有互不重合的地方,而这将使学习者对概念知识获得新的理解。在这种学习中,学习者可以形成

* 中国青年政治学院法律系副教授,法律诊所负责人,中国青年政治学院教学与实验保障中心主任。

对概念的多角度理解，并与具体情境联系起来，形成背景性经验。这种教学有利于学习者针对具体情境建构用于指引问题解决的图式。

“不同时间多次进行”等理想条件就意味着诊所课程需要足够多的时间来进行足够多的经过精心设计的改组情境的学习，而这同时也离不开相应的空间保障。在传统教学手段与技术条件下，诊所课程有限的课堂学时也就成了极大的障碍，使改组情境的实现十分困难，教师必须对教学内容和情境做出异常艰难的取舍。

(2)必须有团队协作

法律诊所教学内容的特点之一是领域的广泛性，这与它的实践性特征密切相关——法律诊所课程是培养学生法律职业基本能力的，而任何一个实际法律问题的解决，都不可能只涉及某一个特定领域而不及其他。

首先，诊所课想要传授给学生的那些办理实际案件时不可或缺，但与法律专业理论知识关联不大的配套技能本身就是复合的、多层面的，包括问题分析、批判思维、沟通与调查技巧等。如果想达到良好的学习效果，则诊所课的师生们的知识面恐怕还要扩展到心理学、传播学等更多领域的专业知识。其次，哪怕仅就法律专业理论知识而言，也不是某一两个特定的专业领域就能涵盖所有的。几乎每一个案件的分析和解决都需要对案件所涉及的民事、商事、行政等实体法律知识与技能，以及调解、仲裁或诉讼等程序法知识与技能进行讲解，不可偏废。

教师的个人研究领域和时间精力总是有限的，加之我国现任的法学院教师的学源与培养模式等客观因素，都决定了诊所课程必须由相关领域的教师进行法学内跨领域，法学与其他专业跨专业、跨学科的配合，校内教师与校外实务界成功人士进行理论与实务的结合等多种形式的配合，方能取得良好教学效果。而在传统教学手段与技术条件下，这又有着极大的不可逾越的鸿沟。

(3)并不是“立竿见影”

大学里任何一个专业都有其特定的理论知识体系，绝非一朝一夕可以完成的。所以经常有学生表示很困惑，不知自己的专业知识到底学到什么程度了。如果说专业知识学习可以勉强通过《本科生/研究生培养方案》这种二维表的方式，对已学课程加以标注和对比，形成感性认识的话，那么法律职业技能这种考察指标体系本已较为复杂的事物，就必须借助技术手段来实现学习实践成果记录、测评、评价的随时点滴记录，经过一定时间(如诊所学习1年、实践2年，或本科4年等)的积累，最终形成可回溯、可分析、可统计、可视化的学习成果报表。这也是传统教学手段所难以实现的。

2. 与其他教学模式相同的共性需求

(1)加强针对性——了解学生的需求

如何能够真正以学生的学习需求，即以学生要“学什么”为中心来开展教学活动，而不是单纯以教师的主观设想，即老师想“教什么”为中心来开展教学活动这是现代教育的基本理念变化之一。

为了实现这一理念,任课教师需要尽可能抓住可利用的有利时机,对学生做摸底测验和需求调查,并做出积极反馈。而传统技术条件下,开展测评耗时多,回收、统计周期长,因而影响了学生的积极参与,更阻碍了教师频繁、随机地开展相应调研活动,使教师无法及时调整课堂教学活动,以适应学生真正的学习需求。

中青法律诊所自2008~2014年的教学实践中,基本上每学期只能通过在期末考试试卷中附加调研问题,并计入卷面成绩的方式来开展相应的教学效果、满意度和发展方向的调研。

(2)加强参与性——对付"低头族"

随着智能手机的普及,社会上和学生中的"低头族"越来越多。除了睡觉、吃饭、走路,甚至过马路时都盯着手机看的大有人在。有数据显示,2016年上半年,中国网民的人均周上网时长已达到26.5小时,比2015年又提高了0.3小时。①

由于大学中一般不会像中小学那样严格限制学生使用手机,因而大学课堂里上课光盯着手机看、不听讲的学生大大增多,甚至成了各校各门课老师都在抱怨的普遍现象,极大地影响了学习效果和教学质量。

很多学校和老师探讨了限制学生上课时使用手机,屏蔽手机信号,教学楼里不做无线网络覆盖等措施的可行性问题。

在笔者看来,在智能手机已无可替代的大背景下,与其堵不如疏,即通过教学环节的精心设计,使学生必须利用手机的相关功能和软件应用才能配合老师完成教学任务,从而使学生不得不参与教学过程,最终转变"低头"看手机的习惯主动回到课堂教学活动中来。

如果说前两项是亟待解决的"痛点",那么下面的两项则是需要一定的时间和周期来解决的"痒点"。

(3)加强开放性——集体创造新知识

大学课堂不应该是以学生为主导的单向灌输,而应该转变教学思路,以学生为中心,在师生的交互过程中,帮助学生形成新知识。

在《基于群体交互学习的知识创新服务组织分析》一文中,武汉大学信息资源研究中心的胡昌平、胡吉明老师就认为:"在群体交互环境下群体成员就共同关心的主题从内涵和外延上进行扩展和深入探讨,对知识进行吸收、理解和消化,共同激发自己头脑中隐性知识的转化,成为群体化知识;进而利用知识信息处理的方法和技术,将知识显性化,存储在知识库中,成为群体知识创新发展的基础。"并如图1所示:②

① 中国互联网络信息中心:《中国互联网络发展状况统计报告(2016年7月)》(亦称《第38次中国互联网络发展状况统计报告》),载中国互联网络信息中心网:http://www.cnnic.net.cn/hlwfzyj/hlwxzbg/hlwtjbg/201608/P020160803367337470363.pdf,最后访问日期:2017年1月17日。

② 参见胡昌平、胡吉明:《基于群体交互学习的知识创新服务组织分析》,载《图书馆论坛》2009年第6期。

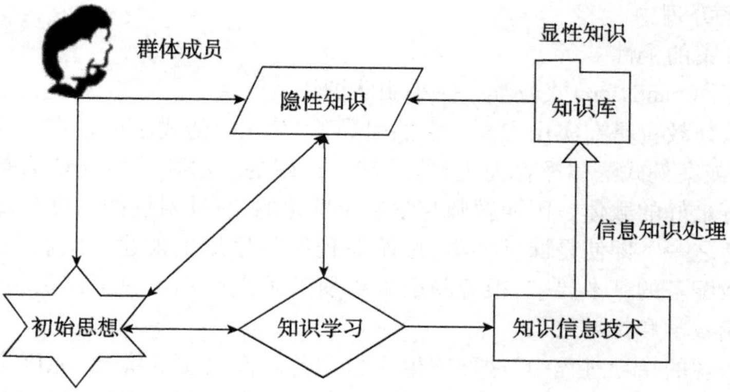

图 1

诊所课程中，教师通过课堂讲授所能传授的技能与知识（“显性”知识）只是法律职业技能的“沧海一粟”，更大量的则成为诊所群体的“隐性”知识，需要学生通过亲身参与模拟或实战活动去探索。当然，如果能够形成各诊所课程自己的“知识库”，例如，教材或工作指南、指导手册之类，则显性知识的比重会越来越大，学生们的学习会更加便捷。

在传统技术条件下，这种群体知识由“隐性”向“显性”的过渡，需要相对较长的时间，并且缺乏在群体内即时分享和共同编辑的功能，从而影响了群体知识的形成。

（4）加强科学性——数据可追溯、可分析

一方面，对一门课程的各教学环节和过程运用具有科学性的方法和手段，适时开展研究和评估，是课程提高和改进的条件；另一方面，我国大陆地区法学院校引进诊所式法律教育模式的时间并不算长，对于诊所课程进行科学跟踪和评估显得尤为必要。根据“中国诊所法律教育网”（http://www.cliniclaw.cn/）2016 年 9 月 21 日发布的信息，天津大学法学院于当月成为中国诊所法律教育专业委员会的第 198 位单位会员。由此可见，2000 年以来的 17 年间，诊所式法律教育在中国的普及速度是很快的。不过，据不完全统计，国内目前开办狭义的法学专业的高等院校已经超过 600 所，显然，开展诊所式法律教育的国内院校仅占法律院校总数的将近但仍然不到 1/3。与“全美已经有超过 90% 的法律院校开设了法律诊所教育课程”这一普及率相比，我们的诊所式法律教育无论是在课程普及面还是研究深入度上，都仍有较大的发展空间。

科学地开展研究和评估工作的前提，是收集和保留尽可能完整的相应数据，因而我们必须重视提升课堂教学各环节的数字化程度及其成果的可留存性和可再现性。

(二)实案办理中

1. 诊所办案的个性

(1)手把手(hands on)式教学——小团队训练

诊所式法律教育是在实用主义哲学的引导下,并在学徒式法律教育和学院式法律教育(以演讲式或案例式法律教育为主)的基础上产生的。法律诊所被认为是法律职业道德和技能教育最好的载体。因而教师与学生个性化的、有针对性的深度交流被认为是诊所教学的特色之一。即使是课堂教学,诊所课程的师生比也被建议限制在1∶15以下。这种师生人数配备的基本要求,很容易引发诊所教师人手不足或工作量超负荷的状况,最终也会影响教学和指导效果。

在实案办理的指导过程中,这种师生人数比的矛盾会更为突出,原因主要有:第一,此时教师除了具体的法律知识与技能的传授之外,还需要扮演团队激励者和心理支撑的重要角色,负责组织管理、团队建设、心理辅导等工作。第二,每个办案组人数不宜过多,如果超过4人,那么在办案组内部成员的时间协调和管理上就会出现较大困难,因为学生毕竟还有各自的专业学习课业任务要完成。而组分得越细,数量也就越多,能够同时接办的案件也就越多,教师的工作量也就会越大。

传统教学手段与技术条件下,指导教师分身乏术,从而无法很好地完成办案指导。

(2)"新手+实案"的职业伦理困境——强化教学督导

2013年《民事诉讼法》被修订,其中公民代理的规定发生了较大变化,引发了实案型法律诊所的担忧,因为法律诊所的学生们基本上都没有获得律师执业证,不能在律所登记执业,所以法律诊所学生的出庭代理诉讼受到了空前限制。其实,不仅仅是诉讼中的公民代理如此,也不仅仅是法律专业学生,只要是在校学生接办实际案件,包括社会工作专业、医学专业、新闻专业等,就会存在职业伦理的困扰和争论。

解决这种伦理困境的成熟做法如下:首先是要尊重当事人的知情权,要向当事人、委托人事先告知是由学生来办理;其次是要遴选学生办案队伍,由责任心强、具备一定业务素质的学生来办理;再次是要集思广益,发挥学生团队协作的优势,形成合力;最后是要由教师严格督导。在传统手段和技术条件下,无论是告知还是遴选、协作还是督导,都会在流程性的重复工作环节上耗费较多时间,影响效率。

(3)流程化——提高协作效率和质量

20世纪70年代以来,日本企业开始推行全面质量管理(Total Quality Manage-ment,TQM),并且认为,好的流程输出的产品和服务质量必然也是好的。多年来,TQM已形成一种潮流,逐渐从其发源的制造业扩展到其他领域,如医疗卫生组织、服务组织、教育机构和军队组织等,并取得了极大的成功。①

在法律专业领域,体系和流程的作用也早已获得充分的重视。美国律师协会1992

① 参见井辉:《流程管理思想的发展历程探析》,载《商丘职业技术学院学报》2009年第6期。

年公布的《麦考利特报告》中即已提出了法学院校应当培养的十大法律职业能力,其中第九项“法律事务与管理”中又包括以下几条具体内容。

“9.1 确切地表达出有效实践管理的目标和策略;9.2 形成能保证高效分配时间、经历和资源的体系和流程;9.3 形成能保证并作适时展开和完成的体系和流程;9.4 形成各高效协作的体系和流程;9.5 形成高效管理法律职业机构的体系和流程。”①

体系与流程对于法律诊所实案办理的重要性不言而喻。但在传统技术条件下,流程化往往会因沟通环节多、耗时多等因素,而导致僵化问题。因而如何兼顾流程化与灵活性之间的度,是一个一直困扰法律诊所管理的难题。

(4)服务学习——统筹协调各种关系

笔者在以往的研究中提出:“我们有理由认为,诊所式法律教育应该是伴随着服务学习运动的兴起,而在法学教育领域中发生的教学法的改革。”②如果我们将诊所式法律教育看成服务学习的一种具体模式,那么这种学习就将涉及学生 + 教师、当事人和当事人所在社区管理者等多方面主体。指导教师或者法律诊所的管理者就不得不抽出时间和精力来协调多方面的关系。

2. 与其他办案主体相同的需求

(1)重积累——个人、团队、集体知识库

如果说诊所的课堂教学是一个群体互动创造知识,或者说将知识由“隐性”变成“显性”的过程,那么诊所实案办理则是这些知识发挥其应有威力的过程,而且知识积累得越丰富,越有组织,就越便于检索和获得,威力就会越大。知识积累到一定程度,就能形成知识库。知识库包括个人的、团队的和集体的多个层次。

在传统手段和技术条件下,无论哪个层次的知识库的搭建都是很困难的。这从传统数据库的昂贵价格中也可见一斑。

(2)可迭代——知识库的完善、升级

知识库形成之后的进一步问题就是迭代升级的需求实现问题。

在传统手段和技术条件下,由于法律诊所往往没有雄厚的财力去打造专属的数据库,而纸质的教材、工作指南等传统知识积累表现形式又会因编辑、印刷、发行周期限制而跟不上法律法规、司法解释和政策的快速变动和更新,通常会大大滞后于现实需求。

通过以上分析可以看出,当前法律诊所教学与实践中亟待解决的问题可以归纳为:

①数据采集、分享、统计、分析、可视化、沉淀、数据流方面的需求;

②突破时空限制,即时沟通与延时交流相结合,从而随时随地沟通的需求;

③流程体系建设,相对灵活的个性化流程管理平台搭建的需求;

---

① ABA, *Report of The Task Force on Law Schools and the Profession: Narrowing the Gap*, ABA Press, 1992, p. 140.

② 苗鸣宇:《社区法律服务过程中青年大学生的需求实现》,载《中国青年政治学院学报》2015 年第 4 期。

④以学生喜闻乐见的视频、微课等方式开展教学活动的需求。

二、移动互联应用的现状、特点及发展趋势[①]——原因分析

针对前述主要问题,笔者认为,在用心钻研、认真总结的基础上,抓住移动互联技术及其配套应用"井喷式"发展的有利时机,开展诊所教学手段的创新,将是一条非常好的提升诊所教学质量与效果的途径。

(一)移动互联的基本特性

1. 方便快捷,无时空限制

移动互联的核心终端就是手机。小巧的手机由于功能越来越强大而变得越来越不离身,除了洗澡和睡觉,甚至连上厕所都可以看手机。这也意味着基于手机等移动终端而建立起来的移动互联网络在方便快捷、突破时空限制方面有着不可替代的功效。

2. 既能把信息碎片化,又能把零散的信息有机地串联起来

移动互联的一个基本特征是分散和碎片化。正如事情没有绝对的优劣一样,信息的碎片化也反映出信息收集功能的便捷和强大,否则就不会有碎片化的信息存在。

碎片化信息的克星就是"大数据"应用。早在移动互联技术兴起之前,以数据存储、共享和检索为主要功能的云计算、云存储等云技术就已经依托互联网技术而迅猛发展起来。移动互联时代来临之后,各大云存储平台纷纷推出移动终端应用,强调多屏共享,PC 版、手机版(包括安卓版和苹果版)一个都不能少。最终,云技术和移动互联的结合,造就了强大的信息收集、整合、存储和检索能力,将"碎片化"与"去碎片化"神奇地结合在了一起。各种云笔记,保证即时更新、随时随地打开最新文档。各种协作平台,将多种交流渠道的信息汇集一处,辅以强大的检索功能,便于检索、查找。没有前期数字化的数据积累,迭代更新也无从谈起。因为有了数字化的沉淀平台,从而为快速更新迭代创造了基础数据积累条件。

(二)移动互联网的发展现状

1. 互联网已经相当普及

截至 2016 年 6 月,我国网民规模已经突破 7 亿人,达到了 7.1 亿人。我国互联网普及率达到 51.7%,超过全球平均水平 3.1 个百分点,超过亚洲平均水平 8.1 个百分点。

家庭、工作场所、城市公共无线网络部署进程加快,Wi-Fi 无线网络接入越来越便利,截至 2016 年 6 月,92.7% 的网民最近半年曾通过 Wi-Fi 无线网络接入互联网,较 2015 年年底增长了 0.9 个百分点。

2. 网民年轻化、学生多

截至 2016 年 6 月,我国网民仍以 10 ~ 39 岁群体为主,占整体的 74.7%。其中 20 ~

① 本文所引用的 2016 年互联网发展数据与图表均来自中国互联网络信息中心:《中国互联网络发展状况统计报告(2016 年 7 月)》(亦称《第 38 次中国互联网络发展状况统计报告》),载中国互联网络信息中心网:http://www.cnnic.net.cn/hlwfzyj/hlwxzbg/hlwtjbg/201608/P020160803367337470363.pdf,最后访问日期:2017 年 1 月 17 日。不再另行注明。

29 岁年龄段的网民占比最高，达 30.4%。显然，中国网民呈现出极强的年轻化特点，而绝大多数大学生恰好又是在 20～29 岁这个网民占比最高的年龄段之内。据统计，中国网民中学生群体占比仍然最高，为 25.1%。

3. 手机上网主导地位强化，移动互联时代来临

截至 2016 年 6 月，我国手机网民规模已达 6.56 亿人，占网民总数的 92.5%，较 2015 年年底增加 3656 万人，占比提升了 2.4 个百分点。同时，仅通过手机上网的网民就达到了 1.73 亿人，占整体网民规模的 24.5%。

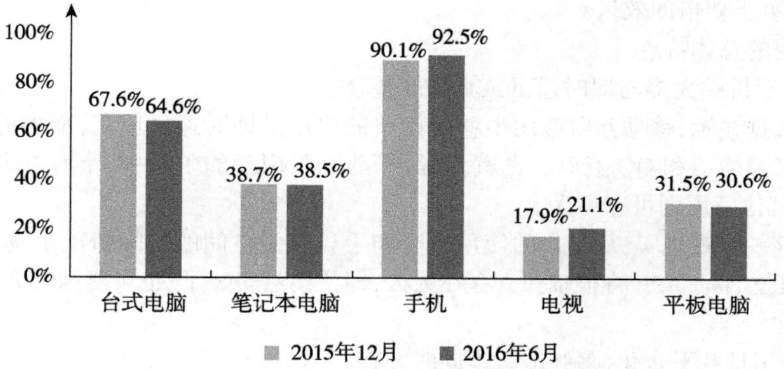

图 2　中国网民上网接入设备使用情况

2016 年上半年，我国新增网民中手机网民规模为 1301 万人，占新增网民的 61.0%。新增手机网民中又有 2355 万人是由原有 PC 网民中转化而来，这一规模较 2015 年年底增加了 1202 万。

一方面，智能手机进一步普及，移动设备上网的便捷性降低了互联网的使用门槛。截至 2016 年 6 月，我国手机网民中通过 3G/4G 上网的比例为 91.7%，较 2015 年年底增长了 2.9 个百分点。流量共享、流量当月不清零、降低漫游资费等"提速降费"举措的落实，为我国 3G/4G 用户的进一步增长提供了有力保障。另一方面，移动互联网应用服务不断丰富，与用户的工作、生活、消费、娱乐需求紧密贴合、深入渗透，推动了 PC 网民持续、快速向移动端渗透，促进了手机上网使用率的增长。网民上网设备进一步向移动端集中。

我们可以毫不夸张地说：移动互联的时代真正到来了。

（三）移动互联应用的发展现状

1. 应用的总体供需

（1）可挑选余地大

近两年来，适应各种需求，实现各种功能的互联网应用（APP）如雨后春笋般涌现，几乎可以说是"只有想不到，没有做不到"。并且基本上每一种功能都会有功能相似但又不

完全雷同,各有千秋的两三种甚至更多的应用同时存在。诊所教师可以在充分考察自身工作需求的前提下,“货比三家”,挑选更适合自己的应用。

(2)免费、低价产品多

因为APP供应市场竞争激烈,而且互联网分享经济的指导思想暂时未发生根本性变化,所以绝大多数APP是免费的,或者低收费运行的。但是免费和廉价却并不影响APP供应商提供热情、优质的客户服务。因此,诊所师生如果使用了互联网应用来完成诊所的某些特定工作,完全可以借助APP自身的专业培训讲师力量来进行使用方法的培训和辅导,达到事半功倍的效果。

2.应用的总体特点

(1)在手机端大多与即时通讯工具深度整合

统计数据显示,移动互联应用中移居榜首的应用是即时通讯应用,而即时通讯应用中的榜首又非微信和QQ莫属。也就是说,移动互联用户的手机中,十有八九都有微信或QQ,而其他应用则可有可无。

基于这一客观现实,从用户的使用感受和手机存储空间的实际情况出发,不与微信或QQ深度融合的APP将很难独立存在太久,即使偶然安装了,也可能因为太少使用,而最终被删除。

(2)应用日益平台化,多终端版本同时并存

由于手机的内核和内存毕竟有限,所以应用的更大量、更完善的功能还是需要通过PC端来实现。因而,PC端、手机端(包括安卓版和苹果版)的多终端版本“一个都不能少”成了各互联网应用的标准配置格局。

与此同时,由于深刻了解了数据积累的商业和经济价值,各大互联网应用越来越倾向于打造行业内的信息和数据共享与交换平台,从而获得更多的信息与流量,最终从其他途径获得丰富回报,而不是简单地依靠出售应用的著作权、使用权来获取经济收益。

3.在线教育应用的发展趋势

公开的调查报告数据显示,在线教育领域是典型的机遇与挑战并存。2016年上半年,在线教育互联网应用的用户规模成功突破1亿人。在线教育领域不断细化,用户边界不断扩大,服务朝着多样化方向发展;同时,移动教育提供的个性化学习场景以及移动设备触感、语音输出等功能性优势,也促使其成为在线教育主流。

调查数据同时显示,各种形态(包括PC端与移动端)的在线教育互联网应用用户规模只排第13位,网民使用率仅为16.6%,而排名第一的即时通讯则拥有高达90.4%的网民使用率,相差何其悬殊。尤为值得注意的是,手机互联网应用的用户规模与网民使用率则排名则更低,仅为第16名。

三、移动互联应用为法律诊所教学助力——对策分析

基于前文对诊所式法学教育和移动互联网、移动互联应用的分析,下面将结合中国青年政治学院法律诊所综合运用移动互联各类应用的实践,介绍一下具体的解决方案。

（一）常用应用清单①

1. 课堂教学中的常用应用

中国青年政治学院法律诊所在课堂教学过程中常用的移动互联应用主要有以下一些：

表 1

名称	功能简介	特色
即时通信工具（微信）	个人版：建立微信群，开展简单的即时讨论 公众号：发布电子教材、阅读材料、教师研究心得，接受学生反馈，利用关键词回复功能，进行自动答疑和信息发布 企业号：利用第三方软件发挥更为强大的功能，包括教学通知、社区讨论、小组讨论时间和场地统筹	即时沟通与延时交流相结合，用户体验好，隐私保护充分，多媒体资料传输功能强大
智能课堂	提前发布课件以便预习（检查是否预习），签到（点名），随机提问，难点困惑反馈	学生能够通过弹幕或留言或标注标记等多种方式向教师反馈学习状况
问卷工具	课前进行调查摸底或小调试、测验，了解学生的基础知识掌握情况； 课上进行观点态度的调查（可多次进行，以便结合教学开展进度，对照学生的态度转变情况，了解教学是否取得预期效果）； 课后及时对教学效果进行评估，并征集意见和建议	通过软件实现强大的信息收集、汇总和分析功能，不再需要费时费力地发放、回收和另行统计
HTML5 网页编辑工具	互动性很强的课件展示工具	加强课堂教学的吸引力，提升学生参与度
逻辑表单工具	利用事先设计好的表单，指导学生有步骤地开展教学模拟活动	根据教学目的与意图进行情境设计，并根据表单提交后生成的“随机码”，触发随机事件，对情境加以修改
思维导图工具	课堂上的集体头脑风暴，课下学习小组讨论时的思维过程图示	将思维过程可视化、电子化，加强逻辑性，可再现和分享
云笔记工具	课件、电子教材、模板文档发布	即时更新，防止信息滞后与不统一

① 为避免广告嫌疑，本文所提供的两个清单中，除了无可替代的、公认居于优势领先地位的应用（如微信）之外，其他应用均不出现具体产品名称。读者可根据自身实际需求进行取舍。

2. 办案管理中的常用应用

中国青年政治学院法律诊所在实案办理过程中常用的移动互联应用主要有以下一些：

表 2

名称	功能简介	特色
即时通讯工具（微信）	个人版：建立微信群，开展简单的即时讨论 公众号：发布诊所动态、学生办案手记、教师研究心得，接受当事人反馈，利用关键词回复功能，进行自动答疑、简单咨询、模板提供和信息发布 企业号：利用第三方软件发挥强大功能，包括在教师监督下、在互不知晓个人微信号的情况下会见当事人，诊所知识库（百科全书）共同搭建，会见当事人时间和场地统筹等	即时沟通与延时交流相结合，用户体验好，隐私保护充分，多媒体资料传输功能强大
在线逻辑表单工具	利用事先设计好的表单，指导学生有步骤地开展教学模拟活动	根据教学目的与意图进行情境设计，并根据表单提交后生成的"随机码"，触发随机事件，对情境加以修改
办案流程管理工具	解决了流程相对固定与灵活调整问题，既可以体现整体的一致性，又能根据某一类或某一个案件的具体情况进行合理调整。实现了流程的可视化	模块拖拽功能强大； 信息整合、积淀和检索功能强大
思维导图工具	案件分析时的集体头脑风暴，办案小组讨论时的思维过程图示	将思维过程可视化、电子化，加强逻辑性，可再现和分享
云笔记工具	课件、电子教材、模板文档发布	即时更新，防止信息滞后与不统一

（二）典型使用案例

1. 在线逻辑表单工具

这一应用在诊所教学与实践中使用非常频繁。自 2015 年 6 月 12 日 21:36 创建第一个与中青法律诊所教学实践活动有关的麦客表单以来，截至 2016 年 10 月 16 日 24:00，1 年零 4 个月的时间内，中青法律诊所共建立与诊所各方面工作相关的在线逻辑表单 54 份，累计浏览量达到了 8226 次，有效累计反馈量为 1375 次。

此应用功能发挥最充分的场景主要有以下几个：

（1）课堂设计功能

逻辑表单功能由于能够在事先设计好的逻辑规则前提下，根据填表人的选项，做出相应符合规则的逻辑跳转或回应，因而在实施有设计的教学模拟活动中发挥了不可替代的重要作用。

以中国青年政治学院法律诊所的“法律谈判”模拟对抗教学实践活动为例，经过数据的不断改进，在成熟的案情、背景资料介绍和人员分工等准备工作基础上，我们对模拟活动进行了建构设计，考虑到了多种不同情境，取得了非常良好的教学效果。

我们以顾客到餐饮消费，在菜品中吃出异物后与商家谈判，双方都要争取利益最大化、损失最小化这一常见纠纷为基本案情设定。首先，分别设计了顾客版的指令和商家版的指令。然后，设计抽签表单。

指令表单被设计为定时打开，即在预定谈判开始时间到来之前，由于指令表单无法被打开，各小组依然不知道自己的角色和指令内容是什么，抽签结果和角色划分及指令仍未揭晓，只是后台确定而已。这完全符合善意用餐和善意经营者的心理状况。

了解了角色和具体指令之后，各小组被要求填写本小组的组内分工及讨论情况，预期目标，预期策略等计划内容。只有当这些内容被提交后，谈判才可以启动，这样的设计确保了各小组完成了前期准备工作，并将各小组的原定计划固定、封存，立此存照了，待模拟谈判结束后，将他们的计划与实际实施情况相对照，计划是否完成，目标是否实现，一目了然。

麦客表单还提供随机码功能，即开启相应功能后，表单提交后提交者会得到一个系统自动生成的、不重复的随机码。我们利用这一功能，做了补充设计：

补充条件视随机码情况而定：

1. 如随机码末位字符为1～3的数字或A～H的字母，则你店接到线报，相关监管部门工作人员将于本表单提交之后45分钟内（以后台系统时间为准）到达你店进行检查；

2. 如末字符为4～6的数字或I～P之间的字母，则今天有电视台在你店拍摄美食宣传节目；

3. 如末字符为其他数字或字母的，则无特殊附加条件。

这样的设定极大地提升了案情的变化性，加强了模拟的仿真度。而且符合情境教学的需求，即使反复练习，双方角色对调练习等，都不会是简单案情的简单重复，不存在泄密的担忧。①

① 法律谈判模拟——商家指令DEMO体验版网址：http://lawclinic.mikecrm.com/DKtGG9，最后访问日期：2017年1月17日；法律谈判模拟——顾客指令DEMO体验版网址：http://lawclinic.mikecrm.com/OUZAqs，最后访问日期：2017年1月17日。

(2)咨询接待功能

在使用在线逻辑表单工具之前,由于接待人员往往与实际办案人员并不相同,加之工作习惯、语言表达与记录习惯的个体差异极大,因而经常造成信息转述和传递过程中的信息扭曲或错误现象,极大地影响了办案效率。

引入该工具后,我们精心安排表单的设计思路,将诊所历年实案办理中总结出来的注意收案阶段的注意事项都尽可能地体现在逻辑设计中,例如,咨询接待表单的第一个问题就是:

图 3

该问题针对的是以往实践中出现过的委托人并不是适格当事人的情况。由于种种原因,诊所办案组可能会无法及时发现当事人不适格,白白耽误了许多时间。而有了表单工具来体现我们的设计思路后,委托人的身份问题会在第一时间给予询问和调查。

如果来访者的选项显示他可能不是当事人本人时,系统就会根据逻辑判断规则,自动提示:

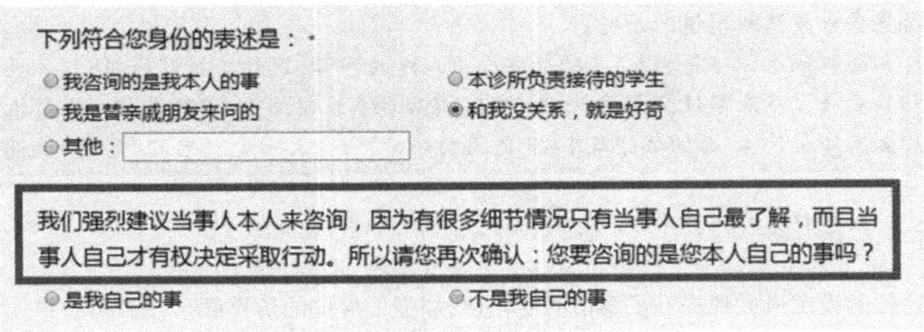

图 4

我们还在对已办案件的数据统计分析基础上,设计了如下询问:

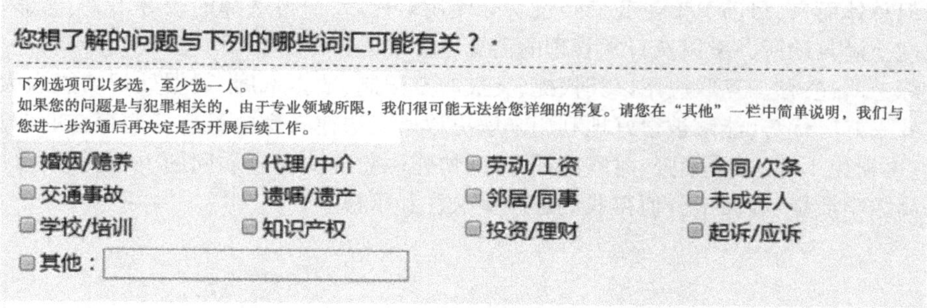

图5

这一设计使我们能够提前对于当事人大致的问题领域有所预测，也因此大幅提升了中国青年政治学院法律诊所的类型化培养效果。如前所述，在传统技术条件下，人工接待咨询时无法对当事人的咨询事项进行准确归类，导致办案组接案时相对较为盲目。引入表单工具后，诊所在成立办案小组时，就可以有意识地联络近期办理过同类案件的成员，让他们能够有机会变换情境地重复办案流程，更好地学习某一类案件的办案技巧，从而收到了良好效果。①

2. 团队协作流程在线管理工具（www. worktile. com）

从整体上看，worktile 工具（以下简称 WT）的优点比较突出：

第一，它具有极高的开放度，实现了文件在团队之中的便捷传输，不像传统发邮件还需要抄送等功能，通过 WT 可以直接将文件放在项目中展示给团队成员，并且同时可以实时讨论。

第二，可以对案件进行类型化细分，方便案件管理。

第三，使用 WT 可以方便地储存文件，不需要再转存入网盘等，由于诊所对资料保存的要求很高，这一点正好符合了诊所的需要。

第四，使用 WT 办案可以使案件办理规范化，根据制定的流程一步步推进，提高案件办理的效率。

当然，WT 也存在一些不足，例如，操作入门比较复杂，作为新手可能会需要较长时间来摸索。有鉴于此，我诊所在招募新成员的时候会召开专题培训会，传授一些使用技巧。同时，在平时办案过程中采用“老人带新人”的方式，督促大家更好地学习使用 WT。此外，目前，WT 的手机版功能也还不够完善和强大，基本上必须在电脑或平板电脑上进行操作，使办案的灵活性受到了一定限制。

---

① 载中国青年政治学院法律诊所咨询接待入口表单网：http://lawclinic. mikecrm. com/4W4Nr7，最后访问日期：2017 年 1 月 17 日。

但总体而言，目前 WT 是我们经过实际使用对比后，值得选择的较好工具，能够在很大程度上满足诊所办案以及日常管理的需要。

综上所述，移动互联应用以其快捷、突破时空限制、成本低廉、数据处理功能强大、可视化效果好等优势，能够被很好地利用来解决诊所式法律教育中目前普遍存在的信息化不足、可视化不够、人手紧张、时间协调不开、协作困难等突出矛盾问题，从而帮助诊所教师提高教学质量，因而十分值得我们进一步关注和重视。

批判性思维在诊所法律教育中的运用

孟　军*

一、什么是批判性思维

在英语中,"批判的"(critic)一词源于拉丁文"criticus",而"criticus"又源于希腊文"kritikos",意思是能够"识别"(discerning)、"辨析"(distinguishing)、"讨论"(discussing)及"判断"(judging)。① 因此,批判性思维实际上包括"识别""辨析""讨论"和"判断"等多方面的内容。"批判性思维"译自英文 critical thinking(CT)。美国哲学家约翰·杜威(John Dewey)首次提出批判性思维概念。1910 年他在《我们怎样思考》一书中提出"反思性思维是根据信仰或假定的知识背后的依据及可能的推论来对它们进行主动、持续和缜密的思考"。②

关于批判性思维的内涵,并不像字面所表达的那样仅限于质疑,更不是盲目地否定。多数学者认为,批判性思维由认知技能和情感意向构成。前者又称批判性思维技能,包括解释、分析、评估、推理、说明和自我调控;后者又称思维习性或批判精神,包括探索真理、思想开放、分析性、系统性、自信和好奇。③ 总体来看,批判性思维的主要构成是能力,如解释能力、交流能力、批判性阅读和听、说、写能力等;知识,如批判的知识、批判性思维词汇等;技巧,如语境的解释、意义的澄清、论证的分析、综合性的全面评估结论和策略等;思维习性,如思维的出发点、思维倾向性、具体方式等。

批判性思维方式有可能经过系统训练而为我们有意掌握,也有可能为我们不自觉地加以运用。批判性思维具有如下特征:第一,批判性思维本质上属于反思性的思维方式,是一种主动的积极思维过程。人们的思考分为主动性思考与被动性思考。主动性思考是人们运用已储存的知识和经验,获得某种信息知识或者反思本人和他人思维的有效途径。主动性思考是一种有效的思维方式。主动思考是批判性思维的重要特征,思维的主

---

* 北京师范大学法学院讲师,法学博士。

① 参见武宏志:《批判性思维:语义辨析与概念网络》,载《延安大学学报》(社会科学版)2011 年第 1 期。

② [加]戴维·希契柯克:《批判性思维教育理念》,张亦凡、周文慧译,载《高等教育研究》2012 年第 11 期。

③ 参见黄朝阳:《加强批判性思维教育培养创新人才》,载《教育研究》2010 年第 5 期。

动性使批判性思维的观察具有很强的目的性。第二,质疑构成批判性思维的原动力。这里的质疑是指对已知命题的质疑,它是一个提问的过程。批判性思维要求思维主体对已有知识的真实性、精确性、维度和价值等方面进行个人判断。批判性思维提倡怀疑精神,要求人们不迷信已有结论、不盲从权威,而是提出自己的思考和判断。批判性思维实质上是一个提问的过程,它通过提出不同的问题而逐渐产生主体的新观点、新知识。第三,批判性思维的目标在于追求合理性。批判性思维不是为了否定而否定,而是通过对现有知识从不同角度进行思考,以达致对事物的认识合乎规律,措施具有合理性,谋求对更多人、更长久的利益。第四,批判性思维既是一种分析性思维,也是一种综合性思维。它既需要科学思维,也需要道德思维;既需要逻辑思维,也需要辩证思维。甚至可以说,它是对多种思维方法和思维方式的综合运用。只有这样,在具体的批判性思维过程中,才能考虑各种因素、各种条件或各种情况,从而作出最好的选择。① 同我们惯常使用的逻辑论证思维方式相比,批判性思维超越了单一论证的维度,是一个多视角的思考过程。批判性思维包含创造的成分,包括提出并评估替代观点,从中选择最佳方案。

二、批判性思维与法学教育

2011 年教育部推出了“卓越法律人才教育培养计划”。该计划强调以提高法律人才的实践能力为重点,旨在培养造就一批适应我国社会主义法治国家建设需要的高素质的应用型法律职业人才。为此,提出必须深化我国法学教育改革,大力提高法科学生的法律应用能力,加强法学实践教学。法学实践教学应注重培养学生的法律运用能力,使学生的创新精神与实践能力得到进一步加强,逐步形成法律思维习惯,步入社会后能够迅速适应法律职业的工作要求。法律实践教学与法律思维训练都是实现该计划的重要途径。

法律思维是法律人从法律的立场出发,运用各种法律方法、法律推理和论证等认定事实、阐释法理和适用法律的过程。法律思维是一种专业性思维,法律思维的主体是经过法律专业训练的人,法律思维的核心是法律适用,法律思维的过程是“在规范与事实之间目光往返流转”的过程。法律思维能力则是法律主体确定案件性质、认定案件事实、正确阐释法理和适用法律的能力。② 法律思维与批判性思维有着密切的关系。法律思维的特点是“依循法律逻辑,以价值取向的思考、合理的论证,解释适用法律”。其目的是对案件事实作出合法律性的判断。在确定事实、寻找规范的过程中,要进行事实推理、法律推理(找法的实质推理)以及判决推理,演绎、归纳、类比等推理形式都要用到。但事实推理、法律推理服务于判决推理,法律思维的核心是融合事实与规范的论证过程,是证明与反驳的过程。美国资深法官亚狄瑟在其《法律的逻辑》一书中认为“反省性思考乃法律逻辑的核心”。批判性思维强调通过理性分析来对待意见分歧,通过听证、对话来消除各

① 参见王源生:《关于批判性思维》,载《求索》2004 年第 7 期。

② 参见徐凤真:《论法律思维能力的培养》,载《山东社会科学》2012 年第 12 期。

方冲突。从本质上来讲，法律思维的运用是借助批判性思维的方式来实现的。①

法学教育是现代高等教育的重要组成部分，承担着培养法律人才、发扬一国法律传统和法律理想、传播法律知识和职业技巧、弘扬法治精神的重要任务。法学教育在建设法治国家中具有基础性的重要地位。法律思维不能自然形成，而是需要经过系统的知识学习和思维训练而获得。法律思维培养是法学教育的重要内容之一。批判性思维是法律思维借助的一种方式，其本质上是一种探究工具。批判性思维是教育中的一股解放力量，在个人和公民的学习、生活中，它是一种强大的资源。联合国教科文组织 1989 年通过的《21 世纪的高等教育：展望和行动》明确提出："必须教育大学生成为学识渊博且有远大抱负的公民，能够以批判精神思考和分析社会问题，寻求解决运用批判性思维教学的目的在于培养学生的批判性思维精神和方法，从而使学生养成谨慎怀疑、缜密论证、科学决策的思维习惯和能力。"

教育的理念问题是关于人的培养目的和价值取向的问题。法学教育理念决定着法学教育的发展模式以及发展方向等内容。法学教育的任务主要是传授法律知识和培养法律思维。法律教育的本质在于培养法律思维能力，教育学生理解法的本质，培养学生的法律意识，增强学生的正义感、忠诚感、责任感以及遵守职业操守的自觉性，这些能力与品德的养成与批判性思维气质相一致。通过法学教育，培养学生正确分析、评估他人及自己的信息、观点，保持质疑的态度，不盲从权威和已有观点，追求公正客观。批判性思维强调理性，关注思考，这些精神气质与法学严谨务实的学科特质深为契合。

而现代社会中，包括法律知识在内的知识呈爆炸式增长，把所有的法律理论、法律条文知识都灌输给学生，既不可能也不必要，而且随着时间的推移，知识更新的速度越来越快，旧的法律知识很快就会被淘汰。而法律思维习惯则长久地起作用，因而法律思维培养在法学教育中起着更为重要的作用。"任何教育系统都应包含这样的目标：传授批判性思维知识、发展批判性思维技能以及培养具有批判性思维态度和习性的批判性思维者——适当时候愿意并善于进行批判性思维的人。批判性思维的能力是重要的生活技能。"②批判性思维是思维主体面对做什么或相信什么而作出合理性决定的一系列思考技能和策略，它既是一种思维过程，又是一种能力素质。在以法律规范及背后所调整的法律关系为对象的法律学科领域，由于人及社会问题的复杂性，培养法科学生批判性思维能力对于提高法学教育质量具有非常重要的意义。

三、批判性思维对诊所法律教育的意义

从培养一个合格的法律人的立场出发，法学教育的基本内容包括三个方面：一是向学生传授系统的法律专业知识；二是培养学生的法律思维能力；三是训练学生的法律职

① 参见宋红玉：《法学教育中批判性思维的培养》，载《科技创新导报》2012 年第 21 期。

② [加]戴维·希契柯克：《批判性思维教育理念》，张亦凡、周文慧译，载《高等教育研究》2012 年第 11 期。

业操作技能。从我国法学教育发展历程来看,三个方面的内容发展并不平衡。向学生传授法律的专业知识一直在法学教育中占主流地位,而对法律思维能力的培养和对法律职业技能的培训则相对薄弱。作为法学教育创新模式的诊所法律教育就是对传统法学教育弊端进行改革作出的尝试。诊所法律教育是20世纪60年代美国法学院兴起的一种新的教学方法,它借鉴了医学院诊所教育的模式。医学院的学生需要花费相当的时间进行临床实习,从实践中学会诊断和治疗。法学教育引入这种教学方法,法学院的学生在"法律诊所"中,在教师的指导下为处于弱势的委托人提供咨询甚至代理他们的案件,"诊断"他们的法律问题,为他们提供法律服务。通过接触和代理真实案件的方式,来培养学生的法律职业技能和良好的职业道德。诊所法律教育对于培养学生法律思维能力和训练学生法律职业技能方面有所侧重,同时培养法律人的职业责任感和社会责任感,为社会提供公共服务。法律教育应将批判性思维与实践教学结合起来,通过实践教学使学生受到良好的案情分析、法律推理、调查取证、辩护技巧和法律公文等法律思维训练和专业训练。法律实践教育与批判性思维培养既是法学教育的组成部分,同时二者又有着很深的契合性。批判性思维同样是对传统法学教育模式的纠正,批判性思维培养与诊所法律教育有着密切联系。

(一)批判性思维教育有助于纠正诊所法律教育中"唯专业教育"的片面性

诊所法律教育作为一种教育模式具有双重目标:一是帮助学生学习法律操作技能;二是促进学生法律职业伦理和纪律的形成。诊所法律教育是以法律专业知识及专业技能为基础的教育模式。诊所法律教育在改变传统法学教育模式只注重法学理论知识的传授的弊端的同时,也容易造成另一种不良倾向,就是过于注重对学生法律专业技巧的培训,而忽略其他。诊所法律教育同专业的律师培训并非一回事,其性质还是一种教育模式,承担着全面培养法科学生专业知识、专业技能、职业伦理、法律思维等方面的任务。如果只注重对学生专业对口的专门知识和技能的传授,则不能促进法科学生的全面发展,也无法实现法学教育的目标。诊所法律教育以学生办理真实案件为依托,学生在办理真实案件过程中遇到的不仅是法学知识和法律技巧问题,而且还会遇到日常生活问题和社会问题,如何去解决问题,就少不了批判性思维的运用。批判性法律思维是对当前本科生过于狭隘的专业知识的一个必要补充,而且作为一般工具,批判性思维不仅有助于学习专业知识,还有利于思考和解决日常生活问题及社会问题。① 传授法律知识,法律实务技能训练和有意的法律思维培养构成现代法学教育理念,目标是培养出合格的法律人。诊所法律教育的目标并不在于简单地给予学生毕业前参与法律事务、培养实践技能的机会;相反,它的本质在于帮助学生培养经验式学习的能力以及凭借经验进行反思的能力,即高等技能。

---

① 参见黄朝阳:《加强批判性思维教育培养创新型人才》,载《教育研究》2010年第5期。

（二）批判性思维培养构成诊所法律教育的重要内容

法学教育的真谛不仅在于向学生传授知识和培养技能，更在于训练学生的法律思维。法学教育与其他专业教育的最大不同就在于法律思维的培养，“法学教育的个性正在于引导学生形成法律思维，因为学生对法学专业知识的理解与把握，对各种涉法性社会纷争予以解决的实践性能力的培养，均离不开法律思维”。[①] 诊所法律教学中，鼓励学生自己从案例中发现、探索和推理出道理、原理和教训来，推动学生追溯知识的逻辑来源或历史来源，从而得到方法的启示，自己学着这样去思考。诊所法律教育课堂上鼓励学生对实际发生的案件进行自主分析思考，而老师一般不会给出答案，只是引导和启发他们的思考。这本身就是批判性思维的过程。批判性思维是对于某种事物、现实和主张发现问题所在，同时根据自身的思考逻辑作出主张的思考。诊所法律教育的特点决定了该种教学方式在本质上离不开批判性思维教育，批判性思维培养本身就构成诊所法律教育的内容之一。批判性思维强调知识来自实践经验，学习必须理论联系实践，在实践中自己动手才能真正学到知识和技能。诊所法律教育使用真实案件，学生参与到对现实的案件的讨论、分析、办理之中，大大提高了他们学习的兴趣和对有关技能的掌握的效率。诊所法律教育为批判性思维提供了场域。

（三）批判性思维有助于形成法律诊所学生独特品质

法学教育要促进学生的全面发展，培养“全面的”“完整的”的法律人，实现教育的目的，批判性思维教育不可或缺。法律诊所的学生通过代理真实案件学习法律知识，掌握法律技能，培养职业道德意识。最直接的还是面对当事人，帮助当事人解决法律问题。在法律学习及办理案件的过程中，训练和运用批判性思维，塑造了法律诊所学生独特的品质。

第一，法律诊所学生富有创新精神。法律诊所学生掌握的法律理论知识具有抽象性，熟悉的法律条文具有概括性，而他们所面对的真实案件又是具体的、各不相同的。如何将所学的理论知识运用于法律实践，需要学生运用批判性思维，具体问题具体分析。批判性思维要求学生在学习中不迷信书本、标准答案和权威，在对案件的论证过程中批判地接受知识信息。学生针对办理的案件需要设定问题情景，同时与现有知识进行比较，寻找差距，有时需要突破思维定式，直到找到解决案件的途径与恰当的方法。批判性思维强调直接从经验、证据、理由中开始分析和批判。批判性思维可以疏通思维的渠道，拓展思维的空间，提供思维的方法，提高思维的效率，从而激发诊所学生在学习中的创造性。

第二，法律诊所学生具有挑战精神。在诊所课堂教学和案件办理中，学生可以自觉提出诸如此类的一系列问题：某概念是否明确？其适用范围如何确定？应当如何理解某个命题的确切意义？上下文陈述是否一致？某论点是如何论证的？案件证据是否支持论点？推理是否可靠或有效……并积极寻找答案。批判性思维揭示了各种思维形式、论

① 徐凤真：《论法律思维能力的培养》，载《山东社会科学》2012 年第 12 期。

证的一般性质和功能，也就揭示了知识结构和表达的一般规律。学生在自觉或不自觉地运用批判性思维的过程中，认识到知识的不确定性是知识的重要特征，权威或教师并不总是正确的，鼓励学生大胆质疑，勇于表达自己的观点和意见，并说明理由。

第三，法律诊所学生尊崇平等精神。对科学知识的掌握并非源于主体先天的潜能，而是在主体间的交往、对话中不断地批判、生成、创新而发展起来的。在法律诊所教学过程中，教师和学生之间、学生和学生之间以及学生与案件当事人之间的交往和对话是培养学生批判性思维的最有效工具和方法。在教育交往中，教师和学生之间、学生和学生之间、学生和案件当事人之间是平等的关系，对话和交往是以人格平等、相互尊重为基础的，交往的空间是一个自由、平和和富有活力的公共领域。受教育者置身于教育情景之中，不再被动地接受知识而是积极地参与。这里不存在话语的霸权者，而是鼓励多元和发散，鼓励从不同的视角考察问题。学生进行平等交流和独立的判断、选择，在交往和对话中促进批判性思维。

第四，法律诊所学生具有较强的表达能力。诊所法律教育提倡学生作为学习主体的学习方式，提倡教育交往理念，注重对话式讨论。经过批判性思维的培养，学生在谈话或者写作的时候，便知道他的听众或者读者以及案件当事人的期待或者可能提出的问题。这样，他就不会有意地回避那些重要的疑点，而会尽可能地使表达严密而充分，让对方易于理解和接受。这显然有助于学习中表达和交流的成功。

第五，法律诊所学生容易达致成就感。成就感作为一种主观情感因素，不仅可激发正处于人生成长关键时期的法科学生对成功的强烈要求，探索人生的价值，对未来充满期望，而且成就感和自我实现需要的满足将对其学习积极性和进一步努力产生极大的推动作用。批判性思维最大的目的是创造新知识和达到合理决策，而这需要激发学生的自主、高层次的思维活动，所以选择教学方法和技巧的首要目的是激发学生的学习、参与的积极性。法律诊所学生通过学习法律技巧，办理真实案件，分析、质疑、评判与解决问题而获得成就感，从而得到高层次的心理满足，这是其他法科学生难以达到的。有成就感的人往往表现出强烈的求知欲和对知识、学问的批判精神，有强烈的自信心和积极性。成就感又会激发起更强的批判性思维意向，形成一个良性循环过程，使其批判性思维能力得到不断提高。

四、批判性思维与诊所法律教育的结合

批判性思维与诊所法律教育有着很深的契合性。诊所法律教育教育学生“Thinking like a lawyer”（像律师一样思考），以培养法律职业人能力为基础。同法官思维相比，像律师一样思考更接近于批判性思维的特质。批判性思维与法律诊所课程的结合有两种模式。一是融合模式，在法律诊所课程具体教学环节中融入批判性思维策略、技巧、习性和态度的培养。例如，教授刑事证据分析和运用时，可以教学生使用与之相关的省略三段论来分辨控诉方依据证据推理的结论和隐含假设。二是单独教学模式，专门留出时间，脱离开学科专业知识，结合日常生活实例来专门教授批判性思维。法学教育中可以通过既开设单独课程又加强融合学科的教学将两种模式结合在一起。根据法律诊所教学的特点,采用融合模式学习批判性思维更为适宜,可以利用学习者现有的专业知识,有针对性地学习批判性思维并能及时适用于法律实践。批判性思维对于诊所法律教育改革的影响是全面的,既涉及诊所法律教育的整体要求和安排,也涉及诊所法律教学具体环节的设置和教学方式。

(一)批判性思维在诊所法律教育中的整体运用

1. 课程设置

批判性思维是一种基于问题的学习方法,它以对论证进行多方面的、反思性的分析与考察,弥补普通逻辑学从正面去识别、重建论证,以及分析、评价论证的不足。为此,需要调整诊所法律教育的培养方案,加入批判性思维训练内容,让学生清晰地了解批判性思维能力的定义、内涵及其测评内容;营造一个有助于批判性思维能力实施的环境,形成一个合理训练的教学方法;从学生、教师到教育管理者,将学生批判性思维能力的培养渗透到诊所教育和办案实践的各个环节中,激励学生大胆质疑、思考和创新。在现有法律诊所课程内容基础上,充实诸如辩护证据实务、刑事程序精要等,对学生进行全方位的训练。

2. 形成适合法律诊所教学批判性思维的训练方法

法律诊所主题不同,教学的内容与使用的教学方法各不相同。教学过程中应当有意识地对学生进行法律方法的训练。通过具体实例的分析,形象展示法律思维的过程,教会学生解释和运用法律规范的技术,引导学生逐步掌握正确适用法律规范解决个案的能力。法律诊所教学要将法律思维能力训练设定为基本的目标,学生通过代理真实案件,在教师指导下让学生自己对案件进行分析,认定事实,书写法律文书,形成辩护意见,有条件地参与法庭陈述和辩论,进行办案总结等,在这个过程中,指导教师应当重点引导学生如何在事实与法律之间不断"穿梭",如此方能对学生法律思维的训练发挥作用。

3. 构建独特的评价体系

激励水平取决于期望值和效价的乘积。诊所教学中,构建以学生为主体、以能力为本位的评价体系,是激励学生全面发展的重要途径。通过教学中教师、同学、当事人的评价,让学生明白法学教育是一项具有挑战性、激励性和促进思维能力培养的工作,而不仅仅是固于书本和记忆法条。学生只有通过自己的有效分析,围绕问题对所学知识进行自主的意义重构,在潜移默化中强化自己的批判性思维能力,才能更好地服务于当事人,帮助当事人解决法律问题,并从学习中获得成就感。诊所课程评价内容的重点不是围绕学生掌握了多少法律知识以及其对法律条文的熟悉程度,而是在学习和案件办理中如何思考问题,如何选择方案并进行适时调整。

(二)批判性思维在诊所法律教育中的具体运用

1. 使用真实案件

批判性思维是一种实用性的思维方式,要保证实用性就最好利用真实的案例。诊所式法律教学的重点是培养学生解决问题的能力以及学生对社会的理解和认知能力，强化学生分析思考能力以及独立地找寻问题解决方案和对策的能力。这一切都必须且只能通过接触法律实践，在实践中学习和训练。学生接触和办理真实案件，不是简单地对案件事实作出判断，而是要结合具体的事实和证据进行分析，考虑法律与事实背后的联系，推测和判断对方当事人甚至法官的观点和策略，了解案件所具有的特定的社会背景，从委托人的角度出发，寻找最有利于委托人的解决问题的最佳途径。在此过程中学习和训练批判性思维。

2. 使用桥接

桥接是指把学生课外实际生活经历与课内所学联系起来。桥接应有两个方向：第一，桥接学生已知道的与计划在课堂上讲授的。批判性思维课程应建立在学生已有批判性技巧和精神之上，使技能发展让人感觉自然而不突兀。第二，桥接课堂讲授的和学生课外的各种经历，不管是日常生活还是其他课程中的。[①] 如果学生不能把批判性技巧和精神用到课外的各种情境，那么提高技巧、培养精神就没有多大用处。桥接就是这种转化的开始并使其得到促进。法律诊所课程在这两方面均有体现。诊所课堂上是将已学法律理论知识与法律技能学习相结合；课外则是通过学生接受法律咨询、代理真实案件，将所学的法律技能运用于案件办理之中。

3. 有目的的指导与及时反馈

批判性思维立足于理性反思某个问题及其相关证据得出判断，包括澄清意义、分析论证、评估证据、判断论断的合适性和推导有根据的结论等技能。批判性思维离不开教师的指导，指导来自课堂教学和课外办案。一方面，学生的及时反馈则是检验学习效果以及发现问题的有效途径。另一方面，学生在接待当事人和办理案件过程中接受当事人的反馈，可以检验自己的思维，修正办案策略。在指导与反馈过程中，教师不仅是知识的传授者，更是一个组织者、指导者、帮助者和激励者，不仅要改变传统的理论课堂教学方法，加强理论与实践的有机结合，而且要利用真实情境、协作、会话等学习环境要素，提供学生展示自己的机会，充分发挥学生的主动性、积极性和创造精神。

---

① Swartz R., Perkins D., *Teaching Thinking: Issues and Ap-proaches.* Pacific Grove, CA: Midwest Publications, 1990, pp. 123 – 126。

微时代语境下诊所法律教育的变革与发展

刘　莉*

随着3G时代的到来和微版图的扩张,微时代真正步入了我们的生活。面对现代社会发展的微节奏,“微”风吹起了教育领域的新变化,微教学作为一种教学尝试,开始进入教学改革研究的视野。作为近10年来新兴起的诊所法律教育,无论是教育理念还是教学手段,无疑都一直处在教学改革的前沿,在我们固守着诊所法律教育现代化的优越感时,我们的受众——学生已经在“微”变化了,对于“90后”的数字原住民(Digital Natives)而言,网络就是他们的生活,在现代科技对学生们无“微”不至的关怀下,诊所法律教育将面临一场势在必行的“微”变革。

一、诊所法律教育“微”变革的背景

(一)科技发展的冲击

随着现代科技的发展,计算机技术、网络技术为核心的信息技术已成为教育中的主导技术,多媒体技术、网络通信技术,人工智能技术与虚拟现实技术等新技术已广泛应用于教育教学之中,各种新的教育模式和教学方法的出现,如基于网络的探究性学习等,极大地促进了教育信息化,深化了教育教学改革,同时也促进了教育技术的新发展。翻转课堂、可汗学院、慕课课程、云端学校等的出现彻底颠覆了传统教学模式,传统的师生关系、教学管理模式、教学方式也都将面临重构的局面。

而在无线网络助推下,手机、掌上电脑等更为微小、便捷的微终端也开始大行其道,微时代伴随着现代科技的发展开始影响人们的生活、学习。人们可以通过手机QQ、微信、微博等传播工具,随时随地晒生活、评社会,发布新鲜事件,信息内容即时滚动更新;而“微信息”的简短精练,则更进一步促进了信息的快速传递。同时,在“微时代”,“去中心化”特征明显,通过简单注册便可拥有一个微平台,任何一个“微民”都可以成为信息的制作者和发布者,可以与自己需要的任何“信息源”联系,发出自己微小的声音。每个“微民”都可能是信息传送或接收的中心,信息已不再是单向转递,而是呈现出双向结构与网状结构。

---

* 江苏警官学院讲师。

（二）教育观念的转变

在现代科技技术的影响下，教学的受众——学生群体更注重个体的表达，这在传统课堂上是无法完成的。传统的教育理念重视课堂的教学质量，重视老师的主导作用，重视传授系统的知识，但是群体性听课带来的弊端就是缺少个体的参与，忽略了对学生自主学习能力的培养，忽略了师生之间课后应有的沟通和交流，也忽略了书本理论和社会实践的结合运用。越来越多的教育者关注了这个问题，开始转变观念，通过提高信息技术应用水平提升教学质量，开展教学改革。2012 年中小学、高校相继举办了全国微课教学大赛，其目的就是引导学校加大教师信息化素养培训，提高信息技术应用水平。教师运用信息技术能力的 4 次飞跃——计算机扫盲、多媒体课件制作、信息化教学设计、微课程设计都体现了现代科技对传统教育观念转变的推动。教师信息化素养的提高，有力地促进了信息技术与教育教学的深度融合。

（三）经济的发展

经济的快速发展，使人们的生活发生了翻天覆地的变化，手机、掌上电脑等快速普及，2013 年 12 月我院法律系学生曾调查统计南京高校学生持有手机量达 90.67%，2012 年中国互联网信息中心（China Internet Network Information Center，CNNIC）发布的《第 30 次中国互联网络发展状况调查统计报告》中显示，截至 2012 年 6 月底，我国手机网民规模达到 3.88 亿人，较 2011 年年底增加了约 3270 万人，手机超越台式电脑成为中国网民第一大上网终端。而从 2012 年腾讯官方所公布的微信属性数据来看，在微信用户中大学生占了 64%，拥有大量碎片时间的大学生是微信用户的主体。

经济的发展推动了现代化交际媒介的普及，手机、掌上电脑等微终端在大学生中的普及为诊所法律教育的微教学奠定了基础。

二、诊所法律教育变革的微特征

当前，“我们正处在一个转换的时代——一个全新的交流时代正在代替老朽的、运转不灵的传播时代”。在这个以实时、互动、高效为主要特征的传播新时代，诊所法律教育必将面临变革，尽管强调在实践中学习，但是只有不断增强时代感和有效性，才能取到好的教学效果，况且微学习并未否定诊所法律教育的实践性。

（一）微学习主体的个性化

学生可以借助手机、掌上电脑等微终端实现主体的个性化表达。“微时代”下的信息传播更具平等性、交互性和非中心性，教师和学生通过微平台建立民主、平等的师生关系，教师则可以采用互动、对话的教学模式，引导学生积极参与，让他们肯说、敢说，勇于表现自己，进行双向沟通，这样才能更好地顺应“微时代”下形成的平等互动的新型沟通机制。在“微时代”中，学生通过精练的文字晒生活，表达和传递情感诉求，发表见解，他们的表达欲望被充分激发，个性被充分张扬。小巧而便携的移动终端使学习的空间范围大为拓展，进一步打破了时空上的局限性。

（二）微学习方法的多样化

微学习使诊所法律课堂教学方式多样化。计算机技术提供了人机交互功能，多媒体技术又使交互形式更为生动活泼，这就为法律诊所的学生之间进一步的相互学习提供了有利的条件。例如，在网络通信工具的支持下，即使学生不在同一地点也能进行小组讨论、合作学习，使这种交互学习的形式在诊所法律教育中能够得到更好的实施、运用。同时，计算机的模拟功能、虚拟技术可以让学生根据课堂教学内容的需要进行角色扮演，更好地丰富课堂教学。

（三）课堂信息流的网格化

借助于手机、掌上电脑等微终端，构建微学习平台，让学生随时随地接触到丰富的法律教学资源，实现课堂信息流线上线下的网格化。在微学习平台，学生可以查阅多媒体教学课件、电子法律书、电子案例、电子法规汇编、数据库、虚拟图书馆等，这些丰富的教学资源极大地拓宽了法学学生的学习空间，让学生的学习不再仅仅局限于教材和老师，充分扩展了学生的视野，从而把学生的学习时空放大，学生因为可以利用碎片化时间随时随地学习，因而在学习上变得更加积极主动。

三、法律诊所教育发展中的微策略

（一）充分利用指微科技

指微科技主要依托微信平台，借助移动无线客户端进行人际交流与互动，是企业营销中的现代科技平台，诊所法律教育中可以借助指微科技平台建设微学网站。（见下图）微学网站采用菜单化的方式，学生一触即学，微学网站主要辅助诊所教学的实践学习和弥补基础知识学习的不足，鉴于诊所法律教育的实践性，诊所教师往往疲于应付学生的实践指导，付出了大量的时间和精力。指微科技的发展使教师一方面可以从专业基础知识的教学中解脱出来，抽出更多的时间致力于学生实践能力的训练；另一方面也能够随时随地借助手机客户端来实现教学互动和指导。学生也可以利用碎片化时间随时随地快速切入移动互联网，形成线上线下的网格化学习方式。

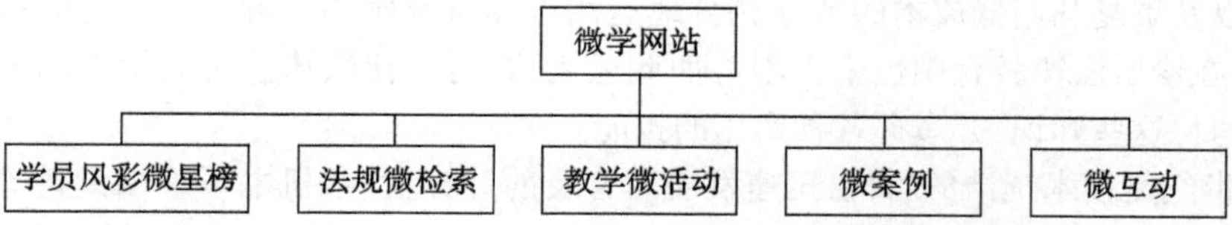

这里要特别突出微学网站的微互动，它是微学网站的信息交流平台，融合 QQ 群、微信群、飞信群等平台，一方面诊所教师可以减少冗余的信息流；另一方面又可以保障高效处理信息的效率。在微学网站信息交流平台上，教师可以与学生一起分析法律案例，进行课后的学习交流，也可以有针对性地解答问题，对于当前的时事热点问题，教师还可以在信息交流平台上组织学生对此案例进行讨论，让学生在信息平台上畅所欲言地发表自己的观点与看法，这对于一些性格内向的学生而言尤其重要，其往往不擅长同教师的交

流和沟通,在遇到困惑和难题的时候若得不到正确的指导和帮助,就很容易使其失去法律学习的兴趣。在信息交流平台上,学生可以更好地与教师交流,提出自己的疑惑,从而及时得到教师的指导与帮助。这样,信息平台可以成为师生交流的方式,成为为学生指导迷津的有效途径,从而更好地提升了高校法律诊所的课堂教学效果。

(二)精心设计微案例

诊所法律教育中案例的使用非常普遍,典型的案例给学生带来的帮助不亚于真实案件的代理。在案例的设置过程中,部分诊所教师将教材或者资料上的内容直接搬到网上,表面上看是在使用现代化的科技手段,但实际上却忽略了教学环境的变换。在课堂中,教师可通过幽默的语言、丰富的表情、夸张的肢体动作来吸引学习者的注意力。但在网络环境中,诊所教师必须对时间有更精准的控制,通过精心设计微案例来吸引学习者的关注力。微案例必须包含必要的知识点,并与前述理论学习相互呼应,特别是当讲解到比较抽象、艰涩、不易理解的理论、观点和理念时,最好用一个简短、贴切的案例吸引学生注意力,引发学生共鸣和思索,不必额外增加学生的学习压力。因此,笔者认为,微案例设置时应注意以下几点:(1)微案例内容的选择应当具有典型性,是教学中抽象的知识点的补充,比如对教学重点、教学难点的解析。(2)案例展现的形式可以多样化,可以是一段文字、一张图片、一小段视频,但必须短小精悍,切忌冗长。(3)微案例应易理解,学习者可通过简单的分析得到答案,以增强学习者的学习兴趣。

(三)科学利用小微视频

诊所法律教育是一种开放性的法学教育,注重的是处理真实案件的能力,而不只是对于书本知识的背诵和掌握,但是处理真实案件的成本高,而且不是所有的诊所、所有的诊所学生都有这个条件,那么借助小微视频就可以有效缓解案源紧张问题。在诊所法律教育微学网站设立小微视频栏目,将律师们所经历的经典的案例进行拍摄录像,或者由律师亲自讲解不同的经典案例,并进行录音录像,然后上传到网上供学生们学习、模仿。小微视频中有微电影模式的案例、微课模式的教学内容讲解,像可汗学院一样将网络的便捷性以及重复利用低成本的特性充分地运用进诊所教学中。可汗学院的成功是有目共睹的,在诊所法律教育中也未尝不可如此运用这一招,让法律诊所的学生们可以更好地吸收消化这些知识,并掌握各种实用的技能。

21世纪是技术统治的时代,迅速发展而普及的计算机、手机电子终端设备等必然推动着教育教学改革,但是现代教育技术只是教育的辅助技术,仍然无法取代主体教育,微技术对诊所法律教育只是锦上添花之价值,在技术化道路之上,诊所法律教育如何在提升对于现代教育技术理论认识的基础上,找到现代与传统的平衡点,使技术服务于培养实践性法律人才的目的,促进法律人的全面发展是置于每一位法学教育者面前的重要课题。

法律诊所教师培训范式建构研究

李秀华*

一、建构法律诊所教师培训范式与法学教育改革的意义

在法律诊所的建设与发展中，法律诊所教师培训范式与目标达成是衡量法律诊所教育质量的重要指标之一。2014 年 7 月，15 所法律诊所完成了对诊所教师的培训。目前对于法律诊所教师的培训理念、方法、可操作范式等方面仍有改进之空间。如何引导诊所教师培训范式整合与优化，从多角度对诊所教师培训范式作出客观评析，对推进我国的法学教育与诊所教育的深化具有不可低估的作用。

（一）应和卓越人才培养精神的要义

2011 年《教育部、中央政法委员会关于实施卓越法律人才教育培养计划的若干意见》（以下简称《若干意见》）中特别强调：加强校内实践环节，开发法律方法课程，搞好案例教学，办好模拟法庭、法律诊所等。[①] 优化法律诊所教师的培训范式应和了《若干意见》规定的精神，标志着中国诊所法律教育越来越关注法律诊所教师与学生个体的处境和需要，并促进法律诊所教育价值的实现，激发着法律诊所师生的主体精神。通过法律诊所教师的培训，发现法律诊所教育的不足，从而不断改革与完善诊所教育的实施方案，提高诊所老师的教育的理念和方法，从而将学生培育成为具有高端法律技能，具有充分公益意识与社会责任感，全面把握与灵活运行理论知识与法律规定，有效服务社会的复合型人才。

（二）有助于推动法律诊所教育理论与实践的融合

20 世纪 90 年代初，美国法律教育在反思传统法学教育的基础上，提出了新的法律诊所教育理念，即把法学教育、教师专业的发展和学生综合素质的提高进行整合的理念，这

---

* 扬州大学法学院教授，中国法学教育研究会诊所法律教育专业委员会常委，中国婚姻家庭法学研究会常务理事，扬州大学法学院婚姻家庭法律诊所、反家庭暴力法律诊所项目负责人。

① 《若干意见》强调要注意强化法学实践教学环节。加大实践教学比重，确保法学实践环节累计学分（学时）不少于总数的 15%。充分利用法律实务部门的资源条件，建设一批校外法学实践教学基地，积极开展覆盖面广、参与性高、实效性强的专业实习，切实提高学生的法律诠释能力、法律推理能力、法律论证能力以及探知法律事实的能力。

一理念逐渐被许多国家法学院接受和采纳,并推动了许多国家的法律诊所教育实践的深化与改革。国内外诊法律教师培训范式在前瞻性、科学性、实践性与国际化的融合方面积累了很多成功经验。例如,美国法学院开创了法律诊所教师培训模式的先河,“美国法学院力求教会学生学会在广泛学科领域中进行法律分析、掌握法律技能和理解职业价值”。① 正是基于这样的目标,所以美国许多法学院对诊所教师会提出更加严格的要求。定期或不定期地进行诊所教师的培训,包括理念与技能的培训、指导学生处理案件的能力培训以及如何更有效地为弱者服务的培训。是否能通过法律诊所教师培训就可以消解目前法律诊所教育面临的难题?笔者发现,在法律诊所教育中,如何建构科学规范的诊所教师培训仍处在探索阶段,在诊所法律教师培训范式方面尚存在理念、方法与视角缺损的问题。汲取传统法律诊所教师培训范式的精髓,并进行新型法律诊所教师培训机制的创新,有助于促进法律诊所教育资源基地的建设。

(三)以人为本,促进个体和谐发展

在法律诊所教师范式建设中特别强调诊所教师应具有的诊所教育的基本理念:以人为本,促进个体和谐发展,促进个体价值的实现和激发人的主体精神。诊所教师的质量在一定程度上关系到法律诊所的生存质量与发展潜能,须对法律诊所教育的针对性及可操作模式方面进行相应的改进。培训法律诊所教师,旨在让诊所教师在法律诊所教育系统中更好地把握法律诊所教育的精要,训练自己有良好的社会责任感,才能带领学生服务社会,从而更精准地体现法律之正义。培训有助于法律诊所教师可以自觉从课堂到社会,引领学生更敏感、更人性化地关注到社会分化过程中对社会弱势群体权益的保障。建立科学、完善的法律诊所教师培训机制,将有助于促使培训教师法律思想与思维模式改进,积极有效地强化法律诊所教育成果,推进我国法律教育的改革与发展。从宏观视野立足本土实际,在吸纳国外法律诊所教育成功经验的基础上,建立有效的法律诊所教师培训模式。研究力求初步建构中国法律诊所教师的培训范式,并使这一范式能够广泛复制、推广并本土化。

二、建立法律诊所教师培训范式的现状与面临的困境与“瓶颈”

(一)目前的诊所教师的培训范式

如何有效地建构法律诊所教师培训范式,以法律诊所特有的专业化理论和实践技能为视角,在培训时应将法律诊所教育理念、综合知识与素养、法律技能和职业伦理等界定为诊所法律教师培训的核心内容,并从上述维度构筑诊所教师培训框架。笔者基于本土情况进行了探讨。第一类培训范式:初步创设诊所框架。以培训初任法律诊所教师为目标,强调法律诊所教育方法与诊所法律技能,传授基础诊所教育的理念与知识。第二类培训范式:巩固与优化已有诊所法律教育模式。主要是针对具有一定诊所经验的教师进行更加系统与专业性的训练。例如,在法律技能深化、专业领域的难点与热点方面,注重

① Judith A. McMorrow:《美国法学教育和法律职业养成》,载《法学家》2009 年第 6 期。

实战,着重实务训练。第三类培训范式:针对老诊所强化职业伦理与专业技能方面的培训。在职业伦理方面,以健全人格为基础,培养具有人文关怀、心灵美丽、尊重人权的诊所教师。诊所法律教育对法律诊所教师内在素养的要求决定了诊所教师应当具有的知识结构与价值位阶。面对专业化趋势,朝着"以深厚知识为基础,以技能为取向"的培训模式演进将是必然趋势。

在如何进行法律诊所教师培训方面,蔡彦敏教授多年前的提醒十分重要。蔡彦敏教授强调,在探寻法律诊所教育与中国法学教育的契合之途中要保持充分的理性,在注重我国法律制度和法学教育特点的基础上,结合我国社会的具体环境来建设契合中国本土的法律诊所项目,而且还意味着法律诊所教育与法学教育改革已引起更广泛关注和在更多层次上产生对话,预示着法律诊所教育将对中国的法学教育、法律援助以及更广泛的方面产生更深远的影响。① 美国律师协会法学教育与律师资格部下设的关于法学院与法律职业特别工作组的报告,即《麦考利特报告》,对设计法律诊所教师培训内容与范式会有一定的启示作用。《麦考利特报告》确立了法律职业需要具备的10项基本技能:问题的解决;法律分析和推理;法律检索;事实调查;交流;咨询;谈判;起诉和其他纠纷解决程序;法律事务的组织与管理;确认并解决道德困境。通过上述10项技能的学习,达到法律职业的基本价值目标:提供合格的代理服务;努力促进正义、公正与道德;努力提高职业水准;作为职业人,完善自我。② 而对学生的复杂而规范的要求,也迫使我们反思法律诊所教师的素养与培训机制。因为建构法律诊所教师培训范式的过程将面临诸多体制、观念、习惯、传统及方法的挑战。法律诊所教育教师培训范式并非颠覆传统,而是推动我国诊所法律教师培训机制更加完善。

1. 困境与"瓶颈"一:诊所教师职业道德与综合能力需要提升

价值观在一定程度上体现出法律诊所教育的理念与职业道德,并具有一定的引领功能。笔者曾承担中国法学教育研究会诊所法律教育专业委员会常委关于诊所教师培训的项目。在实证调查中共回收有效调查问卷455份。从实证调查视角论证了建立诊所教师培训机制的必要性和紧迫性。调查在一定程度上亦反映出了教师对传统教育的习惯、依赖与认同,反映出了诊所教育改革过程会隐含着传统与习惯带来的困惑与冲突。笔者在确立样本框架时,考虑到调查对象与诊所教育之间的关联,将调查对象分为3大模块:学生组、司法组及教师组。其中,法学院学生286人;教师27人;司法人员142人,包括法官、检察官与律师等。在问卷的设计上注意到其共性与差异。学生组样本属性表明学生已拥有一定法律知识与缜密的法律思维方式。教师组样本属性反映了教师对传

---

① 参见蔡彦敏:《找寻法律诊所教育与中国法学教育契合之路》,载法律教育网:www.chinalawedu.com,最后访问日期:2014年5月28日。

② 参见[美]罗伊·斯塔基等:《完善法学教育——发展方向与实现途径》,许身健等译,知识产权出版社2010年版。

统教学模式的反思更理性，也更深刻。但教师对法律诊所教育是否全面引入法学教育与诊所教育体系，则持并不明晰的态度。司法组样本属性显示与学生组、教师组不同。司法人员更清晰法律实践动态及知识运作状态。调查结果与分析如下：调查既反映了诊所法律教育突破传统教育方法之重要性，亦反映了不同群体对传统教育方法的习惯与认同，反映出法学教育改革过程会隐含着传统与习惯带来的困惑与冲突。“你是否愿意帮助弱势群体，免费为其提供法律帮助”的调查结果与研究预想有着极大差异。① 调查表明，教师组更关注法律诊所教师法律思维模式的建构。全面提升诊所教师引导、理论、实践、创新、质疑能力，不仅是教师自身的要求与反思，更是学生对教师全面素质考核与审视的指标。有学者对律师技能进行考察的结果认为：“无论是在教学中还是在实践中，各种技能与价值都无法简单地区分，他们彼此之间、与其理论依据之间不可分割，各种技能之间有着千丝万缕的联系。”②其实，对诊所教师的法律技能要求又何尝不是如此？甚至有学者认为，法律诊所教师每一次不经意间的谈话、举止等生活工作习惯亦会影响诊所教学质量，甚至对教师的个性修养亦提出更高要求，例如，诊所教师应是有创新精神，能够接受新生事物的人。③ 诊所教师的职业道德、社会性别意识强弱仍是评价理想诊所教师的重要指标之一。诊所教师技能与价值观念中蕴含着强烈信息。以上研究在一定程度上为诊所教育的展开及诊所教师培训的范式提供了新的思考方位。

2. 困境与“瓶颈”二：社会性别意识缺位

有学者认为，社会性别意识引入诊所教育体系是否成熟，是否过于泛化？引入教师培训体系之中是否有必要？有教师认为，法律诊所教育本身是为弱势群体提供法律帮助的，强调社会性别意识是一种重复。笔者认为，将社会性别的触角延伸到法律诊所教师的培训机制中是很有必要的。很多诊所学生认为引入社会性别意识不仅有助于提高诊

---

① 学生组或教师组只有 5 成人“选择愿意做法律援助工作”部分调查对象持含糊与否定态度。“不愿意与无所谓”态度占绝对比例。学生对法律援助热心比例高于教师，说明诊所教师培训内容与范式设定之必要。在培训诊所教师时，社会性别意识是否充分，是否有强烈社会公益心成为重要的人格因素。诊所教师培训模式中公益心与责任感、职业道德均应成为诊所教育培训体系不可或缺的组成部分。“你认为教师哪些能力更重要”是多选题，3 组调查对象都做出多选，因此，调查数据比例出现与原调查对象不对应情况。此调查我们可看到不同调查对象的目标要求。学生组按其选择比例高低前三位依次为“引导”68.53%，“实践”65.38%，“理论”36.01%。显然学生对教师引导与实践的呼声高于教师；教师组按其选择比例高低前 3 位依次为“质疑”59.26%，“引导”51.85%，“实践”51.85%。司法组对诊所教师的要求分别为“实践”94.37%，“理论”85.21%，“引导”46.48%。无论哪一组都对诊所教师充满了理想化期待。学生组与教师组期待诊所教师“综合素质高”比例无可争议地排在首位，分别为 70.98% 和 85.19% 调查显示对诊所教师综合能力要求比例较高。司法组 95 人强调理想诊所教师应“理论与实践结合得好”，位列第一，占 66.90%。说明不同职业对诊所教师定位与要求存在一定差异。参见李秀华：《社会性别准入与优化法律诊所教师培训模式研究》，载《河北法学》2007 年第 11 期。

② 杨欣欣主编：《法学教育与诊所式教学方法》，法律出版社 2002 年版，第 136 页。

③ 参见甄贞主编：《诊所法律教育在中国》，法律出版社 2002 年版，第 83 页。

所教育质量，也有助于评估为弱势群体服务的质量。从社会性别视角关注两性结构、两性位置，研究发现对男女两性双重评判标准仍影响社会及人们对男女两性的态度：男人无论在家庭或社会中仍是权利与位置的标志，其主导地位很难动摇；女人在一定程度上仍显示出装饰与附从的地位特点。社会性别工具使我们发现，正是长期的传统性别文化、性别结构甚至性别制度导致男女两性在社会结构和话语体系中处在并不对等的地位。引入社会性别视角，对强化法律诊所教师与学生社会公益意识和社会责任感，引导当事人有效步出情感、法律及心理困境均有一定帮助，有助于直接推动法律诊所学生从实践中把握研究视角与理念，并能对社会弱势群体进行更为高效的帮助与服务。因此，培训并加强法律诊所教师的社会性别敏感度，将有助于高效推进社会性别主流化。

3. 困境与"瓶颈"三：培训内容设定与优化

美国弗兰克法官认为："法律实践与判案不是科学，而是艺术，是律师和法官的艺术。"①如何设定诊所教师培训内容，应根据具体情况而设计。例如，对诊所教师的培训主要包括职业伦理、诊所教育方法，理论与实践教育技能的培训等，以及实践教学的目标与计划，实践的行动方案，办案的目标、方略与评估。在设计法律诊所教师培训内容时，应注意到培训的目标对象、培训模式与效果，才能建立有效的培训机制。因此，应以更开放、广泛的视角丰富教师培训内容，以更理性、更客观的视角审视法律诊师的培训效果，使其更有效度。与传统法学教育不同，法律诊所教育强调师生共同作为教学主体，强调民主、平等与互动精神，较好体现了在实践中把握法律学习的理念与要义，并有效地推进社会的进步与发展。有学者强调："法律诊所是现实主义法学教育的一个重要载体，契合了学徒式和实践型法学教育模式。"②提供补充传统法学教育时，需要改革动作。在调查中，两种调查对象选择比例高低排序为理念、体制等。其中，教师组按选项比例高低为"理念"62.96%、"体制"59.26%、"方法"37.04%、"习惯"25.93%、"传统"22.22%；司法组按选项比例分别为"体制"60.56%、"理念"47.18%、"传统"47.18%、"方法"16.20%、"习惯"11.27%。研究显示，诊所教师培训范式设定与整合会面临传统理念与机制之挑战。

目前，学界对于诊所教师培训评估机制与系统会有不同阐释。狭义评估仅关注教师技能的掌握，广义评估则包括了诊所教师对诊所教育的反思与把控能力，甚至包括师生之间互动的质量。虽然法律诊所教育须依靠某种教学模式的具体案例，但有些要素不可缺少。建立诊所教师培训的效果评估系统与指标十分重要。在建立这一评估系统时，必须考虑已有法学教育评估系统的经验。在法学教育的转型与发展中，一些评估系统已显滞后。传统的评估指标已无法涵盖诊所教育的过程与步骤。一些评估指标或过于繁杂，

① 杨欣欣主编：《法学教育与诊所式教学方法》，法律出版社2002年版，第136页。

② 胡铭：《司法竞技、法律诊所与现实主义法学教育——从耶鲁的法律现实主义传统展开》，载《法律科学》2011年第3期。

或过于简单而游离于诊所教育与传统教育的边缘。在建立相应指标体系时,诊所教育尚未有统一指标体系测量诊所培训教师质量。从已有经验来看,因传统的法学教师培训缺乏长期性与规范化,培训指标通常亦有一定简化与随意性。从目前诊所教育机制而言,诊所教师培训相对稳定,但因经费不足问题,诊所教师的培训仍面临难以达到全面、系统和规范的问题。研究认为,设定与整合诊所教师培训机制,其评估界定应涵盖下列指标:

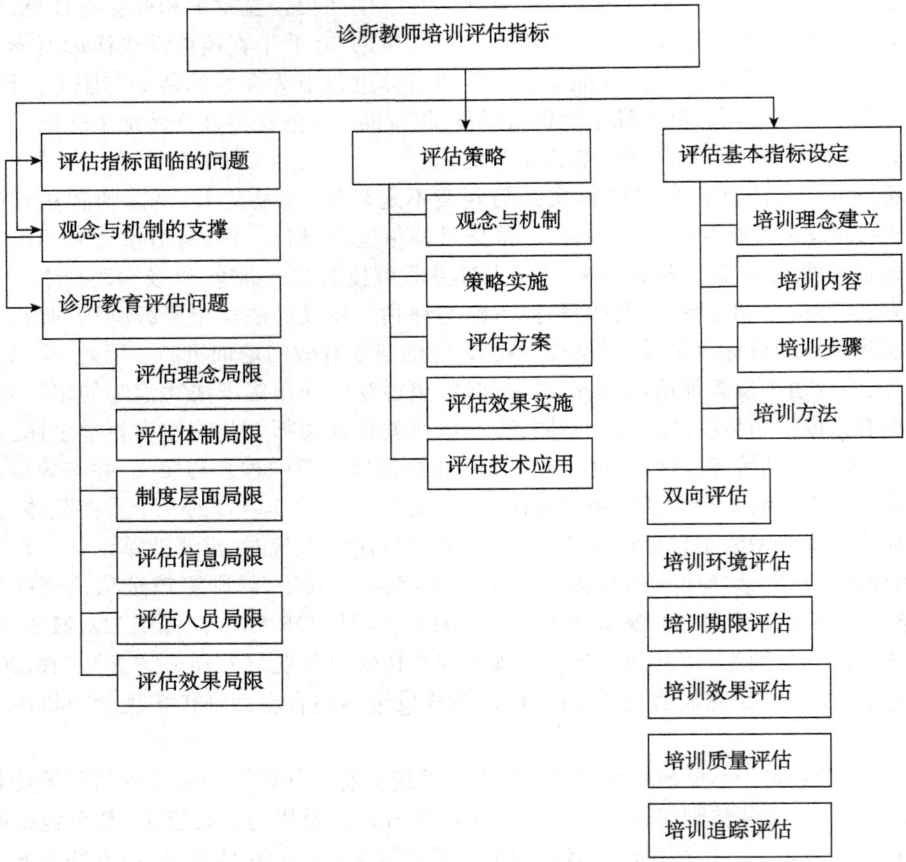

诊所教师培训指标

研究认为评估系统之设定应因校而异,在诊所教育发展的不同阶段,从不同层面切入,建立不同指标培训评估系统,有助于诊所教师强化培训效果。教学评价是法律诊所教学中非常重要的环节,是诊所法律教育规范化的重要议题。培训评估系统的建立与完善,将有助于我们以多元方式建立科学、多维度培训机制与模式,避免资源缺失与浪费。不同类型学校根据本校法学发展机制,探讨多元化诊所教师培训机制的发展路径,并有针对性地设定评估目标与体系。同时,评估指标应与国际社会的宏观视角接轨。科学的评估指标可有效规范每一项诊所工作取得预期成果,便于整体评估。引入评估指标,有助于推动诊所的发展与实施战略。

三、优化法律诊所教师培训范式的方略与路径

笔者认为,在诊所教师培训范式的建构维度、评估机制及社会性别视角的引入方面应当有所突破。

(一)建立并优化法律诊所教师培训范式

法律诊所教育不同于传统法学教育,教师不能简单沿袭以往经验和做法,必须不断接受法律诊所教育培训,继续学习,从而真正实现法律诊所教育的价值功能。例如,定期对没有或缺少诊所经验的教师开展培训。未来的资源诊所基地培训可以进行分层,例如,可以分为高层、中层与初级培训。法律诊所骨干教师在接受培训后,可在各自法学院对其他诊所教师进行相应培训。培训的方式可以灵活,可集中或分散培训。在此基础上结合本校实际情形加以运作,积累经验,从而建立不同类型的培训范式。通过不同类型的培训机制,进行科学分层培训。在优化诊所教师培训范式时应根据教育规则合理运用诊所教育资源,实现对诊所教师培训机制科学整合。在培训机制构建中,避免单一、被动培训模式的惯性影响,忽视多元、主动型培训模式的建立。从介入诊所教育阶段的不同,可分层研究,并分层整合培训诊所教师模式:建立不同层次,不同专业诊所教师培训机制。从国外诊所教育发展阶段来看,其培训模式虽然成熟,但是有些高成本的培训模式并不适合中国国情。所以因地制宜,根据我国诊所教育开展情况引入不同的培训模式十分重要。

诊所教师培训并非短期所能完成的,它是一项复杂科学的系统工程,因此,培训机制应不断复制与改进。制订长期或短期培训计划,编写专门培训教材。在培训方式上,应尽可能灵活多样化。

(二)制定并实施有效的评估机制

实践证明,如果缺少科学合理的评估机制,则无法使诊所师生的努力与付出得到应有回报与尊重,就会直接影响法律诊所教育运作质量,法律诊所教育的可持续发展也将受到质疑。法学师生在实践法学教育过程中在实现社会公正、为弱者提供法律援助方面负有重要责任。使用各种有效的评估方法,切实行动:制定并实施方案,以实现实践法学教育的目标。树立诊所教师与学生崇高的使命感与责任感,为弱势群体提供法律支持与救助等服务,尤其增强弱势群体的权力和能力,同样是实践法学教育的重要目标。充分理解实践法学教育的目标与价值,反思实现实践法学教育目标需要什么样的评估机制。在启动与实践评估机制过程中,注重听取目标群体的建议和需求,考虑不同个体利益需求,确保相对公平与公正。反省法学实践教育得失,总结经验,寻找差距,提出思考与对策建议。不同类型的实践法学教育的评估指标有所不同。在法律诊所教育中,应关注学生法律服务实践活动与诊所教学内容的关联与互动,否则就不能很好地将学生的实践作为诊所教育课程内容的重要组成部分,而学生的实践活动也就无法成为教师掌控的部分。评估方式:不同部门相关人员评估、同事评估、学生评估、当事人评估和教师评估等相结合。上述内容均可以成为反馈与评估的重要指标,这样不仅有助于实践法学教育的发展,也可以改变实践法学教育的实践模式。评估成为法律诊所基地建设完善与否的重要内容之一。2009 年对 184 所美国律师协会认可的法学院的法律博士教育状况的评估指标包括 4 项:声誉评估、录取竞争程度、就业状况、学生与教师的比例和教学资源占有状况。① 这种客观数据评估在一定程度上反映出这两所精英法学院的风格差异。对中国法律诊所基地建设而言,在一定程度上评估是如何调整法律诊所发展方向的重要参考指标之一。例如,随着近年来不断提出的关于法学院学生综合素质培养目标的明晰化,改革、创新与勇于探索的精神作为相对弹性空间较大的指标很容易被忽视。强调学生改革与探索精神的评估有助于推进实践法学教育的改革方向更具有效性。教师评估则包括了教学、实践与综合能力的评估,教师评估是对教学经验与实践教学体系的重新建构,并由此达到反思性教学与理性评估的有机统一,达到不断改革与完善诊所教育评估目标。教师评估还应包括对合作意识和专业操作技能的评估;改革和创新意识与精神的评估;开放理念与健康心态的评估;社会责任感与公益意识的评估;教育管理能力评估;评价学生发展能力评估。

多元化、有效的评估机制在诊所教育这一有效的载体中能够更充分地实现诊所教育的理念与功能。

(三)社会性别视角导入与创新

在为弱势群体提供法律援助的过程中,社会性别视角很容易被忽视。笔者认为,社会性别制度是基于一定社会文化、传统产生与其他制度而共存的制度,是导致社会性别差异的根源。有学者强调,作为社会、政治和历史范畴,社会性别是指社会文化中形成的属于男性或女性的群体特征(masculinity)或女性特征(femininity),它们原本被认为是普遍的、本质的、一成不变的,但社会性别概念的出现则挑战并改变了这种观念。② 笔者在承担中国政府与加拿大政府妇女法研究项目“妇女婚姻家庭法律地位与实践差距的研

① 其中,学术声誉评估占 40% 的比重,主要是通过向法学界和法律职业界发放问卷调查,通过“公道自在人心”的主观回答来评价。其他 3 项则是具体的客观指标,其中录取竞争程度占 25%,就业状况占 20%,学生与教师的比例和教学资源占有状况占 15% 的分值。从教师队伍来看,哈佛法学院 2008 年秋季学期的专兼职教师数目为 194 人,而耶鲁法学院同期的教师数目则为 149 人。在哈佛法学院,师生比为 1∶10;而耶鲁的师生比则为 1∶6.8,为全美法学院最优。耶鲁的学生则享有更多的教师资源。在选修课程中,耶鲁法学院能够提供更多的体验式、互动式以及个别指导制的诊所课程、实习课程、演习课程的职位,供学生选择。例如,哈佛提供的演习课程数为 101 个,而耶鲁则有 109 个;哈佛的法律诊所教育职位有 565 个,而耶鲁却有 590 个。参见郭锐、程金华:《通过评估指标比较哈佛和耶鲁法学院》,载中国社会科学院网:http://www.cass.net.cn/file/20090915245655.html,最后访问日期:2014 年 5 月 12 日。

② 参见李英桃:《社会性别视野下的国际政治》,上海人民出版社 2002 年版,第 27 页。

究"时,903 名有效被调查者中,遭受家庭暴力(婚姻暴力)的女性 266 人,占调查总数的 29.45%,占女性总数的 43.7%。从性别视角分析,吉林被调查的有效人数中,偶尔遭受婚姻暴力的女性人数高出男性 9.28 个百分点;经常遭受婚姻暴力的女性高出男性 8.27 个百分点。北京市被调查的有效人数中,偶尔遭受婚姻暴力的女性人数高出男性 3.95 个百分点。① 2011 年全国妇联公布的调查数据显示,在整个婚姻生活中曾遭受过配偶侮辱谩骂、殴打、限制人身自由、经济控制、强迫性生活等不同形式身体暴力、精神暴力或性暴力的女性占 24.7%,其中,明确表示遭受过配偶殴打的比例为 5.5%。② 笔者在开展婚姻家庭法律诊所项目及反家庭暴力项目时,发现家庭暴力是引发婚姻家庭纠纷的重要原因之一。将干预家庭暴力作为重点研究问题之一,并发现家庭暴力事件的存在成为家庭与社会和谐的隐患,如处理不当将会引发更大冲突。笔者在某女子监狱调查时发现,杀夫案中的很多女犯在犯罪前曾多次遭受家庭暴力。甚至有女性认为,在监狱里是其逃避家庭暴力最安全的场所。③

上述调查虽有相当局限性,但也微妙地揭示出了婚姻暴力结构中展示的性别差异。强调引入社会性别视角,不仅可以强化教师社会公益心,对强化学生社会公益意识与社会责任感,引导当事人有效步出情感、法律及心理困境均有一定帮助。通过纳入社会性别视角,将有助于在法律援助过程中更深刻地理解男女两性平等的不平等的根源,为当事人提供更人性化的服务,从而优化法学实践教学环境。

四、结语

法律诊所教育如何科学有效地走上可持续发展道路,法律诊所教师的培训范式是否是最有效的建设进路?笔者希望法律诊所教师的培训模式会步入科学、规范的轨道。笔者认为,法律诊师的培训机制在某种程度上可以促进法律诊所教育的发展,使法律诊所师生、实践部门、受助者同时受益。法律诊所教师培训是否可以突破以往封闭的空间,开创出新的天地?笔者认为,对法律诊所教师的有效培训有助于法律诊所教育焕发出内在的生命活力,使其进入良性发展轨道,就要有新思路。2014 年 11 月 1 日,中国法学会婚姻家庭法学研究会、扬州大学法学院婚姻家庭法律诊所和反家庭暴力法律诊所联合举办

---

①　参见李秀华:《妇女婚姻家庭法律地位研究》,知识产权出版社 2004 年版,第 39 页。

②　国务院新闻办于 2011 年 10 月 21 日于北京举行的新闻发布会上,全国妇联副主席、书记处第一书记、第 3 期中国妇女社会地位调查领导小组组长宋秀岩代表全国妇联和国家统计局发布了该项调查的基本情况和主要数据。参见陈丽平:《全国妇联积极推动出台反家庭暴力法律》,载法制网:http://www.legaldaily.com.cn/zt/content,最后访问日期:2011 年 12 月 21 日。

③　参见李秀华、李傲等:《性别与法》,中国政法大学出版社 2012 年版。

"家庭暴力受害人法律援助能力建设"培训与研讨会在扬州市举行。[①] 会议从理论、实务及立法维度探讨了家庭暴力受害人法律援助能力建设的问题。其议题的核心是关注法律诊所的师生、司法人员在处理家庭暴力时的法律能力建设问题。研讨与培训充分体现了资源优化整合、视角多元的特点。将司法、心理、社工与法律诊所教育领域的人集中在一起进行主题上的深入剖析与培训,给法律诊所师生带来了全方位的感受与启示。科学评估体系的创建与社会性别视角的介入等均是化解法律诊所教育困惑的应然取向。全面创新法律诊所的建设,加强与实践部门联动是法律职业共同体培育的历史要求。尽管中国法律诊所教育已经走过了15年的路程,但仍属朝阳事业,还需不断开创与调控。法律诊所教师培训机制的不断优化,为我们提供了法律诊所教育改革与深化的新视角与新方位,使我们在开创法律诊所教育美好未来的路上充满信心。

① 2014年11月1日,来自中国法学会婚姻家庭法学研究会、中国犯罪学研究会、中山大学、华东政法大学、南京大学慈善学院、南京师范大学、山东大学、江南大学、浙江农林大学、哈尔滨商业大学、扬州大学、江苏省高级人民法院、南京市中级人民法院、无锡市崇安区人民法院、扬州市中级人民法院、扬州市广陵区人民法院、邗江区人民法院、扬州市人民检察院、扬州市法律援助中心、扬州市妇联、上海沪家律师事务所、江苏苏源律师事务所、北京君泰律师事务所、北京天池洪范律师事务所、江苏理华律师事务所、江苏尚鼎律师事务所、江苏理华律师事务所、上海睿家社工服务等来自全国各地学者、法官、检察官、律师、心理学家、社工以及与扬州大学婚姻家庭法律诊所和反家庭暴力法律诊所合作相关单位的诊所老师与学生近80名人员与会。

对中国诊所式法律教学模式的思考

于丽平*

一、国内外研究现状及发展趋势

诊所式法律教育起源于美国。自20世纪60年代以来,美国许多高校法学院都采用了这种教学方法,这标志着诊所式法律教育在美国的兴起。到了20世纪90年代,美国律师协会在经过研究后所做出的《麦克莱特报告》(*MacCrate Report*),标志着诊所式法律教育在美国法律教育中地位的提高。在长期的发展过程中,诊所式法律教育在美国得到了稳定的发展,其改革的经验也为许多想要引入法律诊所教育的国家提供了良好的借鉴。直到现在,美国的法学院仍然没有停止过对法律诊所教育的研究与完善,他们创造性地设立了许多以前未曾出现过的专门性法律诊所,诊所式法律教育在美国逐渐被人们广泛接受。英国在20世纪70年代建立了第一个公开的法律诊所。在20世纪70年代早期,法律诊所在英国处于孤立的地位。英国学者胡·布瑞恩(Huh Brayne)写了一篇《诊所法学教育的美国风格》,他在文中谈到:一想起法律诊所,英国的律师就会战栗。20世纪80年代,法律诊所在英国处于相对缓慢的发展。而到了20世纪90年代,法律诊所展现出生机勃勃的发展,并在英国的法学院课程中具有了明确的地位。澳大利亚也是在20世纪70年代开始在高校法学院设立法律诊所的,澳大利亚法学院的法律诊所充分吸收了美国的法律诊所的经验并以追求社会主义正义为理念。澳大利亚的法律诊所在20世纪90年代进入更深入的发展阶段。在1990年6月,新南威尔士法律基金会在悉尼召开有关法学教育的会议。在澳大利亚开展诊所式法律教育是这次会议的议案之一,这充分表现了会议代表对澳大利亚进行法学教育改革的愿望。于是在1991年,在悉尼的法学院成立了负责协调法律诊所计划的咨询委员会。在委员会的大力推动下,法律诊所教育在澳大利亚取得了很好的发展。在这个过程中,从事诊所式法律教育的学者和专家发表了许多的文章并撰写了很多有关诊所式法律教育的研究报告。① 印度是开展诊所式法律教育较早的国家之一。印度的德里大学在1969年成为印度开设的第一个法律诊所,德

* 山东财经大学法学院副教授。

① 参见甄贞主编:《诊所法律教育在中国》,法律出版社2002年版。

里大学开设法律诊所的目的是为了向监狱的囚犯提供法律援助。在1973年和1977年，由印度政府任命的专家委员会提交了两份以法律援助为内容的报告。该报告大力提倡印度高校法学院的老师和学生应广泛参与到法律服务的活动中，并指出：为了使学生能够接受到更好的教育，能够提供更好的法律服务，必须采用诊所式法律教育的方法来教授学生。因此，1977年以来的诊所式法律教育已受到了该报告所提出的观点的影响。在1979年至1986年期间，在印度已经有超过60所的高校设立了法律援助诊所，有一些高校的法律诊所是属于课外性的项目，而有一些则是属于教育课程计划。

我国是在2000年9月引入这种教育模式的。围绕诊所式法律教育，学者们发表了大量与之有关的文章，总的来说，诊所式法律教育强调的主要是法学学生的实践能力。随着诊所式法律教育在包括我国在内的一些国家中的逐渐推广，有关诊所式法律教育研究的主流观点和成果已经逐步付诸于实现，因此，从各国的诊所式法律教育的发展及其发展趋势可以比较清晰地看出诊所式法律教育的主要研究情况和发展轨迹。①

诊所式法律教育的兴起有利于提高我国的法学教育质量。法学教育的质量与法学教育方法有着密不可分的关系，因此，好的法学教育方法会有助于提升法学教育质量。我国高校的法学教育不仅要培养高层次的法学理论研究者、法学家，还要培养出能够娴熟掌握诉讼技巧，能够灵活地解决实际问题并具有良好职业道德的法律人才。因此，我国高校法学教育应采用与此目标相适应的法学教学方法，才能够有效地提高法学教育质量，满足对这种人才的培养需求。法学教育的理论性和学术性虽然在法学教育中也很重要，但法学教育的实践性也同样重要，因此，我们应采用能够培养出学生的法律实践性的教学方法，而诊所式法律教育恰能体现出这种实践性的要求，是一种能够有效提高法学教育质量的好方法。

二、诊所式法律教育的意义

1. 诊所式教学克服了传统法学课堂教学的弊端

现阶段，我国已经形成了较为完备的法学教育体系，但是长期以来，我国高校的法学教育基本上属于一种学历教育，课堂教学的目标和教学模式仍以学历教育为中心而展开。在法学院，课堂教学采取了单一的教师讲授法，讲授的内容主要是法学的基本原理和系统知识，这种教学方式的最终目的是让学生掌握法律知识和理解法律条文，却很少考虑到对学生进行实际操作能力的培养，因此，这样的教育模式距离司法实践的要求差距很大。而诊所式法律教育克服了传统法学课堂教学的弊端。首先，诊所式法律教育以学生为中心，改变了老师"满堂灌"、单向灌输知识的教学方法，采取灵活多样的教学方法，充分调动了学生的学习积极性，学生由过去传统法学教育的"要我学"变成现在的"我要学"，由过去的被动学习变成现在的主动学习。参加过中国人民大学法律诊所的同学普遍认为：学习法律最好的老师是实践，一次完整而充分的过程体验，胜过无数次的阅

① 参见[印]马海发·梅隆主编：《诊所式法律教育》，彭锡华译，法律出版社2002年版。

读。其次,诊所式法律教育培养了学生如何在代理具体案例过程中寻找法律条文、分析法条、解释法条和运用法律的能力。法律诊所的教育目的是培养学生掌握使用法律的方法,而不是简单地背诵法律条文。这一目标恰恰符合了现代教育对人才培养目标的定位,即我们教学的目的是授人以“渔”,而不是授人以“鱼”,教育的最终目的是要教授给学生学习的方法,而不仅仅是简单地灌输给学生知识。最后,诊所式法律教育把学生置于真实的法律环境中,遇到的许多问题是学生在课堂教学中从未遇到过的,因此,学生必须像真正的律师那样去分析问题和解决问题,从而培养了学生像律师那样思考问题的能力。如果不给学生提供这种实战的机会,则学生只能学习到僵化的法律知识,往往思考问题时就会从法官的角度出发,只为寻求问题的正确答案,而不多问几个为什么。诊所式法律教育提供给学生的正是传统法学课堂教育忽视或无法提供的训练机会。通过诊所课程的训练和经验积累,学生处理事情时更加趋向理性,也能够学会全面地考虑问题,应对可能的变化。参加过诊所的同学的课后感言是:“我现在学会了用脑子思考。”

2. 法律诊所弥补我国高校法学实践教育的不足

目前,我国高校的法学实践教育也采用多种形式,比如,模拟法庭、法院旁听、案例讨论、毕业实习等形式,这些实践形式在培养学生的实践方面起到了一定作用,但同时也存在不少弊端,诊所式法律教育能够克服我国传统法学实践教育的不足。

3. 法律诊所塑造学生的法律职业道德

我国的法学教育长期以来一直与法律职业相分离,在课程设置上没有将法律职业道德教育的内容渗透课程中,并通过实践教育来强化学生的职业道德意识。而实际上,法律职业道德对于将来从事法律工作的法学专业的学生来说意义重大。如果没有职业道德的约束,则对法律条文本身就十分熟悉的法律工作者就可能会为了利益和金钱而执法犯法,这种后果是不堪设想的。学生在处理案件时,如果当事人的动机和行为是非法的、不道德的或有欺诈性的情况时,诊所的老师会告知学生不可以无原则地迁就当事人的个人利益,或是故意曲解法律以迎合当事人的不正当要求。诊所式法律教育相比较传统式法学教育的最大优势就在于让学生在处理真实案件的过程中明白:当自己真正成为一名法律工作者时,应当遵守法律职业道德和职业纪律,不能唯利是图,玷污法律的神圣。

4. 法律诊所培养学生的社会责任感在法律诊所,学生的社会责任感得到了加强。

诊所式法律教育一进入我国,就与法律援助事业联系在了一起,因为法律诊所接受的案件以法律援助案件为主。诊所学生在为弱势群体服务的过程中,充分体现了把爱心奉献给社会的精神,充分体现了学生的社会责任感。同时,也培养了学生的社会责任感。学生在为弱势群体提供法律服务的过程中,感受到了自己为社会奉献爱心过程中的快乐感,认识到了自己存在的价值和使命感,因为自己的付出而使社会的正义得到了实现。目前,开设法律诊所的各高校老师与学生正在积极开展各种普法活动和法律公益活动,为许多由于各种原因请不起律师的当事人送去了法律援助,他们的善举充分体现了社会责任感,使更多的人民群众感受到了社会主义法律的正义和社会主义大家庭的温暖。

三、目前国内高校诊所式法律教育存在的问题

1. 法律诊所教育理念与中国国情存在偏差

我国引入诊所式法律教育已有10年有余，其教育理念基本延续了美国诊所式法律教育的理念。虽然我国的诊所式法律教育理念基本秉承了美国的诊所式法律教育理念，但是由于美国的文化、国情和教育体制与我国有很大的不同，因此，我们不能完全采用美国的法律诊所教育理念。虽然我国的法学教育也要考虑市场的需求，但并不完全以市场为导向。我国的法学教育更注重的是法律人才的培养，而不是从社会市场的角度出发去培养法律人才；虽然法律诊所在我国也面向社会提供法律服务，但法律诊所的主要目的是培养学生的实践能力，而并非以提供法律服务为主要方向，因此，我们应在美国的诊所式法律教育的理念中融入我国传统教育的理念，这样才更适合我国的国情，更有利于学生的培养与高校法律诊所教育的开展。

2. 法律诊所课堂讲授内容不够全面

法律诊所课堂讲授的内容方面，大多数学校的法律诊课堂内容包括：传授给学生代理案件的一些实用技术——比如，案件信息的获得与使用，包括信息的交换（会见中的沟通技巧）、信息的采集（调查取证）、信息的处理（分析、预测与决策），使诊所学生获取掌握使用信息的方法；讲述对话与对抗的知识，让学生学会处理两种状态中的复杂情况，为自己的委托人谋求最大化的利益。从课堂讲授的内容来看，基本上是以讲授法律实务经验和技巧为主要内容，而职业道德教育内容则并未给予过多关注，而职业道德教育内容的灌输对于法律专业的学生来说十分重要，因为很多法学专业的学生毕业后要走入司法部门工作，如果缺乏良好的职业道德，那么其就难以成为合格的法律人。因此，在法律诊所的课堂教育应重视职业道德的教育。另外，在法律诊所还应加强学生其他方面的教育，如心理教育、价值观教育等内容。价值观教育对法律专业的学生来说也是十分必要的，只有树立正确的价值观和人生观，才能做出正确的行为，才能成为忠实法律、维护正义、刚正不阿、清廉正直的法律人。加强法律诊所学生的心理教育也十分重要。在法律诊所，学生往往会接触到真实的案件，当事人将自己的案件交付给学生时，都是对案件的成功充满了期待，甚至是将自己的希望都寄托在了办案学生的身上，因此，这无形中都会给法律诊所的学生的心理产生很大的压力；再有，法律诊所的学生年龄都还较小，因此，处理案件不是很成熟，往往是用尽了自己的力量，还未能使当事人满意，这往往会使学生产生一些消极的情绪。因此，在法律诊所加强学生的心理教育显得尤为重要。

3. 法律诊所教学方法缺乏普适性

诊所式法律教育采用不同于传统法学教育的方法——单一传授知识的方法，采用灵活多样的教学方法。比如，提问式教学法、对谈式教学法、互动式教学法等方法。诊所式法律教育的教学方法较之于传统的法学教育方法有许多的优势，例如，学生不再是被动的学习者，学生的积极性得到了显著提高，学生的独立思考能力得到了培养，学生的分析能力得到了提升等，但同时也存在许多的不足之处。比如，在提问教学方法中，虽然学生

在老师不停地提问的过程中，注意力和表达力得到了提高，但是由于有的学生性格腼腆，不太自信，相对比较封闭，这种被动而孤僻的性格对于这种教学方法就会不太适应，甚至会使其产生抵触的情绪，因此，这种教学方法对于某些学生群体起不到太显著的作用。对谈式教学法也有自身的局限性，这种教学方式对于老师来说较为费时与费力，老师不一定有足够的时间随时随地地为学生解决问题，因此，我们也不能常常采用这种教学方式。互动式教学法十分注重培养学生的表达能力和学习的主动性，但是可能会忽略学生法律理论知识的灌输，可能会导致学生的法律基础理论知识不太扎实。因此，我们应在法律诊所的教学方法中融入一些其他的教学方法，使法律诊所的教学方法更加丰富、更加完善，对学生的培养更为有效。

4. 法律诊所的案件来源有限

在法律诊所起源的美国，案源非常充足，这与美国的法律文化有较大的关系。美国是相讼的法律文化，人权观念比较强烈，但由于美国的律师费用非常的高昂，许多困难群众请不起律师，致使自己的权益无法得到司法的支持。正因如此，美国的法律诊所获得了充足的案源，它所代理的案件总数远远超过美国政府部门，也使法律诊所在美国非常普及。而在我国，由于受传统文化的影响，各高校法律诊所的案源严重不足。我国主张的是相和的传统文化，我国的法律事务纠纷总量并不是太多，因此能够适用于法律诊所的案件就更少了。导致我国法律诊所案源稀少的另一重要原因是各高校法律诊所本身的原因。由于在法律诊所中，负责案件的主要人员是高校法学院的学生，指导老师的主要工作是在一旁指导学生，跟进整个案件的办案人员仍然以在校的法学专业的学生为主，由于在校的学生缺乏丰富的实践经验和丰富的社会经验，因此难以得到客户的信任，很多当事人不愿意把自己的案件托付于缺乏办案经验的学生，即使是标的很小的案件，当事人也不放心把案件交付与法律诊所的学生，因此，这也是法律诊所案件缺乏的主要原因之一。没能做好宣传工作，也是法律诊所案件缺乏的原因之一。由于宣传力度不够，因此，社会上知道法律诊所的人还是不多，尤其是一些老年人和很少接触网络信息的人群更是知之甚少，因此，对于法律诊所，我们仍需要加大宣传，使更多的人知晓这种新型的为弱势群体免费提供法律服务的教学方式。

四、完善我国诊所教育的对策

我国的法律教育应该是培养具有实际运用能力型的人才，而且是具有法律职业道德和社会责任心的高素质实用人才。教育部高等教育司发布的《高等学校法学专业本科教学工作合格评估方案》对法学教育内容明确提出了案例教学、模拟法庭演练、职业化训练、法律服务等多项与学生综合实践能力有关的二级指标培养要求。为此，我们必须适应这一目标的要求，提高学生职业技能，借鉴国内外的先进经验，积极探索开设诊所式教学的途径。

1. 师资的多元化

针对目前诊所教师一般从法学院系内部产生的现状，建议诊所教师一般应有两种来源:(1)高校中从事兼职律师工作,并有法律实践背景,有一定办案经验的人;(2)从相应法律机构中招聘有意愿从事诊所式法律教学模式的人。同时要求诊所教师要有如下的条件:①有法律专业的学历背景;②3 年以上执业经历;③有一定的办案数量。

这样的运作模式对学生来说,弥补了学生为执业而做的实际准备的不足;作为法学院系教师,可以通过与新加入同事的交流扩大思路,走出书斋,接触真实社会而原法律工作人员则可弥补以往工作任务过重而导致的对理论的学习和提高的不够的缺失。这样做使法律教育和实务联系得更加紧密。

2. 发挥学生的自动性

要使诊所课程成功进行,必须在此之前使潜在的诊所学生——有意向加入法律诊所的学生了解诊所的基本运作,使他们能够理智地作出决定,这就要求法律诊所工作人员事先做好充分的宣传,包括海报的形式、校园广播的形式,或者邀请学生观摩法律诊所活动的开展;在此基础上作出法律诊所招募新成员的通知,要利用一切媒介手段,以使潜在的诊所学生都能获知这一消息,从中选出适合法律诊所需要的学生;在招募工作的现场,考试最好采用口试和笔试相结合的方式,笔试以法律诊所接触的案件所涉法律领域为主,例如,刑法诊所以刑事方面的法律为主,口试可以模拟法律诊所工作经常面对的难题。最后,综合学生的考试成绩,由诊所教师与诊所指导人员一起作出对诊所学生的选择。

3. 代理真实案件

诊所课程可以让学生在律师的指导下代理真实案件,学生在代理案件的过程中,直接代理委托人的案件,是法律诊所课程提高学生判断力,训练法律思维,理论联系实际厘清事实真相的最佳途径。实践是最好的老师,而模拟、案例讨论等都是真实替代品。在真实的场景中,人是不可替代的,是不断变化的,总是为律师不可知晓的,甚至在有的真实案例中,有的当事人对自己的委托人也不讲真话。学生们会遇到许多意想不到或者根本想不到的事情,打破他们一切尽在自己控制中的幻想。现实要求他们面对一个不受自己控制的世界,并且提供了一个机会,在这样一个世界,他们将怎样有所作为,只有靠自己,了解事实,运用证据,寻找真相,这样会使学生更加明确作为一名律师的职责和自己当前所面临的问题。学生在律师指导下代理真实案件的过程中,学到的不仅是法律,而且是整个律师的工作过程。

4. 培养另一种思维模式

传统的法学教育重视对学生理性思维的培养,将正义和公平理念贯穿于教学内容之中,并通过讲授根植于学生的脑海中,这无可厚非,但是这么一种思维方式却使学生在面对现实和考虑具体问题时,会不由自主地去探究公正与否,合理与否,而忽视了问题产生的原因和各方面利益的权衡,结果往往陷于抽象的价值判断,难以寻求到有效的问题解决途径,学生们往往力求中立和客观的角度作出判断——我们称为“法官思维”,因为它注重的理性思维和依法办案。诊所式法律教育要求用律师的思维去思考问题,而不是用法官的角度去判断是非曲直,要结合事实和证据去分析,从委托人的角度思考,甚至是用猜测法官或者是检察官的心理,找出解决问题的最佳途径。这种思维模式会让他们在千差万别的案件中,正确运用法律,理性思考问题,在激烈的竞争中立于不败之地。

第三篇　诊所法律教育的域外借鉴

美国诊所式法律教育的演进

王竹青*

一、诊所式法律教育的产生及初期发展

美国的法律教育可以追溯到19世纪，当时正式的法律院校已经存在，但对未来律师的教育和培养是学徒式的。1800年美国大部分州的法律教育都需要一定的学徒年限（例如，马里兰州需要5年的学徒期，有大学学历的可以减少1年），但是到1860年，随着法律院校的增多（当时有21所法律院校），几乎没有哪个州再要求学徒式教育。① 学徒式培养方式也有很大的不同，一般包括阅读法律教材和案例，观摩教授或指导老师在代理真实案件时的律师实务等。虽然学徒式教育培养出了大量的律师，但对学徒式教育的批评一直存在，包括其不稳定性、不一致性以及潜在的剥削性。

到19世纪末期，大量出现的新的法律院校最终超越了以学徒式教育模式为基本模式的教育理念，这种教育模式的改变也给法学教育提供了新的出路。1870年哈佛大学法学院院长克里斯托弗·哥伦布·兰德尔（Christopher Columbus Langdell）开始试行案例教学法，学生通过分析上诉法院的判决来学习法律。兰德尔在进行案例教学的同时，对苏格拉底教学法进行了改进。苏格拉底教学法源自19世纪美国3个流行的法学教学方法；源自学徒模式的技能培训；来自欧洲的总体的教学方法；以理性原则进行相互联系的分析及体系化方法。② 兰德尔创造的苏格拉底—案例教学法培养学生以分析和批判的方式思考由上诉法院的判决中产生的基本法律原则。这种教学法迅速地得到了广泛的认可并且被其他法律院校普遍接受。③

* 北京科技大学文法学院副教授，美国哥伦比亚大学2010～2011年度访问学者，法学博士。

本文原载于《比较法研究》第2期。

① William P. Quigky, "Introduction to Clinical Teaching for the New Clinical Law Profession: A View From the First Floor", 28 *Akron L. Rev*, 1995, pp. 465－466.

② Charles R. McManis, "The History of First Century American Legal Education: A Revisionist Perspective", 59 Wash. U. L. Q, 1981, pp. 617－618.

③ George s. Grossman, "Clinical Legal Education: History and Diagnosis", 26 *J. Legal Educ*, 1974, pp. 162－165.

19世纪90年代晚期到20世纪00年代早期，当案例教学法被广泛接受时，一些法学院的学生自愿建立了“法律诊所”或法律援助机构，以亲身参与的方式学习和实践法律，同时通过为贫弱群体提供法律服务的方式践行着社会的司法使命。① 早在1917年，评论家威廉姆·罗(William Rowe)就发表了一篇法律评论文章，倡导诊所式法律教育是培养学生成为合格律师的最好方式。罗认为诊所式法律教育应该规范化，并且应该置入法学课程之中。他说法学院落后于医学院、建筑学院、工程学院以及其他提供类似诊所式教育的学院。② 在罗撰写这篇文章的时代，大多数法律院校只提供2年的法学教育，他预示了将诊所式法律教育纳入法学教育的可能性，但当时占主导地位的仍然是苏格拉底—案例教学法。

虽然苏格拉底—案例教学法在当时的法学教育中占主导性的地位，但对它的批评自始就存在。第一次质疑兰德尔教学法的运动以法律现实主义为代表，出现于20世纪20年代至30年代。现实主义者认为，学习上诉法院的判决从根本上就是有缺陷的、是不够的，除此之外学生还需要了解法律和法律职业怎样在社会中发挥作用。现实主义者认为，如果法学院的学生能够亲身经历案件发生时及案件判决时的社会生活，他们会受到更好的教育。③ 而且现实主义者认为，法学院有责任培养学生对法律决定所产生的结果的道德和伦理敏感性。④

第二次世界大战以后，法律现实主义的意识形态有所改变，以卡尔·卢埃林(Karl Llewellyn)为代表的后现实主义者也声称兰德尔案例教学法与其他教学法一样存在缺陷。后现实主义者对法律教育改革的兴趣既不是诊所教育，也不是传统的法律教育，而是认为法学学生应当以政府部门或决策机构的政策顾问或政策制定者为培养目标。现实主义以及后现实主义的意识形态都没有在法学教育中产生重要的课程改革，⑤但毫无疑问的是，现实主义和后现实主义思想对纠正过度注重兰德尔案例教学法产生了积极的影响，而且现实主义的一些影响至今仍在，例如，对立法的关注在法律课程中的地位仍在增长，但法学院一直在为如何对现实主义的见解注入现实意义而努力。⑥

1921年卡内基基金会对法学教育进行了一个研究项目，艾尔弗雷德·瑞德

---

① John S. Bradway, “The Nature of a Legal Aid Clinic”, 3 *S. Cal. L. Rev*, 1930, p. 174; Robert MacCrate, “Educating a Changing Profession: From Clinic to Continuum”, 64 *Tenn. L. Rev*, 1997, pp. 1102 – 1103; William V. Rowe, “Legal Clinics and Better Trained Lawyers-A Necessity”, 11. *Ill. L. Rev*, 1917, p. 591.

② William V. Rowe, “Legal Clinics and Better Trained Lawyers-A Necessity”, 11. *Ill. L. Rev*, 1917, p. 591.

③ George s. Grossman, “Clinical Legal Education: History and Diagnosis”, 26 *J. Legal Educ*, 1974, pp. 166 – 167.

④ Lmie M. Graham, “Aristotle’s Ethics and the Virtuous Lawyer: Part One of A Study on Legal Ethics and Clinical Legal Education”, 20 *J. Legal Proe.* 1995 – 1996, p. 28.

⑤ George s. Grossman, “Clinical Legal Education: History and Diagnosis”, 26 J. *Legal Educ*, 1974, pp. 167 – 168.

⑥ Ibid., p. 167.

(AlfredZ. Reed)撰写了一份报告,被称为《瑞德报告》。《瑞德报告》把法学教育分为3个部分,即概括性教育(综合教育)、法学理论教育和实践技能教育。案例教学只是这3个部分中的一个,即只为学生提供了理论教育。为满足概括性教育的需要,瑞德报告提出学生在进入法学院之前至少要有2年的大学教育。这种主张一直延续至今,现在美国的法学教育还是研究生教育,进入法学院的学生必须有本科学历,以满足概括性教育的需要。而实践技能教育是缺乏的,这成为诊所式法律教育产生和发展的土壤。

直到1930年,诊所式法律教育的概念才出现在学术刊物上。诊所式法律教育的拥护者包括杰罗姆·弗兰克(Jerome Frank)和约翰·布莱威(John Bradway),他们撰写学术论文揭示苏格拉底—案例教学法的缺陷,同时倡导在法学院的课程中开设诊所式法律教育。[①] 弗兰克,一位对兰德尔案例教学法的尖锐的批评者,也是法律现实主义的代表人物,[②]称案例教学法是"无可救药地绝对地简化"了法学教育,他同时在他的文章中用诗一般的语言说道:"在兰德尔教学法下学习的学生就像园艺学家学习修剪花草,像建筑学家学习勾画建筑蓝图。他们看起来像未来的狗的饲养员,这些饲养员除了看到吃饱了的狗以外,从来看不到其他的东西。"[③]他认为学生必须认识到法律是探索结果的手段而不是结果本身。

为了弥补苏格拉底—案例教学法的缺陷和不足,弗兰克建议开设诊所式教育课程以使学生参与现实的法律实践。在弗兰克看来,法学学生应该学习怎样与当事人建立起一种关系,观察证人、法官和陪审团的行为,学习谈判和诉讼技巧。弗兰克并不寻求完全放弃苏格拉底—案例教学法,而是倡导学生参与法律实践以提高对未来律师的培养水平。[④]

约翰·布莱威,另一个诊所教育的拥护者,因创设法律援助诊所的概念并将其置入法学院的课程而广受赞誉。1933年布莱威时任杜克大学法学院法律援助诊所主任,在芝加哥大学法律评论上发表文章,概括了法律诊所教育的5大目标:(1)在理论和实践之间建立桥梁;(2)将实体法与程序法相结合;(3)将当事人及其他特性与"法律的学习与实践"相整合;(4)将学生纳入法律倡导之中;(5)教育学生从最开始去分析一个法律问题,而不是像苏格拉底—案例教学法那样在最后用上诉法院的判决来教育学生。[⑤]

弗兰克和布莱威对苏格拉底—案例教学法的批评以及他们所主张的法学院课程的

---

① William P. Quigky, "Introduction to Clinical Teaching for the New clinical Law Profession: AView From the First Floor", 28 *Akron L. Rev.* 1995, pp. 468 – 469.

② Robert MacCrate, "Educating a Changing Profession: From Clinic to Continuum", 64 *Tenn. L. Rev.* 1997, p. 1105.

③ George s. Grossman, "Clinical Legal Education: History and Diagnosis", 26 *J. Legal Educ.* 1974, pp. 168 – 169.

④ Ibid., p. 169.

⑤ John S. Bradway, "Some Distinctive Features of a Legal Aid Clinic Course", 1 *U. Chi. L. Rev.* 1933, pp. 469 – 472.

改革,引起了关于法学院的角色应否是培养学生实践法律的大讨论。① 学者们关注的是诊所式法律教育本身,而实践者开始要求法学院为学生提供更多的实践技能培训。20世纪50年代早期,阿奇·坎彻尔(Arch M. Cantrall),一位有影响的实践家,支持了弗兰克和布莱威的观点,主张学生应该得到理论和实践两方面的培养。② 坎彻尔认为,法学院应该指导学生了解当事人的案件发展情况、法律事务所的管理以及法律实践的道德性。③坎彻尔关于法学院应承担实践培训责任的观点是对杜克大学法学院约瑟夫·麦克莱恩院长的有力回应,④因为麦克莱恩院长声称法学院不可能对学生进行全面的培训以使学生能够应对只有律师才能处理的问题。⑤

到1951年,“法律诊所”的价值问题成为了法学教育领域论战的问题之一。⑥ 罗伯特·斯托里(Robert Storey),时任南卫理公会大学法学院院长,赞美“诊所模式”将学生暴露于现实问题面前,而这些现实问题是他个人及其他人真实遇到的各种麻烦。⑦ 然而,尽管斯托里院长和其他人努力推进诊所式法律教育,但在20世纪50年代诊所式法律教育处于迟滞状态。原因在于:第一,法律院校希望自己的教育与学徒式教育模式相区别,而诊所式教育试图创建“法律事务所模式”作为法学教育的组成部分,这种想法并没有深化这种差别。第二,那个时期的法学教育资金非常缺乏。诊所式法律教育需要小班上课,对教师的要求也比较高,而苏格拉底案例教学法可以大班上课,比较经济。第三,那个时期的法学教师不认可诊所教育的价值及其可行性,很多教师认为教育学生学习律师实务而不是学习法律分析是没有价值的。第四,1920年到1940年,以美国律师协会(American Bar Association, ABA)和美国法律院校协会(Association of American law schools, AALS)开设和提高法律院校的标准为特征,所有的标准都不包括鼓励或必须开设诊所式课程。这4个因素不仅限制了诊所项目的数量,同时由于从事诊所教育的教师不足而阻碍了诊所教育的发展。

二、诊所式法律教育的理念转变及专业化形成

(一)理念转变

诊所式法律教育发展的第二个比较重要的时期是从20世纪60年代到90年代末期。

---

① George s. Grossman, “Clinical Legal Education: History and Diagnosis”, 26 *J. Legal Educ.* 1974, p. 170.

② Arch M. Cantrell, “Law Schools and the Layman: Is Legal Education Doing Its Job?”, 38 *A. B. A. J.* 1952, p. 907.

③ George s. Grossman, “Clinical Legal Education: History and Diagnosis”, 26 *J. Legal Educ.* 1974, pp. 170 – 171.

④ Joseph A. McClain, Jr., “Is Legal Education Doing Its Job? A Reply”, 39 *A. B. A. J.* 1953, pp. 120 – 122.

⑤ George s. Grossman, “Clinical Legal Education: History and Diagnosis”, 26 *J. Legal Educ.* 1974, p. 175.

⑥ Quintin Johnston, “Law School Clinics”, 3 *J. Legal Educ.* 1951, p. 535.

⑦ Robert G. Storey, “Law School Legal Aid Clinics: Foreword”, 3 *J. Legal Educ.* 1951, pp. 533 – 534.

这一时期被称为诊所式法律教育的第二次浪潮，诊所式法律教育在学术界的地位得以稳固。在20世纪60年代到70年代，诊所式法律教育的理念从单纯培养学生的律师技能转变为服务于社会的贫弱群体，从伦理和道德的角度培养学生的社会责任感，培养学生从事关涉穷人的法律实践，在社区中树立法律院校的地位并发挥作用。① 在这个转变过程中，涉及很多因素，比如，法学院对社会的关注程度，诊所式教学方法的改进，外界资金的注入，以及有能力、有兴趣从事诊所式教育教师的增加等。但最重要的因素也许是60年代的时代思潮，它要求学生与社会相关联。② 当时社会极不稳定，学生运动非常活跃。那是民权激进主义、反战抗议、争取福利权利运动的时代，法律作为促进社会变革的工具的观念开始出现。③ 有两个因素直接促进了诊所式法律教育的发展，即学生的广泛需求以及私人基金会的大量资金的支持。这两个方面均强调通过诊所式教育来实现以社会公正为导向的社会正义。学生中的激进主义者引发了学生对服务于贫弱群体以及通过法律改革来改变社会的强烈愿望。④ 这些反过来又引发了学生对法学实践教育的需求以及如何成为一个法律活动家的需求。⑤

1965年一个诊所教育的拥护者注意到了诊所式法律教育与贫弱者对法律需求之间的关系。⑥ 这种观点从早期法学院的学生自愿为贫弱者提供法律援助时就开始出现，但在20世纪60年代到70年代得到迅速发展。诊所项目为贫弱当事人的众多法律问题提供了法律服务。许多诊所项目办理了一些重大案件，这些案件涉及法律改革以及当时社会的一些基本问题。所有这些为探索最基本的理论问题、实质问题以及概念问题提供了极佳的教学方法，他们与真实社会的脉搏一起跳动。⑦

同一时期，批判性法学研究运动从早期的现实主义运动中诞生。诊所教师指导学生将法律当作社会公正和社会进步的工具，而批判性法学研究的拥护者则通过课堂教学将法律去神秘化，教导学生“政治信仰在审判中起着非常重要的作用，而且法律的形成在任何时候都是意识形态、权力以及被错误地称为合理的东西的反映”。马丁·古根海姆(Martin Guggenheim)教授指出，关注社会公平和正义是非常重要的，不仅仅是因为它对当事人发挥作用，而且因为它同样对学生发挥作用。诊所式教育不仅仅教育学生学习律师技能，更重要的是教育学生了解法律职业的核心价值，为当事人提供合格的法律服务，

① Nina W. Tarr, “CurrentIssues in Clinical Legal Education”, 37 *How. L. J.* 1993, p. 32.

② Charles E. Ares, “Legal Education and the Problem of the Poor”, 17 *J. Legal Educ.* 1965, p. 310.

③ Minna J. Catkin, “The Violence Against Women Act Project: Teaching A New Generation of Public Interest Lawyers”, 4 *J. L. &Pol’y*, 1996, p. 446.

④ Roy T. Stuckey, “Education for the Practice of Law: The Times They Are-A Changing”, 75 *Neb. L. Rev.* 1996, p. 653.

⑤ Ibid., p. 446.

⑥ Ibid., p. 310.

⑦ Arthur Konoye, “The Present Crisis in Legal Education”, 24 *Rutgers L. Rev.* 1969, p. 7.

促进社会公平、正义和道义,使学生得到持续性的职业提升以及职业化的自我发展。学生在学习这些职业价值的同时,无数的当事人通过诊所项目得到了公平与正义。通过这种方式,诊所项目融合了法律理论与律师技能,学生通过向贫弱当事人提供法律服务学习了律师技能,而这些当事人如果不能得到这种服务则可能无法获得公正的判决。

20世纪90年代,无偿的公益服务(Pro Bono)活动在律师界和学术界开始出现,对法律职业者(包括法学院的学生)的责任意识的提高起到了很大的作用,他们致力于为缺乏法律途径获得公正审判的群体提供法律服务。[①] 法学院的教师也发动了广泛的学科间的法律改革,将诊所项目与改变贫穷状态的法律教育与研究相结合,并呼吁关注社区的需要。许多公益项目和关注穷人的法律项目得以与诊所项目合作或者得到诊所项目的支持。[②]

基于实现社会公正的基本理念,诊所式法律教育通过三种方法来推进社会公正:首先,诊所项目通过学生代理缺乏法律途径和权力的当事人及社区群体,为他们提供法律服务来追求法律及社会改革。[③] 其次,通过让学生接触公益活动或者公共服务,使法学毕业生热心于公益活动或公共服务事业而实现社会公正的理念。[④] 诊所毕业生充分参与公益活动或公共服务,不仅仅是法学教育培养律师的最终产品,而且通过学生的积极参与使学生深刻认识公共服务工作的重要性。[⑤] 最后,正如弗兰·奎格利(Fran Quigley)教授所言,诊所教育在社会公正这个问题上不能仅仅局限于倡导参与无偿的公益服务,因为"如果仅仅是鼓励未来的律师参与公益服务,而不是让这些律师在他们的日常工作中为他们社区中的贫弱群体切实提供数小时的无偿服务,那么对学生进行社会公正的教育就是不成功的"。[⑥] 而且社会公正教育的更大的目标应该是学生在广义和狭义的层面上对法律与社会公正之间的关系都有一定的理解。[⑦] 诊所教育通过让学生亲身经历真实案件、探索公正的意义、发展个人对公正的理解,以及发现法律体系对弱势群体的影响,解

---

① Steven Lube & Cathryn Stewart, "A 'Public Assets' Theory of Lawyers' Pro Bonc Obligations", 145 U. Pa. L. Rev. p. 1245(1997); Michelle S. Jacobs, "Pro Bono Work and Access to Justice for the Poor: Real Change or Imagined Change?" 48 *Fla. L. Rev.* 1996, p. 509.

② Howard Erlanger & Gabrielle Lessard, "Mobilizing Law Schools in Response to Poverty: A Report on Experiments in Progress", 43 *J. Legal Educ.* 1993, p. 199; Bernard K. Freamon, "A Blueprint for a Center for Social Justice", 22 *Seton Hall L. Rev.* 1992, pp. 1237 – 1240.

③ Robert D. Dinnerstein, "Clinical Scholarship and the Justice Mission", 40 *Clev. St. L. Rev.* 1992, p. 469; Fran Quigley, "Seizing the Disorienting Moment: Adult Learning Theory and the Teaching of Social Justice in Law School Clinics", 2 *Clin. L. Rev.* 1995, pp. 39 – 40.

④ Robert D. Dinnerstein, "Clinical Scholarship and the Justice Mission", 40 Clev. St. L. Rev. (1992). p. 469.

⑤ Henry Rose, "Law Schools Should Be About Justice Too", 400 *Clev. St. L. Rev.* 1980, pp. 451 – 452.

⑥ Fran Quigley, "Seizing the Disorienting Moment: Adult Learning Theory and the Teaching of Social Justice in Law School Clinics", 2 *Clin. L. Rev.* 1995, p. 43.

⑦ Ibid.

构法律中的权力和特权等手段来实现社会公正的目标。

（二）专业化形成

诊所式法律教育研究在20世纪70年代和80年代早期得到迅速发展。那个时代的相关研究通过探索律师技能和诊所教育方法而打开了一片新天地，因此对诊所式法律教育的讨论远远超过了早期的学者像布莱威、弗兰克和其他学者主要运用真实案件来教育学生的概括性理念。

直到20世纪70年代中期，对于诊所式法律教育的方法还没有普遍性的认识，学者们也没有真正努力去构建一个供学术使用的专业词汇库。正如加里·贝洛（Gary Bellow）教授所言，诊所式法律教育的术语来自"任何与法律有关的学生参与的课外活动，以及一些传统的法学教育活动，如法学研究、模拟法庭，甚至对上诉案件的分析"。① 没有一个普遍认可的教学方法，诊所式法律教育缺乏一个稳固的根基去扩展到所有的法学院。20世纪70年代和80年代，贝洛教授和其他人开始致力于构建一个"供教学使用的通用词汇表"。通过将诊所式教育视为一种教学方法，从事诊所式教育的学者开始探索诊所式教育的经验以及未来的发展方向。学者们着重研究怎样使诊所式教学融入法学院的课程，以及确定诊所式教育的目标或目的。② 早期重要的范例致力于诊所式教育方法的探索，即学生在法律体系中模拟或从事律师的角色，确定不同种类的律师技能，发展和解释律师职业的理论问题，完善和提高教师的指导方法，以及将教师从事律师职业的经验融入诊所式教育之中。③

从事诊所式法律教育的学者认为诊所式教育的基本目的是教育学生从实践中学习。④ 从事诊所式教育的教师开始关注怎样"从他们自己的经历中学习成为律师—教师以及律师—学者"。⑤ 他们开始和他们的学生一起探索律师技能和职业价值的理论基础以及实践特征。为帮助学生发展他们的自我反省能力，诊所教师鼓励学生进行自我批评，这个过程被称为"实践的反思"或"行动的反思"。到20世纪80年代末期，在"诊所式教育未来委员会"的报告中对诊所式教育已经达成共识："诊所式教育是法学教育的首要的、最重要的方法。其原则表现为以下特征：学生面临的问题就是律师在实务中面临

① Symposium, "Clinical Legal Education: Reflections on the Past Fifteen Years and Aspirations for the Future", 36 *Cath. U. L. Rev.* 1987, p. 375.

② Ibid., p. 378.

③ Anthony G. Amsterdam, "Clinical Legal Education-A 21 st Century Experience", 34 *J. Legal Educ.* 1984, p. 612; John L. Barkai, "A New Model for Legal Communication: Sensory Experience and Representational Systems", 29 *Clev. St. L. Rev.* 1980, p. 575; David Barnhizer, "The Clinical Method of Legal Instruction: Its Theory and Implementation", 30 *J. Legal Educ.* 1979, p. 67.

④ Kenneth R. Kreiling, "Clinical Education and Lawyer Competency: The Process of Learn from Experience through Properly Structured Clinical Supervision", 40 *Md. L. Rev.* 1981, p. 284.

⑤ Peter A. Joy, "Clinical Scholarship: Improving the Practice of Law", 2 *Clin. L. Rev.* 1996, p. 393.

的问题;学生参与解决问题的过程;学生必须与他人合作以明确问题并解决问题;也许最重要的是,学生的实践有利于实现批判性思维的目标。"①

随着诊所"通用词汇表"以及教学方法的普遍被接受,20 世纪 80 年代后期及 90 年代,诊所式教育研究得以迅速发展,从而使诊所式教育在法学院得到了永久性地位。1994 年,基于广大教师对诊所式教育及其方法的研究兴趣,《诊所法律评论》在诊所式法律教育协会(CLEA)、美国法律院校协会(AALS)以及纽约大学法学院的资助下诞生。

同一时期,美国律师协会的工作报告以及公众对法律教育的评论对诊所式法律教育的制度化起到了实质性的推动作用,其中最有影响的报告是 1992 年美国律师协会"法学院和法律职业工作组"的报告:缩小差距。这个工作组以美国律师协会主席罗伯特·麦克科瑞特(Robert Maccmte)为领导,因此,该报告又被称为《麦克科瑞特报告》。② 麦克科瑞特工作组发现在培养合格的律师方面存在普遍的缺陷。它强烈建议法学院进行课程改革,同时建议律师协会对于法学毕业新生要加大关注力度,确保这些律师得到基本的律师技能和价值教育,以胜任法律实务工作的需要。③

麦克科瑞特报告要求对学生进行职业能力培训,同时要求对学生进行职业价值指导。这些职业价值包括促进"公正、公平和道义"以及"职业提升"。诊所式教育已被证明对培养这些职业价值有非常重要的作用。④ 事实上,麦克科瑞特报告对实现"公正、公平和道义"的职业价值提供了具体的建议,这些建议包括:(1)在与当事人、证人、团队成员及其他人交往过程中,排除各种形式的歧视,包括性别、种族、宗教、民族、性取向、年龄、残疾等;(2)为职业责任作出贡献,确保为无钱请律师的人提供合格的法律服务;(3)提高法律和法律制度的能力,以实现社会公正。⑤

到 1999 年年底,根据美国法律院校协会下属的诊所式法律教育部(AALS Section on Clinical Legal Education)以及诊所式法律教育协会(Clinical Legal Education Association,

① "Beport of the Committee on the Future of the In-House Clinic",42 *J. Legal Educ.* 1992,pp. 508 – 510.

② See American Bar Association Section on Legal Education and Admissions to the Bar, Legal Education and Professional Development-An Educational Continuum, *Report of the Task Force on Lau Schools and the Profession: Narrowing the Gap*, 1992, pp. 207 – 221.

③ John J. Costonis, "The MacCrate Report: Of Loaves, Fishes, and the Future of American Legal Education", 43 *J. Legal Educ.* 1993, p. 157; Richard A. Matasar, "The MacCrate Report from the Dean's Perspective", 1 *Clin. L. Rev.* 1994, p. 457.

④ Jane H. Aiken, "Striving to Teach 'Justice, Fairness and Morality'", 4 *Clin L. Rev.* 1997, pp. 30 – 46.

⑤ See American Bar Association Section on Legal Education and Admissions to the Bar, Legal Education and Professional Development-An Educational Continuum, *Report of the Task Force on Lau Schools and the Profession: Narrowing the Gap*, 1992, pp. 207 – 221.

CLEA)的统计数据,美国有183所法学院开设了诊所课程,[①]而美国法学院的总数为184个。[②] 数据库显示有1736名教师自认为是诊所教师,有849名教师称他/她们从事固定的内部诊所教育。有234人称他/她们从事外部的诊所教育。总体来看,大约80%的诊所教育者声称他/她们开设固定的诊所课程。[③] 而大约在此之前10年,开设内部诊所课程的法学院只占全部法学院的33%。[④] 诊所教育发展之迅速由此可见一斑。

三、21世纪对诊所式法律教育的回顾与展望

诊所式法律教育经过了近两个世纪的发展,诊所创建的动机以及诊所项目的多样化随着时间的推移不断融入新的内容。当时空进入新的千年,超越案例教学法的诊所式法律教育进入了更广阔的空间,也有了更坚实的基础,诊所式法律教育迎来了第三次浪潮。在此过程中,对诊所式法律教育的评价喜忧参半,不同的法学院面临着不同的境况。

自20世纪早期第一个法律诊所建立至今,其基于诉讼的总体框架以及目标一直没有改变。[⑤] 一些法律诊所侧重于为特定的当事人提供代理服务,这些特定的当事人包括贫困者、无家可归者、家庭暴力的受害者、儿童、犯人、老人以及小商人等。[⑥] 一些诊所侧重于某一特定的领域,如移民、税务、破产、知识产权、国际人权、家庭法、环境法、刑法等。[⑦] 美国的许多法学院有着自己独特的诊所教育历史,同时又在为他们的学生创造新的、有意义的诊所课程。总体来看,学生从诊所式教育获得的经历是非常积极的。[⑧] 许多因素促使学生热衷于诊所式教育,包括社会意识、为社区服务的愿望、对传统的室内教学方法的厌倦与不满、职业的然而非正式的与诊所教师的关系等。[⑨] 尽管学生需要诊所式教育,但对于法学学生是否应该直接介入律师和当事人的关系一直存在争议。[⑩] 这种争论主要来自法律实践的不可预知性。[⑪] 诊所式教育的其他一些缺点也逐步暴露出来,如

---

① 数据库1993~1995年由皮特·乔伊(Peter Joy)编辑,1995~1996年由戴维·查夫金(David Chavkin)编辑。

② 参见李晶珠、刘李明:《哈工大法律系客座教授史蒂芬·巴恩斯(Stephe Barnes)谈美国法学教育与法律职业》。

③ 数据库1993~1995年由皮特·乔伊(Peter Joy)编辑,1995~1996年由戴维·查夫金(David Chavkin)编辑。

④ "Beport of the Committee on the Future of the In-House Clinic",42 *J. Legal Educ.* 1992,p. 518.

⑤ Douglas A. Blaze,"Deja vu All Over Again:Reflection on Fifty Years of Clinical Education",64 *Tenn. L. Rev.* 1997, p. 954.

⑥ Dina Schlossberg,"Examination of Transactional Law Clinics and Interdisciplinary Education",11 *Wash. U. J. L. &Pol'y*, 2003, pp. 197 - 198.

⑦ Dina Schlossberg,"Examination of Transactional Law Clinics and Interdisciplinary Education",11 *Wash. U. J. L. &Pol'y*, 2003, pp. 197 - 198.

⑧ George s. Grossman,"Clinical Legal Education:History and Diagnosis",26 *J. Legal Educ.* 1974, p. 179.

⑨ Ibid.

⑩ Ibid. ,p. 182.

⑪ Ibid.

学生可能被迫投入时间去处理一个案件而耽误了法学院的其他课程；大多数诊所需要较低的师生比例，导致法学院的成本增加等。① 而且评估学时及为学生的表现打分是件很困难的事情。②

此外，虽然有些法学院的诊所项目已经进入了法学院课程的主流，③但案例教学法仍是大多数法学院的主要教学方法。当法学通过案例教学法来建立其学位制度时，案例教学法就取得了不朽的地位。通过分析上诉法院的判决来了解法律的原则，这种方法至今仍主导着大多数法学院的课程，并限制着诊所式教育的发展。案例教学法的真正价值及其占有统治地位的正当性在于其对法律原则发展概况的有效解释，这种解释为教学和培养学生的法律思维提供了基本方法。然而，通过使法律抽象化来学习法律或提炼法律的方法在教与学之间产生了一个鸿沟。这种教学方法先入为主地排除了律师在法律体系中的作用，以及律师在解决法律问题中所扮演的角色。④ 正如贾宁·科迫尔（Janeen Kerper）教授所言，将原则性分析及理论性思考与实践相分离是不幸的，因为他们在完善的法学教育中都是不可或缺的。⑤ 如果教师在传授知识的过程中不能传递律师在代理案件时所面临的当事人的伤痛，那么法律的原则、理论和技能就不会被学生所领悟。安东尼·阿姆斯特丹指出，从21世纪的角度向回看，20世纪的法学教育太过狭窄，因为它缺乏从学生的角度去思考律师的角色——批判性分析、计划、作出决定的方法，这些不是学生自己可以掌握的技能，而是教师培养学生从事法律实务的基本方法，就像案例教学是掌握法律原则的基本方法一样。⑥

尽管诊所式法律教育在法学教育中是一个永恒的目标，但很多时候诊所教育和诊所项目仍处于一些法学院课程设置的边缘地带。几乎在每一个法学院，这些课程继续被划归为选修课，既不是获得毕业证书的必要条件，也不是获得律师资格的必要条件。而且从事诊所教学的教师在法学院也处于边缘的位置，他们地位较低，权利较少，收入也少。⑦ 而参加了诊所教育的学生经常在申请有声望的书记员职务或赚钱的工作时被排除在外，

---

① George s. Grossman, "Clinical Legal Education: History and Diagnosis", 26 *J. Legal Educ.* 1974, p. 182.

② Ibid., p. 183.

③ David J. Herring, "Clinical Legal Education: Energy and Transformation", 31 *U. Tol. L. Rev.* 2000, pp. 624 – 625.

④ Lawrence S. Krieger, "What We' re Not Telling Law Students-and Lawyers-That They Really Need to Know: Some Thoughts-In-Action Toward Revitalizing the Profession From Its Roots", 13 *J. L. & Health.* 1998 – 1999, p. 4.

⑤ Janeen Kerper, "Creative Problem Solving vs. The Casebook Method: A Marvelous Adventure in Which Winnie-the-Pooh Meets Mrs. Palsgraf", 34 *Cal. W. L. Rev.* 1998, pp. 358 – 359.

⑥ Anthony G. Amsterdam, "Clinical Legal Education-A 21 st Century Experience", 34 *J. Legal Educ.* 1984, p. 612.

⑦ Anthony V. Alfieri, "Against Practice", 107 *Mich. L. Rev.* 2009, p. 1074; Peter A. Joy & Robert R. Kuehn, "The Evolution of ABA Standards for Clinical Faculty", 75 *Tenn. L. Rev.* 2008, p. 187.

正如斯科特·韦斯特法尔(Scott Westphal)所哀叹的:“律师事务所并不是根据学生的实践技能来评价学生,因为那需要花很多时间来调整他们的录取过程。现代的律师事务所几乎从来不把学生的实际能力当作基本的录取标准,而是继续以法学院的排名以及毕业生的排名为判断标准,同时以鸡尾酒会的方式对学生进行面试,以确定学生是否符合录取要求。”①更为严重的是,一些法官认为诊所教育是一种负担,对于等待审理的过度积压的案件来说,它减慢了案件审理的速度。②

虽然从法学院、教师、学生、律师、法官等多个角度来看,诊所式法律教育并未得到其应得的荣誉和尊重,但不能否认的是,诊所式法律教育在培养学生的社会责任及职业技能和职业道德、帮助贫困阶层获得法律帮助、维护社会公平和正义等方面发挥着不可替代的作用。从辩证的角度来看,诊所式法律教育也不可能是完美的,它一定有瑕疵和不足,但正所谓“瑕不掩瑜”,诊所式法律教育的核心价值始终是耀眼的,值得追求的。

---

① Scott Westphal, “Response: Time to Collaborate on Lawyer Development”, 59 *J. Legal Educ.* 2010, pp. 645 – 646.

② Melissa Breger, Gina Calabrese & Theresa Hughes, “Teaching Professionalism in Context: Insights from Students, Clients, Adversaries, and Judges”, 55 *S. C. L. Rev.* 2003, p. 343.

论美国法律诊所教育的特点及其启示

——以密歇根州立大学为例

袁翔珠*

美国是法律诊所教育的始作俑者。经过半个多世纪的发展,其运行模式已日臻成熟与完善。笔者于 2013 年在美国密歇根州立大学(以下简称 MSU)进行了为期 1 年的访学,在此期间通过实地走访与观察、亲身参与、网络调查、信函往来等方式,深入了解了该校的法律诊所教育运行模式,对其特点和优势深有感触。美国法律诊所教育对我国有较大的启示和借鉴作用。本文以 MSU 为典型例证,深入研究美国法律诊所教育模式,发掘其中可资借鉴的内容,以促进中国法学实践教学的发展。

一、法律诊所部门划分细致

美国大学的法律诊所内部有较为细致的部门划分,按照民权法、刑法、婚姻家庭法等划分出不同的子诊所,每个子诊所专业从事该部门法的实践业务,这与美国律师一般具有专业所长的体制密切接轨。法学院学生可以根据各自的兴趣及特长选择参与不同的专业部门法诊所。这样可以使学生专注于某一方面的法律临床实践,从而在该专业方向进行深入探索和研究。这种部门划分的优势在于学生一旦毕业就可以立即着手从事专职法律业务。Msu 的法律诊所共分为民权法、刑法、家庭法、住房法、移民法、第一修正法税法、城市农业法、安全法等 10 个部门,学生在这里进行分门别类的法律实践训练,专业能力得到了极大提升。例如,在民权法诊所,学生重点是协助关押在密歇根州监狱的囚犯维护其权益。在刑法诊所,学生代理已被判罪量刑的贫困刑事被告上诉。第一修正案法律诊所致力于为言论自由受到侵犯的密歇根州的新闻媒体公司提供无偿法律代理,并为密歇根高中和高校记者提供教育工作和法律咨询及代理。儿童法诊所旨在为被虐待、被忽视、高风险的儿童与家庭提供法律服务。住房诊所致力于以各种方式为密歇根中低收入居民提供住房及相关消费问题或事务的法律服务。移民诊所学生为移民社区无法

* 桂林电子科技大学法学院教授。

本文原载于《大学教育》2016 年第 2 期。

从其他方面获得法律代理的弱势群体提供直接客户代理和系统性服务。投资者服务诊所为因不当行为遭受损失但又因索赔规模相对较小无法而获得私人法律代理的合格投资者提供法律代理和法律咨询。纳税人诊所的学生为与国税局有争议的低收入纳税人或在美国税务法庭有案件的人服务,以及为英语为第二语言的人解释其在国内税收法典项下的权利和义务。城市食品、农场及农业法实习诊所致力于为从事各阶段城市农业开发或工作,主要是在密歇根州底特律的非营利性机构或低收入者提供完善的咨询和交易服务。各诊所各司其职,服务对象和业务各有侧重,这对培养学生的未来就业方向具有较强的引导作用。

二、注重实践能力的培养

美国高校的法律诊所提供各种优越的实践体验配置来强化学生的知识基础、实践和辩论技能及社会工作能力。虽然法律诊所提供的服务都是免费的,但学生们接触的都是真实的案件,这种实战性训练丝毫不逊色于律师事务所。

首先,通过严格的先期培训强化学生的实践能力。为了使学生有足够的知识储备和临床经验应对诊所实战,各个诊所对于申请加入的学生都会安排严格的先期实践能力培训课程。例如,学生要加入争端调处诊所,学期的第一阶段将是40小时的调处密集培训期。该培训占4个学分,已由密歇根州最高法院行政办公室的纠纷调处办公室授权,学生们将获得证书,以证明他们完成了法院认可的培训。余下的学期,学生可以在该地区各个法院和机构观摩与亲自调处。培训旨在训练阅读技能、观察技能、预备练习技能、实施技能和反馈等技能。培训内容包括:(1)与来自各种背景确实遇到问题的真实人群工作以练习解决问题的能力;(2)调解真实案例;(3)阅读指定的材料及相关补充材料;(4)参加诊所课堂角色分配和训练;(5)观摩模拟调解;(6)在课堂内外开展模拟调解;(7)做宣传及公众教育;(8)写体会论文证明你能够运用已学会的理论及所拥有的经验;(9)采索在其他背景下调解的运用,并向诊所提交其发现。培训要求非常严格:学生预计要投入至少190个小时的工作,包括预习、课堂作业、模拟练习及与实际客户工作。学生必须出勤和预习所有课程,并且每周与诊所指导教授有一次立式会面。培训的成绩将根据学生的课堂参与、在真实和模拟调解中的表现、课程预习、与真实客户的工作、感言体会、演示文稿以及所有布置项目来评定。而要加入儿童诊所,学生必须要学习法律和社会工作讨论课,这种一体化讨论课由法律专业学生和社会工作研究生一起就读。每隔一周上2小时课,重点是从多学科角度选择有关虐待和忽视儿童的问题。除此之外,学生还必须参加校外现场考察,即学生必须在律师和社会工作者与客户一起工作的背景下完成校外、现场考察,如在青少年/家庭法庭、法律援助诊所、儿童和家庭服务诊所考察等。

其次,在实际办案过程中锻炼学生的能力。各个诊所面对的客户、业务独特而又丰富,可以让学生从事深层次的法律分析和服务。例如,民权诊所要求学生调查案件事实、开展研究、规划和设计审判策略,从事审判的各个环节,参与任何必要的探索和实践行动,并为法院立案准备相关简报。争端调处诊所的重点是将学生培养成为一个问题解决者。该诊所为学生提供一个学习与调解和争端解决相关的理论、技能和专业问题的机会，这是现代法律职业取得成功所必需的理论和实际操作技能。移民法律诊所为学生提供在良好监督和学术严谨的背景下体验法律实践的机会，使他们能够严格评估社会公正问题。学生们直接代理个人和家庭客户是移民诊所体验的核心，他们可以代理移民法庭以及联邦和州法院的行政诉讼。该诊所有目的的多样化，以使学生了解移民法广泛影响到的繁多的法律制度和社会机构。在与他们的客户解决问题的过程中，学生面临的挑战是将苛刻的法律分析与复杂的社会服务整合在一起。税收诊所培养有深刻责任感以服务他人需要的年轻律师，处理与国税局各个方面的争议，包括在税收征管问题、留置权与乱摊派、提供妥协、无辜配偶主张、有关扣减、豁免和信用的主张，组织正当程序的听证会、上诉会议等方面协助客户。此外，该诊所代理纳税人在美国税务法院、美国地区法院和联邦上诉法院的案件。学生临床服务者接受复杂的实体税法、税收实务和程序培训，并以勤奋、精益求精和效率的精神运用这些知识来解决客户的税务问题。税务诊所工作者获得专项许可进入国税局实践，并有机会在美国税务法庭代理诉讼案件。他们还通过参加大量以广泛的税收问题为主题的社区拓展项目培训 EsL 纳税人税收事务。

最后，鼓励学生参与法律制度改革。美国高校的法律诊所还鼓励学生在实施项目的过程中从事法制改革工作，以促进法律制度的完善。MSU 法律诊所激发学生运用他们的法律教育改善社会的潜能。当学生通过利用各种与客户的互动培养专业知识时，他们也在努力进行着制度改革。例如，在移民法语境下，个人客户代理制度是不完善的。学生可以为了实现国家利益和改革主张分析移民限制申请。他们可能需要与州和地方执行机构创建草案，为犯罪行为的受害者获得必要的证书以领取联邦移民救济。有些学生可能在上诉和顾问法庭工作，而其他人可能从事监管和立法改革的努力。移民法律和政策处在不断变化中，而移民社区总是需要可信的信息资源来抵制诈骗和其他利用绝望和脆弱的行为。学生的主要任务是把诊所发展成为一个值得信赖的社区信息资源。

三、注重于服务地方的宗旨

美国大学的法律诊所大都非常“接地气”，致力于为该大学所在的城市、社区和州提供各个领域的法律服务，尤其是为低收入阶层、外籍移民、妇女、儿童等弱势群体提供法律援助。MSU 法律诊所的口号就是，“在发现你作为律师的潜质并获取实际经验的同时，你也成为法学院为社区提供服务使命的一部分”。为此，各法律诊所都与所在州或地方的相关政府部门密切合作，一起推进所在地区的法治状况。MSU 法律诊所就凭借其为地方公众的服务获得周围地区的广泛认可。

例如，住房诊所不仅与密歇根州立大学、东兰辛市和英厄姆县合作经营，还与地方上和国家的其他服务者一起工作，以解决密歇根州和美国的住房问题。住房法律诊所的日常工作致力于改进和改革密歇根州住房的整体景观。因此，诊所有兴趣与任何支持和推进安全、体面、卫生、公平、公开和经济适用住房的一方或利益相关者一起工作，并寻找任何为满足这一目标而致力于一个充满活力的房地产市场的合作伙伴。诊所的服务方式是直接援助、法律建议和咨询、研究和学术、教育、媒体宣传、政策制定和公共计划。学生们总是努力确保那些寻求援助的人获得最好的结果。抗辩与量刑诊所针对的是上诉案件和包括县监狱或密西根矫正部囚犯在内的当事人。该诊所与州上诉辩护办公室(SADO)合作,受命代理贫穷的刑事被告上诉。一个部门处理因审判导致的定罪和量刑,另一个部门——抗辩部门,则处理因认罪或主动要求不用辩护导致的定罪和量刑。第一修正案法律诊所原名大湖区学生新闻界法律诊所(GLSPLC),由密歇根州立大学法学院、新闻学院、密歇根州校际新闻协会 2004 年合作创建。2011 年该诊所扩展成为 MSU 宪法第一修正案法律诊所,致力于为密歇根州的新闻媒体公司就第一修正案问题提供无偿法律代理,并继续为言论自由权受到侵犯的高中和社区高校的新闻记者提供无偿法律代理。该诊所也是美国唯一一个致力于为维护学生新闻权利而向客户提供法律代理的诊所。儿童和家庭辩论证书项目是密歇根州立大学法学院和社会工作研究生院联合举办的项目。该证书项目只开放给已被密歇根州立大学法学院法学博士项目或社会工作学院录取的学生。城市食品、农场及农业法实习诊所与密歇根州底特律城市农业和其他城市部门协作,其客户遍布整个密歇根中部。

四、注重从社会各个方面吸收资金

由于法律诊所向社会公众提供的各项服务都是免费的,所以必须拥有足够的资金支撑诊所的运转。美国高校的法律诊所注重从社会各个方面吸收资金,从而维护诊所的业务开展。首先,积极获得国家资助。例如,MSU 税务诊所获得了国税局 2014 年奖励。美国国税局宣布,该税务诊所是 2014 年 133 所获得配套补助金的低收入纳税人诊所之一。税收诊所将使用 98,000 美元补助,连同配套资金,继续向低收入纳税人及以英语为第二语言的纳税人提供免费法律服务。其次,努力从各种渠道吸收社会资金。政府的奖助毕竟是有限的,仅靠这一资金来源难以维持诊所的开支和成本。因此,还需广泛吸收社会资金的支持。尽管上述国家奖项金额巨大,但税务诊所仍必须依靠其他来源的赠款和慈善捐款以支撑其年度成本。税收诊所受到各种来源的资金支持,包括国税局、法学院、密歇根州税务部律师协会、公司、律师事务所和个人。该诊所经密歇根州律师协会批准成为有资格获得律师无偿捐助的实体。诊所期待着收到来自各类捐助者的额外资金,以扩大其关键服务。投资者服务诊所得以建立因归功于 MSU 法学院的支持及 FINRA 投资者教育基金会的资助。城市食品、农场及农业法实习诊所也是从德威特霍尔布鲁克纪念基金获得种子资金资助,于 2012 年 1 月开办。充足的经费支持使得美国高校的法律诊所能心无旁骛地以优越的条件为社会公众服务。

五、注重发挥高校优势

美国高校的法律诊所还注意与本校的优势学科结合起来,一起创建新的法律服务,拓展法律诊所的业务范围。例如,密歇根州立大学脱胎于农业学院,至今食品及农业科学仍是其优势学科。为此,法律诊所专门成立了城市食品、农场及农业法实习所。该实习所全方位解决城市农业法律问题,不仅给他人提供直接援助,而且还从事研究、政策制定、教育拓展和公共项目。所招收的法律专业学生在经验丰富的法律专业人士和教师的监督下,紧密合作,或者与底特律城市农业机构的其他参与者合作,分析和解决围绕农业措施规划的法律问题,以及确保无障碍的健康食品市场的发展,提高底特律居民的健康。实习所解决如下类型的法律事务:(1)评估现行州立法和市政条例的内容,以及它们对城市农业从事者的影响;(2)协助希望将城市土地用于农业用途并保护环境的人士;(3)为在城市农业区工作的非营利性机构就他们的法律需求提供咨询,并根据需要起草法律文件;(4)组建非营利或股份制的食品或农场企业;(5)申请密歇根农业和农村发展部门的许可或认证;(6)达到密歇根农业和农村发展部门制定的准则;(7)起草合同,谅解备忘录和其他有关农业、食品或农场问题的协议;(8)帮助企业或组织遵守部门法规和认证要求;(9)解释、抗辩及遵守当地分区条例;(10)在密歇根州购买或出售不动产。这种发挥优势学科提供法律服务的模式,不仅开拓了法律诊所的市场,而且公众的认可度与信赖度也较高,使本校的法学与优势学科的发展相得益彰。

德国法学院的法律诊所与案例教学

[德]阿什特里德·斯达德勒尔* 著　吴泽勇** 译

一、案例教学与德国法科学生的实务训练

1. 传统的德国法律教育

在德国,只有少数几所大学(如汉诺威、比尔菲尔德、洪堡大学)有法律诊所——尽管这个数字在增加。直到2008年,法律仍然禁止没有律师资格的人提供法律服务——无论收费还是免费。这种相当严格的规则可以追溯到20世纪初,目的是保证法律服务的高标准。许多时候,这一规则的保留当然也与律师界的极力游说有关。因此,让学生处理真实案件并把为雇主提供法律意见的责任交给没有通过考试的大学生,在德国是不可能的。但这在很大程度上只是德国几乎没有法律诊所教育的一个非常正式的理由。尽管《法律服务法》2008年已经修改,根据新法已经允许学生在律师或者教授的监督下为雇主提供免费法律意见,但大学里的情形并没有发生戏剧性的改变。

德国法学院为何不提供常规性或者强制性的法律诊所教育的真正理由,在于大陆法系非常教义化的法律思维方式(以及法律教学方式),在于对大学系统化理论教育的高度重视,在于与普通法系国家不同的法官和律师选任机制。在德国,任何一名大学毕业的学生,在通过所谓的"第二次国家考试"之后,都可以向德国某个州的司法部申请并直接成为法官。尽管只有10%～15%的毕业生申请成功而其他大多数人都将成为律师,但大学法律教育更多侧重于法官的工作,而非律师的工作。这种观念今天经常遭到批评,但必须指出,就大学课程涉及的内容而言,法律教育在那个阶段是不做原则性区分的。德国是大陆法系国家,其法律制度不是建立在案例法理念上,而是建立在制定法适用上,因此,法官与律师的工作流程并不像在普通法系那样具有基础性的区别。

2. 作为大学教育组成部分的案例教学

这并不意味着德国法科学生不接受任何实务训练,或者大学教育中只有理论、学说

* 德国康斯坦茨大学、荷兰鹿特丹大学教授。
** 河南大学法学院教授。

本文原载于《法学》2013年第4期。

而没有案例。德国法学院的教学从第一学期开始就高度重视案例材料。除了教授的讲座课,所有学生都必须参加10~20人的学习小组,在那里他们学到如何将法律运用到小型的虚拟案例中去。虽然讲座课并不完全采用美国案例教学的模式,但许多教科书实际上也运用大量的案例。这种以案例为基础的学习方式从大一开始就非常重要,因为无论课程考试还是大学结业考试,都完全是案例导向的。没有选择题,学生也无须回答理论问题,或者就法学原理撰写论文。德国的国家司法考试——每个州有所不同,包括6场书面考试,每场持续5个小时。学生在考试中面对虚拟的案例事实,而他们必须证明他们能够像一名律师或者法官那样处理该案。为此,他们必须提供法律意见,这需要遵循关于如何处理法律问题的严格规则。为了获得好的分数,非常重要的是学生需要发现案例中提出的法律问题,并且能够陈述该问题的正反观点。案例经常是根据德国法院审理的真实案件和事实设计的。与真实案件的唯一区别是,德国法科学生在大学阶段学习的案例都是事实清楚,不需要在当事人之间进行辩论。对外国法律家来说这显得古怪,但其根源在于德国法律教育的两阶段划分之中。

3. 大学教育与实务训练

法律教育的第一阶段在大学完成,持续大约10个学期(5年),学生在大学教育结束时必须通过"第一次国家考试"。之后,所有毕业生都在大学外继续第二阶段的法律教育。这个阶段持续2年,学生必须在民事法庭(5个月)、刑事法庭或者公诉部门(3个半月)、律师事务所(4个半月)、行政机构(3个半月)、第二次在律师事务所(4个半月)实习并从事实务工作,最后3个月,他们可以选择在德国或者外国从事任意法律工作。[①] 第二阶段的教育(候补文官)几乎是纯粹的实务训练,学生在导师的指导下,在真实场景下模拟法官、律师等工作。2年的训练结束后,学生必须参加"第二次国家考试",唯有如此,他们才能获得成为法官、律师或者在其他法律职业工作的资格。由此,2年实务训练事实上对所有法科学生都是强制性的。只通过了大学阶段"第一次国家考试"的学生在就业市场上没有机会,因为他们不符合大多数法律职业所需的法律资格。

这解释了为何对于德国大学来说开设法律诊所或者模拟法庭(尽管模拟法庭现在在大学里相当常见)之类的课程不那么重要。大学阶段教授民事诉讼法,但通常不是"第一次国家考试"的内容。只有经过了第二阶段的教育,学生才会逐渐熟悉有关的程序规则。因此,在大学阶段,我们的确只讲授事实清楚的假想案例,目的是避免证据规则和程序策略掺入其中。尽管在学生具有扎实实体法知识的基础上开设模拟法庭或者法律诊所是可能的,但这些学生实际上缺乏程序规则、证明责任、证据等方面的必要技巧和知识。考虑到这样的背景,让学生处理"真实"案件并不现实,同时也无必要——因为他们在结束大学教育之后有2年的时间接受实务训练。

① 这里介绍的是巴登—符腾堡州的制度,但德国其他地方也大同小异。

4. 当代的趋势

多年来，人们一直争论德国的法律教育体制是否应当改革。这一争论的动力并非对法律教育质量或者结果的任何不满。不过，因为处于第二阶段教育——实务训练期间的学生是被国家雇用并须支付少量工资的，法律教育已经成为财政部的一个忧虑。考虑到法律学生的巨大数量，他们的法律训练成为国家财政的一种负担；获准参加第二阶段教育的学生数量无法控制，因为一旦学生开始法学教育并且顺利结束大学阶段的学习，国家就必须保证所有学生都能完成其教育。另一个争议焦点是德国法律教育持续的时间是否过长（大约7年）。但是，德国法律教育的水准很高，毕业生在所有法律领域都具有扎实的知识，一旦他们通过两次考试，就能够在任何法律行业从事工作。与那些没有长期实务训练的制度下的法科毕业生相比，他们无须一段较长时间的“边干边学”或者“工作培训”，就能立即胜任相关工作。

二、中国式法律诊所教育的意义：“个案教学法”的附加价值

德国与中国法律教育的共同之处在于，通过国家司法考试的毕业生都有机会直接成为法官。尽管如此，但对中国学生来说同样清楚的是，当律师的机会要大于当法官，因此，他们必须在大学期间就从刑事或者民事律师的角度为处理案件做好充分准备。否则，他们在工作市场上将没有太多机会。“个案教学法”在某种程度上可以与德国学生“第一次国家考试”之后的实务训练作比较。主要的区别在于，中国学生并不与真正的雇主接触。不过，这并不重要，也不是什么太大的缺陷，因为学生能够获得真实案卷，并且了解案件背景。笔者相信这种课程的教授们需要进行大量的准备工作，但考虑到学生获得的收益，这种付出是值得的。

法学常规课程的教学法常常是高度“法官导向”的。“个案教学法”建立在一种不同的理念之上，可以说对改善年轻法科毕业生的处境迈出了非常重要的一步。在该课程中，他们可以体验律师的处境，并被鼓励提出他们自己的诉讼策略。这种新模式的另一个巨大优势是，学生不仅是在某个诉讼法或者实体法专门问题上受到训练，他们的工作遵循实际操作中的步骤，因此，他们获得了整个案件图景，而这通常包含各种各样的法律问题。这的确是德国法学教育的问题之一：学生常常学习非常具体的问题并且过分集中于课程涉及的某一个法律部门。

“个案教学法”要求学生积极参与讨论，互相辩论，并且可以马上从教授和老师那里得到回应。就我所知道的情况，中国学生在课堂上相对消极——这个问题我们在许多德国法科学生那里同样遇到过。他们宁愿把自己隐藏在同学们当中。教授必须一直鼓励他们参与讨论，但如果课程主要涉及法律理论，则这类努力并不总能成功。在案例讨论以及模拟法庭课程上，学生被分配了特定角色，尤其是律师，而这些学生也更乐意准备发言。因此，法律诊所课程极大地提升了学生的主动性和实务操作能力。

“个案全过程教学法”更多地关注上诉案件的审理。这一点与德国大学第一阶段教育中的案例教学类似。笔者认为，案例的选择取决于教授想教给学生什么，而这与一个国家的司法体制关系密切。正如上文所介绍的，在德国，我们在大学课程中与学生讨论的主要，甚至完全是案例中的法律问题。这样一来，只涉及法律问题的第二审或第三审案例显然更合适。由于事实调查和证据收集问题不属于德国大学教育的内容，典型的第一审问题就不太重要。但我同时也看到，“个案全过程教学法”的目标不限于此。除了重点关注上诉审程序，它也关注一审程序、诉讼技巧和事实问题。这意味着，它在给学生传授案例中的实体法和程序法知识的同时，也重视案件诉讼策略方面的训练。

基于一名欧洲法学教授的视角，笔者认为该课程兼具美国法律诊所和德国法科毕业生实务训练（候补文官）的某些特征。只是该课程模式走得更远，并且结合中国当代法律教育的需要作出了重大调整。一方面，课程主要采取了律师而非法官的视角，学生对案件的处理是整体的、全过程的——这无疑带有浓厚的美国案例教学的特征。另一方面，参加课程的学生已经大学毕业，这让人很容易想到德国法科毕业生的实务训练。此外，相对固定的课程设置，让每个学生都有机会参与模拟法律诊所的训练。在目前中国的法律教育体制中，这一尝试应该说比较好地中和了美国法律诊所和德国候补文官实务训练的优点，同时在一定程度避免了学生参与度不高带来的弊端。不管怎样，作为法律教育领域里的一项崭新尝试，“模拟法律诊所课程”的未来发展让人充满期待——不仅对中国的法学教育家如此，对一名来自欧洲的法学教授同样如此。

日本法科大学院制度与“临床法学教育”比较研究

丁相顺*

2004年日本开始实施的法科大学院制度，①对于法学教育和法律职业养成模式带来了巨大的影响，形成了一个由大学本科教育(法律或者非法律专业)、法科大学院培养、司法考试选拔、司法研修所研修等环节构成的“过程”式法律职业人才培养机制。日本法科大学院制度的核心是，由大学承担法律职业人才养成的重任，从而能够培养具有多样化知识背景、丰富的社会经验、高超的法律职业技能的法律职业人才。为此，日本进行了一系列的配套改革，建立了只有法科大学院毕业生才能报考的司法考试制度，并且在5年时间的过渡后，自2011年开始，新的司法考试制度取代了任何人都可以报考的旧司法考试制度，从而建立了法科大学院教育制度与法律职业准入的制度衔接。此外，为了解决法科大学院开展职业教育所需要的师资问题，日本制定法律，规定了国家有向法科大学院派遣法官、检察官以及律师，在法科大学院中进行职业教育的义务。

以法科大学院为中心的法律职业养成制度改革，必然对法科大学院提出了实务教学的新要求，使法科学生能够在进入法律实务前了解和熟悉法律实务的状况，掌握基本的实务操作技能，学会分析案件和制作具有说服力的法律文书等。20世纪70年代起源于美国法学院包括法律诊所教育在内的实践型、体验式教学，被认为是由大学法学院所开展的有效的职业能力养成方法。由于日本法科大学院高度继受了美国的法学院制度，因此，诊所教育等实务型的法学教育模式和方法也为法科大学院所广泛接受，并逐渐推广开来。本文将主要结合日本法科大学院开展法律诊所教育等实践教学的情况，分析日本

* 中国人民大学法学院教授，博士研究生导师，比较法教研室主任。

本文原载《比较法研究》2013年第3期。

① “大学院”一词为日语汉字，相当于中国高等教育中的“研究生院”。本文为了突出该制度的日本特色和保持与原研究成果中用语的一致性，保留原文用语。原研究成果参见丁相顺：《日本法科大学院构想与司法考试制度改革》，载《法制与社会发展》2001年第5期；丁相顺：《日本法科大学院制度的基本特征》，载《法制与社会发展》2006年第3期。

开展法律诊所教育的制度基础,并在此基础上结合与美国和中国的比较,来探讨法律职业养成与法学教育改革的基本问题。

一、职业型法学院——法科大学院的建立与实践教学

日本法科大学院制度是21世纪开展司法制度改革的一项重要内容,这一制度的确实现了由传统的以法学素质养成型为目标的法学教育模式,向以职业养成型为目标的法学教育模式的转换。[①]“日本设立法科大学院的目的就是为了培养法律职业家,不但要开展理论教育,而且要开展实务教育,培养实务家需要掌握的价值伦理。”[②]

按照日本《司法制度改革审议会意见书》(以下简称《意见书》)的设计,日本的法律职业养成要遵循“根据司法考试这样一个点,而且应该重视‘过程培养’的理念,将法科大学院放在法律职业养成的核心环节,使法科大学院成为职业养成机构,起到架设法律理论教育与法律实务教育的桥梁的作用”。[③] 也就是说,法律知识的传授不仅要着眼于培养学生运用法律知识的能力,法学教育需要由学术型教师与实务型教师共同承担。作为新型的职业教育机构,尽管大多数日本法科大学院仍然由旧的法学教育机构负责创设和运营,但是在制度层面上基本上继承了美国法学院制度(Law School)的内容,主要表现在:招收具有多元专业背景的本科生,在研究生层次上开展职业教育;法科大学院的学生入学,采取适应性统一考试和学校选拔考试相结合的方法;按照法律实务的要求,设置相应的实践性课程教学科目群;改革教学方法,采取小班教学,鼓励更加互动的教学方式,强调理论与实践相结合的教学形式;吸收实务教师参与教学,规定理论型教师与实务型教师的师资比例;改革司法考试制度,赋予法科大学院毕业生直接参加司法考试的特权。[④] 特别是2003年日本国会通过的《向法科大学院派遣法官、检察官以及其他一般性国家公务员的法律》规定:“在法科大学院提出申请,经过法官、检察官同意的基础上,应当派遣法官、检察官到法科大学院担任教员……在法官受派遣担任法科大学院教师期

① 法科大学院是日本于2004年4月开始招生的职业型法律人才培养机构。这一制度借鉴了美国法学院教育模式,招收具有多样专业知识背景的学生,开展研究生层次的法律职业教育。建立法科大学院制度是日本在司法改革的大背景下,在扩大法律职业数量和确保法律职业培养质量的目标下,作出的制度选择。为了确保这一制度的顺利实施,日本通过了相关法律,派遣在职法官、检察官到法科大学院任教,保证开展法律职业教育所必需的实务师资,确保法科大学院教育的质量。与新型法律职业教育制度相适应,日本对司法考试制度和司法研修制度进行了改革,确立了由法科大学院毕业生垄断司法考试报名资格的新司法考试制度,并对司法研修的时间和方式进行了调整,从而形成了包括高等教育、法科大学院职业教育、司法考试以及司法研修的法律职业养成“过程”。相关成果参见丁相顺:《日本法科大学院构想与司法考试制度改革》,载《法制与社会发展》2001年第5期;丁相顺:《日本法科大学院制度的基本特征》,载《法制与社会发展》2006年第3期。

② 宮川成雄:「座談会:法曹養成の現場から(法科大学院、司法修習、実務の連携)」、『自由と正義』2010年12月号。

③ 《意见书》,丁相顺译,第三章第2部分。中文译本参见孙谦、郑成良主编:《有关国家司法改革的理念与经验》,法律出版社2002年版,第79~210页。

④ 丁相顺:《日本法科大学院制度的基本特征》,载《法制与社会发展》2006年第3期。

间，其报酬不得减少，检察官的薪金收入要与其从事的实际教学工作相一致。”此外，各地律师协会也有义务协助法科大学院开设实务课程，并且允许兼任法科大学院课程的教师继续从事律师业务，从而在国家人事制度层面上为法科大学院开展实务型教学提供了人员基础。

日本法科大学院制度建立以来，先后批准了74所法科大学院，在校生数量最多时达到5000人左右。面向法科大学院毕业生的新型司法考试于2006年首次举办，同时，旧的任何人都可以报考的司法考试制度仍然保留5年，经过5年的过渡，2011年新的司法考试制度完全统一了旧司法考试制度，并且司法考试的合格人数增加至2000人以上。[①] 法科大学院制度建立以来，司法考试的合格人数无论是招收数量还是合格率，都相较改革以前有了较大的增加。法科大学院的职业化培养目标必然要求法学院不仅向学生传授知识，还需要培养学生的职业技能和职业伦理；学生不仅需要理解法律知识，而且还需要具备较强的法律分析能力和职业表达技能，并养成正确的职业伦理。为了实现由法科大学院培养法律职业技能的目标，《意见书》对法科大学院的教育内容和教学方法作了明确规定，强调充实教材的实务内容、改革教学体系和教学方法，实行小班教学、互动教学，理论型教师与实务型教师的合作，“法科大学院的教育内容，应该自觉地以解决实务中产生的问题作为法律的理论教育的中心内容，要讲授为实务研修做准备的内容（如要件事实和事实认定的内容），自觉以架设与实务沟通桥梁的观念来进行法科大学院的体系化教学。从这个角度出发，在讲课内容和方法、教材选择和编写等方面，需要研究型教师与具有实务经验的教师（实务型教师）之间的共同合作。法科大学院的教育方法，可采用教师讲课形式、小班演习形式、制作书面调查报告或口头汇报形式以及由辅助教师个别辅导的形式等。此外，法科大学院的教育，不应该只是教师讲、学生听的单向型教育，而应该是双向型、多向型和高密度的教育，尽量采用学期制（一门课程在一个学期结束）进行集中学习”。[②] 法科大学院职业教育的性质和与司法考试相衔接的制度设计，为日本开展实务教学提供了制度基础。这主要表现在：

首先，法科大学院在课程设置上，明确规定了开设实务类课程的要求。为了培养法科大学院学生的实务能力，日本文部省明确要求法科大学院培养学生的法律应用能力，要求其按照学科群开设课程，强调小班授课，增加实务教学比例等。根据《意见书》的要求，“法科大学院的教育内容，应该自觉地以解决实务中产生的问题作为法律的理论教育的中心内容，要讲授为实务研修做准备的内容（如关于要件事实和事实认定的内容），自觉以架设与实务沟通的桥梁的观念来进行法科大学院的体系化教学。从这个角度出发，在讲课内容和方法、教材选择和编写等方面，需要研究型教师与具有实务经验的教师（实务

① 参见日本法务省网：http://www.moj.go.jp/。

② 《意见书》，丁相顺译，第三章第2部分。中文译本参见孙谦、郑成良主编：《有关国家司法改革的理念与经验》，法律出版社2002年版，第146页。

型教师)之间的共同合作"。文部省于2003年5月1日公布的《职业大学院设置基准》第8条明确规定:"在职业型大学院中,为了达到培养职业家的目的,要根据专业领域的情况,采取事例研究、现场调查以及双向或者多向研讨或问答讨论等其他互动式的方法,进行授课。"

其次,日本国会通过法律,规定了实务部门向法科大学院派遣师资的要求,从而为开展实务教育提供了师资基础。由于法科大学院要求开设实务课程,并且强调师资的执业经验和职业背景,为确保法科大学院的师资来源,日本《法科大学院教育与司法考试协调的法律》第3条第4款规定:"国家要制定、实施法科大学院教育的相关政策,并采取必要的法律、财政上的措施以实施这些政策。"2003年通过的《向法科大学院派遣法官、检察官以及其他一般性国家公务员的法律》规定:"在法科大学院提出申请,经过法官、检察官同意的基础上,应当派遣法官、检察官到法科大学院担任教员……在法官受派遣担任法科大学院教师期间,不得减少其报酬,检察官的薪金收入与要与其从事的实际教学工作相一致。"根据文部省对开设法科大学院的师资结构的要求,法科大学院必须确保1/5的专职教师具有实务经验。此外,各地律师协会也有义务协助法科大学院开设实务课程,并且允许兼任法科大学院课程的教师继续从事律师业务。这样,法律实务界的参与和国家的强力支持,确保了法科大学院能够吸引优秀的具有实务经验教师加盟,提高实践教学的质量水平。

最后,在制度衔接上,原来承担法律职业实务研修功能的司法研修所并没有被废除,而是采取了由法科大学院与司法研修所分担实务研修功能的形式,司法研修所的部分职能转移到法科大学院。与法科大学院制度改革相适应,针对司法考试合格者的实务研修制度也发生了变化。由于参加司法考试的考生已经在法科大学院接受了相当长时间的实务教育,"新司法考试实施后的司法研修,应在有效应对研修生增加的同时,根据法科大学院的教育内容,以实务研修为核心,切实改进研修内容。另外,今后要根据法科大学院制度的完善情况,随时对新司法考试实施后司法研修中的集中研修(前期)同法科研究生院教育的功能分担问题进行调整"。① 在建立新型法律职业选任制度以后,司法研修的时间缩短为1年,其主要任务是在法科大学院理论和实务教育的基础上,拓展和提高司法研修生的法律职业技能,强化法庭能力的培养,增加非诉讼业务能力训练。

二、"临床法学教育"以及法科大学院实践教学的开展

"临床法学教育"的概念,是日本在进行法学教育改革过程中借鉴美国法学教育中的实践教学形式提出来的。随着法科大学院制度的建立,日本法学教育界广泛地接受了临床法学教育和法律诊所教育的概念和模式。但在概念上,一方面使用"临床法学教育"的

---

① 《意见书》,丁相顺译,第三章第2部分。中文译本参见孙谦、郑成良主编:《有关国家司法改革的理念与经验》,法律出版社2002年版,第154页。

汉字;另一方面也使用英文"Legal Clinic"中的日文标注方式"リーガルクリニック"。①并且,在内涵和外延方面,尽管有时"临床法学教育"等同于"リーガルクリニック",但是,有的临床法学教育包含"リーガルクリニック"制度在内的更加广泛的实践教学形式。例如,狭义上的法律诊所专指在法科大学院内设的律师事务所中开展的处理实际案件的教学形式,而法科学生在外部的律师事务所或者实践教学机构中开展的实习实践等形式,也属于"临床法学教育"的范畴。这样,"临床法学教育"的基本含义包括两个方面:一种是狭义的对美国诊所教育(Clinical Legal Education)的日文翻译,②另一种广义的含义则包括法律诊所教育、法律机构实习以及模拟实务训练的实践教学内容。所谓"诊所教育",日本法学教育界也有不同的理解,但基本认为:"所谓诊所教育,就是在律师的监督指导下,针对具体的案件,开展法律咨询、听取案件事实、整理案件、调查寻找相关法律、探讨提出解决问题方案等实际教学活动。""在教学中,会见实际的案件当事人、委托人(或者代理律师);开展法律咨询,或者实际参与正在进行中的案件;学生向实际的委托人(或者代理律师)发问等。"③

毫无疑问,包括诊所教育在内的实践教学形式对于法律职业的培养具有显著的优点:可以使尚处在学校的学生有机会接触和参与实际案件,从而了解法律实践,并在实践中锻炼和培养法律实务技能,培养法律职业伦理。关于法律诊所教育在法律职业人才养成方面的意义,日本法律诊所委员会首任主任宫川成雄教授指出:"首先,诊所教育可以实现训练学生的教育目的;其次,诊所教育可以实现服务社区、贡献社会,特别是为社会弱势群体提供法律援助的目的;最后,诊所教育力图实现通过向学生提供诊所课程和为社会提供法律服务来提升研究水准。"④

因此,在日本法科大学院制定授课科目的时候,法律诊所教育不仅在各个法科大学院,而且在社会上也引起了极大的关注。值得注意的是,日本对于实践教学,不仅仅单纯从法学教育方面对学生法律技能养成的角度观察,而且还从对理论界与实务界的互动、提升法治发展的角度加以论证。"大学(通过法律诊所)开展实务教育具有双重意义:第一,对于那些有志于从事法律职业的学生们来说,可以在真正进入真实的法律实务世界

① 中国法学教育界在刚刚接触到"Clinical Legal Education"的时候,也是将其翻译"临床法学教育"。参见申卫星:《时代发展呼唤"临床法学"——兼谈中国法学教育的三大转变》,载《比较法研究》2008 年第 3 期。

② 参见宮川成雄:「法科大学院における臨床法学教育の可能性」、宮川成雄編著:『法科大学院と臨床法学教育』,成文堂 2003 年。但包括宫川教授在内,日本学者普遍认为,美国的诊所教育(Clinical Education)包含 3 种形式:第一,实际办理案件;第二,模拟办案;第三,实习实践。第一种方式就是在律师的指导下,诊所学生接待客户,并从事代理、调解、提出法律咨询意见等律师业务活动。第二种方式就是指在实务教员的指导下,通过虚拟的案件开展实务指导。而第三种方式则是指通过委托外部的律师事务所和相应的机构,对派遣的学生进行指导和训练。

③ 椛嶋裕之:「臨床法学全国クリニック調査について」,『臨床法学セミナー』2009 年第 6 号。

④ Shigeo Miyagawa(宮川成雄),"Development and Challenge of Clinical Legal Education in Japan",*Inha Law Review*,Vol. 15,The Institute of Legal Studies,Inha University,March 2012.

以前，获得对未来职业的批判性观点；其次，（大学）不仅从外部，而且可以在实务家与理论研究者的合作中，提出对实务现状的批判。”①

日本文部科学省的“中央教育审议会法科大学院分会”提出，法科大学院的课程设置，需要开设属于临床法学科目、实务法律科目的诊所课程。“法科大学院的教育内容、教育方法研究会”的中间报告也提出，要在法科大学院的实务基础科目中，加入诊所教育课程。因此，从2003年开始，各个准备开设法科大学院的学校在制定课程体系的时候，纷纷提出开设诊所课程。日本“中央教育审议会法科大学院特别委员会”对讲授诊所教育的实务教师进行了听证，从而使诊所教育为更多的人所了解。目前，日本的临床法学教育已经基本上在制度上得以确立，形成了全国性的学术组织。这些机构成为推动临床法学教育的重要组织者。

（一）日本临床法学教育学会

作为临床法学教育在日本法学教育体系中生根发芽的标志，就是于2008年建立了日本临床法学教育学会（Japan Clinical Legal Education Association）。作为日本全国性的临床法学教育的组织，其主要任务包括：第一，分享理论性教师和实务教师在培养法科大学生实务技能方面的经验和体会；第二，沟通法学教育界与其他学科（例如医学）的教学人员在开展诊所教育的观点和经验；第三，促进日本临床法学教育界的国际交流与合作。2008年日本临床法学教育学会建立之初，就拥有211名正式会员，并且会员数量还在不断增加，截至2011年，该学会的正式会员人数增加到236名，来自全国49所法科大学院；此外，还包括2名准会员、10个赞助会员。正式会员不仅来自法科大学院内部，而且还包括141名律师，以及一些前任法官。日本临床法学教育学会在每年的4月举办年会，年会的主题包括：“临床教育与基本科目：以民事法为素材”“通过临床教育来培养‘作为社会医师’的法律家”“临床教育与法科大学院的课程改革”等。作为一个全国性的临床法学教育的组织，其还出版发行《法曹养成与临床教育》杂志，刊载临床法学教育年会的报告以及相关论文。②

（二）临床法学教育的形式

按照日本“临床法学教育学会”的设立宗旨的说明，临床法学教育的形态大体可以分为3种类型：第一，在律师事务所等机构中，由律师指导监督，实际办理案件，提供法律服务的法律诊所教育（Legal Clinic）的形式，特别是一些有规模的法科大学院专门设置了从事法律诊所教育的律师事务所中，学生在专职和兼职律师的指导下，参与具体的案件办理业务，负责实际接待客户，并从事代理、调解、提出法律咨询意见等法律业务活动；第二，在法学院中，以现实的案件素材为基础，根据教学的目的进行加工，通过模拟案件的

① 参见宮川成雄：「法科大学院における臨床法学教育の可能性」、宮川成雄編著：『法科大学院と臨床法学教育』，成文堂2003年。

② 临床法学教育学会：『法曹養成と臨床教育』第1~5号、日本加除。

形式(Simulation)来开展技能教育;第三,向从事法律业务的法律事务所、企业法务部、行政机关、各种非政府组织等法律机构中派遣学生,由这些学生在这些机构中见习和实习(Externship),法科大学院委托派遣单位的法务人员对派遣的学生进行指导和训练,并使其接触真实的法律实务。

(三)临床法学教育的师资

2009年4月早稻田大学临床法学教育研究所开展的"临床法学教育全国诊所调查"[①]对日本的诊所教育现状作了调查。

日本的诊所教育在很多情况下是由律师来担任的,但是,很多时候又是由律师和教授联合开设。在日本开设法律诊所教育的39所法科大学院中,有21所学校的诊所教育由专职教授承担,占53.8%。例如,早稻田大学的法律诊所中,一些学者型教授作为兼职律师,与专职律师一起,从事诊所教育。一般是学者型教师对会见当事人以前的环节进行指导和训练,而由专职律师对会见当事人以后的环节加以指导。

(四)诊所式律师事务所

尽管通过制度改革,日本建立了专门培养法律职业家的法科大学院,但法学院开展诊所教育的最大目的是为了培养学生的法律技能,而不是为社区提供法律服务。这一点与美国的制度设计有着很大差别。但为了在法学院中开展实务教育,特别是实行诊所教育,就需要发掘真正的案件和案件当事人。为此,很多法科大学院与律师事务所合作,开设了以实务教学为目的的律师事务所,其中具有代表性的是"早稻田大学诊所式律师事务所"。除了早稻田大学以外,一些著名的大学,如法政大学、京都大学等建立了法科大学院附属的诊所律师事务所。截至2011年11月,日本有15所法学院建立了这样的以教育目的为主的律师事务所。从法律属性上,这些律师事务所是完全意义上的律师法人团体,拥有为当事人提供法律服务的全部功能;同时,由于采取与法科大学院合作的方式,这些附属律师事务所又承担指导学生的功能,由法科大学院的教授担任兼职律师,由在律师协会注册的专职律师接待当事人和对学生进行监督和指导,法科学生在老师的指导下接待当事人,办理案件。很明显,根据案件的性质和当事人的意愿,有可能在同一案件中发挥教育学生和为当事人提供法律援助的双重功能。例如,早稻田大学、冈山大学、法政大学等法科大学院为了开展法律诊所教育,与外部律师合作共同设立了诊所式律师事务所,由学校内部拥有律师资格的教授和外部专职律师组成律师团队,受理案件,并指导学生接触实际的当事人。[②]

日本法科大学院法律诊所处理案件的类型,一般分为民事诊所和刑事诊所,但是,也

---

① 参见早稻田大学临床法学教育研究所:「臨床法学クリニック调查报告书」,载早稻田大学临床法学教育研究所编:『臨床法学セミナー』2009年4月。

② 椛嶋裕之など:「大学付設法律事務所の課題——岡山大学クリニック解説シンポウジウムの報告」、载『臨床法学セミナー』2009年第6号。

有一些诊所强调和突出各个法科大学院的特色。例如,大阪市立大学面向中小企业开设法律咨询诊所,独协大学法科大学院开设的“社区与儿童法律诊所”,以儿童为中心提供法律援助。一些较大的法科大学院的诊所类型也比较多,例如,早稻田大学法学院开设了民事诊所、刑事诊所、家事诊所、商事诊所、妇女儿童及性别诊所、外国人权益诊所、残疾人权益诊所以及知识产权诊所等。

(五)临床法学教育与技能课程的编排

日本法科大学院的定位为法律职业养成型教育,因此,课程改革成为法科大学院的重要内容。尽管诊所教育强调实践教学,但绝不是孤立的,相反,诊所教育强调的是对法律知识在实践中的应用。因此,诊所教育前的前置课程就显得非常重要。与制度改革前的法学部教育不同,法科大学院的课程设计采取科目群板块形式,并且根据学生是否为法学本科毕业生分为两年制和三年制课程体系。对于非法律专业出身的法科大学院毕业生,学制为3年,第一年需要学习包括民法、刑法、宪法、刑事诉讼法、民事诉讼法等基础性课程;而法律专业的法科大学院毕业生则可以申请免修基础性法律课程。由于非法律专业毕业的法科大学院学生需要在1年内奠定法学基础知识,因此,对于一年级学生的教学是以充分的预习和复习为前提的苏格拉底式的教学方法,强调授课教师与学生之间的紧密互动。对于一年级学生,法科大学院一般还提供包括法哲学在内的基础法课程,包括英美法、中国法在内的外国法课程以及国际关系法方面的课程。二年级的课程主要着眼于培养学生的对实体法和程序法的整理能力、实务应用能力等,主要科目设置着眼于知识的整合以及知识的分析应用。三年级的课程主要是在一年级、二年级学习的基础上,根据自己将来的职业方向,设置一些能够塑造某一专业领域特长的课程群。这些职业方向包括“国际涉外法务”“帮助社会弱者的公益法律职业”“金融商品、知识产权等尖端法律领域”等。三年级的课程主要采取小规模班级的教师指导课或者互动式的工作坊(workshop),强调学生的动手实践能力和分析判断能力。二年级课程中的部门法综合课程、法律工作坊课程、实习课程以及临床法学教育课程是法科大学院二年级学生所要修习的主要内容。一位早稻田大学二年级的法科学生这样描述学习体会:“必修的综合科目设置,与法学部的授课不同,主要是判例和事例为中心的,学生可以掌握所学习的知识是如何在实际的案件中发挥作用;而各种选修课程涵盖多种多样专业领域,每一个科目都不仅让人产生兴趣,而且还会对日常的学习带来启发。我自己在假期中选修了临床刑事法学教育课程,通过在实践中应用刑事程序,将所学的相关知识牢牢地掌握住了。”①

在整个法科大学院的课程体系中,临床法学教育课程一般安排在二年级,无论是法律诊所课程,还是法律机构实习或者模拟法律实务,都是强调对学生的法律知识应用能

① 《早稻田大学二年级学生津金贵康发表的感言》,载早稻田大学法科大学院网:http://www.waseda.jp/law-school/jp/about/education/class02.html,最后访问日期:2012年9月9日。

力的训练。法律实践教学中，一般使用真实或者建立在真实案件基础上的素材，在实务教师和理论教师的共同指导下，由学生以小组的形式会见案件当事人，并结合案件实体进行法律分析，并提出咨询意见。一位关西学院大学的学生介绍了参加诊所教育的情形："学生首先通过教授的讲授，学习接待当事人的方法，了解法律职业的任务和作用，保守秘密的义务等，然后观摩教授们模拟的法律咨询的情景。最后每2名学生组成一组，首先花费30分钟左右的时间听取当事人的案情介绍，在此基础上，学生们与实务教授一起探讨当事人提出的问题，最后向当事人提出法律意见。接待当事人的工作完成后，每一组学生都要将主要内容写出报告，提交给指导教授，由教授批改。"①

三、日本"临床法学教育"的制度分析

可以说，日本法科大学院制度的建立，从制度上颠覆了以传授法学知识，而非培养法律职业的传统教育模式。法科大学院在机构上、制度上以及教学内容方面，实现了建立职业型法学教育模式的目标。但是，这一模式是否成功，在日本社会、法学教育界以及法律职业界中也存在极大分歧。特别是日本在设立法科大学院之初，批准了几乎所有的申请，导致开设法科大学院数量太多；而面向法科大学院毕业生建立的新型司法考试的合格人数，并没有达到司法制度改革之初设计的目标，这样就造成了法科大学院毕业生数量极大，司法考试合格人数过少的局面。这样，在司法考试合格率低的极大压力下，法科大学院毕业生无法集中精力学习和掌握技能，而不得不花费很多时间和精力用来准备考试，从而极大地影响了实践型教学的效果。

（一）司法考试与临床法学教学

法科大学院制度建立以前，统一司法考试是成为法官、检察官以及律师的制度，但面向所有的人开放，没有报考资格的限制——尽管其通过阶段性考试设计来确保录取的质量。但随着法科大学院的建立，司法考试被设计成为对接法科大学院职业教育的选拔环节，原则上只有法科大学院毕业生才能报考司法考试。这种新型司法考试制度自2006年开始实施，第一年的考试合格率达到48%；2007年合格人数为1851人，合格率为35.06%；2008年为2065人，合格率为33%；2009年为2043人，合格率为27.6%；2010年合格人数为2074人，合格率为25.40%；2011年合格人数为2063人，合格率为23.54%。经过5年过渡时间后，2011年，除非参加为取得报考司法考试资格而实施的"预备考试"，非法科大学院毕业将无法参加新司法考试。日本在设计法科大学院制度之初，新的统一司法考试被作为整个法律职业养成制度的一个环节，用来测试法科大学院的教育水平。为了防止法科大学院变相沦为参加司法考试的"应试教育"，制度的设计者提出司法考试资格考试高通过率的设想，每年的司法考试合格人数达到3000人，当初设想的合格

① 岸祐司:「リーガルクリニックの意義」、『法曹養成と臨床教育』2010年第3期。

率为70% ~80%。[①] 但在开始实施法科大学院制度的时候,由于文部科学省审查批准了大多数的法科大学院设立申请,每年的入学法科学生人数高达5000多人,并且由于律师界的反对等原因,扩大司法考试合格人数到3000人的目标从来没有实现。因此,2006年在首次实施新的司法考试制度时,法科大学院学生中的合格人数为1009人,合格率为48.35%。但是,从2007年开始,由于考生数量不断累积,司法考试的合格率也日渐降低。法科大学院制度初衷为克服法学教育的应试现象,但是,在司法考试与法科大学院制度紧密衔接的制度设计,加上批准了过多的法科大学院导致毕业生过多,学生在残酷的考试合格率面前,不得不重新选择应试的学习方式。已经有学者指出:"这种过低的司法考试合格率已经开始破坏新的法学教育制度,并且阻碍着法律诊所教育的发展。"[②]

因此,注重能力训练的诊所教育,在多大程度上可以鼓励和引导学生投入到与眼前的司法考试没有直接关系的实际技能训练中,就成为一个大的问题。

(二)法学院开展的实践教育与司法研修之间功能分担并不明晰

作为法律职业养成机构的法科大学院的建立并非意味着彻底地推翻旧制度,保守主义者主张依然保留最高法院下设的统一司法研修机构——司法研修所,并且这种意见被最终采纳。[③] 这样,在现在的日本法律职业养成体系下,即使职业性的法学教育机构建立以后,最高法院下设的司法研修所依然承担着对司法考试合格者的实务训练功能。2006年新的司法考试制度实施以前,司法研修的时间为1年半。2006年以后,由于法科大学院承担了部分实务修习功能,司法研修所研修的时间缩短为1年,取消了在研修所内统一进行研修准备的"前期修习"阶段。在1年研修期间,有8个月时间分别开展民事审判、刑事审判、检察业务、辩护业务研修,每种业务研修时间为两个月。有两个月开展选择型实务研修,两个月实行集体研修。司法研修所的实务研修过程中,"修习生对裁判、检察、辩护进行修习,采用由法律实务家面对面进行细致指导的方式,通过直接接触法律实务,直接参与处理具体发生的案件来修习实务知识、技能。同时,在这一过程中,司法修习生还可以从中体会每一个案件的重要性,通过与法曹前辈共同工作,从近处观察法律职业人员对待业务所采取的态度,接受法律职业家的人格熏陶,亲身体会职业法律家的应有姿态、精神准备、法曹伦理等。"[④]司法考试合格者在完成法科大学院教育后,司法研修所的研修目标应该是"培养学生解决法律问题的基本实务知识、技能以及作为法律职业的思考方法、伦理观、心理素质以及见识等。"[⑤]

---

① 《意见书》,丁相顺译,第三章第2部分。中文译本参见孙谦、郑成良主编:《有关国家司法改革的理念与经验》,法律出版社2002年版,第79~210页。

② Setsuo Miyazawa,"Professional Legal Education in Japan:Achievements and Obstacles",载《2012年亚太诊所法律教育论坛暨中国诊所法律教育年会论文集》,第27页。

③ 同上书,第30页。

④ 奥田隆文:《司法研修所教育及对法学教育的期望》,载《法律适用》2002年第6期。

⑤ 椛嶋裕之:「二〇〇六年に開始される新司法修習のあり方をめぐって」、『法律時報』78卷2号。

随着新的法科大学院和司法考试制度的确立，在新的研修制度下，为开展实际研修做准备的“前期修习”功能被转移到法科大学院中。这实际上为法科大学院开展临床教学提供了机遇，但由于各个法科大学院在开展实务技能教学方面的投入和所具有的资源不同，临床教育的情况也存在巨大差异，同时由于司法考试压力等现实因素的影响，各个学校开展临床教育的状况也是参差不一。“新司法考试合格者没有经过共同的修习准备，就立刻进入了实务修习，在不具备一定程度的共通内容和共通基础的情况下，必然会对实务修习带来障碍。”①“因为没有前期修习，法科大学院中学习到撰写实务文书的能力存在着极大的差异。”②

同时，由于法科大学院临床法学教育开展教学也是通过学生亲身办理案件的形式，掌握法学专业技能，这在某种程度上与司法研修所的教育方式雷同，因此，在日本法学教育界，有人认为法科大学院开展的临床教育与司法研修所开展的实务修习设置重复。③相较具有60多年历史的司法研修所来说，临床法学教育在日本刚刚起步，很多人对这种法学院开展的实务教育还存在怀疑；④并且对于法科大学院学生来说，通过司法考试，获取进入司法研修所的资格，远比实务研修更加重要，因此，这也在某种程度上削弱了对临床法学教育的重视程度。

这样就导致了因司法研修与法科大学院分工不明，以及各个法科大学院临床教育实施情况差异而削弱了法律职业人才“过程养成”的效果。

（三）临床教育的开展还存在很多制度、资源等方面的障碍

尽管《意见书》要求法科大学院开展以临床教育为主要内容的实践教学，但是，在实践教学的形式、内容以及数量等方面，日本高等教育主管部门并没有明确的规定，这也导致了尽管临床教育在日本法学教育中生根，但是并没有发展壮大的状况。事实上，在日本开展临床法学教育还存在部分法学教授在观念上抵触实践教学，实务教师师资不足，教师经验不够，以及代理案件上的制度“瓶颈”等问题。

在美国，为了使在法律诊所注册的学生能够像律师那样代理案件，美国各个州的法院专门制定了针对诊所学生的特别规则，允许在诊所注册的学生代理当事人的资格，可以出庭诉讼；同时，为了保证学生代理案件的质量，严格强调诊所教授对学生的监督指导义务，并且要求诊所教授在学生的法律意见书上签字，对案件的代理质量承担实质性责任。因此，美国的法律诊所事实上既可以发挥教育学生，通过学生代理案件培养其法律职业技能的作用，同时，也可以成为一个法律援助机构，发挥为当地社区的弱势群体免费

---

① 吉田克己、池田清治：「法科大学院教育と新司法試験・新司法修習制度」、『法律時報』78 卷 2 号。

② 松島洋：「新しい法曹養成制度における司法修習の役割－前期が存在しない新司法研修所教育の限界を実務修習でどのように補うか」、『臨床法学セミナー』第 7 号、早稲田大学臨床法学教育研究所 2009 年。

③ 山口卓男：「臨床教育と司法修習——その分業と連携」、『臨床法学セミナー』第 9 号、早稲田大学臨床法学教育研究所 2011 年。

④ 同上。

提供法律服务的功能。而在日本，大多数法律诊所只能发挥在教育层面上的功能，其中的一个重要原因是由于日本不存在像美国那样允许学生出庭的特殊规则，学生不能独立地像律师那样为当事人提供法律意见，代理当事人出庭。由于不存在法律诊所学生规则，无法在制度上确保学生代理案件的质量，因此，也就无法为当事人提供充分的法律援助。由于缺乏相应的制度保障，事实上也限制了法律诊所学生参与案件的程度以及案件的种类，从而影响了临床教学的效果。

法科大学院建立以前，日本传统的法学教育主要包括以法学部为主的本科教育和以研究生院为主的硕士、博士学位教育。法学部主要以传授法学知识为主，属于法学素质养成型教育模式；而研究生教育大多采取硕士、博士联合培养的方法，以训练学生的学术写作能力为主。① 因此，从根本上讲，司法改革以前的法学院教育与法律职业养成不存在直接的制度衔接；而在教育方法上，也不存在传授学生实务技能的课程设计。以养成法律职业为核心任务的法科大学院必然要求培养法科学生如何应用法律知识解决法律问题的实践应用能力，从这一点上说，实践应用能力教学水平，根本上决定了职业型法学教育模式的转型是否成功。但是，尽管日本通过建立法科大学院制度的改革，为开展诊所等实务教育奠定了制度基础，由于在实施法科大学院中，供给过多与司法考试合格率过低的制度矛盾，开展法律诊所教育仍然存在一些制度矛盾。由于法科大学院的制度设计和实施中存在的问题，仍然没有解决应试教育的弊端，也没有真正建立起当初提出的“过程养成”的目标。一些人对法科大学院提出了尖锐的批判，认为是极大的失败。但是，更多的人指出，法科大学院制度已经在法律层面上确立了法律职业教育的制度体系，尽管存在各种问题，但是，法学教育与法律资格衔接，法律实务教育的方向已经不可逆转。从这一角度上来说，日本临床教育的方向也不可逆转。

四、“临床法学教育”的比较法观察

日本开展法学教育改革和临床法学教育的核心任务是完善法律职业养成制度，提高法律职业能力。无独有偶，中国的高等教育部门和政法部门也提出了类似的改革计划。2012 年教育部、中央政法委发布的《教育部关于实施卓越法律人才教育培养计划的若干意见》中特别指出了中国法学教育中存在“教育教学观念相对落后，人才培养模式单一，教学内容与方法比较陈旧，实践教学环节薄弱，高水平教师比例偏低，国际化程度不高，复合型、应用型高素质法律职业人才紧缺”②的问题，并且提出了“强化法律实践教学”的具体举措：完善实践教学体系；加强案例教学、模拟法庭、法律诊所等校内实践教学环节；进一步强化法学专业实习教学，明确专业实习的教学内容、学时要求和考评办法，探索实施“分站式”专业实习模式，探索实施“练学交替”实践教学模式，加强对专业实习的过程控制，强化专业实习教学效果。由此可见，新的法学教育改革方案将“实践教学”“诊所

① 参见丁相顺：《日本司法考试与法律职业制度比较研究》，中国方正出版社 2003 年版，第 194 ~ 195 页。

② 参见《教育部关于实施卓越法律人才教育培养计划的若干意见》。

法律教育”等教学方法给予了前所未有的重视。[①] 在这样的背景下，从比较法的视角观察日本临床法学教育具有重要意义。

包括诊所临床法学教育在内的实践教学手段在培养法律职业的教育环境中具有重要作用。美国法学院之所以广泛开展“临床法学教育”，主要原因是学生毕业后从事法律职业的要求。法学院不仅是一个传授知识的场所，而且还必须要让未来的律师们懂得如何应用法学院中学习到的知识，这就需要学生们能懂得社会，具有把握案件案情的能力，掌握要件事实分析的方法，并能够开展具有说服力的表达，还要具有高度自觉的职业伦理。法学教育的职业属性，决定了法学院不能仅单方向地向学生们开展知识的输出，还必须与学生开展互动，培养学生们的批判性思维，这也是哈佛大学法学院兰德尔教授创设的苏格拉底教学方式能够在美国法学院课堂中大行其道的原因。但很明显，仅仅有课堂上就理论知识开展的辩论和互动，并不足以养成学生将法律专业知识应用到社会中解决具体纠纷的能力，因此，20 世纪 70 年代，临床法学教育这样的“通过实践来学习”(Learning byDoing)的教学形式在美国应运而生。法学教育方法的创新需要一整套制度配套措施作保障，临床法学教育在美国能够发展壮大，也是得益于在制度上、人力以及后勤保障方面的有利条件。20 世纪 70 年代以来，诊所教育在美国法学院中迅速普及，这要归功于一系列要素的作用：美国两大全国性的法学教育组织——美国律师协会和美国法学院协会的推动；[②]同时，在法学教师中建立独立于“学术型教师”的“诊所教师”系列，吸引了法律实务专家加入法学院，奠定了临床法学教育的师资基础；在法院为首的实务界制定学生实务规则，允许在法律诊所中注册的学生以律师的身份代理案件，办理包括出庭等在内的业务；法律诊所教师对学生的严格指导和监督，并且对诊所学生办理的案件承担法律责任的机制，也是确保案件质量和保护学生利益的重要措施；法律诊所为社区提供法律服务的定位，也有利于法律诊所与法律援助机构的合作，从而确保了案源。

在某种意义上，中国的临床法学教育的开展要早于日本法学教育。2000 年秋季，在福特基金会的倡导和资助下，诊所法学教育形式开始引入中国。北京大学、清华大学、中国人民大学、复旦大学、华东政法学院等 7 所高校的法学院系开始开设诊所法律教育课程。2002 年 7 月，经中国法学会批准，由已经开设诊所课程的 11 所大学成立了“中国法学会法学教育研究会诊所法律教育专业委员会”(英文缩写 CCCLE，现在更名为“中国法学教育研究会诊所法律教育专业委员会”)，定期进行信息沟通和交流，推进诊所的规范化建设，确保了法律诊所的质量。经过 10 年的发展，法律诊所教育无论是规模还是质量都取得了长足的发展。截至 2009 年 12 月，“诊所法律教育专业委员会”拥有 118 所会员

---

① 在 2012 年 11 月 24 日于北京举办的中国法律诊所教育年会上，“卓越法律人才教育培养计划”与诊所法律教育改革成为一个热点。

② 美国律师协会(American Bar Association，ABA)负责法学教育的认可和准入，其制定的法学院准入标准第 303C－2 条规定，法学院的法律博士(JD)应该提供诊所教育和外部实习课程。

大学,开设了120种不同主题的法律诊所。① 诊所教育的种类涵盖了主要的法律纠纷类型,法律诊所主题多样,涉及中国社会变革的各个领域。诊所课程的主题涉及劳动者权益保护、消费者权益保护、公益诉讼法律服务、弱者权利保护诊所、妇女权益保护、环境保护、刑事辩护、青少年社区矫正、刑事和解、老年人保护、青少年保护等。

但是,中国开展临床法学教育是在不发生法学教育改革的前提下发展起来的,其路径与美国有着根本性的差异,与日本也大不相同。日本是在法学教育发展根本性变革的基础上开展临床法学教育,职业型法科大学院的建立在很大程度上改变了日本法学教育的属性,培养法律职业家的定位使临床法学教育在法学院的课程体系中具有正当性基础,在实践中也产生了极大的需求。中国既没有建立职业性的法学院制度,也没有形成有效的实务教师系列,更没有赋予法律诊所的学生以法律职业的身份,总体上看,尽管现行的法学教育体系允许法律诊所教育的生存,但中国发展和壮大临床法学教育的制度基础还没有形成,在资金、设备以及人员方面还存在很大的不足。②

当然,在开展临床法学教育方面,日本和中国法学教育界也都面临着相同的难题:如何在培养学生实务能力的同时,确保案件的质量。诊所教育的最大特点在于办理真实的案件,涉及对当事人实体权利和诉讼权利的处置,法律诊所提供的法律服务质量如何直接影响到案件的最终结果,学生参与案件的程度也极大地影响着临床教育的效果。美国的法院一般都制定了面向法律诊所学生的"执业规则"(Student Practice Rule),学生可以在诊所教师的监督指导下以律师的身份出庭,处理法律事务,并由指导教师承担法律责任,以确保案件质量。在日本,尽管出现了制定允许学生以律师身份代理案件的实务规则的动向,但是,目前为止,法院等法律实务界并不允许学生以律师身份办理法律业务。在这种情况下,尽管学生也可以在指导教师的指导下,耳闻目睹地学习法律实务能力,但由于没有真正地像律师那样行动,其实践教学的功能也是有限的。而中国诉讼制度规定的公民代理使诊所教育不需要取得司法行政机关或者法院的特殊批准,就可以很容易地开展学生代理案件等业务。但是,这种做法也犹如"双刃剑"一样,同样会给诊所教育带来潜在的风险。中国法律诊所的学生是以普通公民代理的身份为当事人提供法律帮助的,学生不具备法律职业人员所具有的调查权、阅卷权等,接触案件信息的能力有限;由于不具有法律职业的特权,这必然会大大削弱所提供的法律服务的质量;再加上诊所学生也往往涉世不深,不具有多少社会经验,对法律纠纷涉及的事实关系不一定能够作出非常清楚和准确的判断,因此,如何确保法律诊所办理案件的质量,这是法律诊所发展面临的严峻挑战。确保诊所教育的办案质量,一方面,需要诊所教师对学生的业务指导、执

① 参见2010年4月时任"诊所法律教育专业委员会"主任王晨光教授在日本早稻田大学发表的演讲。王晨光:「中国における臨床法学教育の発展と課題」、山口卓男:「臨床教育と司法修習——その分業と連携」、『臨床法学セミナー』第9号、早稲田大学临床法学教育研究所2011年。

② 同上。

业监督;另一方面,如何建构诊所教学学生与当事人的关系也是急需解决的问题。在公民代理的情况下,当事人与负责办理案件的学生只能签订一般的代理协议,其内容如何完全取决于双方的合意,而无涉任何的职业伦理和职业纪律的约束。尽管在受理案件的时候,指导教师会对案件的受理进行把关,但是,这样并不能完全保障诊所学生的合法权益,另外,对于寻求诊所帮助的当事人也是不安全的。①

通过以上比较分析可以看出,尽管临床法学教育本身是一种发端于美国职业型法学院的实践教育方法,从理论上说,这种方法可以超越法学教育模式,在不同的国家中开展起来。但要系统地发挥实践型法学教育方法培养法律职业家的作用,还在很大程度上取决于法学院的制度建设,取决于法学教育的职业化发展目标,取决于法律实务界对法学教育的支持和配合。这也是中国法学教育改革今后要思考的重要问题,是"卓越法律人才教育培养计划"能够取得预定目标的关键所在。

① 参见丁相顺:「中国における臨床法学教育——発展の可能性と限界」,臨床法学教育学会編:『法曹養成と臨床教育』2010 年第 3 号。

韩国诊所法律教育的地位与展望

[韩]沈 勇* 著 李修棋** 译

一、简介

在实行类似美国的法科大学院体系之前,韩国有大学法律本科,律师通过严格的国家律师资格考试选拔。对之前法学教育由于法律本科学生的激烈竞争以及法律专家威权主义的长期批评推动了新法律学院体系的产生。从1995年开始,韩国开始探讨引进美国的法科大学院模式,成立了几个司法改革委员会来探讨法律体系改革。带着提高法律服务质量、改革法律教育和司法考试的目标,法科大学院体系被推进。2007年7月韩国法科大学院法通过。

二、法科大学院体系之前的诊所法律教育

在之前律师资格考试体系之下,一个人不管他/她本科专业是什么,只要他/她拿到了35个以上的法律课程学分,就可以参加律师考试。这样,一个律师申请人不必须是一个法律专业毕业生。而且对想申请获得35个法律课程学分的律师资格考试申请人来说没有任何毕业资格条件。为了通过考试,大多数申请人远离社交,集中精力靠死记硬背学习立法和庭审案例。前律师资格考试是一种淘汰性考试。从2001年到2009年,每年有1000人左右的申请人通过考试。在法科大学院体系建立之后,候选人的数量逐渐减少了。

之前的律师资格考试分为3阶段。第一阶段,申请人需要参加一个选择题形式的3门必修课程(宪法、民法和刑法)考试和一个任选科目(国际法、劳动法、国际贸易法、税法、知识产权法、经济法、刑事政策或者法理学)考试。能够通过第一次考试的人数大概是最终通过考试人数的4倍。第二阶段,申请人需要参加7门必修科目(宪法、行政法、商法、民法、民事诉讼法、刑法、刑事诉讼法)的笔试。第三阶段是面试形式,包括集体和个人的面试。只有为数不多的申请人会通不过第三次考试,第三次考试没通过的申请人可以在下一年再参加一次。直到现在,还没有申请人在第二次第三阶段的考试中再次

* 韩国延世大学法学院教授。
** 中国人民大学法学院助理研究员、办公室副主任,环境法律诊所教师,法学博士。

失败。

通过了前律师资格考试的申请人进入由最高法院下的司法研修和培训所进行实习。接受培训者参加2年的课程，研究所的教育项目集中在训练法官和检察官，但实际上大部分受训者成为执业律师。2012年研究所引进了新的研究生院模式的教育课程，集中于培养职业律师。

在研究所的项目下，受训者在第一年应该参加民事诉讼的实践、刑事诉讼的实践、刑法的实践以及几个基础法和特定领域法律结合的律师实践。在第二年，受训者必须参加实践性的训练。司法研修和培训所的两年培训课程的主要问题是，项目不是为了适应社会的多样化需求而设计的，而是为那些初任法官和检察官而准备的，包括如何写作司法决定文书和案例摘要。

三、法科大学院体系下的律师资格考试

1. 法科大学院体系的目的

在前律师资格考试之下的律师遴选和培训体系以及司法研修和训练所的训练项目在教育理想的、在法律服务领域能够适应全球环境变化的理想律师方面有诸多缺陷和局限性。韩国的法律教育在满足丰富的法律服务需求上是不成功的，很大程度上浪费了人力资源。而且韩国的律师事务所未来还需要在法律市场的开放性上提升他们的品质。

新的韩国法科大学院体系意图为那些在不同专业学习、拥有丰富经历的人提供法律教育，为他们提供基础的和特定领域的法律教育以及专业实践。法科大学院体系的目标是为那些踏实完成了法科大学院学业的学生授予作为律师的资质。

2. 新的律师资格考试

只有法学院的毕业生才允许参加新的律师资格考试。新的律师考试是只有一个阶段的考试。考试的科目包括3门必修科目和1门选修科目。3门必修科目是公法（宪法和行政法）、私法（民法、商法、民事诉讼法）、刑事法律（含刑法、刑事诉讼法）。每门必考科目包括3种考试（多项选择、写论文和写一个法律意见书）。选考的科目则是一个写论文的考试。申请人能够从国际法（含国际经济法）、劳动法、国际贸易法（含国际私法和联合国国际货物销售公约）、税法、知识产权法、经济法或环境法中选择一门。新司法考试是为期4天的考试，没有面试。

一个法学院的毕业生可以在毕业后5年内5次考试，如果他考试不及格的话。目前，组织新律师资格考试的司法部决定让约75%的法学院学生名额（每年2000人）通过新的律师考试。司法部宣称，新的律师考试考察作为一名律师的法律知识和实践技能，那些通过新律师资格考试的人应该与那些完成了1年的司法研修所培训的律师能力相当。2012年1658名申请者参加了第一次新的律师资格考试，1453名申请者通过了。每年的通过率都会有所下降，因为通过率取决于法学院入学学生数量，而不是申请人数量。

3. 通过律师资格考试后的实习

通过新律师资格考试的人在接受一个案子或开一个独立的律师事务所之前，必须接受6个月的实习。实习可以在法院、检察官办公室、律师事务所、国家部门或韩国律师协会等机构。学生们无论是被律师事务所雇用，被选为法律办事员，还是作为检察官，都在同一机构进行实习。没有受聘的法律学生必须参加韩国律师协会提供的一个6个月的培训课程。

四、在法科大学院的法学教育计划

当新的三年制法科大学院制度2007年被引入，教育部宣称，每年有2000名入学者通过竞争获得录取。根据计划，有9个评价标准，即教育目标、实施过程、学校的课程、师资质量、学生福利、学校设施、预算、相关的学术学位项目（如S. J. D.项目）、大学的竞争力和社会责任。

根据计划，学校的课程占评价的34.5%的比重，教学质量占19.5%。

法科大学院应该有至少20个全职教授，应当任命超过法定要求数量20%的、在法律领域至少有5年专业经验的专业人士担任教授。

大学在成立法科大学院时必须满足所有的要求才能得到官方的批准。教育部许可了25所学校设立法科大学院，这些法学院2009年开始接受第一拨学生。

所有的法科大学院都在2012年接受3年试行结果的评估，之后每5年由韩国律师协会进行评估。评价标准是基于法学大学院设立的许可评价标准。有8个评价标准，即教育目标、实施过程、学校课程、师资质量、学生福利、学校设施、为教学和科研的预算和支持以及相关的学术学位项目（如S. J. D.项目）。

不像日本的法科大学院体系，日本设立了法学大学院的大学不允许继续设立本科阶段的法律院系。而韩国只有大学毕业生有法律教育能力测试（LEET，类似于美国的LSAT）成绩，才能申请法科大学院，所有的大学毕业生都可以申请，但是一所法科大学院只能招收2/3的入学名额的法律本科生。

五、当前法科大学院的诊所教育

1. 课程

韩国的法科大学院法案要求每一个法学院学生都要上5门必修的实践课程，包括法律职业伦理、法律研究和写作、法律文书、模拟法庭、实践实习。

法律职业伦理课程是对作为律师必须具有的职业道德的关键概念有一个良好的理解。在参加律师资格考试之前，申请人必须通过法律职业伦理课程考试。通常学生们在第二年参加法律伦理课程考试。

法律研究和写作课程的目的是对韩国或外国的法规、法院判决、法律文书写作和其他信息作一个基本的介绍。法律文书课提供了一个很好的机会去理解和练习书面讨论的基本写作方法。模拟法庭课程通过熟悉假设的案例帮助学生练习和提高在法庭上把握一个真实案例的能力。

实习旨在提供一个实地学习机会。法科大学院应和校外机构如律师事务所、政府部门、地方政府、公共机构和公司法律部门等提供各种实习项目。法院和检察官办公室也有自己的实习项目。

学生必须完成160小时的实习才能拿到学分。想在一家大型律师事务所工作的学生,往往参加了2个以上的实习项目。大的律师事务所提供一般的实习项目和强化的实习项目。大多数大律师事务所从参加了他们强化的实习项目的学生中招收新的律师。在参加强化的实习项目时,律所测试申请人的执业能力。

法学院也提供多种实践课程。实践课程可以分为两类:一般理论课程和提供实际案件操作机会的课程。法学院的评估标准要求法科大学院必须提供全面的和最新的课程,并且应当在基础课程和实践课程之间取得平衡。而且法学院应该有基于基础课程和实践课程之间的体系化课程,应该提供融合法律理论和法律实践的课程。

法院和检察官办公室也会通过派法官和检察官来教授实践课程来帮助法学院。法官教授民事诉讼实践、刑事程序与审判实践课程。公诉人教刑法实践Ⅰ、Ⅱ类课程。

韩国法学院体系的显著特点是每一个法学院都有一个或者多个专业领域项目。25个法学院中,3个法学院各有3个专业领域项目,两个法学院各有2个专业领域项目,其他法学院各有1个专业领域项目。项目之间的差异较大,如公共治理项目、财政法、税法、性别法、物流法等。目前,专业领域的项目并不受学生欢迎,因为进入项目并不是必需的,而学生把更多精力投入律师资格考试。

2. 法学院的法律诊所

法律诊所是法学院3个重要实践训练方法中的一个。引入法科大学院体系并公布成立(法科大学院)标准时,当时还没有关于法律诊所的具体要求。但是当韩国律师协会的法学院评价委员会宣布法律诊所将从2011年开始成为一个评估指标。2012年韩国政府拨款25,000到46,000美金来支持法学院的诊所教育项目。

学生需要参加法律咨询项目或者参加一个实际案件的诉讼。所有的法学院都有对社区或者一般大众的法律咨询服务。一些法学院还派学生实地考察提供法律咨询。法律咨询活动由具有职业经历的教授来监管。

参加实际的诉讼是很困难的,因为很少有案子当事人允许学生去帮助他们代理。学院一般试图从法律咨询服务中找到案子可以提起诉讼,但是大多数提供法律咨询的都是简单的案子。不止一所法科大学院试图合并专业领域项目和诊所教育,但是学校发现大部分的案件当事人都希望找律师而不是学生来代理案件。完成一个案子需要花费较长时间,因而学生往往只能参与案件的部分过程。

很多法科大学院联合校外的律师提供各种类型的诊所课程。例如,韩国延世法学院每个学期都开设超过7个法律诊所课堂。诊所课堂是小班教学,这样外聘的律师教员能够教数量有限的学生,做律师教员自己接受代理的实际案子。学生通常会参与写起诉书或者案例摘要提交给法院。

3. 有法律实务执业经历的专业人士作为教授

韩国律师法规定,如果一个律师做公务员的话是禁止代理案件的。在国立大学工作的法律教授是公务员,所以他/她不能代理案件。对在私立大学的法学教授来说,教育部也禁止他们代理案件。这个禁止代理的限制遭到了强烈的批评,因为教授们监督学生的诊所活动变得非常困难。

六、结论

韩国之前的律师选拔制度和教育体系是集中在培养法官、检察官和诉讼律师的框架之下的。而现在的法科大学院体系是集中于教育和培养能够在各领域运用法律专业知识的律师。新的律师资格考试意在为成功在法科大学院完成了法律教育的学生们提供执业的许可。

现在是新的法律教育体系建立之后的第 4 个年头。2012 年已经有通过了第一次新律师资格考试的毕业生开始作为律师工作了。他们都在 10 月通过律师资格考试后完成了实践训练。现在他们可以自己开律所或者合伙执业,没有什么条件限制。他们中的很多在大大小小的律所工作。40 个毕业被任命为检察官,大约 100 名毕业生被任命为法官助理。我们希望他们能成为胜任的律师。到目前为止,对在法科大学院受过教育的学生评价都是很好的,但是,也有一些缺点需要改进,尤其是在诊所训练方面,在这方面,韩国需要从其他国家的经验中学习。

韩国高丽大学法学专门大学院公益法律诊所教育的经验

[韩]尹南根*　著

1. 公益法律诊所的设立背景

过去韩国的法律人培养制度主要是由大学本科4年的法律理论教育过程,对少数优秀的司法考试的预备法律人的选拔过程以及司法考试合格者在司法研修院接受为期2年的偏实务的法理论教育和法律实务实习过程构成。但是这种教育方式并不能满足现代社会对法律人的资质和能力的培养要求,在这样一种批判声中,要求借鉴美国法学院制度的呼声逐渐在法学界和政治界中愈演愈烈。在当时法律界,虽然赞成反对意见不一,最终在朝野政治性的合意下,2007年7月27日通过了《关于法学专门大学院的设置与运营法律》(《法学专门大学院法》),这部法即成为法学院设立的依据。根据这部法,2009年全韩国共开设了25个法学院,入学人数达2000名。

法学院的设立宗旨是通过选拔具有多样性教育背景的本科毕业生,并将其向具有综合性法律知识、具有法律专家必备才能,以及具有自由、平等、正义的人类尊严等宪法价值观的法律人才方面进行培养,让他们接触法律相关事务,以实现国家人才资源的有效分配和提高法律程序的水平。《法学专门大学院法》第2条明确规定,法学专门大学院的教育理念是为了提供符合国民的多元化期待和要求的优质的法律系统,在对丰富的文化、人类和社会深刻地理解和对自由、平等、正义取向的价值观的基础上,培养具有健全的职业伦理观和具备能够专业有效地解决复杂法律纠纷知识和能力的法律人。

在韩国,随着法学院制度的实行,司法考试将于2016年停止实行,司法研修院也将随之结束。现今,法学院不仅包含了法理论教育,也不得不涵盖法律实务教育了。并且法学院的法律实务教育有必要采取与先前的司法研修院不同的教育方式。

2. CLEC的历史

高丽大学公益法律诊所(CLEC)起源于学生社会参与运动。其构成的契机是2007

* 韩国高丽大学教授。

年年底在忠清南道泰安郡附近的海域发生的因船舶冲突引起的大规模原油泄漏事故。[①] 当时事故所造成的估算损失高达5000亿韩币,但是作为事故责任人的三星公司的损害赔偿额如果依据《油类污染损害赔偿保障法》,其赔偿额是受限制的,显然无法弥补受害者所遭受的损失。韩国国际油污赔偿基金(International Oil Pollution Compensation Funds,IOPC)虽然加入了“1992 Fund”,但最高赔偿金额也只有3亿美元。随后,从2008年到2009年期间,为了应对以后的大型原油泄漏事故,高丽大学法科学院的学生们与市民团体性质的绿色联合一起展开了一场促成基金中原定的赔偿额加入到更大的补充基金(Supplementary Fund)的签名运动,共得到了4904个签名,并传达给了国会议长。[②] 这些聚到一起的学生打算将公益活动进行到底,于是他们齐心协力,也开始了残疾人和外国劳工的人权保护活动。

为了即将作为韩国最早法学院入学的新生们的实务教育,于2009年2月高丽大学法学院开院前夕,开设了CLEC。CLEC配有2名专职教员(所长尹南根教授,副所长朴景信副教授),但并不配置工作人员。在这里,主要是由以上提及的主导公益活动的学生们来组织CLEC,在所长和副所长的指导下主动进行和完成诊所的项目。

诊所的教员和学生们都充满了介绍并发展韩国CLEC的使命感。但是,仅仅通过阅读国外法律诊所的相关文献来达到成功地运营法律诊所的目的,仍存在很大的限制。因为体验学习才是法律诊所教育的本质。所以,2009年7月,高丽大学邀请了美国的法律诊所的乔·艾伦·刘易斯(Jo Ellen D. Lewis)教授(华盛顿大学法学院)举行了一场关于法律诊所运营模式的讲座。接着,同月,为了亲身体验和了解美国法学院法律诊所的运营实态和临床教育,笔者带着CLEC的13名学生一同前往美国,访问参观了斯坦福大学、伯克利大学和黑斯廷斯大学法学院的各个法律诊所,并和法律诊所的教员和学生们进行谈论,收集到关于法律诊所教育的大量有用信息。2010年1月,笔者又带着学生前往中国,参观访问了中国人民大学、北京大学和清华大学,并考察了各大学的法律诊所的运营状况。带着学生们一起走访各国法学院需要庞大经费,虽然也一度出现预算困难,但是通过那些走访我们获得了非常重要的成果。即使没有教授的指示,学生们也能更清楚地知道自己要做什么、怎么做,对CLEC具有更强烈的自豪感、使命感和献身精神。

CLEC围绕社会热门话题邀请相关领域的专家或市民运动家按期举办研讨会或论坛。其目的是为了让学生们更加关心社会问题,触发他们的公益活动欲望。2008年到2010年CLEC的活动明细如下表。

---

① 2007年12月7日,在忠清南道泰安郡附近的海面上,隶属于三星物产的吊船和Hebei Spirit号油轮发生冲撞,致使Hebei Spirit号油轮上78918桶原油泄漏。本次事故导致附近海岸的鱼贝类大量死亡,给渔民带来了巨大损失,也导致了严重的环境污染。

② 韩国2010年加入了Supplementary Fund。

日期	主要活动内容
2008.7.	残疾人人权诊所(Disability Rights Clinic)开始活动
2008.7. ~2009.8.	促进加入 IOPC Supplementary Fund 的签名运动
2008.8. ~2009.8.	为盲人开设的访问网络评价作业(web accessibility)
2008.9.	外国人人权诊所(Foreigners' Human Rights Clinic)开始活动
2008.12.4.	公益法律诊所论坛(CLEC Forum):泰安地区的状况及签名运动的正当与否
2009.2.	地区社会法律诊所(Community Law Clinic)开始活动
2009.4.1.	CLEC Forum:为国内滞留外国劳工及不法滞留者及其家人等的人权保护的国内法上的问题和改善方案的讨论
2009.5.27.	网络法律商谈的自由与责任
2009.7.11. ~7.23.	美国访问:斯坦福大学(Stanford)、伯克利大学(Berkeley)、黑斯适斯大学(Hastings)法学院法律诊所,残疾人权利倡导组织(Disabilities Rights Advocates,DRA),电子前线基金会(Electronic Frontier Foundation,EFF)等
2009.8.11.	国际人权委员会残疾人歧视调查国和业务合作 MOU 的缔结
2009.9.14.	CLEC Forum:通过法律诊所的法务实习——其实际情况和应该发展的方向
2009.9.17.	为认定难民地位的行政诉讼研讨会
2009.10.13.	专题研讨会(Symposium):出席 UN 表现的自由特别报告馆
2009.11.13.	外部人士邀请演讲:难民支援中心崔贤根组长
2009.11.23.	研讨会:难民支援诉讼(张溪研律师)
2009.12.4.	外部人士邀请演讲:跨国企业中的缅甸人权侵权实况和国际人权团体的对应措施(李尚溪律师)
2010.1.11.	中国访问:人民大学、北京大学、清华大学法律诊所
2010.1.30.	缅甸,泰国边境地区访问(一次):缅甸的人权侵权实况调查
2010.3.	开展国际人权诊所活动
2010.5.19	高丽大学,首尔大学共同研讨会:关于企业的国际人权侵害的诉讼可能性——以缅甸事例为中心
2010.7.9.	专题研讨会(Symposium):出席 UN 表现的自由特别报告馆
2010.9.9.	租赁契约的解除为由的诉讼中承租人尹溪实的胜诉判决
2010.9.20. ~9.25.	缅甸、泰国边境地区访问(二次):缅甸的人权侵权实况调查

教育科学技术部每 3 年对法学院进行评价,法律诊所的运营与否及其成效都包含在

评价要素中。此外,从2012年起对各法学院的法律诊所运营费进行部分支援,支援数额按照法律诊所的评价结果差额支付。高丽大学CLEC被选为全国最优秀诊所,其结果受到了支援的最高额5000万。

3. 法律诊所的现况

(1)地域社会法律商谈诊所

1)运营方式

①案件的接收由长期在CLEC办公室的助教电话接收,原则上不进行邮件接收。但是会对在CLEC网页上提出的相关法律问题进行答辩。不是对所有接收的案件进行商谈,当所长和助教认为不适合学生处理的案件在阐明理由之后拒绝案件接收。

②一旦案件接收以后,在诊所管理团队中考虑到案件主管(case manager)的关心领域、特性化、业务量、学业负担等情况,将案件分配给适宜的case manager。

③案件负责人的业务执行

• 编写咨询记录

分配到案件的案件负责人将与委托人取得联系,进行自我接受,并以补充记载于受理书上的事实关系的方式编写咨询记录。

案件负责人将综合分析所受理之案件的法律关系,调查相关争论点,适用法律及理论,以初步意见书的形式记载于咨询记录。如案件本身难以进行分析时,将求助于所长、干事、教授咨询委员之指点。

• 教授咨询委员的指导

教授咨询委员将基于案件的事实关系与案件负责人的意见,与案件负责人交流意见,并提供咨询方针。通过此过程,确定传达于委托人的咨询内容。

• 提供法律咨询

基于咨询委员所确定的咨询内容,向委托人提供法律服务。如有必要,除基本法律咨询以外,还提供内容证明或所长编写等服务,并可以根据案件的性质在办公室与所长、干事、咨询委员一起,以面对面的形式进行法律咨询。

2)Case Round课程的开设

①概要

案件例行会(Case Round)是机构全体人员在每学期参与1~2次的程序。Case Round是指在各案件负责人在所长、干事、咨询委员和其他案件负责人面前,发表自己所负责的正在处理中的或已完结的案件,并进行意见交流的会议。

案件发表是以传达和质疑各案件之事实关系、自己的意见、在咨询委员的指导下最后完成咨询结果的方式进行,如召开Round时案件为处理中的案件,则负责本案的案件负责人,将提出与案件相关的疑问,并当场与机构人员和咨询委员进行交流或接受指导。

②课程设定

Case Round 开设之后，为了将其作为有体系的学习机会，又将其选定为正式的教学科目。在由 10 名左右学生所组成的临床法务实习过程中，学生们将对自己所负责的案件之处理过程发表与其他教授与学生一起讨论案件之处理思路及要件事实，并接受指导。

(2)国际人权法律诊所

国际人权法律诊所，始于 2010 年 3 月朴景信教授指导，与由哈佛大学法律专门学院的支持下成立的国际地球权益组织(NGO Earth Rights International)进行合作，旨在以法律的方式应付国内企业进行海外业务时侵犯人权的情况。

2011 年为了将海外起源开发企业在缅甸的侵犯人权的情况公诸于世，并防止之，进行了各种活动。而且，为了促使韩国制定旨在防止此种事态的法律，进行了各种活动。2011 年，开始担任国际 NGO PWYP(Publish What You Pay)之韩国支部，探索与尼泊尔儿童人权相关的项目。

(3)公益人权法律诊所

公益人权法律诊所由外国人人权组、残疾人人权组、社会企业组、多元文化家庭组等小组构成。在 2011 年，公益人权法律诊所以与学校外部的公益律师进行联系，通过临床法务实习，是能够系统地进行公益诉讼的方式运营。

外国人人权组在所属于"财团法人"的律师 YangDongsu 的指导下，为了进行与难民地位相关的诉讼，计划了 2 个学期的活动，进行了研讨会、授课、课题。而且社会企业组也在 YangDongsu 律师的支持下，完成了相关任务的编写，积累了与企业相关的诉讼经验。

与此同时，为了进行与信息通讯产业相关的诉讼，10 余名的法学专门大学院学生与 Kim Bo Ra Mi 律师一同组成了 IT 相关公益诉讼组，编写了各种书面材料，进行了反馈。同时在 Choe Eun Sun 律师的指导下，进行了与朝鲜战争遗属之精神损害赔偿相关的国家赔偿诉讼。

最后，在 Cha Hyer Yeong 律师的指导下，分成 A，B 两组，A 组进行了与被关押者国家赔偿请求案件与金川区议会议定费有关的诉讼，B 组进行了与违反电子通讯基本法的损害名誉案件、首尔站露宿者驱逐事件、道峰区议会议定费案件有关的诉讼。

2012 年计划将与上述律师们一同，继续进行公益诉讼，并计划残疾人人权组与'공감'的律师 Kim Nan Hee 一同进行与残疾人相关的行政诉讼。2012 年我们还计划开设将老人人权组法律诊所，并进行与之相关的公益活动。

CLEC 残疾人人权组是在法学专门大学院成立以前，于 2008 年 7 月制定了残疾人接触评价书并对加强视力残疾人的网络信息接触权进行了不懈的努力。这次活动，为今后包括 2009 年 11 月 1 日国家人权委员会主管的《禁止歧视残疾人法和网络接触保障方案讨论会》等在内的，国内网络接触相关领域的重新觉醒提供了契机。CLEC 残疾人人权组于2009年8月11日通过人权委员会残疾人歧视调查局签订谅解备忘录为契机正加快着其成长步伐。

社会企业组是以对社会企业的研究和后援为目标进行活动的小组。预期具有相同目标的市民团体“共事财团”及“财团法人”一起促进业务协作体系。

IT相关公益诉讼组是研究网络中立性指南意见书的小组。2011年SKT和KT正式发表了对使用一定金额以下月租费的客户使用“my people”程序收取附加费用的立场，至此，网络中立性问题成为了IT界的新一话题。2012年1月，KT限制了三星智能TV的接收并于数日后解除限制，对此到目前为止还没有找到明确的解决方案。网络中立性是指，如通信公司等网络事业者应对其提供的通信网上的所有内容进行同等对待，并保障不进行差别对待，相互可以连接，接触性。

4. 关于诊所教育活性化的提案

(1)现在各法学院的实务出身的教授已经不可能在法庭上进行辩论，作为全职教授也不适宜以营利为目的在律师事务所中开展业务。但是实务教授仅仅是以教育为目的免费提供律师服务的情况，对学生也有示范作用，因此应全面许可。具有律师资格且完成了律师登记的全职教授，仅因休业的申请理由而不能开展非营利性活动的相关事宜上，笔者虽未进行充分的法律检讨，但是如果现行法如将此种行为解释为禁止，有必要及时修订相关法律。

(2)以实务教学为目的的法学院中，第二学年开始有必要使学生在实务教授的指导、监督下执行辩论等律师事务。现在司法研修生在第二学年可以在候补的限制范围内执行调停、国选辩护等业务。但是无论是司法研修生还是法学院的学生都有必要以指导教授(律师)的直接监督为条件大幅扩大其业务范围。

(3)各法学院有必要补扩仅指导实务的教员以配备法律诊所。实务出身的教授如投身于理论研究，将不会有精力出席法庭等现场而对学生进行指导、监督。

(4)我国的辩护团体、法务法人、个人律师现活跃在免费法律咨询等法律构造。但是现在是时候将此种法律构造移至法学院。这样做既有利于律师从事法律构造事务，也有利于培养后辈律师，这是“一石二鸟”的公益活动。从学校角度可以减少补扩教员的费用。此外，律师的公益活动也不仅仅注重公益活动的法律构造，可以充分活用学校的网络、知识、情报等资源，与学校共同参与到气候、环境、人权等国内外有价值的领域开展社会活动中。这也是我国律师活动空间与业务领域扩张的道路之一。

越南的法律诊所教育

——一个概览

尼古拉斯·布斯* [越]裴秋贤** [越]黎氏月珠***
[越]胡仁爱**** 著 李修棋***** 译

一、越南诊所法律教育简介

近年来也就是3年前,谈到诊所法律教育,可能会写到"法律诊所和诊所法律教育还没有在越南展开"。3年来发生了很多变化。尽管诊所教育在越南开始相对晚,但是最近几年诊所法律教育项目的强势发展已经有所弥补。

一些基础的诊所法律教育活动已经在10年前就开始了。当时,越南国家大学法学院教员于1998年建立一个法律研究和服务中心(the Center for Legal Research and Service,LERES),而加拿大政府提供了资金资助给这个中心。LERES做的事情是让学生在贫穷和残疾人社区工作让弱势群体知晓他们的权利。但是,这个工作是大学正式课程体系之外的,很多年来这个活动仍然是一个独立的活动。

从2006年开始,诊所法律教育在越南开始迅速被人们熟知,一个支持全亚洲的诊所法律教育的国际非政府组织(Bridges Across Borders Southeast Asia Clinical Legal Education,BABSEA CLE),邀请了一些法学教师参加诊所法律教育的研讨会和活动,从2007年开始直接帮助越南的法学院来建立诊所法律教育项目。

与此同时,UNDP也开始对支持越南的诊所法律教育感兴趣。资助对随着越南市场经济的发展而受到不利影响最大的人群的前沿性学术研究,包括通过学生法律诊所对"有助于形成一个有创新能力、有挑战性的法律知识共同体更有帮助"。

---

* UNDP亚太区项目官员(国籍不详)。
** BABSEA CLE项目官员。
*** 越南芹宜大学法律系教授,系主任。
***** 越南法律大学教授。
****** 中国人民大学法学院助理研究员、办公室副主任,环境法律诊所教师,法学博士。

联合国开发计划署（UNDP）的第一笔资助在2007年12月，支持越南律师协会（Vietnam Lawyers Association，VLA）组织全国法学院参加一个诊所法律教育的研讨会，也直接资助了一个胡志明市城市法律大学的学生法律诊所，几个月后，又支持了河内的国立经济大学。

我们对诊所教育的初步评价是积极的，我们发现对在越南发展诊所法律教育有强烈的兴趣，我们看到了在河内和胡志明市所支持的诊所取得了很好的结果。同时，其他法律院校也有了更大的兴趣来了解诊所法律教育，通过在越南的大学法学院之间发展一个“实践共同体”在发展诊所项目时分享经验和资源。此外，2009年UNDP委托了一个在越南法律诊所教育地位的学术研究，并且寻求捐赠的支持。这个研究报告得出结论说：

法律诊所和法律诊所教育对越南的法律教育、法律和司法改革取得重要的目标来说，是一个重要的手段。包括强调实践技能、增强法律宣传、增强对贫穷人群和寻求司法公正人群提供免费的法律咨询工作，能为更关键的人群服务，包括更穷苦的人和脆弱人群，促进越南的司法公正。UNDP应该通过一个积极的、基础宽广的、坚定的项目来支持越南的多元化诊所和诊所教育项目。

UNDP同意报告的结论。下一步是试点增加支持越南的CLE计划。

二、自2010年开始联合国开发计划署与BABSEA CLE的合作

研究报告指出，自2007年开始，BABSEA CLE与越南的法学院展开了良好的合作。因此在2010年6月联合国开发计划署委托BABSEA CLE进行应用研究的试点项目，探索各种诊所法律教育中的应用在越南的模式。研究的目的是为联合国开发计划署提供这些诊所实践的数据，以及为未来如何支持CLE的可行方式提供建议。

试点项目的重点是为了帮助全国的法学院增强他们对诊所法律教育的了解。尤其是帮助全越南的8个核心合作伙伴在他们学校建立和发展诊所法律教育项目。除了BABSEA CLE提供的技术支持外，UNDP还直接给每一个核心伙伴的大学提供资金支持他们开展自己的诊所法律教育项目，在确保不同大学尽可能多的保持互补性之外，也鼓励他们联合起来开展活动（如，在第一年荣市大学、芹苴大学、贸易联合大学3所大学联合举办的3个全国性的研讨会上，邀请了全国的法学院代表，也从很多国家邀请了国际专家）。

试点项目的结果是令人振奋的，因此，BABSEA CLE和UNDP一起在第二个阶段继续支持越南的诊所教育深入发展，因为越南诊所法律教育还处于一个意识提高的初始阶段，因此，诊所法律教育的发展重点是课程和教学资料。

目前，BABSEA CLE和UNDP正在项目第三阶段的支持，在这个阶段，国际诊所法律教育专家被派到8所核心伙伴大学里去工作，直接帮助每一个伙伴增强诊所法律教育项目的能力。同时，在核心合作伙伴大学里负责诊所法律教育项目的老师被派到国外顶尖的法律诊所学习，为他们提供4个月的补贴，让他们深入了解国际上法律诊所的实践。

与此同时，UNDP和BABSEA CLE也在支持和帮助一个在另外8所越南大学（被称为“附属伙伴”）的诊所法律教育的初始发展。基于每个合作伙伴的需要和发展水平，BABSEA CLE 作为 UNDP 在诊所法律教育上的技术支持者和独立伙伴，已经为这 16 所大学提供多种层次的技术支持。

三、项目技术支持的方法

伙伴大学必须提供物质支持。这些支持可能是办公室、设施、人力资源管理、材料等。一个伙伴大学无论提供哪种形式的物质支持给诊所项目，必须有助于大学能对项目的质量更负责，也有利于项目可持续发展。

为了履行以上义务，BABSEA CLE 和大学伙伴签署了谅解备忘录。BABSEA CLE 通过帮助伙伴发展他们的项目策略和政策，与伙伴们对月度报告进行评论等方式来监督以上义务的履行。

一个合作性的诊所法律教育伙伴关系应该是一个双向的过程。所以，作为坚定的伙伴的回报，BABSEA CLE 提供一定范围的支持承诺。然而，该组织确实为一些伙伴提供了一定数量的物质支持，主要支持的范围就是为帮助建立可持续的、高质量的项目而提供技术支持。支持包括：

1. 协助诊所法律教育伙伴发展有关活动策划、预算、项目书写作以及其他项目任务必备技能的能力；

2. 协助诊所法律教育伙伴发展诊所所需的行政管理程序、政策的能力；

3. 协助诊所法律教育伙伴发展诊所教育课程、教学模块和教学大纲（包括职业伦理的融入）；

4. 帮助诊所法律教育伙伴发展一个核心的、受过诊所教育培训的群体，通过诊所教师培训计划，来增强诊所教育方法和教学法的能力提升；

5. 帮助国际访问诊所专家来与诊所法律教育合作伙伴交流经验；

6. 和当地的诊所法律教育伙伴共同主办全国性或者地区性的专题研讨会；

7. 为诊所老师和学生提供到国际上其他大学诊所进行访问和交流的机会；

8. 支持在现有诊所法律教育伙伴与刚成立的诊所之间建立“一对一”的帮扶关系；

9. 为诊所教育伙伴提供总体的组织能力发展和培训支持；

10. 对大学诊所和法律从业者（包括律师、检察官、地方司法部门）或其他能提供法律支持的部门之间的联系提供支持；

11. 和诊所教育伙伴一起，推动通过正在进行的社区法律援助项目，让社区民众增强他们的法律知识，让他们知道他们的权利义务以及如何获得正义；

12. 诊所教育伙伴提供总体的组织能力发展和培训支持。提供旨在提高教学技巧和诊所教师分享方法的培训；

13. 支持诊所教育伙伴发展社区援助项目；

14. 帮助诊所教育伙伴发展募捐能力和获得资金支持的能力；

15. 帮助诊所教育伙伴和政府官员间在有关诊所运行方面的政策和法律改革议题上

进行对话。

四、质量保障

对核心合作伙伴而言,一个重要的问题就是如何确保诊所法律教育项目的质量。这对 BABSEA CLE 是一个挑战,虽然它作为项目的指导者,但由于地理距离和人力资源的原因,不能每天来监督诊所教育项目的实施。而且总是有新加入项目的伙伴,但是之前加入的伙伴往往有自己清晰的想法和目标,不一定能清楚地介绍给新的诊所教育成员。因此,有一个合适的监督体系,来监督每个大学运行一个良好的、可持续的、根据每个学校特点开设而能满足诊所教育主要目标的诊所教育项目,是非常重要的。

确保诊所教育项目的质量,有两个主要方面需要考虑,即学术质量、法律服务质量。每一个领域,BABSEA CLE 都有专门的方法来进行质量控制,然而,总体而言,对学术质量和法律服务质量进行控制的方法,包括但不限于以下方法:

1. 和核心合作伙伴签署谅解备忘录,每个月进行汇报,检查诊所的政策、战略和产出;

2. 法学院有法律诊所的学分(必修或者选修课);

3. 引入国际专家,包括诊所教师、讲师或者律师;

4. 在一些伙伴中安排 BABSEA CLE 的法律工作人员;

5. 组织培训者的研讨会(基于核心合作伙伴的需求);

6. 经常性地与核心合作伙伴开会或者出席他们的活动。

除此之外,BABSEA CLE 还组织全越南的诊所教育讲师来进行一个诊所教育的模拟课堂,与诊所教育的核心团队一起制定教科书、教学大纲和学生评价标准,以确保学术质量。

至于社区和代理服务的质量,除了以上之外,最重要的方法是让诊所学生在老师或者法律专家的指导监督之下,评价工作要严格执行。此外,访问核心合作伙伴,以及第三方伙伴评估都是确保服务质量的有效方法。

五、未来

UNDP 和 BABSEA CLE 在越南将继续作为诊所法律教育的长期合作伙伴。下一阶段,我们期待继续支持核心伙伴增强诊所项目的能力,支持诊所开展的活动,至少法学院的课程中要有计算学分的法律诊所课。我们也希望继续支持建立诊所在越南国内和国外的联系与交流。

泰国诊所法律教育与中国的比较

[泰]攀那莱叻·西猜雅叻* 著　李修棋** 译

这些毕业生有不同的目的和动机参加诊所,但是,所有的学生都表示对他们的诊所经历持非常肯定的态度。大多数人认为诊所的经历超出了他们的预期。他们认为,不仅他们的实践技能、关于法律规定和理论的知识提升了,而且他们对法律如何影响真实世界的人们也加深了理解。和中国的调查一样,最大的发现是,诊所教育实现了对学生社会正义和人权价值的灌输,法律职业伦理和价值比如胜任的原则、对客户忠实义务、保密义务、专业服务等价值他们都牢记在心。这些毕业生的答案也显示他们获得了伦理道德上的发展、在问题处理上的认知技能以及批判性思维、人际技巧、沟通技巧,而这些都和获得更高教育水平的目标是一致的。

一、简介

在很多国家有了法律诊所教育并且变成了一门核心课程的时候,泰国还很少有人知道诊所法律教育。为了了解诊所法律教育并决定是否应当在泰国的法律教育体系中引入诊所法律教育,进行一个学术型的调查是很必要的。2009 年进行了一个调研项目,目的就是研究学习领会诊所法律教育的方法,在一个和泰国法律体系和法律教育体系相近的国家诊所法律教育所取得的成就,从而分析诊所法律教育是否能改革法学教育。这项研究通过文献研究和诊所教授、非诊所教授、法学院管理者、法学院学生等深度访谈,然后进行数据分析。中国的 3 所顶尖大学法学院北京大学法学院、清华大学法学院、中国人民大学法学院被列入其中,作为研究的一部分。

二、真实代理诊所和法律援助诊所

这个研究项目把真实法律代理诊所和法律援助诊所(或普法诊所、社区诊所)这两种法律诊所都纳入研究的范围。两种法律诊所都有学术和法律服务两部分。学术部分需要学生在课堂上参与、进行研讨和集体讨论以及其他交互式教学方法。此外,学生们需要在法律服务部分,实践律师技能。如果诊所法律教育完全植入法学院的课程,学生们

* 泰国清迈大学法学院助理教授。

** 中国人民大学法学院助理研究员、办公室副主任,环境法律诊所教师,法学博士。

根据学院制度将获得学分和成绩。同时,很多学校把诊所法律教育当作毕业必备环节。

真实代理诊所的法律服务部分一般要求学生在老师们的监督指导下提供法律意见和协助。在一些国家,诊所学生可以出庭代理。在代理诊所学生们能提供的服务可以有不同的形式。专门化的诊所比如环境法律诊所可能要求学生做问卷调查,一个公共政策诊所可能要求学生起草一个法案或者游说议员。相反,社区普法诊所的服务部分要求学生在社区中承担起一个法学教师的角色。他们的工作地点可能在监狱、看守所、大学或者任何有弱势群体的社区。他们所宣传讲授的法律根据社区的不同而不同,但主要集中于实践性的法律部门,如刑法、刑事诉讼法、消费者保护法、房地产法等。

三、诊所法律教育的方法

在发展的早期阶段,诊所法律教育被认为是用真实案例教授学生。目前诊所法律教育的教学方法包括靠做中学和其他交互式学习方法。此外,诊所法律教育方法要求学生把法律理论和法律原则在实践中运用,在老师指导下履行律师的角色并在事后反思他们的实践。诊所老师需要在整个课程中运用很多评估技巧。

西方法律诊所学者认为诊所法律教育的价值在于它提供给学生从实践中学习,获得基本的律师技巧,并且具有自我激励和发展的能力。此外,诊所法律教育给学生们灌输法律职业伦理和职业责任感,帮助法学院和社区建立联系。学生们通过诊所法律教育获得的基本律师技能包括会见当事人、客户咨询、辩护、法律研究、协商、谈判、起草文书、法律分析和推理、批判性思维、解决问题、确认并解决道德难题。

四、中国诊所法律教育取得的成就

中国是许多把诊所法律教育纳入法学院课程的亚洲国家中的一个。2000 年为了法学教育改革,7 所领先的中国法学院发起了诊所法律教育项目。在一个深度访谈调研中,采访者访谈了北京大学、中国人民大学和清华大学 3 所大学法学院中的 2 名法学院管理者、5 位诊所教授、1 位非诊所教授和 13 名诊所学生,访谈表明,法律教育者和学生们参与诊所法律教育的目的都集中于技能训练。无论是法学教育者还是学生,都对诊所法律教育取得的成就表示满意。北京大学法学院的一名大三学生特别强调了技能训练的重要性。她说,法律只有实践时才有生命力,我们不可能只通过学习理论成为一个好律师。一名清华大学的法律硕士学生表达了同样的观点,她说,法律不是仅仅知道就够了,而是为了实践。

深度访谈也发现,中国的法律诊所教育成功提高了学生对法律理论和法律规定的理解,增加了学生对法律如何影响现实社会的人们以及对法律潜力和局限性的认知。中国人民大学法学院的两名学生傅思妮和桂琳(音译),展示了诊所法律教育如何提高了他们的知识。傅思妮说:"诊所法律教育课程让我认识到,有一些人需要帮助,法律制度和我们的知识能够帮到他们。由于我们学习的是理论,有些时候面对客户我们无法给出一个答案,为了找到答案,我必须学习更多,学习到法律在现实中如何可行。"桂琳表达了同样的看法:"在其他的课堂上,如果我们没听懂,无关紧要。只要不影响考试,我们就觉得无所谓。只要通过考试，就万事大吉了。但当你上法律诊所课，你需要帮助人们，这时候你就不能说我不懂，然后放任无知不管，而必须弄懂问题。不能理解的知识，我们也必须努力去了解。”一名退休法官也是北京大学法学院的诊所教师于蓉（音译）的说法，反映了诊所教育的另一项成就。她说：“学生通过诊所教育课程了解到，我们的社会还有很多问题。学生往往觉得一切都很好，世界如此美好。但当学生上了诊所课，有机会接触到现实中遇到法律问题的人时，他们意识到我们的国家还存在如此多的问题。”

项目研究的最大发现是，诊所法律教育在中国实现了对学生律师价值和法律职业伦理的灌输。很多项目受访者学生都体现出了他们的社会责任感和对客户的责任感。除了上面提到的傅思妮和桂琳的回答外，胡佳怡（音译）说：“当我们最初谈到社会责任感时，感觉到这个词很空洞、很虚假，当我在诊所进行一些工作后，接触到一些穷人，很多到诊所寻求法律帮助的都是穷人，他们是社会底层人，大学生没有机会接触这些人，在接受诊所教育前，我们觉得社会责任感很空洞，参加诊所教育后，我觉得社会责任感是真实的，是需要的。”

中国学生的回答也表明，为弱势群体工作能激发学生们的动力。中国人民大学法学院的一名大四学生高媛（音译）说：“因为我没有接触过他们，因此从来没有想到过他们的存在，但当我遇到他们，尤其他们遇到纠纷，或者与政府的纠纷，而面临纠纷却缺乏帮助，我才意识到这些弱势群体的存在。我想，律师不能仅仅是一个赚钱的工作，必须有人为他们工作。”一个清华大学法学院的法律硕士学生杨杰西（音译）说，因为她的诊所法律教育经历，而获得了为弱势群体工作的更多动力。

此外，诊所法律教育帮助学生看到法律职业的现状，并正确认识法律教育和法律职业。正如桂琳所说：“有时我对法律职业有点怀疑，我就想律师整天面临的都是和别人有纠纷的人，他们面对着社会的阴暗面。然而，我在诊所学习后，我意识到，律师对社会来说很重要，我们能帮助弱势群体。我们能改变他们的生活，而能改善一个人的生活才能让世界更美好。”

五、泰国诊所法律教育的成就

2011 年在泰国的清迈大学也进行了一个深度调查项目，来探究泰国的诊所法律教育项目是否能和中国的诊所项目取得同样的成就。项目对 12 名从 2008 年到 2010 年毕业的清迈大学法学院的学生问到了相同的问题，尽管这些毕业生并没有正式参加清迈大学法学院的诊所课程，但是他们作为清迈大学法学院诊所的志愿者工作过，他们大量从事了社区普法和法律咨询。一些受访者表示他们从事了社区法律咨询 70 ~ 80 次，他们中的大多数在毕业前有 2 ~ 3 年的诊所经历。

这些毕业生参加法律诊所有不同的目的和动机，比如，获得 LL. B 学位所需的学分，获得实践技能，体验法律职业等。他们所有人都认为诊所经历对他们有积极的影响。他们中许多人认为诊所的经历超出了他们的预期。他们的回答反映了，不仅他们对法律规定和理论如何运用到实践中的技能提高了，而且对法律如何影响现实中的人们的理解深化了。

当受访者学生瓦塔差那·翁辛那(Wathachana Wongsinnak)被问到诊所教育如何不同于传统法律课程,他说,传统法律课程很少谈到现实社会如何,主要关注法律规定。相反,诊所给他提供了一个发现一些法律规定存在漏洞的平台。一些法律规定是无法适用的,而有些规定对特定群体是不公平的。他说,如果他仅仅在课堂上学习,会觉得法律规定就是完美无缺的。受访者学生索拉差·撒塔提叻(Soracha Santatirat)反馈了他的诊所经历,他说:“我认识到,对非法律从业者来说,法律如何规定无关紧要,重要的是法律对他们有何影响。我们在课堂上学习到的法律太有限了,那些知识不能教会我们如何处理现实中的问题。”

受访者学生索拉差(Soracha)还表示:“课堂上学到的法律干巴巴的,没有生命。当我们在诊所中付出我们的心力和感情后,法律有了生命。”他的表述让我想起了密歇根法学院退休教授阿尔佛雷德·E. 康拉德(Alfred E. Conard)还是一名诊所学生时撰写的一篇诊所笔记。他写道:“诊所的经历让法律教科书空洞的框架有了颜色……原本灰色的和毫无意义的问题一下子变得重要和令人振奋起来。原本是非分明的答案变得模糊起来,具有了多种可能性。一些枯燥的法律规则变成了重要法律事件留下的精神遗产。”

这项研究最重要的发现,和之前在中国的研究一样,是诊所法律教育对学生树立了社会正义观念和人权观念。受访者表示,他们通过诊所实践中的社区普法对监狱犯人和对少数族裔的态度都大大改变了。受访者披达·塞素帕叻(Preeda Saisuparat)回忆了他在一个监狱的经历。他说:“我原以为监狱脏乱拥挤,都是一些坏人。然而,当和他们坦诚相见后,我对他们的态度发生了改变。他们进监狱很可能只是人生中一时糊涂犯了错误。他们不是生来就是坏人。”同样,受访者提达叻·春普明(Thidarat Chompuming)说:“我本来害怕监狱犯人,但我在监狱进行普法教育后,我改变了看法。犯人们并不可怕。她们有孩子,有家庭。她们跟我们谈话时就像是我们的阿姨或者我们的姐姐一样。”

法律职业伦理和价值,如胜任原则、对客户忠实、保密、专业服务这些价值都被诊所学生牢牢记住。受访学生梅塔维·禾滴塔纳蓬(Maythavee Lertdethanapong)和撒拉育·天喳维查联(Soracha Santatirat)表示,他们在上诊所课时比传统课堂要更认真。他们要对真实的实践、真实的情形和真实的人负责,从而迫使他们更认真。而传统课堂上,他们仅须对自己负责。如果他们不能通过考试,还能补救。然而,在诊所里,他们的当事人或者听众是一个活生生的人。这个回答与中国进行的调查中中国人民大学法学院的学生桂琳说“你需要帮助那些人”时一样。

泰国教育部在2009年发布了全国高等教育认证框架作为指导原则,落实全国教育法案 B. E. 2542(1999年),来满足教育改革的目标。教育部宣布,大学教育的成果至少应当包括以下领域:(1)伦理道德上的发展;(2)获取知识;(3)认知技巧;(4)人际关系技巧和责任感;(5)数理分析、沟通能力和信息技术。中国和泰国的研究都表明,诊所法律教育是泰国大学法学教育完成上述高等教育目标的有效手段。

除了中国的桂琳、傅思妮、高媛和其他受访者外，泰国受访者学生梅塔维（Mathavee）也强调了诊所法律教育在上文教育目标的第一点即伦理道德发展上诊所法律教育所取得的成就。她说："起初，我学习法律知识为了找一个工作赚钱，在诊所工作后，我学习到了如何做人，学习不能把别人当作工具而利用别人。许多人有麻烦，都是法律上的原因。"

而在教育目标第二点和第三点即获取知识和认知技巧上，诊所法律教育的成就也是令人信服的。根据法律诊所的性质，学生或者必须提供法律援助或者要进行普法。他们被迫靠自己获取知识，能够对事实、理论和过程进行分析、区分、综合。他们要对新的情形进行分析，应用他们的知识和对概念、原则、理论的理解来解决实际问题。

上文泰国教育部公布的第四个目标即人际关系技巧和责任感，在法律诊所教育上也能实现。在诊所内，学生们必须学会和他们的同学、教授和其他组织的人员进行团队合作。清迈大学法学院的受访学生撒拉育・天喳维查联（Sarayuth Taechavejaroen）、那塔乌・绷普鲁（Nathawuth Boonprom）、披达・塞帕叻（Preeda Saiuparaj）、提达叻・春普明（Thidarat Chompuming），都认为诊所法律教育实现了上述目标。在访谈中，撒拉育（Sarayuth）多次提到了他在团队合作经历上的深刻印象。他说："诊所经历是宝贵的记忆，超出了我的预期。我看到了在诊所工作的人精诚合作，我也在其中交到了朋友。"

而第五点上的成就，即沟通能力和信息技术，也在诊所教育中得到了实现。为了提供法律咨询或者普法都需要和许多人群进行交流，在任何场合，无论对方懂法律还是不懂法律。他们需要提问、解释、会见，通过多种方式和人们沟通交流。受访学生那塔乌（Nathawuth）表示口头沟通能力得到了提高，那如顿（Narudol）表示书面沟通能力得到了提高，而提达叻（Thidarat）表示口头沟通能力和书面沟通能力都通过诊所教育得到了提高。

六、结论

这两个研究项目都表明，诊所法律教育和泰国的高等教育全国认证框架一致，诊所法律教育能够提高学生的职业道德，提高学生的知识和必备职业技能，让泰国的高等法学教育达到全国教育改革的目标。这两个研究项目也表明，诊所法律教育应当作为一个综合性的必修课程被纳入泰国的法学教育，而诊所法律教育方法也应当在所有的法学课程中得到运用。

图书在版编目(CIP)数据

中国诊所法律教育探索与创新 / 龙翼飞主编. —北京:法律出版社,2017.1
ISBN 978-7-5197-0573-2

Ⅰ.①中… Ⅱ.①龙… Ⅲ.①法制教育—研究—中国
Ⅳ.①D920.4

中国版本图书馆 CIP 数据核字(2017)第 013836 号

中国诊所法律教育探索与创新　｜　龙翼飞 主编　｜　编辑统筹 财经出版分社
策划编辑 陈 妮
责任编辑 陈 妮
装帧设计 汪奇峰

出版 法律出版社
总发行 中国法律图书有限公司
经销 新华书店
印刷 北京京华虎彩印刷有限公司
责任印制 吕亚莉

开本 720 毫米×960 毫米 1/16
印张 20.5
字数 420 千
版本 2017 年 1 月第 1 版
印次 2017 年 1 月第 1 次印刷

法律出版社/北京市丰台区莲花池西里 7 号(100073)
网址/www.lawpress.com.cn
投稿邮箱/info@lawpress.com.cn
举报维权邮箱/jbwq@lawpress.com.cn
销售热线/010-63939792/9779
咨询电话/010-63939796

中国法律图书有限公司/北京市丰台区莲花池西里 7 号(100073)
全国各地中法图分、子公司销售电话:
统一销售客服/400-660-6393
第一法律书店/010-63939781/9782　西安分公司/029-85330678　重庆分公司/023-67453036
上海分公司/021-62071010/1636　深圳分公司/0755-83072995

书号:ISBN 978-7-5197-0573-2　**定价**:68.00 元
(如有缺页或倒装,中国法律图书有限公司负责退换)